Munske
Hamburgische Bauordnung
(HBauO)

EINGEGANGEN

2 1. Juli 2004

hage+griesenberg

Hamburgische Bauordnung (HBauO)

mit ergänzenden Vorschriften

Textausgabe mit Einführung

von

Dipl.-Ing. Michael Munske

Senat der Freien und Hansestadt Hamburg,
Oberste Bauaufsicht

3. Auflage, Stand Januar 2004

::rehm *bau*

Bibliografische Information Der Deutschen Bibliothek

Die Deutsche Bibliothek verzeichnet diese Publikation in der Deutschen Nationalbibliografie; detaillierte bibliografische Daten sind im Internet über http://dnb.ddb.de abrufbar.

Bei der Herstellung dieses Buches haben wir uns zukunftsbewusst für umweltverträgliche und wiederverwertbare Materialien entschieden. Der Inhalt ist auf elementar chlorfreiem Papier gedruckt.

ISBN 3-8073-2107-1

Verlagsgruppe Hüthig Jehle Rehm GmbH
Heidelberg/München/Berlin

Satz: reemers publishing services gmbh, Krefeld
Druck: Danuvia Druckhaus, Neuburg an der Donau

Vorwort zur 3. Auflage

Die vorliegende Textsammlung des Hamburger Bauordnungsrechts erscheint jetzt nach zwei Jahren bereits in der 3. Auflage. Das Konzept, die wichtigen landesrechtlichen Bauvorschriften zu einem übersichtlichen und praxisgerechten Arbeitsmittel zusammenzufassen, hat sich also bewährt. Daran hat auch die stete Aktualität des Buches ihren Anteil.

Anlass für diese Neuauflage ist die Änderung der Hamburgischen Bauordnung sowie die Aufnahme von drei neuen Vorschriften: die Versammlungsstätten-, die Verkaufsstätten- und die Beherbergungsstättenverordnung. Außerdem sind weitere Verordnungen zum Bauprodukten- und Bauartenrecht enthalten. Die Liste der Technischen Baubestimmungen ist ebenfalls in der neuen Fassung abgedruckt.

Ich freue mich, wenn Ihnen das vorliegende Buch bei Ihrer Arbeit auch weiterhin von Nutzen bleibt.

Hamburg, im Januar 2004 Dipl.-Ing. Michael Munske

Inhaltsverzeichnis

Um die Handhabung des Werkes zu erleichtern, haben wir im Inhaltsverzeichnis neue (neu gefasste) Texte mit einem schwarzen Pfeil ► und lediglich geänderte Texte mit einem weißen Pfeil ▷ gekennzeichnet.

Vorwort zur 3. Auflage		V
Einführung		IX
1.	Geschichte	IX
2.	Wichtige Regelungsbereiche des Hamburger Bauordnungsrechts	X
2.1	Abstandsflächen	X
2.2	Anforderungen an Freiflächen	X
2.3	Gestaltung und Werbung	XI
2.4	Baulicher Brandschutz	XII
2.5	Stellplätze	XV
2.6	Nachbarschaftsrecht	XVI
2.7	Erleichterungen für den Wohnungsbau	XVI
3.	Änderungen im Hamburgischen Bauordnungsrecht seit Dezember 2002	XVII
4.	Zuständige Dienststellen	XVIII
I	Gesetze	
► I/1	Hamburgische Bauordnung (HBauO)	1
I/2	Hamburger Gesetz zur Erleichterung des Wohnungsbaus (HambWoBauErlG)	93
I/3	Gesetz über die Höhe des Ausgleichsbetrages für Stellplätze und Fahrradplätze (Ausgleichsbetragsgesetz)	101
II	Ergänzende Vorschriften	
II/1	Bauanzeigeverordnung (BauAnzVO)	103
II/2	Baufreistellungsverordnung (BauFreiVO)	109
II/3	Bauvorlagenverordnung (BauVorlVO)	123

II/4	Garagenverordnung (GarVO)	139
II/5	Feuerungsverordnung (FeuVO)	157
II/6	Haustechnik-Überwachungsverordnung (HaustechÜVO)	169
II/7	Prüfingenieurverordnung (PrüfIngVO)	185
II/8	Verordnung über anerkannte sachverständige Personen für bautechnische Prüfaufgaben (BautechPrüfVO)	193
► II/9	Übereinstimmungszeichen-Verordnung (ÜZVO)	201
► II/10	Verordnung über Anforderungen an Hersteller von Bauprodukten und Anwender von Bauarten (HAVO)	203
► II/11	Verordnung über die Überwachung von Tätigkeiten mit Bauprodukten und bei Bauarten (ÜTVO)	205
► II/12	Verordnung über den Bau und Betrieb von Versammlungsstätten (Versammlungsstättenverordnung – VStättVO)	207
► II/13	Verordnung über den Bau und Betrieb von Verkaufsstätten (Verkaufsstättenverordnung – VkVO)	259
► II/14	Verordnung über den Bau und Betrieb von Beherbergungsstätten (Beherbergungsstättenverordnung – BeVO)	275
II/15	Globalrichtlinie „Notwendige Stellplätze und notwendige Fahrradplätze"	281
▷ II/16	Baugebührenordnung	309
II/17	Wasserbauprüfverordnung (WasBauPVO)	333
▷ II/18	Eingeführte Technische Baubestimmungen	335
III	Altes Hamburger Baurecht	
III/1	Baupolizeiverordnung (BPVO)	357
III/2	Reichsgaragenordnung (RGaO)	363
Stichwortverzeichnis		367

Einführung

1. Geschichte

Die ersten „modernen" Regeln mit bauordnungsrechtlicher Zielsetzung entstanden in Hamburg nach dem großen Brand im Jahr 1842. Ihnen folgten die Baupolizeigesetze von 1865, 1872 und 1882, die Bauordnungen der Stadt Hamburg (1918), die Baupolizeiverordnung (1938) in Verbindung mit der Reichsgaragenordnung (1939) sowie schließlich die Hamburgische Bauordnung (1969).

Die **Baupolizeiverordnung (BPVO)** und die **Reichsgaragenordnung (RGaO)** enthielten noch bauordnungsrechtliche und planungsrechtliche Regeln. Eine Konstruktion, die nach dem Gutachten des Bundesverfassungsgerichtes zur Aufteilung des Baurechts zwischen Bund und Ländern, nicht mehr haltbar war. Die bauordnungsrechtlichen Regeln gingen entsprechend in der **1969** erlassenen **Hamburgischen Bauordnung** auf. Die planungsrechtlichen Vorschriften, systematisch einer heutigen Baunutzungsverordnung vergleichbar, wurden mit dem Bundesbaugesetz (BBauG) übergeleitet und haben in ihren Grundzügen bis heute Bestand. Sie gelten in Verbindung mit den Hamburger Baustufenplänen, Teilbebauungsplänen und Durchführungsplänen sowie den ersten Bebauungsplänen nach BBauG bis zum Erlass der ersten Baunutzungsverordnung (1962). Damit haben die beiden älteren Hamburgischen (Rumpf-)Verordnungen bis heute erhebliche Bedeutung für das Baugenehmigungsverfahren. Die noch geltenden Teile der BPVO und der RGaO sind daher hier mit abgedruckt (unter III/1 und III/2).

Die **Hamburgische Bauordnung von 1969** wurde **1986** in einer grundlegend überarbeiteten und deutlich gekürzten Fassung neu erlassen. Ihre Struktur besteht bis heute fort. Die letzten bedeutenden Änderungen erfuhr das Hamburgische Bauordnungsrecht durch das **1993** erlassene **„Hamburgische Gesetz zur Erleichterung des Wohnungsbaus" (HmbWoErlG)** und die **„Verordnung über anzeigebedürftige Bauvorhaben" (Bauanzeigeverordnung)**. Mit diesen beiden aus der Hamburgischen Bauordnung ausgelagerten Verfahrensregelungen wurde das Genehmigungsverfahren für bis zu dreigeschossige Wohngebäude deutlich verschlankt. Für frei stehende Ein- und Zweifamilienhäuser wurde das Genehmigungsverfahren unter bestimmten planungsrechtlichen Voraussetzungen abgeschafft. Nachdem sich die Erleichterungsregeln bewährt hatten, wurde der Geltungsbereich des Hamburgischen Gesetzes zur Erleichterung des Wohnungsbaus im Jahr **2001** auf gemischt genutzte Gebäude bis zu Hochhausgrenze ausgedehnt.

2. Wichtige Regelungsbereiche des Hamburger Bauordnungsrechts

Im Folgenden werden in der Praxis besonders wichtige Regelungen der Hamburgischen Bauordnung und einiger ergänzenden Vorschriften erläutert.

2.1 Abstandsflächen

Die Abstandsflächenregelung dient sowohl **bauordnungsrechtlichen** als auch **städtebaulichen** Zielen. Die freizuhaltenden Flächen ermöglichen eine ausreichende **Besonnung, Belichtung und Belüftung**, sie dienen dem Brandschutz und dem Nachbarschaftsfrieden.

Abstandsflächen vor **Außenwänden** sind freizuhalten soweit diese nicht nach planungsrechtlichen oder bauordnungsrechtlichen Vorschriften an der Nachbargrenze errichtet werden müssen oder dürfen (§ 6 Abs. 1 und 13 HBauO). In diesen Fällen sind Abstandsflächen nicht erforderlich. Auch bestimmte untergeordnete bauliche Anlagen sind oder können vom Abstandsflächenerfordernis suspendiert werden (§ 6 Abs. 3 und 4 HBauO).

Die Abstandsflächen entsprechen im Normalfall den „Umfallhöhen" der Gebäudeseiten, also einem „H", das rechtwinklig zur Außenwand „abgeklappt" wird. Der Berechnung zu Grunde gelegt werden die Außenwandflächen, jeweils begrenzt durch die Schnittlinie mit der festgelegten Geländeoberfläche und der Dachfläche oder dem obersten Wandabschluss. Steile Dächer und Vorbauten, soweit sie nicht untergeordnet sind, werden berücksichtigt.

Von dem Abstandsflächenregelmaß 1 „H" (mindestens 6 m) werden – abhängig von der Nutzungsart, der Größe und der planungsrechtlichen Ausweisung – **Abminderungen** zugelassen. So darf in **Kern- und Sondergebieten** das Abstandsmaß auf die Hälfte, in Gewerbe- und Industriegebieten auf ein Viertel reduziert werden. In Gebieten, die dem **Wohnen** dienen, dürfen bei frei stehenden Gebäuden zwei Abstandsflächen halbiert werden. Darüber hinaus dürfen Abstandsflächen in gewissem Umfang „getauscht" werden. Alle abstandsprivilegierten Außenwände müssen 2,50 m Mindestabstand, untergeordnete Gebäude und niedrige Gewerbebauten sogar nur 1,50 m, zur Nachbargrenze einhalten. Alle Abstandsflächen müssen auf dem eigenen Grundstück **nachgewiesen** oder durch **Baulast** gesichert werden. Zur nachbarschützenden Qualität bestimmter Mindestabstände siehe unter 2.6.

2.2 Anforderungen an Freiflächen

Neben der generellen Anforderung Freiflächen nach den Grundsätzen des Naturschutzes und der Landschaftspflege zu bepflanzen und zu unterhalten, zielt die **Begrünungsvorschrift** der HBauO (§ 9 HBauO) im

Wesentlichen auf den Schutz und die Qualitätssicherung des Vorgartens. Entsprechend sind im Vorgarten auch nur bestimmte bauliche Anlagen wie Stellplätze und Standplätze für Abfallbehälter unter der Voraussetzung zugelassen, dass die Gartengestaltung prägend bleibt. Ergänzende **Bepflanzungsvorschriften**, z. B. zur Eingrünung von Standplätzen für Abfallbehälter, vervollständigen dieses gestalterische Ziel. In § 10 HBauO werden die funktionalen Anforderungen an Freiflächen geregelt. Es handelt sich hier vor allem um Flächen- und Qualitätsanforderungen an Kinderspiel- und Freizeitflächen.

Die HBauO regelt keine allgemeine Verpflichtung zur Einfriedigung von Grundstücken (§ 11 HBauO). Die Vorschriften zu Einfriedigungen beschränken sich allein auf bauliche Einfriedigungen. Hecken und andere Grenzbepflanzungen sind nicht geregelt. Es werden allerdings Anforderungen hinsichtlich der Höhe und Qualität von baulichen Einfriedigungen gestellt. Ziel dieser Regelungen ist es, ein „Einmauern" der Gärten zu verhindern.

2.3 Gestaltung und Werbung

Die Gestaltungsregeln in der HBauO gehen über das Niveau der meisten anderen Bauordnungen hinaus, weil sie nicht nur **Verunstaltungen abwehren** (§ 12 Abs. 1 und 2 HBauO), sondern auch positiv Gestaltung regeln (§ 12 Abs. 3 bis 5 HBauO).

Die Verunstaltungsabwehr zielt sowohl auf das **Gebäude selbst** als auch auf die **Wirkung** des Gebäudes, die es auf seine Umgebung ausübt. Dies gilt insbesondere, wenn denkmalgeschützte oder erhaltenswerte Substanz in der Umgebung betroffen ist. In der Regel lässt das Verunstaltungsverbot allerdings nur wenig Raum für lenkende Eingriffe der Bauaufsicht. Denn eine Verunstaltung ist erst anzunehmen, wenn ein Zustand eintreten würde, „den ein für ästhetische Eindrücke nicht verschlossener Betrachter als erhebliche Belastung empfinden würde".

Die **positiven Gestaltungsregeln** fordern darüber hinaus eine besondere Rücksichtnahme in erhaltenswerten **Ortslagen,** zum Beispiel in den Milieuschutzgebieten Hamburgs. Des Weiteren werden Eingriffe in die gestalterisch besonders empfindlichen **Dachflächen** geregelt und eine Anpassung von Gebäuden, die an vorhandene angebaut werden, gefordert. Positive Gestaltungsregeln können auch aus § 81 Abs. 1 Nr. 6 HBauO entwickelt sein. Beispiele hierfür sind die Außenalsterverordnung oder diverse Gestaltungsregeln in Bebauungsplänen.

Ebenfalls der **Stadtbildpflege** dienen die Regelungen zu **Werbeanlagen** in § 13 HBauO und die auf Basis von § 13 und § 81 Abs. 1 Nr. 6 HBauO erlassenen Verordnungen und Festsetzungen in Bebauungsplänen. Auch hier geht ein Großteil der Regelungen über eine reine Verunstaltungsabwehr hinaus (§ 13 Abs. 3 bis 10) und regelt konkret und eindeutig die Verbotstatbestände für Werbung.

2.4 Baulicher Brandschutz

Der **bauliche Brandschutz** als Schwerpunkt der sicherheitlichen Anforderungen ist im Teil 6 der HBauO (§§ 24 bis 30) geregelt. Systematisch sind die Anforderungen nach **Gebäudehöhen** (Höhe des Fußbodens des obersten Geschosses) gestaffelt. Maßstab für die Gliederung ist die Zugänglichkeit durch die Feuerwehr und die mögliche Gefährdung Dritter im Brandfall.

Die Anforderungen sind in nachfolgender Tabelle bezogen auf den Gebäudetyp für die einzelnen Bauteile dargestellt.

Brandschutzanforderungen nach Hamburgischer Bauordnung

Gebäude / Bauteil	Gebäude geringer Höhe			Gebäude mittlerer Höhe	Hochhäuser
	a	b	c		
Tragende Wände					
– im Keller	–	F 30-AB	F 90-AB	F 90-AB	F 90-AB
– in Geschossen	–	F 30-B[1]	F 30-AB[1]	F 90-AB[1]	F 90-AB
– im obersten Dachgeschoss	–	–	–	–	F 90-AB
Gebäudeabschlusswände[2]	–	F 90-AB[1][3]	Brandwand[1]	Brandwand[1]	Brandwand
– Verkleidungen	–	B 1	B 1[1]	B 1	A[1]
– Unterkonstruktion	–	–	–	B 1[1]	A[1]
– Dämmschichten	–	–	–	B 1	A
Außenwände	–	–	–	F 30-AB	A[2]
– Verkleidungen	–	–	B 1	B 1	A[1]

Einführung

Bauteil / Gebäude	Gebäude geringer Höhe a	Gebäude geringer Höhe b	Gebäude geringer Höhe c	Gebäude mittlerer Höhe	Hochhäuser
– Unterkonstruktion	–	–	B 1	B 1[1])	A[1])
– Dämmschichten	–	–	B 1	B 1	A
Trennwände					
– in Geschossen	F 30-B/AA	F 30-B/AA	F 90-AB[1])	F 90-AB[1])	F 90-AB[1])
– im obersten Dachgeschoss	F 30-B/AA	F 30-B/AA	F 30-B/AA	F 90-AB	F 90-AB
– an offenen Gängen	–	–	F 30-B/AA	F30-B/AA	F 90-AB
– Wände notwendiger Flure	–	–	F 30-B/AA	F 90-AB	F 90-AB
Treppenraumwände	F 30-B/AA	F 30-B/AA	F 90-AB[1])	Brandwand[1])	Brandwand
Decken					
– Kellerdecken	–	F 30-AB	F 90-AB	F 90-AB	F 90-AB
– Geschossdecken	–	F 30-B	F 30-AB[1])	F 90-AB	F 90-AB
– im obersten Dachgeschoss	–	–	F 30-B (unten)[1])	F 30-B (unten)	F 90-AB
– über Rettungswegen	–	F 30-B	F 30-AB[1])	F 90-AB	F 90-AB
Treppen	–	–	F 30-AB[1])	F 90-AB	F 90-AB
Dächer	hB[1])	hB[3])	hB[3])	hB[3])	hB/A[1])

a Wohngebäude mit maximal 2 Wohneinheiten mit einem Gebäudeabstand ≥ 5 m
b Wohngebäude mit maximal 2 Wohneinheiten
c Sonstige
AB in wesentlichen Teilen aus nichtbrennbaren Baustoffen

Einführung

B/AA beidseitig mit nichtbrennbaren Baustoffen beplankt
A nichtbrennbar
B 1 schwer entflammbar
hB harte Bedachung
[1]) Hinweis auf Abweichungsregelung
[2]) Feuerüberschlagweg F 90-A
[3]) bei aneinander gebauten Gebäuden F 30-B von innen

In der **Garagenverordnung** werden die Anforderungen an Garagen geregelt. Die Anforderungen an den Brandschutz sind zunächst gestaffelt nach der **Art der Garage** (offen oder geschlossen) und der **Zuordnung zu anderen Nutzungen** (reine Garagennutzung oder gemischt genutzt). Im Einzelnen sind die Anforderungen differenziert nach der **Größe** (klein, mittel, groß), der **Höhe** (geringe und mittlere Höhe oder Hochhaus) oder der Lage (unter- oder oberirdisch). Die Anforderungen sind im Folgenden dargestellt.

Garagen Bauteil	Tief- garagen	Klein- garagen	Einge- schos- sige Mittel- und Groß- garagen	Mittel- und Groß- garagen ≤ 7 m	Mittel- und Groß- garagen ≤ 22 m	Hoch- haus- garagen
Tragende Wände und Decken	F 90-AB[1])	F 30-B oder A[1])[2]) (–)	F 30-B oder A	F 30-AB[4]) *(A)*	F 90-AB[4]) *(A)*	F 90-AB
Außenwände	A	A[1])[2]) (–)	A[1]) (–)	A	A	A[4])
Trennwände zu anderen Nutzungen	F 90-AB	F 30-B oder A[1])[2])	F 30-B oder A	F 30-AB	F 90-AB	F 90-AB
Sonstige Wände	A	–	–	A	A	A
Gebäudeabschlusswände	Brandwand	F 90-AB[1])[3]) *(F 30-AB)*	Brandwand[1])	Brandwand[1])	Brandwand[1])	Brandwand
Rauchabschnitte[5])	F 30-AB	–	A	F 30-AB	F 30-AB	F 30-AB

> Die Angaben beziehen sich auf **alle** Garagentypen, also offene, geschlossene, reine und gemischt genutzte Garagen. Geringere Anforderungen bei offenen Garagen, ohne Mischnutzung, sind kursiv dargestellt, – z. B. *(A)*. Spezielle Anforderungen an offene, gemischt genutzte Garagen sind in den Fußnoten enthalten.

AB in wesentlichen Teilen aus nichtbrennbaren Baustoffen

B feuerhemmend

A nichtbrennbare Baustoffe

[1] Hinweise auf Abweichungsregelung in der GarVO oder HBauO

[2] bei offenen, gemischt genutzten Garagen keine Anforderung

[3] bei offenen, gemischt genutzten Garagen F 30-AB

[4] Feuerüberschlagsweg F 90

[5] nur in geschlossenen Garagen erforderlich

2.5 Stellplätze

Als notwendige Folgeeinrichtung des Bauens ist die funktionsgerechte und störungsarme Unterbringung der Fahrzeuge ein besonders wichtiges Regelungsfeld der Bauordnung. Die HBauO regelt in diesem Sinne zum einen die **grundsätzliche Verpflichtung** zur Herstellung von Stellplätzen und Fahrradplätzen. Sie stellt aber auch ein Steuerungsinstrumentarium bereit für eine gebietsbezogene „Feinsteuerung" der Stellplatzunterbringung. Wesentliche Instrumente hierfür sind das in § 48 Abs. 6 HBauO geregelte Recht, die Herstellung von Stellplätzen in solchen Gebieten zu **untersagen,** die gut durch den öffentlichen Personennahverkehr erschlossen oder verkehrsüberlastet sind, sowie die **Ausgleichsbetragsregelung** in § 49 HBauO. Die Höhe der Ablösebeträge ist im **Gesetz über die Höhe der Ausgleichsbeträge** (unter I/3 abgedruckt) geregelt. Die gebietsbezogene „Feinsteuerung"; wird in der **Globalrichtlinie „Notwendige Stellplätze und notwendige Fahrradplätze"** (abgedruckt unter II/15) ausgefüllt. Die Globalrichtlinie ist ein Instrument zur Lenkung der Aufgabenwahrnehmung der Bezirksämter. In der Globalrichtlinie „Notwendige Stellplätze und notwendige Fahrradplätze" werden die unbestimmten Rechtsbegriffe der §§ 48 und 49 HBauO ausgelegt. Danach dürfen bestimmte verkehrsintensive Nutzungen wie z. B. Büros, Gaststätten und Versammlungsstätten in der Innenstadt nur einen bestimmten Prozentsatz ihrer notwendigen Stellplätze tatsächlich herstellen.

2.6 Nachbarschaftsrecht

Die nachbarschaftlichen Regelungen der HBauO sind im Sinne eines bürgerfreundlichen Verwaltungshandelns klar, eindeutig und abschließend geregelt. Die wichtigsten Regelungen sind in § 68 HBauO vor allem in seinen **Beteiligungsanforderungen** enthalten. Danach besteht die Verpflichtung zur Beteiligung des Nachbarn, wenn die Gefahr besteht, dass öffentlich-rechtlich geschützte Nachbarbelange berührt sind. Eine Beteiligung ist auch immer dann erforderlich, wenn Befreiungen vom Bebauungsplan erforderlich sind. Im Übrigen sind in einem Katalog abschließend die bauordnungsrechtlichen Abweichungen bestimmt, für die die Zustimmung des Nachbarn erforderlich ist. Sie betreffen insbesondere die Unterschreitung der Mindestabstände zum Nachbargrundstück.

Weitere Nachbarrechte, darunter das „**Hammerschlag- und Leiterrecht**" und das Unterfangungsrecht, sind im § 74 HBauO geregelt.

2.7 Erleichterungen für den Wohnungsbau

Für Wohnungsbauten bis zur Hochhausgrenze steht in Hamburg ein **vereinfachtes Genehmigungsverfahren** zur Verfügung. Es ist im Hamburgischen Gesetz zur Erleichterung des Wohnungsbaus (HmbWoBauErlG) geregelt und gilt für **Wohngebäude mittlerer Höhe** einschließlich Nutzungen durch **freiberuflich Tätige** sowie für kleinere **Läden** (bis 400 qm) in Wohngebäuden geringer Höhe. **Stellplätze, Garagen und Nebenanlagen sowie technische** Einrichtungen des Gebäudes fallen ebenfalls unter das vereinfachte Verfahren.

Das Gesetz beschränkt den Prüfumfang der Bauaufsicht im Wesentlichen auf das Planungsrecht, die Lage auf dem Grundstück, die Abstandsflächen, den Brandschutz, die Gestaltung und den Nachweis der erforderlichen Stellplätze sowie der Kinderspiel- und Freizeitflächen. Bei Gebäuden mittlerer Höhe und statisch schwierigeren Gebäuden geringer Höhe ist eine Prüfung der bautechnischen Nachweise (Statik, Schall- und Wärme- und baulicher Brandschutz) durch eine sachverständige Person erforderlich, die auch die Ausführung des Vorhabens überwacht und ihre Übereinstimmung mit der genehmigten Bauvorlage bescheinigt. Allein die Kompetenz zu **hoheitlichen Eingriffen** verbleibt bei der **Bauaufsichtsbehörde,** die von der sachverständigen Person über festgestellte Mängel benachrichtigt wird. Das **Anerkennungsverfahren** für sachverständige Personen regelt die Verordnung über anerkannte sachverständige Personen für bautechnische Prüfaufgaben (BautechPrüfVO – siehe II/8).

Das Genehmigungsverfahren ist zeitlich auf zwei, bei erforderlichen Befreiungen oder bei einer Vorweggenehmigung nach § 33 BauGB, auf drei Monate begrenzt. Entscheidet die **Bauaufsicht** nicht innerhalb dieser Frist, tritt die **Genehmigungsfiktion** ein, soweit nicht noch eine rechtlich erforderliche Zustimmung einer anderen Behörde aussteht.

Die Teilnahme am vereinfachten Verfahren ist obligatorisch soweit die Voraussetzungen vorliegen. Eine **Wahlmöglichkeit** ins „normale" Genehmigungsverfahren besteht **nicht**.

Für Einfamilienhäuser im Geltungsbereich eines neueren Bebauungsplanes, der nach dem 29. Juni 1961 rechtsverbindlich geworden ist, gilt die Bauanzeigeverordnung (BauAnzVO). Diese Vorhaben sind gänzlich verfahrensfrei, wenn sie 14 Tage vor Baubeginn der Bauaufsichtsbehörde angezeigt werden. Der Umfang der Bauanzeige ist in der BauAnzVO im Einzelnen festgelegt.

3. Änderungen im Hamburgischen Bauordnungsrecht seit Dezember 2002

Mit Art. 6 des Gesetzes zur Umsetzung der UVP-Änderungsrichtlinie und weiterer EG-Richtlinien zum Umweltschutz vom 17. Dezember 2002 wurde § 63 a HBauO „Umweltverträglichkeitsprüfung" gestrichen. Die Bestimmungen des § 63 a a. F. sind in das Umweltverträglichkeitsgesetz eingegangen.

Im Juli 2003 wurden vom Hamburger Senat drei neue **Sonderbauvorschriften** erlassen. Sie betreffen größere Versammlungsstätten und Verkaufsstätten sowie Beherbergungsstätten. Die Verordnungen regeln die besonderen Änderungen an den Brandschutz, die die Grundanforderungen der Hamburgischen Bauordnung für diese Nutzungstypen konkretisieren. Alle drei Vorschriften entsprechen den Mustervorschriften der ARGEBAU und damit weitestgehend den gleich lautenden Vorschriften in den anderen Bundesländern.

Die verhaltensmäßig umfangreiche **Versammlungsstättenverordnung** (Verordnung über den Bau und Betrieb von Verkaufsstätten vom 5. August 2003) befasst sich mit den Anforderungen an bauliche Anlagen für große Personenzahlen. Sie gilt für Gebäude – wie Theater, Gaststätten und Mehrzweckhallen –, aber auch für offene Sportstätten gleichermaßen. Die Verordnung regelt zum einen die baulichen Anforderungen an die Bauteile, die Rettungswege, Besucherparkplätze und Technischen Einrichtungen. Zum anderen benennt sie die betrieblichen Anforderungen zur Brandverhütung und zum Betrieb der Technischen Einrichtungen. Schließlich stellt die Verordnung Anforderungen an die für den Betrieb Verantwortlichen.

Einführung

Die **Verkaufsstättenverordnung** (Verordnung über den Bau und Betrieb von Versammlungsstätten vom 5. August 2003) gilt für Kaufhäuser, Supermärkte und Ladenstraßen und andere Verkaufsstätten ab einer Größe von 2000 qm. Für kleinere Verkaufsstätten kann sie als Orientierungshilfe herangezogen werden. Auch diese Verordnung differenziert zwischen baulichen und betrieblichen Anforderungen. Der Schwerpunkt liegt hier allerdings auf dem baulichen und technischen Anforderungen.

Dies gilt für die **Beherbungsstättenverordnung** (Verordnung über den Bau und Betrieb von Beherbergungsstäten vom 5. August 2003). Sie fasst Regelungen für Hotels, Gasthäuser und andere Beherbergungsstätten mit mehr als 12 Betten zusammen und konzentriert sich also auf die Beherbergungsfunktion der Gebäude. Größere Gaststätten unterliegen der Versammlungsstätteverordnung und im Übrigen der Gaststättenverordnung.

Neu erlassen sind drei **Vorschriften zum Bauprodukten- und Bauartenrecht**: die „Verordnung über Anforderungen an Hersteller von Bauprodukten und Anwender von Bauarten" **(HAVO)** vom 20. Mai 2003. Sie stellt besondere Anforderungen an die Sachkunde von Fachkräften bei der Ausführung von schwierigen Schweiß-, Leim- und Betonierarbeiten. Die „Verordnung über die Überwachung von Tätigkeiten mit Bauprodukten und bei Bauarten" **(ÜTVO)** vom 20. Mai 2003 regelt die Verpflichtung, bestimmte sicherheitsrelevante und besonders schwierige Arbeiten – wie den Einbau von punktgelagertem Einscheibensicherheitsglas, den Einbau von Verpressankern und die Verpressung von Spannkanälen – durch eine Überwachungsstelle überwachen zu lassen. Schließlich wurde die bestehende „Verordnung über das Übereinstimmungszeichen" **(ÜZVO)** vom 20. Mai 2003 grundlegend neu gefasst.

Schließlich ist die Liste der eingeführten Technischen Baubestimmungen aktualisiert worden (vom 18.8.2003).

4. Zuständige Dienststellen

Zuständig für das Baugenehmigungsverfahren sind die **Bezirksämter** der Freien und Hansestadt Hamburg und hier die **Bauprüfabteilungen** der Bezirke bzw. Bauabteilungen – Bauprüfung – der Ortsämter. Die **Fachaufsicht** obliegt der Behörde für Bau und Verkehr – Amt für Bauordnung und Hochbau.

Die Adressen sind:

- Behörde für Bau und Verkehr, Amt für Bauordnung und Hochbau
  Stadthausbrücke 8,
  20355 Hamburg
  Tel.: 4 28 40 0
  Fax: 4 28 40 30 98

- Senatsamt für Bezirksangelegenheiten
  Klosterwall 6
  20095 Hamburg
  Tel.: 4 28 54 0
  Fax: 4 28 54 27 97/48 48

- Bezirksamt Mitte, Bauprüfabteilung
  Klosterwall 6
  20095 Hamburg
  Tel.: 4 28 54 34 48/24 40
  Fax: 4 28 54 28 43

  Ortsamt Billstedt, Bauprüfung
  Ojendorfer Weg 9
  22111 Hamburg
  Tel.: 4 28 54 72 44/75 27
  Fax: 4 28 54 72 99

  Ortsamt Veddel-Rothenburgsort, Bauprüfung
  Billwerder Neuer Deich 4
  20539 Hamburg
  Tel.: 4 28 54 64 30/64 31
  Fax: 4 28 54 64 38

  Ortsamt Finkenwerder, Bauprüfung
  Butendeichsweg 2
  21129 Hamburg
  Tel.: 4 28 54 77 24
  Fax: 4 28 54 77 09

- Bezirksamt Altona, Bauprüfabteilung
  Platz der Republik 1
  22765 Hamburg
  Tel.: 4 28 11 30 42/21 54
  Fax: 4 28 11 19 85

- Ortsamt Blankenese, Bauprüfung
  Oesterleystraße 20
  22585 Hamburg
  Tel.: 42 81 22 23
  Fax: 42 81 24 39

Einführung

- Bezirksamt Eimsbüttel
  Grindelberg 66
  20144 Hamburg
  Tel.: 4 28 01 34 35
  Fax: 4 28 01 29 49

  Ortsamt Lokstedt, Bauprüfung
  Garstedter Weg 9
  22453 Hamburg
  Tel.: 42 80 82 59/3 59
  Fax: 42 80 83 68

  Ortsamt Stellingen, Bauprüfung
  Basselweg 73
  22527 Hamburg
  Tel.: 4 28 01 55 18/52 12
  Fax: 4 28 01 54 94

- Bezirksamt Hamburg-Nord
  Eppendorfer Landstraße 59
  20249 Hamburg
  Tel.: 4 28 04 27 74/27 75/20 17
  Fax: 4 28 04 29 84

  Ortsamt Barmbek-Uhlenhorst
  Flachsland 23
  22083 Hamburg
  Tel.: 4 28 32 24 49
  Fax: 4 28 32 34 72

  Ortsamt Fuhlsbüttel
  Hummelsbütteler Landstraße 46
  22335 Hamburg
  Tel.: 4 28 04 40 31
  Fax: 4 28 04 40 36

- Bezirksamt Wandsbek
  Schlossstraße 60
  22041 Hamburg
  Tel.: 4 28 30 21
  Fax: 4 28 81 22 88

Ortsamt Bramfeld
Herthastraße 20
22179 Hamburg
Tel.: 4 28 81 43 02
Fax: 4 28 81 40 24

Ortsamt Alstertal – Bauprüfung
Wentzelplatz 7
22391 Hamburg
Tel.: 4 28 81 52 23/52 24
Fax: 4 28 81 53 21

Ortsamt Walddörfer – Bauprüfung
Im alten Dorfe 30
22359 Hamburg
Tel.: 4 28 81 56 69
Fax: 4 28 81 56 65

- Bezirksamt Bergedorf
  Wentorfer Straße 38
  21029 Hamburg
  Tel.: 4 28 91 20 53/20 56/20 57
  Fax: 4 28 91 30 69

  Ortsamt Vier- und Marschlande – Bauprüfung
  Kurfürstendeich 41
  21037 Hamburg
  Tel.: 4 28 91 23 31
  Fax: 4 28 91 25 32

- Bezirksamt Harburg
  Harburger Rathausplatz 4
  21073 Hamburg
  Tel.: 4 28 71 23 89
  Fax: 4 28 71 20 59

  Ortsamt Wilhelmsburg – Bauprüfung
  Mengestraße 19
  21107 Hamburg
  Tel.: 4 28 71 63 34
  Fax: 4 28 71 63 32

Einführung

Ortsamt Süderelbe – Bauprüfung
Neugrabener Markt 5
21149 Hamburg
Tel.: 4 28 71 52 67
Fax: 42 87 15 30

Weitere Informationen über die Bauaufsicht sind über den „Direkten Bürger-Informations-Service" (DiBIS) im Internet unter der Adresse: http://dibis.dufa.de oder über http://hamburg.de erhältlich. In DiBIS sind die zuständigen Dienststellen belegenheitsbezogen hinterlegt. Die zugehörigen aktuellen Informationen zu den erforderlichen Unterlagen, die Öffnungszeiten sowie die Bauantragsformulare können direkt abgerufen werden.

I.
Gesetze

I/1
Hamburgische Bauordnung (HBauO)

vom 1. 7. 1986 (HmbGVBl. S. 183),
zuletzt geändert durch Art. 6 des Gesetzes vom 17. 12. 2002
(HmbGVBl. S. 347, 353)

Inhaltsübersicht

TEIL 1
Einführungsvorschriften

- § 1 Anwendungsbereich
- § 2 Begriffe
- § 3 Allgemeine Anforderungen

TEIL 2
Das Grundstück und seine Bebauung

- § 4 Bebauung der Grundstücke mit Gebäuden
- § 5 Zugänge und Zufahrten auf den Grundstücken
- § 6 Abstandsflächen
- § 7 Übernahme von Abständen und Abstandsflächen auf Nachbargrundstücke
- § 8 Teilung von Grundstücken
- § 9 Bepflanzung und Herrichtung unbebauter Flächen
- § 10 Kinderspiel- und Freizeitflächen
- § 11 Einfriedigungen

TEIL 3
Gestaltung

§ 12　Gestaltung
§ 13　Werbeanlagen und Automaten

TEIL 4
Grundanforderungen an die Bauausführung

§ 14　Baustellen
§ 15　Standsicherheit
§ 16　Schutz gegen schädliche Einflüsse
§ 17　Brandschutz, elektrische Anlagen, Blitzschutzanlagen
§ 18　Wärmeschutz, Schallschutz und Erschütterungsschutz
§ 19　Verkehrssicherheit

TEIL 5
Bauprodukte und Bauarten

§ 20　Bauprodukte
§ 20 a　Allgemeine bauaufsichtliche Zulassung
§ 20 b　Allgemeines bauaufsichtliches Prüfzeugnis
§ 20 c　Nachweis der Verwendbarkeit von Bauprodukten im Einzelfall
§ 21　Bauarten
§ 22　Übereinstimmungsnachweis
§ 22 a　Übereinstimmungserklärung der Herstellerin oder des Herstellers
§ 22 b　Übereinstimmungszertifikat
§ 23　Prüf-, Zertifizierungs- und Überwachungsstellen

TEIL 6
Sicherheitsanforderungen an Gebäude

§ 24　Brandschutztechnische Anforderungen an Gebäude und Gebäudeteile
§ 25　Wohngebäude geringer Höhe mit nicht mehr als zwei Wohnungen
§ 26　Gebäude geringer Höhe mit mehr als zwei Wohnungen oder mit anderen Nutzungen
§ 27　Gebäude mittlerer Höhe
§ 28　Hochhäuser
§ 29　Feuerschutzabschlüsse von Öffnungen in Wänden und Decken
§ 30　Dächer

TEIL 7
Treppen, Rettungswege, Aufzüge, Umwehrungen

- § 31 Treppen und Rampen
- § 32 Treppenräume
- § 33 Flure
- § 34 Umwehrungen und Brüstungen
- § 35 Aufzüge
- § 36 Sicherheitstechnisch bedeutsame Anlagen

TEIL 8
Haustechnische Anlagen und Feuerungsanlagen

- § 37 Leitungen, Lüftungsanlagen, Installationsschächte und Installationskanäle
- § 38 Feuerungs-, Wärme- und Brennstoffversorgungsanlagen
- § 39 Wasserversorgungsanlagen
- § 40 Abwasserbeseitigung
- § 41 Anlagen zum Sammeln und Beseitigen von Abwasser
- § 42 Abfallschächte und Abfallsammelräume
- § 43 Anlagen für Abfälle

TEIL 9
Nutzungsabhängige Anforderungen an bauliche Anlagen, Stellplätze

- § 44 Aufenthaltsräume
- § 45 Wohnungen
- § 46 – *aufgehoben* –
- § 47 Ställe, Gärfutterbehälter, Dungstätten
- § 48 Stellplätze und Fahrradplätze
- § 49 Ausgleichsbeträge für Stellplätze und Fahrradplätze
- § 50 Gemeinschaftsanlagen
- § 51 Bauliche Anlagen und Räume besonderer Art und Nutzung
- § 52 Bauliche Anforderungen zu Gunsten besonderer Personengruppen

TEIL 10
Am Bau Beteiligte

§ 53	Pflichten der am Bau Beteiligten
§ 54	Bauherrin oder Bauherr
§ 55	Entwurfsverfasserin oder Entwurfsverfasser
§ 56	Unternehmerinnen und Unternehmer
§ 57	Bauleiterin oder Bauleiter

TEIL 11
Verfahrensvorschriften

§ 58	Aufgaben und Befugnisse der Bauaufsichtsbehörde
§ 59	Erfordernis der Schriftform
§ 60	Genehmigungsbedürftige Vorhaben
§ 61	Freistellung von der Genehmigungsbedürftigkeit
§ 62	Bauliche Anlagen des Bundes und der Länder
§ 63	Anträge und ihre Behandlung
§ 63 a	*– aufgehoben –*
§ 64	Bauvorlageberechtigung
§ 65	Vorbescheid
§ 66	Ausnahmen
§ 67	Befreiungen
§ 68	Nachbarliche Belange
§ 69	Baugenehmigungen und andere Genehmigungen
§ 70	Beginn und Fertigstellung des Vorhabens
§ 71	Geltungsdauer des Vorbescheides und der Genehmigungen
§ 72	Typengenehmigung
§ 73	Genehmigung Fliegender Bauten
§ 74	Inanspruchnahme von Nachbargrundstücken für die Ausführung von Bauarbeiten
§ 74 a	Verbot unrechtmäßig gekennzeichneter Bauprodukte
§ 75	Baueinstellung

§ 76 Herstellung ordnungsgemäßer Zustände
§ 77 Bauzustandsbesichtigungen
§ 78 Abnahmebescheinigungen
§ 79 Baulasten und Baulastenverzeichnis

TEIL 12
Ausführungs- und Schlussvorschriften

§ 80 Ordnungswidrigkeiten
§ 81 Rechtsverordnungen
§ 82 Aufhebung, Fortgeltung und Änderung von Vorschriften
§ 83 Bestehende bauliche Anlagen
§ 84 In-Kraft-Treten

TEIL 1
Einführungsvorschriften

§ 1
Anwendungsbereich

(1) ^{1}Dieses Gesetz gilt für baulichen Anlagen und Bauprodukte. ^{2}Es gilt auch für Grundstücke sowie für andere Anlagen und Einrichtungen, an die in diesem Gesetz oder in Vorschriften, die auf Grund dieses Gesetzes erlassen sind, Anforderungen gestellt werden.

(2) Dieses Gesetz gilt nicht für

1. Anlagen des öffentlichen Verkehrs und ihre Nebenanlagen, mit Ausnahme von Gebäuden,
2. Anlagen, soweit sie der Bergaufsicht unterliegen, mit Ausnahme von Gebäuden,
3. Leitungen, die der öffentlichen Versorgung mit Wasser, Gas, Elektrizität, Wärme, der öffentlichen Abwasserbeseitigung oder dem Fernmeldewesen dienen,
4. Rohrleitungen, die dem Ferntransport von Stoffen dienen,
5. Krane und ähnliche Anlagen, wie Saugheber und Schaufelradlader, mit Ausnahme ihrer ortsfesten Bahnen und Unterstützungen,
6. Schiffe und andere schwimmende Anlagen, die ortsfest benutzt werden, einschließlich ihrer Aufbauten.

§ 2
Begriffe

(1) [1]Bauliche Anlagen sind mit dem Erdboden verbundene, aus Bauprodukten hergestellte Anlagen. [2]Eine Verbindung mit dem Boden besteht auch dann, wenn die Anlage

1. durch eigene Schwere auf dem Boden ruht oder
2. auf ortsfesten Bahnen begrenzt beweglich ist oder
3. nach ihrem Verwendungszweck dazu bestimmt ist, überwiegend ortsfest benutzt zu werden.

(2) Zu den baulichen Anlagen zählen auch

1. Kinderspiel- und Freizeitflächen nach § 10,
2. Aufschüttungen und Abgrabungen,
3. Lager- und Abstellplätze sowie Ausstellungsplätze,
4. Camping- und Zeltplätze sowie Wochenendplätze,
5. Stellplätze für Kraftfahrzeuge sowie für Camping-, Verkaufs- und Wohnwagen,
6. Standplätze für Abfallbehälter,
7. Gerüste,
8. Hilfseinrichtungen zur statischen Sicherung von Bauzuständen.

(3) [1]Gebäude sind selbstständig benutzbare, überdeckte bauliche Anlagen, die von Menschen betreten werden können und geeignet oder bestimmt sind, dem Schutz von Menschen, Tieren oder Sachen zu dienen. [2]Es werden unterschieden:

1. Gebäude geringer Höhe, bei denen der Fußboden des obersten Geschosses nicht höher als 7 m liegt,
2. Gebäude mittlerer Höhe, bei denen der Fußboden des obersten Geschosses höher als 7 m und nicht höher als 22 m liegt,
3. Hochhäuser, bei denen der Fußboden des obersten Geschosses höher als 22 m liegt,
4. Untergeordnete Gebäude sind Gebäude geringer Höhe nach Nummer 1, die nur ein Geschoss haben, ohne Aufenthaltsräume und Feuerstätten, und deren Höhe einschließlich Dachkonstruktion nicht mehr als 7 m beträgt und die nur Nebenzwecken dienen.

[3]Die Höhen sind jeweils auf die festgelegte Geländeoberfläche zu beziehen. [4]Unberücksichtigt bleibt die Höhe des Fußbodens solcher obersten Geschosse, die

1. ausschließlich Technik-, Abstell- oder Trockenräume enthalten oder

2. keine Vollgeschosse sind; das gilt nicht, wenn sie Aufenthaltsräume oder Nebenräume im Sinne von Absatz 8 mit Ausnahme der in Nummer 1 genannten Nebenräume enthalten.

(4) Vollgeschosse sind

1. Geschosse, die vollständig über der festgelegten Geländeoberfläche liegen und eine lichte Höhe von mindestens 2,3 m haben; oberste Geschosse von Gebäuden mit Staffelgeschossen und Geschosse in Dachräumen sind jedoch nur dann Vollgeschosse, wenn sie über mehr als zwei Dritteln der Grundfläche des darunter liegenden Geschosses eine lichte Höhe von mindestens 2,3 m haben,
2. Geschosse, deren Fußboden unter der festgelegten Geländeoberfläche liegt und deren Deckenoberkante im Mittel mehr als 1,4 m über die festgelegte Geländeoberfläche hinausragt.

(5) Kellergeschosse sind Geschosse, deren Fußboden unter der festgelegten Geländeoberfläche liegt und deren Deckenoberkante im Mittel höchstens 1,4 m über die festgelegte Geländeoberfläche hinausragt.

(6) [1]Festgelegte Geländeoberfläche ist die Höhe, die im Bebauungsplan festgesetzt ist oder in der Baugenehmigung bestimmt wird. [2]Ist die Geländeoberfläche nicht festgesetzt oder bestimmt worden, ist die natürliche Geländeoberfläche maßgeblich.

(7) Als Nutzungseinheit gilt jede Wohnung sowie alle anderen für eine selbstständige Nutzung bestimmten Räume, wie Verkaufsstätten, Büros, Praxen, Werkstätten, Bildungsstätten, Anlagen für kirchliche, kulturelle, soziale, gesundheitliche und sportliche Zwecke.

(8) [1]Aufenthaltsräume sind Räume, die zum nicht nur vorübergehenden Aufenthalt von Menschen bestimmt oder geeignet sind. [2]Keine Aufenthaltsräume sind Nebenräume, wie Flure, Treppenräume, Wasch- und Toilettenräume, Speisekammern, Vorrats-, Abstell- und Lagerräume, Trockenräume, Bastelräume sowie Garagen.

(9) Rettungswege sind Flächen auf Grundstücken sowie Flächen und Öffnungen in baulichen Anlagen, die dem sicheren Verlassen von Grundstücken und baulichen Anlagen, der Rettung von Menschen und den Löscharbeiten dienen, wie notwendige Treppen, Treppenräume und deren Verbindungswege ins Freie, notwendige Flure, Sicherheitsschleusen, Zu- und Durchfahrten und vor der Außenwand angeordnete offene Gänge, die die einzige Verbindung zwischen Aufenthaltsräumen und notwendigen Treppen sind.

(10) [1]Gebäudeabschlusswände sind die Außenwände eines Gebäudes, die einen geringeren Abstand haben

1. als 5 m gegenüber anderen Gebäuden,

2. als 2,5 m gegenüber Nachbargrenzen, sofern nicht ein Abstand von mindestens 5 m gegenüber Gebäuden auf den Nachbargrundstücken öffentlich-rechtlich gesichert ist,

oder die keinen Abstand zu anderen Gebäuden oder Nachbargrenzen haben.

²Wände von bestehenden Gebäuden werden nicht dadurch zu Gebäudeabschlusswänden, dass Maßnahmen zur Verbesserung des Wärmeschutzes von Außenwänden mit einer zusätzlichen Wandstärke bis zu 0,2 m ausgeführt werden, sofern die neuen Bauteile aus nichtbrennbaren Baustoffen bestehen.

(11) Bauprodukte sind

1. Baustoffe, Bauteile und Anlagen, die hergestellt werden, um dauerhaft in bauliche Anlagen eingebaut zu werden,
2. aus Baustoffen und Bauteilen vorgefertigte Anlagen, die hergestellt werden, um mit dem Erdboden verbunden zu werden, wie Fertighäuser, Fertiggaragen und Silos.

(12) Bauart ist das Zusammenfügen von Bauprodukten zu baulichen Anlagen oder Teilen von baulichen Anlagen.

§ 3
Allgemeine Anforderungen

(1) ¹Bauliche Anlagen sowie andere Anlagen und Einrichtungen im Sinne von § 1 Absatz 1 Satz 2 sind so anzuordnen, zu errichten, zu ändern und in Stand zu halten, dass die öffentliche Sicherheit oder Ordnung, insbesondere Leben, Gesundheit sowie die natürlichen Lebensgrundlagen, nicht gefährdet werden und keine unzumutbaren Belästigungen entstehen können. ²Sie müssen ihrem Zweck entsprechend ohne Missstände zu benutzen sein.

(2) Bauprodukte dürfen nur verwendet werden, wenn bei ihrer Verwendung die baulichen Anlagen bei ordnungsgemäßer Instandhaltung während einer dem Zweck entsprechenden angemessenen Zeitdauer die Anforderungen dieses Gesetzes und der auf Grund dieses Gesetzes erlassenen Vorschriften erfüllen und gebrauchstauglich sind.

(3) ¹Die allgemein anerkannten Regeln der Technik sind zu beachten. Bei Bauausführungen, die den von der Bauaufsichtsbehörde eingeführten Technischen Baubestimmungen entsprechen, gilt diese Voraussetzung als erfüllt. ²Die Einführung Technischer Baubestimmungen ist im Amtlichen Anzeiger bekannt zu machen. ³Bei der Bekanntmachung kann hinsichtlich des Inhalts der Baubestimmungen auf die Fundstelle verwiesen werden. ⁴Von den allgemein anerkannten Regeln der Technik kann abgewichen

werden, wenn mit einer anderen Lösung in gleichem Maße die allgemeinen Anforderungen des Absatzes 1 erfüllt werden; § 20 Absatz 3 und § 21 bleiben unberührt.

(4) Für den Abbruch baulicher Anlagen sowie anderer Anlagen und Einrichtungen im Sinne des § 1 Absatz 1 Satz 2, für die Änderung ihrer Nutzung, die Baustelle und nicht bebaute Teilflächen der Grundstücke gelten die Absätze 1 und 3 entsprechend.

TEIL 2
Das Grundstück und seine Bebauung

§ 4
Bebauung der Grundstücke mit Gebäuden

(1) ^{1}Das Grundstück muss nach Lage, Form, Größe und Beschaffenheit für die beabsichtigte Bebauung geeignet sein. ^{2}Es muss in ausreichender Breite von einem befahrbaren und nicht anbaufrei zu haltenden öffentlichen Weg aus unmittelbar zugänglich sein. ^{3}Der öffentliche Weg und der Zugang zum Grundstück müssen so beschaffen sein, dass die Ver- und Entsorgung, der Einsatz von Rettungs- und Löschgeräten sowie der durch die jeweilige Grundstücksnutzung hervorgerufene Verkehr ohne Schwierigkeiten möglich ist. ^{4}Für die Bebauung von Grundstücken mit Wohngebäuden geringer Höhe genügt der unmittelbare Zugang von einem nicht befahrbaren öffentlichen Weg von höchstens 75 m Länge; dabei darf jedoch bei Gebäuden mit mehr als zwei Wohnungen der Gebäudeeingang nicht weiter als 85 m vom befahrbaren öffentlichen Weg entfernt sein.

(2) ^{1}Die Anforderungen nach Absatz 1 Sätze 2 bis 4 sind erfüllt, wenn der Wegeausbau nach § 14 des Hamburgischen Wegegesetzes in der Fassung vom 22. Januar 1974 (Hamburgisches Gesetz- und Verordnungsblatt Seiten 41, 83), zuletzt geändert am 9. März 1994 (Hamburgisches Gesetz- und Verordnungsblatt Seiten 79, 83), gesichert ist. ^{2}Eine Ausnahme vom Erfordernis des unmittelbaren Zugangs kann für ein Grundstück zur Errichtung eines Wohnzwecken dienenden Einzel- oder Doppelhauses geringer Höhe mit insgesamt nicht mehr als zwei Wohnungen zugelassen werden, wenn ein den Anforderungen des Absatzes 1 Satz 2 im Übrigen entsprechender Zugang über ein anderes Grundstück durch Baulast nach § 79 gesichert ist. ^{3}Eine Ausnahme vom Erfordernis der Zugangsmöglichkeit zu einem öffentlichen Weg kann zugelassen werden, wenn das Grundstück nur in einem Ausmaß bebaut oder gewerblich genutzt werden soll, für das der unmittelbare Zugang von einem öffentlichen Weg nicht erforderlich ist.

(3) Die Errichtung eines Gebäudes auf mehreren Grundstücken ist zulässig, wenn durch Baulast nach § 79 gesichert ist, dass keine Verhältnisse eintreten können, die diesem Gesetz oder den auf Grund dieses Gesetzes erlassenen Vorschriften zuwiderlaufen.

(4) [1]Darf nach planungsrechtlichen Vorschriften nicht an die Nachbargrenze gebaut werden, ist aber auf dem Nachbargrundstück ein Gebäude an der Grenze vorhanden, so kann zugelassen oder verlangt werden, dass angebaut wird. [2]Darf oder muss nach planungsrechtlichen Vorschriften an die Nachbargrenze gebaut werden, ist aber auf dem Nachbargrundstück ein Gebäude mit Abstand zu dieser Grenze vorhanden, so kann zugelassen oder verlangt werden, dass ein Abstand eingehalten wird.

§ 5
Zugänge und Zufahrten auf den Grundstücken

(1) [1]Von öffentlichen Wegen ist für Rettungs- und Löscharbeiten ein Zu- oder Durchgang zu schaffen

1. zur Vorderseite von Gebäuden,

2. zur Rückseite von Gebäuden, wenn der zweite Rettungsweg aus diesen Gebäuden dort über Rettungsgeräte der Feuerwehr führt.

[2]Der Zu- oder Durchgang muss mindestens 1,25 m breit sein. [3]Bei Türöffnungen und anderen geringfügigen Einengungen genügt eine lichte Breite von 1 m. [4]Die lichte Höhe des Zu- oder Durchgangs muss mindestens 2 m betragen. [5]Satz 1 gilt nicht für untergeordnete Gebäude.

(2) [1]Zu Gebäuden mittlerer Höhe und zu Hochhäusern ist in den Fällen des Absatzes 1 an Stelle eines Zu- oder Durchganges eine mindestens 3 m breite Zu- oder Durchfahrt zu schaffen. [2]Die lichte Höhe der Zu- oder Durchfahrt muss mindestens 3,5 m betragen.

(3) Bei Gebäuden, die ganz oder mit Teilen mehr als 50 m von einem öffentlichen Weg entfernt sind, können Zu- oder Durchfahrten nach Absatz 2 zu den vor und hinter den Gebäuden gelegenen Grundstücksteilen verlangt werden.

(4) Bei Gebäuden mittlerer Höhe müssen die zum Anleitern bestimmten Stellen von einer für Rettungs- und Löschfahrzeuge befahrbaren Fläche erreichbar sein.

(5) [1]Bei Hochhäusern muss eine Zufahrt bis zu den für die Feuerwehr geeigneten Eingängen zu den Treppenräumen und bis zu den Einspeisungsstellen von Steigleitungen angelegt werden. [2]Sie muss im Bereich der Eingänge und Einspeisungsstellen als ausreichend große Bewegungsfläche für die Feuerwehr ausgebildet werden. [3]Werden Außenwandver-

kleidungen nach § 28 Absatz 4 Satz 2 aus brennbaren Baustoffen ausgeführt, so müssen auch vor diesen Wänden Aufstellflächen für Rettungswagen und Löschfahrzeuge vorhanden sein.

(6) [1]Die Rettungswege auf Grundstücken dürfen nicht eingeengt werden. [2]Sie sind ständig freizuhalten und kenntlich zu machen.

§ 6
Abstandsflächen

(1) [1]Vor Außenwänden von Gebäuden sind Flächen von oberirdischen baulichen Anlagen freizuhalten (Abstandsflächen). [2]Vor Außenwänden, die nach planungsrechtlichen oder bauordnungsrechtlichen Vorschriften an Nachbargrenzen errichtet werden müssen oder dürfen, sind Abstandsflächen nicht erforderlich.

(2) [1]Die Abstandsflächen müssen auf dem Grundstück liegen. [2]Auf die Abstandsflächen werden jedoch angerechnet angrenzende

1. öffentliche Verkehrsflächen bis zu deren Mitte,
2. öffentliche Grünflächen bis zu deren Mitte, sofern die Gebäude innerhalb von Baulinien oder Baugrenzen errichtet werden,
3. Gewässer Erster Ordnung bis zu deren Mitte.

[3]Unter den Voraussetzungen des § 7 dürfen Abstandsflächen sich auch auf andere Grundstücke erstrecken.

(3) [1]In Abstandsflächen sind zulässig:

1. Kinderspiel- und Freizeitflächen und dazu gehörende Einrichtungen,
2. bauliche Anlagen, die von der Genehmigungsbedürftigkeit freigestellt sind, mit Ausnahme von Gebäuden,
3. bauliche Anlagen, die der Versorgung und Entsorgung des Grundstückes und seiner Nutzung dienen, mit Ausnahme von Gebäuden,
4. Lager-, Abstell- und Ausstellungsplätze, Vitrinen und ähnliche Anlagen, soweit sie Teil der genehmigten Nutzung sind,
5. Gewächshäuser bis zu 6 m Firsthöhe auf landwirtschaftlich oder erwerbsgärtnerisch genutzten Flächen,
6. notwendige offene Stellplätze, auch mit Schutzdach ohne Seitenwände (Carports), für Wohngebäude mit nicht mehr als zwei Wohnungen sowie für Gebäude, die nicht Wohnzwecken dienen,
7. ein eingeschossiges Nebengebäude für Abstellzwecke und für höchstens zwei notwendige Stellplätze für jeweils ein Gebäude mit nicht mehr als zwei Wohnungen; die längste Seite des Nebengebäudes darf höchstens 8 m lang sein, die Wandhöhe darf höchstens 3 m betragen,

8. Stützkonstruktionen für Böschungen; sie dürfen jedoch nicht näher zum Gebäude angeordnet werden, als das Maß ihrer Höhe beträgt.

²Gebäude bedürfen hierbei keiner eigenen Abstandsflächen. ³Für Gewächshäuser nach Nummer 5 gilt dies auch außerdem von Abstandsflächen anderer Gebäude.

(4) ¹Als Ausnahmen können in Abstandsflächen zugelassen werden

1. eingeschossige Garagen und untergeordnete Gebäude,

2. offene Stellplätze,

sofern das Wohnen, andere Nutzungen und die Gestaltung der freien Grundstücksflächen nicht wesentlich beeinträchtigt werden. ²Unter den gleichen Voraussetzungen können eingeschossige Garagen und untergeordnete Gebäude auch außerhalb von Abstandsflächen an Nachbargrenzen zugelassen werden. ³Die nach den Sätzen 1 und 2 zugelassenen Gebäude bedürfen keiner eigenen Abstandsfläche.

(5) ¹Die Tiefe der Abstandsfläche ist rechtwinklig zur Außenwand zu messen. ²Abstandsflächen einander gegenüberliegender Außenwände dürfen sich nicht überdecken. ³Das gilt nicht für Abstandsflächen vor

1. Außenwänden, deren Fluchtlinien einen Winkel vom mehr als 75° bilden,

2. Außenwänden zu einem fremder Sicht entzogenen Gartenhof bei Wohngebäuden mit nicht mehr als zwei Wohnungen, wie Gartenhof- und Atriumhäuser.

⁴Vor Außenwände, vortretende untergeordnete Gebäudeteile, die keine Außenwände haben, wie Freitreppen, Balkone, Terrassen und Überdachungen sind innerhalb der Abstandsflächen zulässig. ⁵Außenwände von untergeordneten Gebäudeteilen, wie Vorbauten und Erker, bleiben bei der Festlegung der Abstandsflächentiefe außer Betracht, wenn sie nicht mehr als 1,5 m vortreten.

(6) ¹Die Tiefe der Abstandsflächen ist nach der Außenwandhöhe zu berechnen. ²Bei geneigten Dächern ist der Höhe der Wand nach Absatz 7 hinzuzurechnen

1. bei einer Dachneigung von mehr als 45° bis 60° die halbe Dachhöhe nach Absatz 8,

2. bei einer Dachneigung von mehr als 60° und bei Dachgeschossen, die Vollgeschosse sind, die gesamte Dachhöhe nach Absatz 8.

³Das sich ergebende Maß ist H.

§ 6 HBauO **I/1**

(7) ¹Wandhöhe ist das Maß von der festgelegten Geländeoberfläche

1. bis zur Schnittlinie der Wandaußenseite mit der Oberkante der Dachkonstruktion oder

2. bis zum oberen Wandabschluss,

und zwar das jeweils größere Maß. ²Das gilt sinngemäß auch für solche Außenwände, unter denen niedrigere Gebäudeteile oder Gebäude angebaut sind, und bei gestaffelten Geschossen.

(8) ¹Als Dachhöhe gilt das lotrechte Maß

1. von der Schnittlinie der Wandaußenseite mit der Oberkante der Dachkonstruktion oder

2. von dem oberen Wandabschluss

bis zum höchsten Punkt der Dachkonstruktion. ²Außenwände von Dachaufbauten innerhalb von Dachflächen sind nicht zu berücksichtigen.

(9) ¹Die Tiefe der Abstandsfläche muss 1 H, jedoch mindestens 6 m betragen. ²Davon abweichend sind geringere Tiefen zulässig, und zwar bis zu

1. 0,75 H, jedoch mindestens 2,50 m, bei Wohngebäuden geringer Höhe mit nicht mehr als zwei Wohnungen in Kleinsiedlungs-, Wohn-, Dorf- und Mischgebieten, wenn die Tiefe der Abstandsfläche vor der gegenüberliegenden Wand desselben Gebäudes um das verringerte Maß vergrößert wird,

2. 0,5 H, jedoch mindestens 2,50 m, vor zwei Außenwänden von nicht mehr als je 16 m Länge bei frei stehenden Gebäuden in den Gebieten nach Nummer 1; das Gleiche gilt für zwei mit einer Außenwand aneinander gebaute Gebäude mit einer Gesamtlänge von nicht mehr als 16 m,

3. 0,5 H, jedoch mindestens 2,50 m, vor einer Außenwand von nicht mehr als 16 m Länge bei Gebäuden, die mit einer Außenwand an ein anderes Gebäude oder an eine Nachbargrenze angebaut sind und in den Gebieten nach Nummer 1,

4. 0,5 H, jedoch mindestens 2,50 m, in Kern- und Sondergebieten,

5. 0,25 H, jedoch mindestens 2,50 m, in Gewerbe- und Industriegebieten,

6. 0,5 H, jedoch mindestens 2,50 m, auf Gemeinbedarfsflächen und Flächen für besondere Zwecke; abweichend davon ist zu der Grenze eines benachbarten Grundstücks die für dieses Grundstück geltende Abstandsflächenregelung maßgebend.

³Bei Gebäuden geringer Höhe mit nicht mehr als zwei Wohnungen gelten die Nummern 2 und 3 auch für Außenwände von nicht mehr als 18 m

Länge. ⁴Bei Gebäuden in Kerngebieten, die zu mehr als der Hälfte der Geschossfläche dem Wohnen dienen, kann die Bauaufsichtsbehörde abweichend von Nummer 4 verlangen, dass eine Tiefe der Abstandsflächen bis zu 1 H eingehalten wird.

(10) ¹Abweichend von Absatz 9 Satz 2 Nummer 5 kann in Gewerbe- und Industriegebieten die Mindesttiefe von 2,50 m bei Gebäuden geringer Höhe sowie in allen Gebieten bei untergeordneten Gebäuden bis auf 1,50 m unterschritten werden. ²Dies gilt nicht für Abstandsflächen gegenüber Grundstücksgrenzen.

(11) Von Nachbargrundstücken, zu denen Abstandsflächen einzuhalten sind, müssen Vorbauten, Erker, Balkone und Terrassen mindestens 2 m entfernt bleiben.

(12) Es kann zugelassen werden:

1. im Falle des Absatzes 9 Satz 1 eine geringere Tiefe der Abstandsfläche, wenn das Gebäude sonst nicht in der vorhandenen, das Straßenbild prägenden Gebäudeflucht errichtet werden kann,

2. ein Flächenausgleich innerhalb einer unregelmäßig begrenzten Abstandsfläche, beispielsweise bewirkt durch Giebeldreiecke oder Vorbauten,

3. im Falle der Absätze 9 und 10 eine Unterschreitung der Tiefe der Abstandsfläche beziehungsweise der Mindesttiefe der Abstandsfläche von 2,50 m um bis zu 0,2 m, wenn bei bestehenden Gebäuden Maßnahmen zur Verbesserung des Wärmeschutzes durchgeführt werden; das gilt entsprechend hinsichtlich der in Absatz 11 genannten Mindesttiefe vor Vorbauten und Erkern.

(13) Zwingende Festsetzungen eines Bebauungsplans, die andere Bemessungen der Abstandsfläche ergeben, haben den Vorrang.

§ 7
Übernahme von Abständen und Abstandsflächen auf Nachbargrundstücke

¹Soweit nach diesem Gesetz oder nach Vorschriften auf Grund dieses Gesetzes Abstände und Abstandsflächen auf dem Grundstück selbst liegen müssen, dürfen sie sich ganz oder teilweise auf andere Grundstücke erstrecken, wenn durch Baulast nach § 79 gesichert ist, dass sie nicht überbaut und nicht auf andere Abstände und Abstandsflächen angerechnet werden. ²Vorschriften dieses Gesetzes, nach denen bauliche Anlagen in Abständen oder Abstandsflächen zulässig sind oder ausnahmsweise zugelassen werden können, bleiben unberührt.

§ 8
Teilung von Grundstücken

[1]Die Teilung eines Grundstücks, das bebaut oder dessen Bebauung genehmigt ist, bedarf zu ihrer Wirksamkeit der Genehmigung der Bauaufsichtsbehörde. [2]Die Genehmigung ist zu versagen, wenn durch die Teilung Verhältnisse geschaffen würden, die diesem Gesetz oder den auf Grund dieses Gesetzes erlassenen Vorschriften zuwiderlaufen. [3]§ 19 Absatz 2, Absatz 3 Sätze 2 bis 5 und Absatz 4 sowie § 20 Absätze 2 bis 4 des Baugesetzbuchs in der Fassung vom 27. August 1997 (BGBl. 1997 I S. 2142, 1998 I S. 137) gelten sinngemäß.

§ 9
Bepflanzung und Herrichtung unbebauter Flächen

(1) [1]Die nicht überbauten Flächen bebauter Grundstücke sowie unbebaute Grundstücke in Baugebieten sind nach den Grundsätzen des Naturschutzes und der Landschaftspflege zu bepflanzen und zu unterhalten; hierbei kann verlangt werden, dass auf diesen Flächen auch Bäume und Sträucher angepflanzt werden. [2]Bei überbaubaren Flächen bestimmt sich die Art der Bepflanzung auch danach, wie lange die Fläche unbebaut bleiben soll.

(2) [1]In Vorgärten (Flächen zwischen der Straßenlinie oder Straßengrenze und der vorderen Fluchtlinie des Gebäudes) können unter der Voraussetzung, dass die Gartengestaltung nicht erheblich beeinträchtigt wird, nur die folgenden baulichen Anlagen zugelassen werden:

1. Fahrradplätze sowie Stellplätze und Standplätze für Abfall- und Wertstoffsammelbehälter sowie

2. eingeschossige Garagen, Kellerersatzräume und besondere bauliche Anlagen für Menschen mit Behinderungen, wenn ein durch die Vorgärten geprägtes Straßenbild erhalten bleibt.

[2]Bei einem besonderen, insbesondere geschäftlichen Bedürfnis kann die Bauaufsichtsbehörde zulassen, dass die an einen öffentlichen Weg angrenzenden privaten Flächen tatsächlich dem allgemeinen Verkehr zugänglich gemacht werden.

(3) [1]Hinter der vorderen Baulinie oder Baugrenze sind in Dorfgebieten, Mischgebieten, Kerngebieten, Gewerbe- und Industriegebieten Arbeits- und Lagerflächen in einem der Nutzung des Grundstücks angemessenen Ausmaß zulässig. [2]In Industriegebieten kann eine solche Nutzung auch für die Flächen vor der vorderen Baulinie oder Baugrenze zugelassen werden.

(4) Die Wasserdurchlässigkeit des Bodens wesentlich mindernde Befestigungen der Geländeoberfläche, wie Asphaltierung oder Betonierung, sind nur soweit zulässig, als dies für die bestimmungsgemäße Nutzung des Grundstücks erforderlich ist und zu erhaltende Bäume und Hecken nicht gefährdet werden.

(5) Die Bauaufsichtsbehörde kann das Anpflanzen von Gewächsen zur Begrünung von baulichen Anlagen verlangen, wenn dadurch gestaltete Bauteile nicht verdeckt werden.

(6) [1]Sind Anlagen auf einem Grundstück vorhanden oder vorgesehen, von denen Lärm oder andere Belästigungen ausgehen können, so sind zur Abschirmung Bäume, Hecken oder Sträucher anzupflanzen oder andere Schutzvorkehrungen zu treffen. [2]Das gilt auch für Nebenanlagen, wie Stellplätze und Standplätze für Abfallbehälter.

(7) Zum Schutz baulicher Anlagen errichtete Drainagen dürfen Bäume und Hecken durch dauerndes Ableiten von Schicht- und Sickerwasser nicht gefährden.

§ 10
Kinderspiel- und Freizeitflächen

(1) Bei Gebäuden mit mehr als zwei bis fünf Wohnungen ist auf dem Grundstück ein Spielplatz für Kleinkinder herzustellen und zu unterhalten.

(2) [1]Bei Gebäuden mit mehr als fünf Wohnungen ist eine Kinderspiel- und Freizeitfläche herzustellen und zu unterhalten. [2]Eine Teilfläche ist als Spielplatz für Kleinkinder in unmittelbarer Nähe des Gebäudes anzulegen.

(3) [1]Die Größe der Kinderspiel- und Freizeitfläche muss je Wohneinheit 10 m^2, insgesamt jedoch mindestens 150 m^2 betragen. [2]Der Spielplatz für Kleinkinder nach den Absätzen 1 und 2 muss je Wohneinheit mindestens 2 m^2 betragen, insgesamt jedoch mindestens 30 m^2. [3]Größere Flächen nach Satz 2 sind in Spielplätze von 30 m^2 bis 50 m^2 aufzuteilen. [4]Eine Unterschreitung der Fläche nach Satz 1 ist zulässig, wenn sonst die auf dem Grundstück zulässige Bebauung nicht verwirklicht werden kann; dabei darf jedoch die Größe des Kleinkinderspielplatzes nach Satz 2 nicht verringert werden.

(4) [1]Die Kinderspiel- und Freizeitflächen sind auf dem Grundstück oder auf einem geeigneten Grundstück in der Nähe herzustellen. [2]Die Benutzung des Grundstücks in der Nähe zu diesem Zweck muss durch Baulast nach § 79 gesichert sein.

(5) [1]Kinderspiel- und Freizeitflächen sind unter Berücksichtigung der Spiel- und Freizeitbedürfnisse der unterschiedlichen Altersgruppen und

der Familien anzulegen. ²Sie sind mit geeigneten Spiel- und Freizeiteinrichtungen einschließlich Sitzgelegenheiten auszustatten. ³Unabhängig davon müssen die Spielplätze für Kleinkinder nach den Absätzen 1 und 2 mit mindestens einer Sandkiste von 5 m² Innenfläche, zwei unterschiedlichen, dem Alter von Kleinkindern angemessenen Spielgeräten und mit Sitzgelegenheit für Erwachsene ausgestattet sein. ⁴Der Sand der Sandkiste ist mindestens jährlich zu erneuern.

(6) Sind in der Nähe Anlagen vorhanden, durch die die Nutzung der Kinderspiel- und Freizeitflächen durch Lärm oder andere Belästigungen beeinträchtigt werden kann, so sind zur Abschirmung Bäume, Hecken oder Sträucher anzupflanzen oder andere Schutzvorkehrungen zu treffen.

(7) Bei bestehenden Gebäuden können Spielplätze für Kleinkinder verlangt werden, wenn die Gesundheit und der Schutz der Kinder dies erfordern und geeignete Flächen verfügbar sind.

(8) Ein Spielplatz für Kleinkinder nach den Absätzen 1 und 2 braucht nicht hergestellt zu werden, wenn die Art der Wohnungen dies nicht erfordert.

§ 11
Einfriedigungen

(1) ¹Die Bauaufsichtsbehörde kann verlangen, dass Grundstücke eingefriedigt oder abgegrenzt werden, wenn die Sicherheit dies erfordert. ²Aus dem gleichen Grunde können Einfriedigungen oder Abgrenzungen untersagt oder eingeschränkt werden.

(2) ¹Bauliche Einfriedigungen an der Grenze benachbarter Grundstücke und zu öffentlichen Wegen und Grünflächen sind bis zu einer Höhe von 1,5 m, vom eigenen Grund gemessen, zulässig. ²Sie müssen durchbrochen sein. ³Einfriedigungen von gewerblich genutzten Grundstücken dürfen dicht und bis zu 2,25 m hoch ausgeführt werden. ⁴Ausnahmen können zugelassen werden.

TEIL 3
Gestaltung

§ 12
Gestaltung

(1) Bauliche Anlagen müssen nach Form, Maßstab, Verhältnis der Baumassen und Bauteile zueinander, Werkstoff und Farbe so gestaltet sein, dass sie nicht verunstaltet wirken.

(2) ¹Bauliche Anlagen sind mit ihrer Umgebung so in Einklang zu bringen, dass sie das Straßenbild, Ortsbild, Stadtbild oder Landschaftsbild nicht verunstalten oder deren beabsichtigte Gestaltung nicht stören. ²Auf Kultur- und Naturdenkmale und auf andere erhaltenswerte Eigenarten der Umgebung ist Rücksicht zu nehmen.

(3) Bei baulichen Anlagen, die infolge ihres Umfanges, ihrer Höhe, ihrer Lage oder ihrer erhaltenswerten Gestaltungsmerkmale das Straßenbild, Ortsbild oder Stadtbild mitbestimmen, können besondere Anforderungen an die Gestaltung der Außenseiten und der Dächer gestellt werden.

(4) ¹Dachaufbauten oder Dacheinschnitte dürfen insgesamt eine Länge haben, die höchstens der Hälfte der Länge ihrer zugehörigen Gebäudeseite entspricht. ²Längere Dachaufbauten und Dacheinschnitte sind zulässig, wenn das Dach mit seinen Aufbauten und Einschnitten auf die Gestaltung des Gebäudes abgestimmt ist, sich gestalterisch in die Umgebung einfügt und die Dachfläche prägend bleibt.

(5) Werden Gebäude an vorhandene Gebäude angebaut, so müssen bei der Gestaltung des Anschlusses die Baumassen und Bauteile aufeinander in ein das Straßenbild nicht störendes Verhältnis bezogen sein und insbesondere ungestaltete Versprünge zwischen den Gebäuden vermieden werden.

§ 13
Werbeanlagen und Automaten

(1) Anlagen der Außenwerbung (Werbeanlagen) sind alle ortsfesten Einrichtungen, die der Ankündigung oder Anpreisung oder als Hinweis, wie auf Gewerbe oder Beruf, dienen und vom öffentlichen Verkehrsraum aus sichtbar sind.

(2) ¹Für Werbeanlagen, die keine baulichen Anlagen sind, gelten die Vorschriften über die Gestaltung baulicher Anlagen sinngemäß. ²Auf Werbemittel an Plakatsäulen, Plakattafeln und anderen für wechselnde Werbung genehmigten Anlagen sind die Vorschriften dieser Bauordnung nicht anzuwenden.

(3) Unzulässig sind:

1. Werbeanlagen auf und unmittelbar an Böschungen, an Brücken, Ufern, Masten und Bäumen,
2. Werbeanlagen, die die Sicherheit des Verkehrs gefährden,
3. Werbeanlagen an öffentlichen Gebäuden repräsentativen oder städtebaulich hervorragenden Charakters, ausgenommen Hinweise auf dort befindliche Dienststellen, Unternehmen oder Veranstaltungen,

4. Werbeanlagen in störender Häufung.

(4) In Vorgärten dürfen nur Schilder aufgestellt oder angebracht werden, die Inhaber und Art eines auf dem Grundstück vorhandenen Betriebes oder eines dort ausgeübten freien Berufes (Stätte der Leistung) kennzeichnen.

(5) In Kleinsiedlungsgebieten, Wohngebieten oder Dorfgebieten sind Werbeanlagen nur an Gebäuden an der Stätte der Leistung zulässig, und zwar in Kleinsiedlungsgebieten und reinen Wohngebieten nur in der Höhe des Erdgeschosses, in allgemeinen und besonderen Wohngebieten und in Dorfgebieten bis zur unteren Dachkante des Gebäudes.

(6) In Misch-, Kern-, Gewerbe- und Sondergebieten sind Werbeanlagen oberhalb der unteren Dachkante nur zulässig, sofern sie keine von der öffentlichen Verkehrsfläche sichtbare Hilfskonstruktion erfordern.

(7) Außerhalb der im Zusammenhang bebauten Ortsteile sind nur Werbeanlagen an der Stätte der Leistung, einzelne Hinweiszeichen darauf sowie Sammelschilder als Hinweis auf ortsansässige gewerbliche Betriebe, die den Belangen der Verkehrsteilnehmer dienen, zulässig.

(8) Hinweise auf besondere Veranstaltungen, Messen, Schaustellungen, Feiern sowie Sportveranstaltungen sind in allen Baugebieten zulässig.

(9) [1]Beleuchtete Werbeanlagen sind so anzuordnen, dass eine Belästigung in Aufenthaltsräumen ausgeschlossen ist. [2]Wechsellicht darf nur in den Gebietsteilen verwendet werden, die der Senat durch Rechtsverordnung bestimmt. [3]Hierbei können Art, Größe, Farbgebung, Lichtstärke, Abfolge des Lichtwechsels und bildhafte Gestaltung der Werbeanlagen geregelt werden.

(10) [1]Für Waren- und Leistungsautomaten, die von öffentlichen Verkehrsflächen aus unmittelbar erreichbar sind und sich nicht im Gebäudeinnern befinden, gelten, wenn sie keine baulichen Anlagen sind, die Vorschriften über die Gestaltung baulicher Anlagen sinngemäß. [2]In Kleinsiedlungsgebieten, reinen Wohngebieten und außerhalb der im Zusammenhang bebauten Ortsteile sind Automaten nur bei Läden, Schank- und Speisewirtschaften zulässig.

TEIL 4
Grundanforderungen an die Bauausführung

§ 14
Baustellen

(1) [1]Baustellen sind so einzurichten und zu betreiben, dass bauliche Anlagen ordnungsgemäß errichtet, geändert oder abgebrochen werden

können und Gefahren oder unzumutbare, jedoch vermeidbare Belästigungen nicht entstehen. ²Baustelleneinrichtungen, insbesondere Gerüste, maschinelle und elektrische Anlagen, müssen betriebssicher und mit den nötigen Schutzvorrichtungen versehen sein. ³Die zuständige Behörde kann Nachweise über die Betriebssicherheit und über die Wirksamkeit von Baustelleneinrichtungen und Schutzvorkehrungen verlangen.

(2) ¹Bei Bauarbeiten, durch die unbeteiligte Personen gefährdet werden können, ist die Gefahrenzone abzugrenzen oder durch Warnzeichen zu kennzeichnen. ²Soweit erforderlich, sind Baustellen mit einem Bauzaun abzugrenzen, mit Schutzvorrichtungen gegen herabfallende Gegenstände zu versehen und zu beleuchten.

(3) Bei der Ausführung genehmigungsbedürftiger Bauvorhaben hat die Bauherrin oder der Bauherr an der Baustelle einen Hinweis anzubringen, der die Bezeichnung des Bauvorhabens und die Namen und Anschriften der Bauherrin oder des Bauherrn, der Entwurfsverfasserin oder des Entwurfsverfassers, der Bauleiterin oder des Bauleiters und der Unternehmerinnen oder Unternehmer für die Hauptgewerke enthalten muss und vom öffentlichen Weg aus sichtbar ist.

(4) ¹Bäume und Hecken müssen während der Bauausführung durch geeignete Vorkehrungen geschützt und bei Grundwasserabsenkung ausreichend bewässert werden. ²Die Durchlässigkeit gewachsenen Bodens ist nach baubedingter Verdichtung wieder herzustellen.

(5) Für die Dauer der Bauausführung sind außerdem zu schützen und, soweit erforderlich, zugänglich zu halten:

1. Gewässer und Brunnen,
2. Grundwassermessstellen und sonstige Messstellen,
3. Öffentliche Verkehrsflächen,
4. Anlagen der öffentlichen Versorgung und des Fernmeldewesens,
5. Anlagen der öffentlichen Abwasserbeseitigung,
6. Grenz-, Mark- und Vermessungszeichen.

(6) Die Anforderungen der Absätze 1 bis 5 gelten sinngemäß auch für Baustellen und Bauvorhaben, die nicht dem Anwendungsbereich dieser Bauordnung unterliegen.

§ 15
Standsicherheit

(1) ¹Jede bauliche Anlage muss im Ganzen und in ihren Teilen sowie für sich allein standsicher sein. ²Die Standsicherheit muss auch beim Errichten, Ändern und Abbrechen sichergestellt sein. ³Die Standsicherheit

vorhandener baulicher Anlagen und die Tragfähigkeit des Baugrundes der Nachbargrundstücke dürfen nicht gefährdet werden.

(2) Uferbauwerke, wie Vorsetzen und Gebäudegründungen an oberirdischen Gewässern sind so herzustellen, dass Austiefungen von ihnen bis zu einer bestimmten Tiefe vorgenommen werden können, ohne dass ihre Standsicherheit gefährdet wird.

(3) [1]Die Verwendung gemeinsam genutzter Bauteile für mehrere bauliche Anlagen auf einem Grundstück ist zulässig. [2]Für bauliche Anlagen auf mehreren Grundstücken gilt dies nur, wenn durch Baulast nach § 79 gesichert ist, dass die gemeinsamen Bauteile beim Abbruch einer der baulichen Anlagen bestehen bleiben. [3]Bei untergeordneten Gebäuden bedarf es keiner Baulast.

§ 16
Schutz gegen schädliche Einflüsse

(1) [1]Bauliche Anlagen sowie andere Anlagen und Einrichtungen im Sinne von § 1 Absatz 1 Satz 2 müssen so angeordnet, beschaffen und gebrauchstauglich sein, dass durch Wasser, Feuchtigkeit, pflanzliche und tierische Schädlinge sowie andere chemische, physikalische oder biologische Einflüsse Gefahren oder unzumutbare Belästigungen nicht entstehen. [2]Baugrundstücke müssen für bauliche Anlagen entsprechend geeignet sein.

(2) Besteht der begründete Verdacht, dass im Einzelfall von der Bodenbeschaffenheit eines Grundstücks für eine beabsichtigte bauliche Nutzung die in Absatz 1 genannten Gefahren oder unzumutbaren Belästigungen ausgehen, kann die Bauaufsichtsbehörde einen Nachweis über deren Art und Umfang sowie über die gegebenenfalls zur Eingrenzung oder Beseitigung dieser Gefahren oder Belästigungen erforderlichen Maßnahmen verlangen.

(3) Werden bauliche Anlagen vom Hausbock, vom Echten Hausschwamm oder von Termiten befallen, so haben die über die bauliche Anlage Verfügungsberechtigten unverzüglich Fachunternehmen mit der Bekämpfung und Schadensbeseitigung zu beauftragen und die Bauaufsichtsbehörde über die Beauftragung schriftlich zu unterrichten.

§ 17
Brandschutz, elektrische Anlagen, Blitzschutzanlagen

(1) Bauliche Anlagen und andere Anlagen und Einrichtungen müssen so beschaffen sein, dass der Entstehung eines Brandes und der Ausbreitung von Feuer und Rauch vorgebeugt wird und bei einem Brand Menschen und Tiere gerettet und Löscharbeiten durchgeführt werden können.

(2) Elektrische Anlagen müssen dem Zweck und der Nutzung der baulichen Anlagen entsprechend ausgeführt sowie betriebssicher und brandsicher sein.

(3) Bauliche Anlagen, bei denen nach Lage, Höhe, Bauart oder Nutzung Blitzschlag leicht eintreten oder zu schweren Folgen führen kann, sind mit Blitzschutzanlagen zu versehen.

§ 18
Wärmeschutz, Schallschutz und Erschütterungsschutz

(1) Gebäude müssen einen ihrer Nutzung und den klimatischen Verhältnissen entsprechenden Wärmeschutz haben.

(2) Gebäude müssen einen ihrer Nutzung entsprechenden Schallschutz gegen Innen- und Außenlärm haben.

(3) Lärm, Erschütterungen und Schwingungen, die von ortsfesten Anlagen oder Einrichtungen in baulichen Anlagen oder auf bebauten Grundstücken ausgehen, sind so zu dämmen, dass Gefahren oder unzumutbare Belästigungen nicht entstehen.

§ 19
Verkehrssicherheit

(1) [1]Bauliche Anlagen und die dem Verkehr dienenden nicht überbauten Flächen bebauter Grundstücke müssen verkehrssicher sein. [2]Gebäudeeingänge müssen zu beleuchten sein; das gilt nicht für untergeordnete Gebäude und Tagesunterkünfte auf Baustellen. [3]Gebäude, für die eine Hausnummer amtlich festgesetzt wird, sind mit einer elektrisch beleuchtbaren Hausnummer (Transparent-Hausnummernleuchte) zu kennzeichnen. [4]Für Gebäude ohne Aufenthaltsräume genügt ein Hausnummernschild, das nicht beleuchtbar zu sein braucht.

(2) Die Sicherheit und Leichtigkeit des öffentlichen Verkehrs darf durch bauliche Anlagen oder ihre Nutzung nicht gefährdet werden.

(3) Allgemein zugängliche Flächen und Treppen in Gebäuden müssen eine lichte Durchgangshöhe von mindestens 2 m haben.

(4) Können Fensterflächen nicht gefahrlos vom Erdboden, vom Innern des Gebäudes oder von Loggien und Balkonen aus gereinigt werden, sind Vorrichtungen, wie Aufzüge, Halterungen oder Stangen, anzubringen, die eine Reinigung von außen ermöglichen.

(5) [1]Fuß- und Radwege auf den Grundstücken zwischen öffentlicher Verkehrsfläche, Gemeinschaftsanlagen und Eingängen von Gebäuden mit mehreren Wohneinheiten sind, soweit nach den örtlichen Verhältnissen möglich, überschaubar auszugestalten. [2]Sie müssen in dem erforderlichen Umfang zu beleuchten sein.

(6) ¹Tausalze und tausalzhaltige Mittel dürfen auf privaten Verkehrsflächen, soweit es sich nicht um besonders gefährliche Stellen handelt, nicht verwendet werden. ²Für die an einen öffentlichen Weg angrenzenden privaten Flächen, die dem allgemeinen Verkehr zugänglich gemacht worden sind, gelten für die Verwendung von Tausalzen und tausalzhaltigen Mitteln die Vorschriften des Hamburgischen Wegegesetzes.

TEIL 5
Bauprodukte und Bauarten

§ 20
Bauprodukte

(1) ¹Bauprodukte dürfen für die Errichtung, Änderung und Instandhaltung baulicher Anlagen nur verwendet werden, wenn sie für den Verwendungszweck

1. von den nach Absatz 2 bekannt gemachten technischen Regeln nicht oder nicht wesentlich abweichen (geregelte Bauprodukte) oder nach Absatz 3 zulässig sind und wenn sie auf Grund des Übereinstimmungsnachweises nach § 22 das Übereinstimmungszeichen (Ü-Zeichen) tragen oder

2. nach den Vorschriften

   a) des Bauproduktengesetzes (BauPG),

   b) zur Umsetzung der Richtlinie 89/106/EWG des Rates zur Angleichung der Rechts- und Verwaltungsvorschriften der Mitgliedstaaten über Bauprodukte (Bauproduktenrichtlinie) vom 21. Dezember 1988 (Amtsblatt der Europäischen Gemeinschaften Nummer L 40 Seite 12) durch andere Mitgliedstaaten der Europäischen Gemeinschaften und andere Vertragsstaaten des Abkommens über den Europäischen Wirtschaftsraum oder

   c) zur Umsetzung sonstiger Richtlinien der Europäischen Gemeinschaften, soweit diese die wesentlichen Anforderungen nach § 5 Absatz 1 BauPG berücksichtigen,

in den Verkehr gebracht und gehandelt werden dürfen, insbesondere wenn sie das Konformitätszeichen der Europäischen Gemeinschaften (CE-Zeichen) nach § 12 BauPG tragen und dieses Zeichen die nach Absatz 7 Nummer 1 festgelegten Klassen- und Leistungsstufen ausweist.

²Sonstige Bauprodukte, die von allgemein anerkannten Regeln der Technik nicht abweichen, dürfen auch verwendet werden, wenn diese Regeln nicht in der Bauregelliste A nach Absatz 2 bekannt gemacht worden sind. ³Sonstige Bauprodukte, die von allgemein anerkannten Regeln der Tech-

nik abweichen, bedürfen keines Nachweises ihrer Verwendbarkeit nach Absatz 3; § 3 Absatz 3 Satz 5 erster Halbsatz bleibt unberührt.

(2) ¹Die Bauaufsichtsbehörde macht für Bauprodukte, für die nicht nur die Vorschriften nach Absatz 1 Nummer 2 maßgebend sind, in der Bauregelliste A die technischen Regeln bekannt, die zur Erfüllung der in diesem Gesetz und in auf Grund dieses Gesetzes erlassenen Vorschriften an bauliche Anlagen gestellten Anforderungen erforderlich sind. ²Diese technischen Regeln gelten als allgemein anerkannte Regeln der Technik im Sinne des § 3 Absatz 3 Satz 1.

(3) ¹Bauprodukte, für die technische Regeln in der Bauregelliste A nach Absatz 2 bekannt gemacht worden sind und die von diesen wesentlich abweichen oder für die es Technische Baubestimmungen oder allgemein anerkannte Regeln der Technik nicht gibt (nicht geregelte Bauprodukte), müssen

1. eine allgemeine bauaufsichtliche Zulassung (§ 20 a),

2. ein allgemeines bauaufsichtliches Prüfzeugnis (§ 20 b) oder

3. eine Zustimmung im Einzelfall (§ 20 c)

haben. ²Ausgenommen sind Bauprodukte, die für die Erfüllung der Anforderungen dieses Gesetzes oder der auf Grund dieses Gesetzes erlassenen Vorschriften nur eine untergeordnete Bedeutung haben und die die Bauaufsichtsbehörde in einer Liste C im Amtlichen Anzeiger bekannt gemacht hat.

(4) Der Senat kann durch Rechtsverordnung vorschreiben, dass für bestimmte Bauprodukte, auch soweit sie Anforderungen nach anderen Rechtsvorschriften unterliegen, hinsichtlich dieser Anforderungen bestimmte Nachweise der Verwendbarkeit und bestimmte Übereinstimmungsnachweise nach Maßgabe der §§ 20 bis 20 c und der §§ 22 bis 23 zu führen sind, wenn die anderen Rechtsvorschriften diese Nachweise verlangen oder zulassen.

(5) ¹Bei Bauprodukten nach Absatz 1 Satz 1 Nummer 1, deren Herstellung in außergewöhnlichem Maß von der Sachkunde und Erfahrung der damit betrauten Personen oder von einer Ausstattung mit besonderen Vorrichtungen abhängt, kann in der allgemeinen bauaufsichtlichen Zulassung, in der Zustimmung im Einzelfall oder durch Rechtsverordnung vorgeschrieben werden, dass die Herstellerin oder der Hersteller über solche Fachkräfte und Vorrichtungen verfügt und den Nachweis hierüber gegenüber einer Prüfstelle nach § 23 zu erbringen hat. ²In der Rechtsverordnung können Mindestanforderungen an die Ausbildung, die durch Prüfung nachzuweisende Befähigung und die Ausbildungsstätten einschließlich der Anerkennungsvoraussetzungen gestellt werden.

(6) Für Bauprodukte, die wegen ihrer besonderen Eigenschaften oder ihres besonderen Verwendungszweckes einer außergewöhnlichen Sorgfalt bei Einbau, Transport, Instandhaltung oder Reinigung bedürfen, kann in der allgemeinen bauaufsichtlichen Zulassung, in der Zustimmung im Einzelfall oder durch Rechtsverordnung die Überwachung dieser Tätigkeiten durch eine Überwachungsstelle nach § 23 Absatz 1 Nummer 5 vorgeschrieben werden.

(7) Die Bauaufsichtsbehörde kann in der Bauregelliste B

1. festlegen, welche der Klassen und Leistungsstufen, die in Normen, Leitlinien oder europäischen technischen Zulassungen nach dem Bauproduktengesetz oder in anderen Vorschriften zur Umsetzung von Richtlinien der Europäischen Gemeinschaften enthalten sind, Bauprodukte nach Absatz 1 Satz 1 Nummer 2 erfüllen müssen und

2. bekannt machen, inwieweit andere Vorschriften zur Umsetzung von Richtlinien der Europäischen Gemeinschaften die wesentlichen Anforderungen nach § 5 Absatz 1 BauPG nicht berücksichtigen.

§ 20 a
Allgemeine bauaufsichtliche Zulassung

(1) Die Bauaufsichtsbehörde erteilt auf schriftlichen Antrag eine allgemeine bauaufsichtliche Zulassung für nicht geregelte Bauprodukte, wenn deren Verwendbarkeit im Sinne des § 3 Absatz 2 nachgewiesen ist.

(2) ^{1}Die zur Begründung des Antrags erforderlichen Unterlagen sind beizufügen. ^{2}Soweit erforderlich, sind Probestücke vom Antragsteller zur Verfügung zu stellen oder durch Sachverständige, die die Bauaufsichtsbehörde bestimmen kann, zu entnehmen oder Probeausführungen unter Aufsicht der Sachverständigen herzustellen. ^{3}§ 63 Absatz 2 gilt entsprechend.

(3) Die Bauaufsichtsbehörde kann für die Durchführung der Prüfung die sachverständige Stelle und für Probeausführungen die Ausführungsstelle und Ausführungszeit vorschreiben.

(4) ^{1}Die allgemeine bauaufsichtliche Zulassung wird widerruflich und für eine bestimmte Frist erteilt, die in der Regel fünf Jahre beträgt. ^{2}Die Zulassung kann mit weiteren Nebenbestimmungen versehen werden. ^{3}Sie kann auf schriftlichen Antrag um in der Regel jeweils fünf Jahre verlängert werden. ^{4}Die Frist kann auch rückwirkend verlängert werden, wenn der Antrag vor Fristablauf bei der Bauaufsichtsbehörde eingegangen ist.

(5) Die Zulassung wird unbeschadet der Rechte Dritter erteilt.

(6) Die Bauaufsichtsbehörde macht die von ihr erteilten allgemeinen bauaufsichtlichen Zulassungen nach Gegenstand und wesentlichem Inhalt öffentlich bekannt.

(7) Allgemeine bauaufsichtliche Zulassungen anderer Länder gelten auch in der Freien und Hansestadt Hamburg.

§ 20 b
Allgemeines bauaufsichtliches Prüfzeugnis

(1) ¹Bauprodukte,

1. deren Verwendung nicht der Erfüllung erheblicher Anforderungen an die Sicherheit baulicher Anlagen dient oder

2. die nach allgemein anerkannten Prüfverfahren beurteilt werden,

bedürfen an Stelle einer allgemeinen bauaufsichtlichen Zulassung nur eines allgemeinen bauaufsichtlichen Prüfzeugnisses. ²Die Bauaufsichtsbehörde macht dieses mit der Angabe der maßgebenden technischen Regeln und, soweit es keine allgemein anerkannten Regeln der Technik gibt, mit der Bezeichnung der Bauprodukte in der Bauregelliste A bekannt.

(2) ¹Ein allgemeines bauaufsichtliches Prüfzeugnis wird von der Prüfstelle nach § 23 Absatz 1 Satz 1 Nummer 1 für nicht geregelte Bauprodukte nach Absatz 1 erteilt, wenn deren Verwendbarkeit im Sinne des § 3 Absatz 2 nachgewiesen ist. ²§ 20 a Absätze 2 bis 7 gilt entsprechend.

§ 20 c
Nachweis der Verwendbarkeit von Bauprodukten im Einzelfall

¹Mit Zustimmung der Bauaufsichtsbehörde dürfen im Einzelfall

1. Bauprodukte, die ausschließlich nach dem Bauproduktengesetz oder nach sonstigen Vorschriften zur Umsetzung von Richtlinien der Europäischen Gemeinschaften in Verkehr gebracht und gehandelt werden dürfen, jedoch deren Anforderungen nicht erfüllen, und

2. nicht geregelte Bauprodukte

verwendet werden, wenn deren Verwendbarkeit im Sinne des § 3 Absatz 2 nachgewiesen ist. ²Wenn Gefahren im Sinne des § 3 Absatz 1 nicht zu erwarten sind, kann die Bauaufsichtsbehörde im Einzelfall erklären, dass ihre Zustimmung nicht erforderlich ist.

§ 21
Bauarten

(1) ¹Bauarten, die von Technischen Baubestimmungen wesentlich abweichen oder für die es allgemein anerkannte Regeln der Technik nicht gibt (nicht geregelte Bauarten), dürfen bei der Errichtung, Änderung und Instandhaltung baulicher Anlagen nur angewendet werden, wenn für sie

1. eine allgemeine bauaufsichtliche Zulassung oder
2. eine Zustimmung im Einzelfall

erteilt worden ist. ²Anstelle einer allgemeinen bauaufsichtlichen Zulassung genügt ein allgemeines bauaufsichtliches Prüfzeugnis, wenn die Bauart nicht der Erfüllung erheblicher Anforderungen an die Sicherheit baulicher Anlagen dient oder nach allgemein anerkannten Prüfverfahren beurteilt wird. ³Das Deutsche Institut für Bautechnik macht diese Bauarten mit der Angabe der maßgebenden technischen Regeln und, soweit es keine allgemein anerkannten Regeln der Technik gibt, mit der Bezeichnung der Bauarten im Einvernehmen mit der Bauaufsichtsbehörde in der Bauregelliste A bekannt. ⁴§ 20 Absätze 5 und 6 sowie § 20 a, § 20 b Absatz 2 und 20 c gelten entsprechend. ⁵Wenn Gefahren im Sinne des § 3 Absatz 1 nicht zu erwarten sind, kann die Bauaufsichtsbehörde im Einzelfall oder für genau begrenzte Fälle allgemein festlegen, dass eine allgemeine bauaufsichtliche Zulassung, ein allgemeines bauaufsichtliches Prüfzeugnis oder eine Zustimmung im Einzelfall nicht erforderlich ist.

(2) Der Senat kann durch Rechtsverordnung vorschreiben, dass für bestimmte Bauarten, auch soweit sie Anforderungen nach anderen Rechtsvorschriften unterliegen, Absatz 1 ganz oder teilweise anwendbar ist, wenn die anderen Rechtsvorschriften dies verlangen oder zulassen.

§ 22
Übereinstimmungsnachweis

(1) ¹Bauprodukte bedürfen einer Bestätigung ihrer Übereinstimmung mit den technischen Regeln nach § 20 Absatz 2, den allgemeinen bauaufsichtlichen Zulassungen, den allgemeinen bauaufsichtlichen Prüfzeugnissen oder den Zustimmungen im Einzelfall. ²Als Übereinstimmung gilt auch eine Abweichung, die nicht wesentlich ist.

(2) ¹Die Bestätigung der Übereinstimmung erfolgt durch

1. Übereinstimmungserklärung des Herstellers (§ 22 a) oder
2. Übereinstimmungszertifikat (§ 22 b).

²Die Bestätigung durch Übereinstimmungszertifikat kann die Bauaufsichtsbehörde in der allgemeinen bauaufsichtlichen Zulassung, in der

Zustimmung im Einzelfall oder in der Bauregelliste A vorschreiben, wenn dies zum Nachweis einer ordnungsgemäßen Herstellung erforderlich ist. ³Bauprodukte, die nicht in Serie hergestellt werden, bedürfen nur der Übereinstimmungserklärung des Herstellers nach § 22 a Absatz 1, sofern nichts anderes bestimmt ist. ⁴Die Bauaufsichtsbehörde kann im Einzelfall die Verwendung von Bauprodukten ohne das erforderliche Übereinstimmungszertifikat gestatten, wenn nachgewiesen ist, dass diese Bauprodukte den technischen Regeln, Zulassungen, Prüfzeugnissen oder Zustimmungen nach Absatz 1 entsprechen.

(3) Für Bauarten gelten die Absätze 1 und 2 entsprechend.

(4) Die Übereinstimmungserklärung und die Erklärung, dass ein Übereinstimmungszertifikat erteilt ist, hat der Hersteller durch Kennzeichnung der Bauprodukte mit dem Übereinstimmungszeichen (Ü-Zeichen) unter Hinweis auf den Verwendungszweck abzugeben.

(5) Das Ü-Zeichen ist auf dem Bauprodukt, auf einem Beipackzettel oder auf seiner Verpackung oder, wenn dies Schwierigkeiten bereitet, auf dem Lieferschein oder auf einer Anlage zum Lieferschein anzubringen.

(6) Ü-Zeichen aus anderen Ländern und aus anderen Staaten gelten auch in der Freien und Hansestadt Hamburg.

§ 22 a
Übereinstimmungserklärung der Herstellerin oder des Herstellers

(1) Die Herstellerin oder der Hersteller darf eine Übereinstimmungserklärung nur abgeben, wenn sie oder er durch werkseigene Produktionskontrolle sichergestellt hat, dass das von ihr oder ihm hergestellte Bauprodukt den maßgebenden technischen Regeln, der allgemeinen bauaufsichtlichen Zulassung, dem allgemeinen bauaufsichtlichen Prüfzeugnis oder der Zustimmung im Einzelfall entspricht.

(2) ¹In den technischen Regeln nach § 20 Absatz 2, in der Bauregelliste A, in den allgemeinen bauaufsichtlichen Zulassungen, in den allgemeinen bauaufsichtlichen Prüfzeugnissen oder in den Zustimmungen im Einzelfall kann eine Prüfung der Bauprodukte durch eine Prüfstelle vor Abgabe der Übereinstimmungserklärung vorgeschrieben werden, wenn dies zur Sicherung einer ordnungsgemäßen Herstellung erforderlich ist. ²In diesen Fällen hat die Prüfstelle das Bauprodukt daraufhin zu überprüfen, ob es den maßgebenden technischen Regeln, der allgemeinen bauaufsichtlichen Zulassung, dem allgemeinen bauaufsichtlichen Prüfzeugnis oder der Zustimmung im Einzelfall entspricht.

§ 22 b
Übereinstimmungszertifikat

(1) Ein Übereinstimmungszertifikat ist von einer Zertifizierungsstelle nach § 23 Absatz 1 Nummer 3 zu erteilen, wenn das Bauprodukt

1. den maßgebenden technischen Regeln, der allgemeinen bauaufsichtlichen Zulassung, dem allgemeinen bauaufsichtlichen Prüfzeugnis oder der Zustimmung im Einzelfall entspricht und
2. einer werkseigenen Produktionskontrolle sowie einer Fremdüberwachung nach Maßgabe des Absatzes 2 unterliegt.

(2) ¹Die Fremdüberwachung ist von Überwachungsstellen nach § 23 Absatz 1 Nummer 4 durchzuführen. ²Die Fremdüberwachung hat regelmäßig zu überprüfen, ob das Bauprodukt den maßgebenden technischen Regeln, der allgemeinen bauaufsichtlichen Zulassung, dem allgemeinen bauaufsichtlichen Prüfzeugnis oder der Zustimmung im Einzelfall entspricht.

§ 23
Prüf-, Zertifizierungs- und Überwachungsstellen

(1) ¹Die Bauaufsichtsbehörde kann eine Person, Stelle oder Überwachungsgemeinschaft als

1. Prüfstelle für die Erteilung allgemeiner bauaufsichtlicher Prüfzeugnisse (§ 20 b Absatz 2),
2. Prüfstelle für die Überprüfung von Bauprodukten vor Bestätigung der Übereinstimmung (§ 22 a Absatz 2),
3. Zertifizierungsstelle (§ 22 b Absatz 1),
4. Überwachungsstelle für die Fremdüberwachung (§ 22 b Absatz 2),
5. Überwachungsstelle für die Überwachung nach § 20 Absatz 6 oder
6. Prüfstelle für die Überprüfung nach § 20 Absatz 5

anerkennen, wenn sie oder die bei ihr Beschäftigten nach ihrer Ausbildung, Fachkenntnis, persönlichen Zuverlässigkeit, ihrer Unparteilichkeit und ihren Leistungen die Gewähr dafür bieten, dass diese Aufgaben den öffentlich-rechtlichen Vorschriften entsprechend wahrgenommen werden, und wenn sie über die erforderlichen Vorrichtungen verfügen. ²Satz 1 ist entsprechend auf Behörden anzuwenden, wenn sie ausreichend mit geeigneten Fachkräften besetzt und mit den erforderlichen Vorrichtungen ausgestattet sind.

(2) ¹Die Anerkennung von Prüf-, Zertifizierungs- und Überwachungsstellen anderer Länder gilt auch in der Freien und Hansestadt Hamburg. ²Prüf-, Zertifizierungs- und Überwachungsergebnisse von Stellen, die

nach Artikel 16 Absatz 2 der Bauproduktenrichtlinie von einem anderen Mitgliedstaat der Europäischen Gemeinschaften oder von einem anderen Vertragsstaat des Abkommens über den Europäischen Wirtschaftsraum anerkannt worden sind, stehen entsprechend dieser Anerkennung den Ergebnissen der in Absatz 1 genannten Stellen gleich. ³Dies gilt auch für Prüf-, Zertifizierungs- und Überwachungsergebnisse von Stellen anderer Staaten, wenn sie in einem Artikel 16 Absatz 2 der Bauproduktenrichtlinie entsprechenden Verfahren anerkannt worden sind.

(3) ¹Die Bauaufsichtsbehörde erkennt auf Antrag eine Person, Stelle, Überwachungsgemeinschaft oder Behörde als Stelle nach Artikel 16 Absatz 2 der Bauproduktenrichtlinie an, wenn in dem in Artikel 16 Absatz 2 der Bauproduktenrichtlinie vorgesehenen Verfahren nachgewiesen ist, dass die Person, Stelle, Überwachungsgemeinschaft oder Behörde die Voraussetzungen erfüllt, nach den Vorschriften eines anderen Mitgliedstaates der Europäischen Gemeinschaften oder eines anderen Vertragsstaates des Abkommens über den Europäischen Wirtschaftsraum zu prüfen, zu zertifizieren oder zu überwachen. ²Dies gilt auch für die Anerkennung von Personen, Stellen, Überwachungsgemeinschaften oder Behörden, die nach den Vorschriften eines anderen Staates zu prüfen, zu zertifizieren oder zu überwachen beabsichtigen, wenn der erforderliche Nachweis in einem Artikel 16 Absatz 2 der Bauproduktenrichtlinie entsprechenden Verfahren geführt wird.

TEIL 6
Sicherheitsanforderungen an Gebäude

§ 24
Brandschutztechnische Anforderungen an Gebäude und Gebäudeteile

(1) ¹Leicht entflammbare Baustoffe dürfen nicht verwendet werden. ²Dies gilt nicht für Baustoffe, wenn sie in Verbindung mit anderen Baustoffen nicht leicht entflammbar sind; diese Verbindung muss außerhalb der Baustelle hergestellt sein. ³Deckenverkleidungen dürfen nicht brennend abtropfen. ⁴Das gilt auch für äußere Verkleidungen von Außenwänden. ⁵Aus Gründen des Brandschutzes kann verlangt werden, dass in Rettungswegen Fußbodenbeläge aus nichtbrennbaren Baustoffen verwendet werden.

(2) Die Anforderungen an belastete und aussteifende Wände (tragende Wände) gelten sinngemäß auch für Pfeiler und Stützen.

(3) ¹Bei feuerhemmenden oder feuerbeständigen Bauteilen müssen die unterstützenden Bauteile sowie alle für deren Standsicherheit im Brandfall bedeutsamen Aussteifungen, Verbände und Verbindungen mindes-

tens den an diese Bauteile gestellten brandschutztechnischen Anforderungen genügen. ²Feuerbeständige Bauteile müssen in ihren wesentlichen Teilen aus nichtbrennbaren Baustoffen bestehen; dies gilt nicht für feuerbeständige Abschlüsse von Öffnungen. Wesentliche Teile sind alle für die Standsicherheit und den Raumabschluss erforderlichen Teile.

(4) ¹Brandwände müssen feuerbeständig sein und aus nichtbrennbaren Baustoffen bestehen. ²Sie dürfen bei einem Brand ihre Standsicherheit nicht verlieren und müssen die Ausbreitung von Feuer auf andere Gebäude oder Brandabschnitte innerhalb von Gebäuden verhindern. ³Innere Brandwände können zur Unterteilung eines Gebäudes geschossweise versetzt werden, wenn

1. die Decken, soweit sie die versetzten Brandwände unmittelbar verbinden, feuerbeständig sind und keine Öffnungen haben,

2. die Bauteile, die diese Wände und Decken unterstützen, feuerbeständig sind und

3. die Außenwände innerhalb des Versatzbereiches, in dem diese Wände angeordnet sind, in allen Geschossen feuerbeständig sind und Öffnungen in den Außenwänden so angeordnet oder andere Vorkehrungen so getroffen sind, dass eine Brandübertragung in andere Brandabschnitte nicht möglich ist.

⁴In Bereichen versetzter Brandwände sind brennbare Außenwandverkleidungen unzulässig.

(5) ¹Sind Gebäude oder Brandabschnitte innerhalb von Gebäuden, die über Eck in einem Winkel bis zu 120° zusammenstoßen, durch eine Brandwand zu trennen, so ist sie in einem Abstand von mindestens 5 m von der Ecke zu errichten. ²Sie kann in einem geringeren Abstand errichtet werden, wenn die Außenwand zwischen der Brandwand und dem Eckabstandsmaß von 5 m auch als Brandwand ausgebildet wird.

(6) ¹Bauteile mit brennbaren Baustoffen dürfen Brandwände nicht überbrücken. ²Bauteile dürfen in Brandwände nur soweit eingreifen, dass der verbleibende Wandquerschnitt feuerbeständig und die Wand im Brandfall standsicher bleibt. ³Für Leitungen, Leitungsschlitze und Schornsteine gilt Satz 2 sinngemäß.

(7) Vor Außenwände vortretende Gebäudeteile, wie Erker und Balkone, sind im Bereich von Wänden zum Abschluss von Gebäuden, von Brandwänden und von Wänden, die an Stelle von Brandwänden zugelassen werden, so anzuordnen und auszubilden, dass eine Brandausbreitung auf andere Gebäude oder Brandabschnitte verhindert wird.

(8) ¹Jede Nutzungseinheit muss in jedem Geschoss über mindestens zwei voneinander unabhängige Rettungswege mit dem Freien in Verbin-

dung stehen. ²Ein zweiter Rettungsweg ist nicht erforderlich im einzigen Kellergeschoss und im obersten Dachgeschoss von Wohngebäuden geringer und mittlerer Höhe, wenn sie keine Aufenthaltsräume oder Räume mit erhöhter Brand- oder Explosionsgefahr enthalten und wenn von jeder Stelle in höchstens 20 m Entfernung ein Ausgang ins Freie oder ein Treppenraum erreichbar ist. ³Erstreckt sich eine Wohnung über zwei Geschosse, wie Maisonettewohnungen, genügt es, abweichend von Satz 1, dass eines der Geschosse nur über einen Rettungsweg mit dem Freien in Verbindung steht.

(9) ¹Von jeder Stelle einer zu ebener Erde liegender Nutzungseinheit muss als erster Rettungsweg in höchstens 35 m Entfernung mindestens ein Ausgang ins Freie oder ein Treppenraum oder ein besonders gegen das Eindringen von Feuer und Rauch ausgebildeter notwendiger Flur (Rettungstunnel) zu erreichen sein. ²Als zweiter Rettungsweg muss mindestens ein weiterer Ausgang ins Freie zu erreichen sein.

(10) ¹Von jeder Stelle einer nicht zu ebener Erde liegenden Nutzungseinheit muss als erster Rettungsweg in höchstens 35 m Entfernung, in Hochhäusern in höchstens 25 m Entfernung eine Treppe (notwendige Treppe) oder der zugehörige Treppenraum zu erreichen sein. ²Als zweiter Rettungsweg muss in Hochhäusern eine weitere notwendige Treppe vorhanden sein. ³In anderen Gebäuden genügt als zweiter Rettungsweg eine weitere Treppe oder die Möglichkeit zur Rettung über eine Öffnung, z. B. ein Fenster, wobei die Öffnung von außen mit Rettungsgeräten erreichbar sein muss. ⁴Ein zweiter Rettungsweg ist nicht erforderlich, wenn die notwendige Treppe in einem Treppenraum liegt, in den Feuer und Rauch nicht eindringen können (Sicherheitstreppenraum).

(11) ¹Übereinander liegende Kellergeschosse müssen je Geschoss mindestens zwei getrennte Ausgänge haben, von denen einer unmittelbar oder durch einen an einer Außenwand liegenden Treppenraum ins Freie führen muss. ²Kellergeschosse von Hochhäusern müssen in jedem Brandabschnitt mindestens zwei getrennte Ausgänge haben, von denen einer unmittelbar oder durch einen an einer Außenwand liegenden Treppenraum, der mit anderen Treppenräumen des Gebäudes nicht in Verbindung steht, ins Freie führen muss. ³Kellergeschosse von Hochhäusern dürfen mit Treppenräumen, die vom Erdgeschoss aufwärts gehen, nur über einen selbstständigen Raum mit feuerbeständigen Wänden und feuerbeständiger Decke, mit mindestens feuerhemmenden Brandschutztüren sowie mit einem Fußboden aus nichtbrennbaren Baustoffen (Sicherheitsschleuse) in Verbindung stehen.

(12) ¹Wände und Decken von Durchfahrten müssen feuerbeständig sein. ²Ihre Verkleidungen einschließlich der Dämmstoffe und Unterkonstruktionen müssen aus nichtbrennbaren Baustoffen bestehen.

(13) ¹Die notwendigen Mindestbreiten für Rettungswege dürfen durch Einbauten und Einrichtungen nicht eingeengt werden. ²Leitungsanlagen sind in Rettungswegen nur zulässig, wenn hierdurch Brandgefahren nicht entstehen können.

(14) ¹An Gebäudeabschlusswände nach § 2 Absatz 10 von Gewächshäusern ohne eigene Feuerstätten werden brandschutztechnische Anforderungen nicht gestellt. ²Absatz 1 bleibt unberührt.

§ 25
Wohngebäude geringer Höhe mit nicht mehr als zwei Wohnungen

(1) ¹Bei Wohngebäuden geringer Höhe mit nicht mehr als zwei Wohnungen müssen tragende Wände mindestens feuerhemmend sein. ²Das gilt nicht für tragende Wände

– von Gebäuden mit nur einem Vollgeschoss, auch in solchen mit Dachraum ohne Aufenthaltsräume,

– von Geschossen im Dachraum ohne Aufenthaltsräume,

– von Geschossen im Dachraum mit Aufenthaltsräumen, wenn das darüber liegende Geschoss keine Aufenthaltsräume hat.

³In Kellergeschossen müssen tragende Wände mindestens feuerhemmend sein und in den wesentlichen Teilen aus nichtbrennbaren Baustoffen bestehen.

(2) ¹Gebäudeabschlusswände nach § 2 Absatz 10 müssen feuerbeständig sein; bei aneinander gereihten Gebäuden sind Gebäudeabschlusswände, die für einen Brand von innen feuerhemmend sind, zulässig, wenn wegen des Brandschutzes keine Bedenken bestehen. ²Sie sind bis unmittelbar unter die Bedachung zu führen und müssen bei einem Brand ausreichend standsicher sein. ³Die Anforderungen des § 24 Absätze 5 und 6 Satz 1 gelten sinngemäß. ⁴Für Gebäudeabschlusswände, die untergeordneten Gebäuden oder Gewächshäusern ohne eigene Feuerstätten gegenüberliegen, können Ausnahmen zugelassen werden, wenn wegen des Brandschutzes keine Bedenken bestehen.

(3) ¹Bei Gebäudeabschlusswänden nach § 2 Absatz 10 müssen die äußeren Oberflächen oder deren Verkleidungen aus mindestens schwer entflammbaren Baustoffen bestehen; Dämmstoffe und Unterkonstruktionen sind aus normal entflammbaren Baustoffen zulässig. ²Bei Außenwänden, die an andere Gebäude angrenzen, muss durch geeignete konstruktive Maßnahmen eine Brandausweitung auf diese Gebäude verhindert werden.

(4) Trennwände zwischen Nutzungseinheiten müssen mindestens feuerhemmend sein und beidseitig eine Beplankung aus nichtbrennbaren Baustoffen haben.

(5) ¹Wände von Treppenräumen und ihren Verbindungswegen ins Freie müssen mindestens feuerhemmend sein und beidseitig eine Beplankung aus nichtbrennbaren Baustoffen haben. ²Dies gilt nicht, wenn die Treppenraumwände Außenwände sind und der Treppenraum im Brandfall nicht von außen gefährdet werden kann.

(6) ¹Decken müssen mindestens feuerhemmend sein. ²Das gilt nicht für Gebäude mit nur einem Vollgeschoss, auch in solchen mit Dachraum ohne Aufenthaltsräume, und außerhalb der Rettungswege nicht für die obersten Decken in Dachräumen. ³Für Decken, die gleichzeitig das Dach bilden, außer für Decken über Rettungswegen, gelten die Anforderungen wie an Dächer. ⁴Außerdem müssen Kellerdecken in den wesentlichen Teilen aus nichtbrennbaren Baustoffen bestehen.

(7) ¹Die Absätze 1 und 6 gelten nicht für Gebäude mit einem Abstand von mindestens 10 m gegenüber anderen Gebäuden und mindestens 5 m gegenüber Nachbargrenzen; ein Abstand von 5 m gegenüber Nachbargrenzen kann unterschritten werden, wenn ein Abstand von mindestens 10 m gegenüber Gebäuden nach § 2 Absatz 3 Nummern 1 bis 3 auf den Nachbargrundstücken öffentlich-rechtlich gesichert ist. ²Die Erleichterungen des Satzes 1 gelten auch, wenn frei stehende Wohngebäude gegenüber untergeordneten Gebäuden und Gewächshäusern ohne Feuerstätten einen geringeren Abstand haben.

§ 26
Gebäude geringer Höhe mit mehr als zwei Wohnungen oder mit anderen Nutzungen

(1) ¹Bei Gebäuden geringer Höhe mit mehr als zwei Wohnungen oder mit anderen Nutzungen, die nicht dem Wohnen dienen, müssen tragende Wände mindestens feuerhemmend sein und in den wesentlichen Teilen aus nichtbrennbaren Baustoffen bestehen. ²Das gilt nicht für tragende Wände

– von Gebäuden mit nur einem Vollgeschoss, auch in solchen mit Dachraum ohne Aufenthaltsräume,

– von Geschossen im Dachraum ohne Aufenthaltsräume,

– von Geschossen im Dachraum mit Aufenthaltsräumen, wenn das darüber liegende Geschoss keine Aufenthaltsräume hat.

³In ausschließlich gewerblich genutzten Gebäuden mit einer Gebäudegrundfläche bis zu 500 m² und nicht mehr als zwei Geschossen sind tra-

gende Wände in zumindest feuerhemmender Ausführung zulässig, wenn sie beidseitig eine Beplankung aus nichtbrennbaren Baustoffen haben. [4]In Kellergeschossen müssen tragende Wände feuerbeständig sein.

(2) [1]Gebäudeabschlusswände nach § 2 Absatz 10 müssen Brandwände sein. [2]Bei Gebäuden ohne Wohnungen genügen gegenüber Gebäuden auf demselben Grundstück feuerbeständige Wände; die Anforderungen des § 24 Absätze 5 und 6 Satz 1 gelten sinngemäß. [3]Die Wände sind bis unmittelbar unter die Bedachung zu führen. [4]Aus Gründen des Brandschutzes kann, außer bei Wohngebäuden, verlangt werden, dass diese Wände bis zu 1 m über Dach geführt werden. [5]Für Gebäudeabschlusswände, die untergeordneten Gebäuden oder Gewächshäusern ohne eigene Feuerstätten gegenüberliegen, und für Gebäudeabschlusswände des untergeordneten Gebäudes können Ausnahmen zugelassen werden, wenn wegen des Brandschutzes keine Bedenken bestehen.

(3) [1]Bei Gebäudeabschlusswänden nach § 2 Absatz 10 müssen die äußeren Oberflächen oder deren Verkleidungen aus mindestens schwer entflammbaren Baustoffen bestehen; Dämmstoffe und Unterkonstruktionen sind aus normal entflammbaren Baustoffen zulässig. [2]Bei Außenwänden, die an andere Gebäude oder an Wände, die Brandabschnitte innerhalb von Gebäuden unterteilen, angrenzen, muss durch geeignete konstruktive Maßnahmen eine Brandausbreitung auf die anderen Gebäude oder Brandabschnitte verhindert werden. [3]Satz 1 gilt nicht für untergeordnete Gebäude bis 30 m^3 umbauten Raum, wenn sie mindestens 5 m von anderen als untergeordneten Gebäuden entfernt errichtet werden.

(4) Bei mehrgeschossigen Wohngebäuden müssen äußere Oberflächen von Außenwänden oder deren Verkleidungen einschließlich der Dämmstoffe und Unterkonstruktionen aus mindestens schwer entflammbaren Baustoffen bestehen; stabförmige Unterkonstruktionen sind aus normal entflammbaren Baustoffen zulässig.

(5) [1]Ausgedehnte Gebäude sind in Abständen von höchstens 40 m durch Brandwände zu unterteilen. [2]Größere Abstände sind zulässig, wenn wegen des Brandschutzes keine Bedenken bestehen. [3]Die Brandwände sind bis unmittelbar unter die Bedachung zu führen. [4]Bei Gebäuden mit weicher Bedachung sind sie 0,5 m über Dach zu führen. [5]Aus Gründen des Brandschutzes kann, außer bei Wohngebäuden, verlangt werden, dass diese Wände bis zu 1 m über Dach geführt werden.

(6) [1]Trennwände zwischen Nutzungseinheiten und zwischen Räumen, von denen mindestens einer so genutzt wird, dass eine erhöhte Brand- oder Explosionsgefahr besteht, müssen feuerbeständig sein. [2]In Gebäuden nach Absatz 1 Satz 3 und im obersten Geschoss von Dachräumen sind feuerhemmende Trennwände zulässig, wenn sie beidseitig eine Beplankung

aus nichtbrennbaren Baustoffen haben. [3]Trennwände zwischen Wohnungen und landwirtschaftlichen Betriebsräumen müssen feuerbeständig sein; sie müssen Brandwände sein, wenn der umbaute Raum der Betriebsräume größer als 2000 m^3 ist. [4]Die Trennwände sind bis unmittelbar unter die Bedachung oder die Rohdecke zu führen, soweit die Rohdecke die an diese Wände gestellten Anforderungen erfüllt.

(7) [1]Wände von Treppenräumen und ihren Verbindungswegen ins Freie müssen feuerbeständig sein. [2]Dies gilt nicht für Treppenraumwände aus nichtbrennbaren Baustoffen, wenn sie Außenwände sind und der Treppenraum im Brandfall nicht von außen gefährdet werden kann.

(8) Verkleidungen einschließlich der Dämmstoffe und Unterkonstruktionen sowie Einbauten müssen in Treppenräumen und ihren Verbindungswegen ins Freie aus nichtbrennbaren Baustoffen bestehen.

(9) Wände notwendiger Flure sind mindestens feuerhemmend und mit einer beidseitigen Beplankung aus nichtbrennbaren Baustoffen herzustellen.

(10) Trennwände zwischen Nutzungseinheiten und offenen Gängen, die die einzige Verbindung zwischen Aufenthaltsräumen und notwendigen Treppen und deren Treppenräumen sind, müssen in Gebäuden mit mehr als einem Geschoss über der festgelegten Geländeoberfläche mindestens feuerhemmend sein und beidseitig eine Beplankung aus nichtbrennbaren Baustoffen haben.

(11) [1]Decken müssen mindestens feuerhemmend sein und in den wesentlichen Teilen aus nichtbrennbaren Baustoffen bestehen. [2]Die obersten Decken in Dachräumen sowie Dachschrägen über Aufenthaltsräumen, ihren Zugängen und zugehörigen Nebenräumen müssen für eine Brandbeanspruchung von unten mindestens feuerhemmend sein. [3]Die Sätze 1 und 2 gelten nicht für Gebäude mit nur einem Vollgeschoss, auch in solchen mit Dachraum ohne Aufenthaltsräume. [4]Decken und Dachschrägen über Treppenräumen müssen mindestens feuerhemmend sein und in den wesentlichen Teilen aus nichtbrennbaren Baustoffen bestehen. [5]Kellerdecken und Decken zwischen Wohnungen und landwirtschaftlichen oder gewerblichen Betriebsräumen und zwischen Räumen, von denen mindestens einer so genutzt wird, dass eine erhöhte Brand- oder Explosionsgefahr besteht, müssen feuerbeständig sein. [6]Im Übrigen gelten für Decken, die gleichzeitig das Dach bilden, außer für Decken über Rettungswegen, die Anforderungen wie an Dächer. [7]In Gebäuden nach Absatz 1 Satz 3 sind Decken nach Satz 1 in feuerhemmender Ausführung zulässig, wenn sie unterseitig eine Beplankung aus nichtbrennbaren Baustoffen haben.

(12) ¹Notwendige Treppen müssen mindestens feuerhemmend sein und in den wesentlichen Teilen aus nichtbrennbaren Baustoffen bestehen. ²Das gilt nicht für Treppen, die nach § 32 Absatz 1 Satz 2 ohne eigenen Treppenraum zulässig sind oder nach § 32 Absatz 1 Satz 3 zugelassen werden.

§ 27
Gebäude mittlerer Höhe

(1) ¹Bei Gebäuden mittlerer Höhe müssen tragende Wände feuerbeständig sein. ²Das gilt nicht für tragende Wände

- von Geschossen im Dachraum ohne Aufenthaltsräume,
- von Geschossen im Dachraum mit Aufenthaltsräumen, wenn das darüber liegende Geschoss keine Aufenthaltsräume hat.

(2) ¹Gebäudeabschlusswände nach § 2 Absatz 10 müssen Brandwände sein. ²Bei Gebäuden ohne Wohnnutzung genügen gegenüber Gebäuden auf demselben Grundstück feuerbeständige Wände; die Anforderungen des § 24 Absätze 5 und 6 Satz 1 gelten sinngemäß. ³Die Wände sind mindestens 0,3 m über Dach zu führen oder in Höhe der Bedachung mit einer ausreichend auskragenden feuerbeständigen Platte abzuschließen. ⁴Aus Gründen des Brandschutzes kann, außer bei Wohngebäuden, verlangt werden, dass diese Wände bis zu 1 m über Dach geführt werden.

(3) Außenwände, die nicht tragende Wände und die nicht Gebäudeabschlusswände nach § 2 Absatz 10 sind, müssen mindestens feuerhemmend sein und in den wesentlichen Teilen aus nichtbrennbaren Baustoffen bestehen.

(4) Äußere Oberflächen von Außenwänden oder deren Verkleidungen einschließlich der Dämmstoffe und Unterkonstruktionen müssen aus mindestens schwer entflammbaren Baustoffen bestehen; für stabförmige Unterkonstruktionen genügen normal entflammbare Baustoffe, wenn die Dämmschicht und die äußere Verkleidung aus nichtbrennbaren Baustoffen bestehen.

(5) ¹Ausgedehnte Gebäude sind in Abständen von höchstens 40 m durch Brandwände zu unterteilen. ²Größere Abstände sind zulässig, wenn wegen des Brandschutzes keine Bedenken bestehen. ³Absatz 2 Sätze 3 und 4 gilt sinngemäß.

(6) ¹Trennwände zwischen Nutzungseinheiten und zwischen Räumen, von denen mindestens einer so genutzt wird, dass eine erhöhte Brand- oder Explosionsgefahr besteht, müssen feuerbeständig sein. ²Trennwände zwischen Wohnungen und landwirtschaftlichen oder gewerblichen Betriebsräumen müssen feuerbeständig sein; sie müssen Brandwände

sein, wenn der umbaute Raum der Betriebsräume größer als 2000 m³ ist. ³Die Trennwände sind bis unmittelbar unter die Bedachung oder die Rohdecke zu führen, soweit die Rohdecke die an diese Wände gestellten Anforderungen erfüllt.

(7) Wände von Treppenräumen und ihren Verbindungswegen ins Freie müssen in der Bauart von Brandwänden hergestellt sein, soweit sie keine Außenwände sind.

(8) Wände notwendiger Flure müssen feuerbeständig sein.

(9) Wände zwischen Nutzungseinheiten und offenen Gängen, die die einzige Verbindung zwischen Aufenthaltsräumen und Treppenräumen notwendiger Treppen sind, müssen mindestens feuerhemmend sein und beidseitig eine Beplankung aus nichtbrennbaren Baustoffen haben.

(10) ¹Decken müssen feuerbeständig sein. ²Für oberste Decken in Dachräumen sowie für Dachschrägen über Aufenthaltsräumen, ihren Zugängen und zugehörigen Nebenräumen genügt es, wenn sie für eine Brandbeanspruchung von unten mindestens feuerhemmend ausgebildet sind; Decken und Dachschrägen über Treppenräumen sowie notwendigen Fluren müssen feuerbeständig sein. ³Im Übrigen gelten für Decken, die gleichzeitig das Dach bilden, außer für Decken über Rettungswegen, die Anforderungen wie an Dächer.

(11) Verkleidungen einschließlich der Dämmstoffe und Unterkonstruktionen sowie Einbauten müssen in Rettungswegen aus nichtbrennbaren Baustoffen bestehen.

(12) Notwendige Treppen müssen feuerbeständig und an der Unterseite geschlossen sein.

§ 28
Hochhäuser

(1) Bei Hochhäusern müssen tragende Wände feuerbeständig sein.

(2) ¹Gebäudeabschlusswände nach § 2 Absatz 10 müssen Brandwände sein. ²Sie sind 0,3 m über Dach zu führen oder in Höhe der Bedachung mit einer ausreichend auskragenden feuerbeständigen Platte abzuschließen. ³Aus Gründen des Brandschutzes kann, außer bei Wohngebäuden, verlangt werden, dass diese Wände bis zu 1 m über Dach geführt werden.

(3) ¹Außenwände, die nicht Wände nach den Absätzen 1 und 2 sind, müssen aus nichtbrennbaren Baustoffen bestehen. ²Sie sind so herzustellen, dass eine Brandausbreitung auf andere Geschosse verhindert wird.

(4) ¹Äußere Oberflächen von Außenwänden oder deren Verkleidungen einschließlich der Dämmstoffe und Unterkonstruktionen müssen aus nichtbrennbaren Baustoffen bestehen. ²Bei Hochhäusern, bei denen der

Fußboden des obersten Geschosses nicht höher als 30 m über der festgelegten Geländeoberfläche liegt, sind Verkleidungen aus schwer entflammbaren Baustoffen und Unterkonstruktionen aus mindestens normal entflammbaren Baustoffen zulässig, wenn ein Streifen von mindestens 1 m Breite umlaufend um Öffnungen in Außenwänden aus nichtbrennbaren Bauprodukten hergestellt wird; das gilt nicht für Wände von Sicherheitstreppenräumen und deren Zugängen.

(5) [1]Ausgedehnte Gebäude sind in Abständen von höchstens 40 m durch Brandwände zu unterteilen. [2]Größere Abstände können zugelassen werden, wenn wegen des Brandschutzes keine Bedenken bestehen. [3]Absatz 2 Sätze 2 und 3 gelten sinngemäß.

(6) [1]Trennwände zwischen Nutzungseinheiten und zwischen Räumen, von denen mindestens einer so genutzt wird, dass eine erhöhte Brand- oder Explosionsgefahr besteht, müssen feuerbeständig sein. [2]Die Trennwände sind bis unmittelbar unter die Bedachung oder die Rohdecke zu führen, soweit die Rohdecke die an diese Wände gestellten Anforderungen erfüllt.

(7) Wände von Treppenräumen und ihren Verbindungswegen ins Freie müssen in der Bauart von Brandwänden hergestellt sein.

(8) Wände notwendiger Flure müssen feuerbeständig sein.

(9) Wände zwischen Nutzungseinheiten und offenen Gängen, die die einzige Verbindung zwischen Aufenthaltsräumen und Treppenräumen notwendiger Treppen sind, müssen feuerbeständig sein.

(10) [1]Decken müssen feuerbeständig sein. [2]Die Widerstandsfähigkeit gegen Feuer muss durch die Rohdecke allein erreicht werden.

(11) [1]Verkleidungen einschließlich der Dämmstoffe und Unterkonstruktionen sowie Einbauten müssen in Rettungswegen aus nichtbrennbaren Baustoffen bestehen. [2]Außerhalb von Rettungswegen müssen Verkleidungen einschließlich der Dämmstoffe und Unterkonstruktionen mindestens aus schwer entflammbaren Baustoffen bestehen; Wandverkleidungen sind aus normal entflammbaren Baustoffen zulässig, wenn die Unterseite der angrenzenden Decken aus nichtbrennbaren Baustoffen besteht.

(12) Notwendige Treppen müssen feuerbeständig und an der Unterseite geschlossen sein.

§ 29
Feuerschutzabschlüsse von Öffnungen in Wänden und Decken

(1) [1]Öffnungen in Gebäudeabschlusswänden nach § 2 Absatz 10, in Brandwänden und Wänden, die an Stelle von Brandwänden zugelassen

werden, sind nicht zulässig. ²Ausnahmen können zugelassen werden, wenn die Öffnungen mit selbstschließenden, feuerbeständigen Abschlüssen und bei Türöffnungen mit selbstschließenden feuerbeständigen Türen (feuerbeständige Brandschutztüren), versehen sind oder der Brandschutz auf andere Weise gesichert ist. ³Satz 1 gilt nicht für Öffnungen in Vorbauten und Erkern.

(2) ¹Öffnungen in Trennwänden zwischen Nutzungseinheiten sowie zwischen Räumen, von denen mindestens einer so genutzt wird, dass eine erhöhte Brand- oder Explosionsgefahr besteht, müssen mit mindestens selbstschließenden feuerhemmenden Abschlüssen versehen sein. ²An Stelle der selbstschließenden feuerhemmenden Abschlüsse nach Satz 1 sind Rauchschutztüren zulässig, wenn sie aus nichtbrennbaren Baustoffen bestehen, in einem lichten Abstand von mindestens 2 m angeordnet sind und der zwischen ihnen liegende Raum als Schleuse mit feuerbeständigen Wänden und Decken, im Übrigen ohne Öffnungen hergestellt ist und nichtbrennbare Verkleidungen und Fußbodenbeläge enthält. ³Türöffnungen zwischen notwendigen Fluren und Wohnungen müssen bei Gebäuden mit mehr als zwei Geschossen dichte und gegen Feuer ausreichend widerstandsfähige Türen erhalten. ⁴An Öffnungen in Wänden zwischen Nutzungseinheiten und offenen Garagen werden keine Anforderungen gestellt.

(3) ¹Öffnungen in Decken, für die eine feuerbeständige oder feuerhemmende Bauart vorgeschrieben ist, müssen mit Abschlüssen von entsprechender Feuerwiderstandsdauer versehen werden. ²Dies gilt nicht für Öffnungen innerhalb einer Wohnung, von Wohnungen zum zugehörigen Dachraum, von Rettungswegen ins Freie und in Dachschrägen. ³Ausnahmen von Satz 1 können zugelassen werden, wenn wegen des Brandschutzes keine Bedenken bestehen.

(4) ¹Türöffnungen in Treppenraumwänden müssen zu Kellergeschossen, zu nicht ausgebauten Dachräumen, Werkstätten, Verkaufsstätten, Lagerräumen und ähnlichen Räumen mindestens selbstschließende feuerhemmende Türen (feuerhemmende Brandschutztüren), Türöffnungen zwischen Treppenräumen und notwendigen Fluren müssen rauchdichte und selbstschließende Türen (Rauchschutztüren) erhalten. ²Das gilt nicht für Wohngebäude nach § 25. ³Alle anderen Türöffnungen in Treppenraumwänden, die nicht ins Freie führen, müssen bei Gebäuden mit mehr als zwei Geschossen dichte und gegen Feuer ausreichend widerstandsfähige Türen erhalten.

(5) ¹In Hochhäusern sind Öffnungen in Treppenraumwänden nur zu notwendigen Fluren, Sicherheitsschleusen, Vorräumen oder ins Freie zulässig. ²Abschlüsse dieser Öffnungen zu notwendigen Fluren und Vorräumen müssen mindestens feuerhemmend sein und aus nichtbrenn-

baren Baustoffen bestehen. ³Türen müssen selbstschließend sein. ⁴Rauchschutztüren sind zulässig als Türen zu Vorräumen und notwendigen Fluren, wenn der Abstand zu anderen Öffnungen in den notwendigen Fluren mindestens 2,5 m beträgt.

(6) ¹Öffnungen im Sinne des § 24 Absatz 10 Satz 3 müssen ein lichtes Maß von mindestens 0,6 m Breite und 1,2 m Höhe haben und höchstens 1,2 m über der Fußbodenoberkante angeordnet sein. ²Liegen diese Öffnungen in Dachaufbauten, so darf ihre Unterkante oder ein davor liegender Austritt von der Traufkante nur so weit entfernt sein, dass Menschen gerettet werden können.

(7) Für übereinander liegende Kellergeschosse sind gemeinsame Kellerlichtschächte unzulässig.

§ 30
Dächer

(1) ¹Die Bedachung muss widerstandsfähig gegen Flugfeuer und strahlende Wärme sein (harte Bedachung). ²Das gilt nicht für geringe Teilflächen und Vordächer geringerer Größe. ³Glasdächer von Gewächshäusern sind zulässig; für andere Gebäude sind sie als Teilflächen zulässig, wenn eine Brandübertragung auf andere Gebäude oder Brandabschnitte durch besondere Vorkehrungen oder ergänzende bauliche Maßnahmen verhindert wird.

(2) Bei Gebäuden geringer Höhe ist eine Bedachung, die den Anforderungen nach Absatz 1 Satz 1 nicht entspricht (weiche Bedachung), zulässig, wenn die Gebäude folgende Abstände einhalten:

1. von der Grundstücksgrenze

   mindestens 12 m,

   angrenzende öffentliche Verkehrsflächen, Gewässer Erster Ordnung und öffentliche Grünflächen können bis zu deren Mitte angerechnet werden,

2. von Gebäuden auf demselben Grundstück mit harter Bedachung

   mindestens 15 m,

3. von Gebäuden auf demselben Grundstück mit weicher Bedachung

   mindestens 24 m,

4. von untergeordneten Gebäuden auf demselben Grundstück

   mindestens 5 m.

(3) ¹Bei aneinander gebauten giebelständigen Gebäuden muss das Dach für eine Brandbeanspruchung von innen nach außen mindestens

feuerhemmend sein. ²Die Unterstützungen müssen mindestens feuerhemmend sein. ³Die Bedachung muss aus nichtbrennbaren Baustoffen bestehen. ⁴Öffnungen in den Dachflächen müssen waagerecht gemessen mindestens 1,25 m von Gebäudeabschlusswänden nach § 2 Absatz 10 entfernt sein.

(4) An Dächer, die Aufenthaltsräume, ihre Zugänge und zugehörige Nebenräume abschließen, können wegen des Brandschutzes besondere Anforderungen gestellt werden.

(5) ¹Dachvorsprünge, Dachgesimse, Dachaufbauten, Glasdächer und Oberlichte sind so anzuordnen und herzustellen, dass Feuer nicht auf andere Gebäudeteile oder Nachbargrundstücke übertragen werden kann. ²Oberlichte, Öffnungen, Dacheinschnitte in der Bedachung und Dachaufbauten sind im Bereich von Gebäudeabschlusswänden nach § 2 Absatz 10, von Brandwänden und von Wänden, die an Stelle von Brandwänden zugelassen werden, so anzuordnen und auszubilden, dass eine Brandausbreitung auf andere Gebäude und Brandabschnitte innerhalb von Gebäuden verhindert wird.

(6) ¹Dächer von Gebäuden oder Gebäudeteilen, die an Wände von höheren Gebäuden oder höheren Gebäudeteilen mit Fenstern angebaut oder vorgebaut werden, sind in einem Bereich von 5 m vor den Fenstern mindestens so widerstandsfähig gegen Feuer herzustellen, wie die Decken des höheren Gebäudes oder Gebäudeteiles. ²Bei untergeordneten angebauten Gebäuden oder diesen Gebäuden vergleichbaren vorgebauten Gebäudeteilen genügt es, dass die Dächer im Bereich von 5 m vor den Fenstern für eine Brandbeanspruchung von innen nach außen mindestens feuerhemmend sind. ³Das gilt nicht für

1. Dächer aus nichtbrennbaren Baustoffen von Vorbauten und Erkern, wenn sie nicht mehr als 1,5 m vortreten und eine Brandausbreitung auf andere Geschosse verhindert wird,

2. Glasdächer aus nichtbrennbaren Baustoffen von Vorbauten, die einer untergeordneten Wohnnutzung dienen (z. B. Wintergarten), und

3. Dächer von An- und Vorbauten an frei stehenden Wohngebäuden geringer Höhe mit einer Wohnung.

(7) ¹Bei Dächern an Verkehrsflächen und über Gebäudeausgängen können Vorrichtungen zum Schutz gegen das Herabfallen von Schnee und Eis verlangt werden. ²Bei Dächern mit weicher Bedachung sind Ausgänge gegen im Brandfall herabrutschende brennende Dachteile zu schützen.

(8) Für die vom Dach aus vorzunehmenden Arbeiten sind sicher benutzbare Vorrichtungen anzubringen.

(9) Glasdächer über allgemein zugänglichen Flächen müssen so ausgebildet sein, dass Menschen durch herabfallende Glasteile nicht gefährdet werden können.

(10) ¹Bei Dächern von Hochhäusern müssen Tragwerk und Zwischenbauteile aus nichtbrennbaren Baustoffen bestehen. ²Die Verwendung brennbarer Baustoffe ist zulässig, wenn die Dachkonstruktion von unten durch eine feuerbeständige Decke geschützt wird und die Gebäudeaußenwand von der Decke bis mindestens 30 cm über Dach aus feuerbeständigen Bauteilen ausgeführt wird.

TEIL 7
Treppen, Rettungswege, Aufzüge, Umwehrungen

§ 31
Treppen und Rampen

(1) ¹Treppen, die als Rettungswege vorgesehen sind, müssen in einem Zuge zu allen angeschlossenen Geschossen führen. ²Bei Treppen zum Dachraum ohne Aufenthaltsräume genügt es, wenn die Treppe vom Treppenraum unmittelbar zugänglich ist. ³Dies gilt nicht für Gebäude geringer Höhe mit nicht mehr als zwei Wohnungen.

(2) ¹Statt Treppen sind Rampen mit flacher Neigung zulässig. ²Rampen für Menschen mit Behinderungen dürfen nicht mehr als 6 vom Hundert geneigt sein.

(3) ¹Einschiebbare Treppen und Fahrtreppen sind als notwendige Treppen, einschiebbare Treppen auch im Zuge anderer Rettungswege, unzulässig. ²Bei Wohngebäuden geringer Höhe mit nicht mehr als zwei Wohnungen sind als Zugang zu einem Dachraum ohne Aufenthaltsräume an Stelle notwendiger Treppen einschiebbare Treppen und Leitern zulässig.

(4) ¹Treppen und Treppenabsätze notwendiger Treppen müssen eine für den größten zu erwartenden Verkehr ausreichende nutzbare Breite und Tiefe haben. ²Sie muss in Hochhäusern mindestens 1,25 m, in anderen Gebäuden mindestens 1,1 m betragen. ³In Gebäuden geringer Höhe mit nicht mehr als zwei Wohnungen und innerhalb von Wohnungen genügt eine nutzbare Breite von 0,8 m.

(5) ¹Treppen müssen mindestens einen festen und griffsicheren Handlauf haben. ²Der Handlauf muss bei baulichen Anlagen nach § 52 mit dem Tastsinn erkennbar und deutlich vom Hintergrund abgesetzt sein. ³Er ist an den freien Seiten der Treppen herumzuführen. ⁴Bei Spindeltreppen ist der Handlauf an der Seite mit den größeren Auftritten anzubringen. ⁵Bei

großer nutzbarer Breite der Treppen sind Handläufe auf beiden Seiten herzustellen; Zwischenhandläufe können gefordert werden.

(6) Zwischen Treppen und Türen, die in Richtung der Treppe aufschlagen, ist ein Treppenabsatz von mindestens 0,5 m Tiefe anzuordnen.

(7) ¹Bauliche Anlagen für Menschen mit Behinderungen und andere besondere Personengruppen nach § 52 müssen mindestens durch einen Eingang stufenlos erreichbar sein. ²Der Eingang muss eine lichte Durchgangsbreite von mindestens 0,90 m haben. ³Vor Türen muss eine ausreichende Bewegungsfläche vorhanden sein. ⁴Rampen müssen mindestens 1,2 m breit sein und beidseitig einen festen und griffsicheren Handlauf haben. ⁵In Abständen von 6 m ist ein Absatz von mindestens 1,2 m Länge, in Laufrichtung gemessen, anzuordnen. ⁶Treppen müssen an beiden Seiten Handläufe erhalten, die über Treppenabsätze und Fensteröffnungen sowie über die letzten Stufen zu führen sind.

(8) Bei baulichen Anlagen nach § 52 müssen jeweils die erste und letzte Stufe einer Treppe deutlich erkennbar abgesetzt sein, so dass sie auch von Menschen mit Sehbehinderungen ohne Schwierigkeiten nutzbar sind.

§ 32
Treppenräume

(1) ¹Jede notwendige Treppe muss in einem eigenen und durchgehenden Treppenraum liegen. ²Bei Wohngebäuden geringer Höhe mit nicht mehr als zwei Wohnungen ist ein Treppenraum nicht erforderlich. ³Bei Wohngebäuden geringer Höhe mit nicht mehr als vier Wohnungen sind außen liegende Treppen ohne eigenen Treppenraum zulässig, wenn der Brandschutz und die Verkehrssicherheit durch ergänzende bauliche Maßnahmen sichergestellt werden. ⁴Für die innere Verbindung von höchstens zwei Geschossen derselben Wohnung, wie bei Maisonettewohnungen sind innen liegende Treppen ohne eigenen Treppenraum zulässig.

(2) ¹Treppenräume notwendiger Treppen sind an einer Außenwand anzuordnen. ²In Hochhäusern ist ein innen liegender Treppenraum zulässig, wenn mindestens zwei Treppenräume vorhanden sind und der Brandschutz durch besondere Vorkehrungen, technische Einrichtungen oder ergänzende bauliche Maßnahmen gewährleistet ist. ³In Gebäuden geringer Höhe und in Gebäuden mittlerer Höhe sind innen liegende Treppenräume zulässig, wenn eine gefahrlose Benutzung der Treppenräume sichergestellt ist.

(3) Von Treppenräumen notwendiger Treppen dürfen je Geschoss nicht mehr als vier Wohnungen oder andere Nutzungseinheiten unmittelbar zugänglich sein.

(4) ¹Jeder Treppenraum nach Absatz 1 muss einen sicheren möglichst kurzen Verbindungsweg ins Freie haben. ²Der Verbindungsweg darf nur durch dem Verkehr dienende Räume führen. ³Der Verbindungsweg und der Ausgang müssen mindestens so breit sein wie die zugehörige notwendige Treppe.

(5) ¹Treppenräume müssen zu lüften und zu beleuchten sein. ²Treppenräume, die an einer Außenwand liegen, müssen außer im Dachgeschoss in jedem Geschoss über der festgelegten Geländeoberfläche Fenster von mindestens 0,6 m × 0,9 m erhalten, die geöffnet werden können. ³Die Brüstungshöhe darf höchstens 1,2 m betragen. ⁴Bei Hochhäusern müssen diese Fenster von anderen Öffnungen in derselben Wand einen Abstand von mindestens 1,5 m, von Öffnungen in Wänden, die in einem Winkel von weniger als 120° anschließen, einen Abstand von mindestens 3 m haben.

(6) ¹Bei an einer Außenwand angeordneten Treppenräumen in Gebäuden mit mehr als fünf Geschossen über der festgelegten Geländeoberfläche sowie bei innen liegenden Treppenräumen ist an der obersten Stelle des Treppenraumes eine Rauchabzugseinrichtung vorzusehen. ²Die Rauchabzugsöffnungen müssen eine Größe von mindestens 5 vom Hundert der Grundfläche des Treppenraumes, mindestens jedoch von 1 m² haben. ³Sie müssen vom Erdgeschoss und vom obersten Treppenabsatz aus zu öffnen sein. ⁴Aus Gründen des Brandschutzes kann verlangt werden, dass die Rauchabzugseinrichtungen zusätzlich auch von anderen Stellen aus geöffnet werden können. ⁵Abweichend von den Sätzen 1 bis 4 darf der Rauch auch auf andere Weise abgeführt werden, wenn hierdurch Gefahren nicht entstehen. ⁶Für Sicherheitstreppenräume nach § 24 Absatz 10 ist eine Rauchabzugseinrichtung nicht erforderlich.

§ 33
Flure

(1) ¹Notwendige Flure sind Flure, über die Rettungswege von Aufenthaltsräumen zu Treppenräumen notwendiger Treppen oder zu Ausgängen ins Freie führen. ²Als notwendige Flure gelten nicht

1. Flure innerhalb von Wohnungen oder Nutzungseinheiten vergleichbarer Größe,
2. Flure innerhalb von Nutzungseinheiten, die einer Büro- oder Verwaltungsnutzung dienen und deren Nutzfläche in einem Geschoss nicht mehr als 400 m² beträgt.

(2) ¹Notwendige Flure müssen für den größten zu erwartenden Verkehr eine ausreichend nutzbare Breite haben. ²Sie müssen mindestens 1 m, in Hochhäusern mindestens 1,25 m breit sein. ³Flure in Gebäuden nach § 52 müssen mindestens 1,5 m breit sein.

(3) In Hochhäusern muss von jeder Stelle eines notwendigen Flures ein Treppenraum

1. bei Fluren mit einer Fluchtrichtung in höchstens 10 m Entfernung,
2. bei Fluren mit mehr als einer Fluchtrichtung in höchstens 20 m Entfernung

erreichbar sein.

(4) [1]Notwendige Flure müssen alle 30 m, in Hochhäusern alle 20 m durch nicht abschließbare Rauchschutztüren unterteilt werden. [2]Größere Abstände sind zulässig, wenn wegen des Brandschutzes keine Bedenken bestehen.

(5) In notwendigen Fluren ist eine Folge von weniger als drei Stufen nicht zulässig.

§ 34
Umwehrungen und Brüstungen

(1) [1]In, an und auf baulichen Anlagen sind Flächen, die im Allgemeinen zum Begehen bestimmt sind und unmittelbar an mehr als 1 m tiefer liegende Flächen angrenzen, zu umwehren oder mit Brüstungen zu versehen. [2]Das gilt auch für nicht begehbare Oberlichte und Glasabdeckungen in allgemein zum Begehen bestimmten Flächen. [3]Umwehrungen und Brüstungen sind nicht erforderlich, wenn sie dem Zweck der Flächen widersprechen, wie bei Verladerampen, Kais und Schwimmbecken.

(2) [1]Kellerlichtschächte und Betriebsschächte, die an Verkehrsflächen liegen, sind zu umwehren oder verkehrssicher abzudecken. [2]Liegen sie in Verkehrsflächen, so sind sie in Höhe der Verkehrsflächen verkehrssicher abzudecken. [3]Abdeckungen an und in öffentlichen Wegen müssen gegen unbefugtes Abheben gesichert sein.

(3) [1]Umwehrungen und Brüstungen müssen folgende Mindesthöhen haben

– mit einer Absturzhöhe von mehr als 1 m bis 12 m	0,9 m,
bei Brüstungen von mindestens 0,15 m Dicke	0,8 m,
– mit einer Absturzhöhe von mehr als 12 m	1,1 m,
bei Brüstungen von mindestens 0,15 m Dicke	0,9 m.

[2]Bei Fensterbrüstungen sind geringere Brüstungshöhen zulässig, wenn durch andere Vorrichtungen, wie Umwehrungen, die notwendigen Mindesthöhen für Umwehrungen eingehalten werden.

§ 35
Aufzüge

(1) ¹In Gebäuden, bei denen der Fußboden eines Aufenthaltsraumes höher als 13 m über der festgelegten Geländeoberfläche liegt, müssen Aufzüge in ausreichender Zahl eingebaut werden. ²Dies gilt nicht, wenn zusätzlicher Wohnraum in bestehenden Wohngebäuden durch Ausbau des Dachraums geschaffen wird. ³Von den Aufzügen muss mindestens einer auch zur Aufnahme von Kinderwagen, Krankentragen, Rollstühlen und Lasten geeignet sein. ⁴Müssen Aufenthaltsräume von Menschen mit Behinderungen mit Rollstühlen erreichbar sein, so sind Aufzüge auch in niedrigeren Gebäuden als nach Satz 1 einzubauen.

(2) ¹In Hochhäusern, bei denen der Fußboden eines Aufenthaltsraumes höher als 30 m über der festgelegten Geländeoberfläche liegt, muss einer der nach Absatz 1 erforderlichen Aufzüge für den Lösch- und Rettungseinsatz geeignet sein (Feuerwehraufzug). ²Vom Feuerwehraufzug muss jede Stelle eines Aufenthaltsraumes in höchstens 50 m Entfernung erreichbar sein.

(3) ¹Vor den Aufzügen muss eine ausreichende Bewegungsfläche vorhanden sein. ²Zur Aufnahme von Rollstühlen bestimmte Aufzüge müssen von öffentlichen Verkehrsflächen stufenlos erreichbar sein und stufenlos erreichbare Haltestellen in allen Geschossen mit Aufenthaltsräumen und notwendigen Nebenanlagen haben; § 31 Absatz 7 Sätze 2 bis 6 gilt entsprechend.

(4) ¹Aufzüge im Innern von Gebäuden müssen eigene feuerbeständige Schächte haben. ²In einem Aufzugsschacht dürfen bis zu drei Aufzüge liegen. ³In Gebäuden, bei denen der Fußboden des obersten Aufenthaltsraumes niedriger als 13 m über der festgelegten Geländeoberfläche liegt, dürfen Aufzüge ohne eigene Schächte innerhalb der Umfassungswände des Treppenraumes liegen. ⁴Sie müssen verkehrssicher umkleidet sein. ⁵Feuerwehraufzüge müssen einen eigenen Schacht haben.

(5) ¹Der Fahrschacht muss zu lüften und mit Rauchabzugseinrichtungen versehen sein. ²Die Rauchabzugsöffnungen müssen eine Größe von mindestens 2,5 vom Hundert der Grundfläche des Fahrschachtes, mindestens jedoch 0,1 m² haben.

(6) Fahrschachttüren und andere Öffnungen in feuerbeständigen Schachtwänden sind so herzustellen, dass Feuer und Rauch nicht in andere Geschosse übertragen werden können.

(7) ¹Der Triebwerksraum für Aufzüge muss von angrenzenden Räumen feuerbeständig abgetrennt und mit mindestens feuerhemmenden Türen versehen sein; er muss zu lüften sein. ²Triebwerke von Feuerwehraufzügen müssen in eigenen Räumen liegen.

(8) Aufzüge, die außerhalb von Gebäuden liegen oder nicht mehr als drei übereinander liegende Geschosse verbinden, sowie vereinfachte Güter-, Kleingüter-, Mühlen- und Lagerhausaufzüge dürfen abweichend von den Absätzen 3, 4 und 6 hergestellt werden, wenn keine Bedenken wegen der Betriebs- und Verkehrssicherheit bestehen und der Brandschutz durch ergänzende bauliche oder technische Maßnahmen gewährleistet ist.

(9) [1]Fahrkörbe zur Aufnahme einer Krankentrage müssen eine nutzbare Grundfläche von mindestens 1,1 m × 2,1 m, zur Aufnahme eines Rollstuhls von mindestens 1,1 m × 1,4 m haben; Türen müssen eine lichte Durchgangsbreite von mindestens 0,90 m haben. [2]In einem Aufzug für Rollstühle und Krankentragen darf der für Rollstühle nicht erforderliche Teil der Fahrkorbgrundfläche durch eine verschließbare Tür abgesperrt werden.

§ 36
Sicherheitstechnisch bedeutsame Anlagen

Für sicherheitstechnisch bedeutsame Anlagen, wie Dampfkesselanlagen, Aufzugsanlagen, Druckbehälteranlagen, Anlagen zur Lagerung, Abfüllung und Beförderung brennbarer Flüssigkeiten, die weder gewerblichen noch wirtschaftlichen Zwecken dienen und in deren Gefahrenbereich auch keine Arbeitnehmer beschäftigt werden, gelten die Sachanforderungen und die Festlegung über erstmalige Prüfungen vor Inbetriebnahme und wiederkehrende Prüfungen der auf Grund von § 11 des Gerätesicherheitsgesetzes in der Fassung vom 23. Oktober 1992 (Bundesgesetzblatt I Seite 1794), zuletzt geändert am 27. Dezember 2000 (BGBl. I S. 2048) erlassenen Verordnungen und der zugehörigen Technischen Regeln sinngemäß.

TEIL 8
Haustechnische Anlagen und Feuerungsanlagen

§ 37
Leitungen, Lüftungsanlagen, Installationsschächte und Installationskanäle

(1) [1]Leitungen dürfen durch

1. Brandwände,

2. feuerbeständige Gebäudeabschlusswände nach § 2 Absatz 10,

3. feuerbeständige Trennwände,

4. feuerbeständige Wände von Treppenräumen und deren Verbindungswegen ins Freie und von Sicherheitsschleusen, soweit sie keine Außenwände sind, und

5. feuerbeständige und feuerhemmende Decken, ausgenommen Decken innerhalb einer Wohnung,

nur hindurchgeführt werden, wenn Feuer und Rauch nicht übertragen werden können. ²Werden Leitungen durch

1. andere feuerbeständige Wände als nach Satz 1,
2. feuerhemmende Trennwände oder
3. feuerhemmende Wände von Treppenräumen und deren Verbindungswegen ins Freie

hindurchgeführt, so sind die Abmessungen der Öffnungen für diese Durchführungen auf das technisch notwendige Maß zu beschränken.

(2) ¹Lüftungsanlagen müssen betriebssicher und brandsicher sein; sie dürfen den ordnungsgemäßen Betrieb von Feuerungsanlagen nicht beeinträchtigen. ²Lüftungsanlagen sind so herzustellen, dass sie Gerüche und Staub nicht in andere Räume übertragen.

(3) ¹Lüftungsleitungen sowie deren Verkleidungen und Dämmstoffe müssen aus nichtbrennbaren Baustoffen bestehen. ²Brennbare Baustoffe sind zulässig, wenn hierdurch Brandgefahren nicht entstehen können.

(4) ¹Lüftungsleitungen dürfen nicht in Schornsteine eingeführt werden. ²Explosive oder gesundheitsschädliche Gase sind in eigenen Lüftungsleitungen zu führen. ³Für die gemeinsame Benutzung von Lüftungsleitungen zur Lüftung und Ableitung von Abgasen von Gasfeuerstätten gilt § 38 Absatz 5 Satz 2. ⁴Die Abluft ist ins Freie zu führen. ⁵Nicht zur Lüftungsanlage gehörende Einrichtungen sind in Lüftungsleitungen nicht zulässig.

(5) Lüftungsschächte, die aus Mauersteinen oder aus Formstücken für Schornsteine hergestellt sind, müssen für ihren Zweck gekennzeichnet werden.

(6) Für Warmluftheizungen gilt der Absatz 1 bezüglich der Anforderungen an Lüftungsleitungen sowie die Absätze 2 bis 5 sinngemäß.

(7) ¹Installationsschächte und Installationskanäle sowie deren Dämmstoffe und Verkleidungen müssen aus nichtbrennbaren Baustoffen bestehen. ²Brennbare Baustoffe sind zulässig, wenn hierdurch Brandgefahren nicht entstehen können. ³Absatz 1 gilt bezüglich der Anforderungen an Leitungen sinngemäß.

(8) ¹Absatz 2 Satz 2 sowie die Absätze 3, 6 und 7 gelten nicht für Wohngebäude mit nicht mehr als zwei Wohnungen und nicht für Lüftungsanlagen, Leitungen, Warmluftheizungen, Installationsschächte und -kanäle, die sich nur innerhalb einer Wohnung befinden.

§ 38
Feuerungs-, Wärme- und Brennstoffversorgungsanlagen

(1) ¹Feuerstätten und Abgasanlagen für Feuerstätten wie Schornsteine, Abgasleitungen und Verbindungsstücke (Feuerungsanlagen), ortsfeste Verbrennungsmotoren, Abgasanlagen für ortsfeste Verbrennungsmotoren, andere Wärme- und Warmwassererzeuger sowie Behälter und Rohrleitungen für brennbare Gase und Flüssigkeiten müssen betriebssicher und brandsicher sein. ²Dies gilt auch für die Anlagen zur Verteilung von Wärme und Warmwasser.

(2) Feuerstätten, andere Wärmeerzeuger, ortsfeste Verbrennungsmotoren, Verdichter sowie Behälter für brennbare Gase und Flüssigkeiten dürfen nur in Räumen aufgestellt werden, bei denen nach Lage, Größe, baulicher Beschaffenheit und Benutzungsart Gefahren nicht entstehen können.

(3) ¹Abgasanlagen für Feuerstätten sind in solcher Zahl, Art, Bemessung, Beschaffenheit und Lage herzustellen, dass die Feuerstätten des Gebäudes ordnungsgemäß angeschlossen werden können. ²Sie müssen leicht und sicher zu reinigen sein.

(4) ¹Die Abgase von Feuerstätten und ortsfesten Verbrennungsmotoren in Gebäuden sind durch Abgasanlagen über Dach abzuleiten. ²Ausnahmen können zugelassen werden, wenn Gefahren oder unzumutbare Belästigungen nicht entstehen können.

(5) ¹Die Abgase von Gasfeuerstätten mit abgeschlossenem Verbrennungsraum, denen die Verbrennungsluft durch dichte Leitungen vom Freien zuströmt (raumluftunabhängige Gasfeuerstätten), dürfen abweichend von Absatz 4 durch die Außenwand ins Freie abgeführt werden, wenn die Nennwärmeleistungen der Feuerstätten zur Beheizung 11 kW, zur Warmwasserbereitung 28 kW nicht überschreiten und wenn Gefahren oder unzumutbare Belästigungen nicht entstehen können. ²Das Einleiten von Abgasen von Gasfeuerstätten in Lüftungsleitungen ist zulässig, wenn Gefahren oder unzumutbare Belästigungen nicht entstehen können.

(6) Gasfeuerstätten sind abweichend von Absatz 4 ohne Abgasanlage zulässig, wenn

1. die Abgase durch einen gesicherten Luftwechsel im Aufstellraum so ins Freie geführt werden, dass Gefahren oder unzumutbare Belästigungen nicht auftreten können,

2. bei Gashaushaltskochgeräten mit einer Nennwärmeleistung von nicht mehr als 11 kW, die eine besondere Vorrichtung zur Verhinderung einer gefährlichen Ansammlung von unverbranntem Gas im Aufstell-

raum haben, der Aufstellraum einen Rauminhalt von mindestens 20 m^3 und mindestens eine Tür ins Freie oder ein Fenster, das geöffnet werden kann, hat oder

3. bei nicht leitungsgebundenen Gasfeuerstätten zur Beheizung von Räumen, die nicht gewerblichen oder landwirtschaftlichen Zwecken dienen, und bei Gasdurchlauferhitzern durch eine besondere Sicherheitseinrichtung gewährleistet ist, dass im Aufstellraum keine gesundheitsgefährdende Kohlenmonoxidkonzentration auftreten kann.

(7) Gasfeuerstätten dürfen in Räumen nur aufgestellt werden, wenn durch besondere Vorrichtungen an den Feuerstätten oder durch Lüftungsanlagen sichergestellt ist, dass gefährliche Ansammlungen von unverbranntem Gas in den Räumen nicht entstehen.

(8) Brennstoffe sind so zu lagern, dass Gefahren oder unzumutbare Belästigungen nicht entstehen können.

§ 39
Wasserversorgungsanlagen

(1) ^{1}Gebäude mit Aufenthaltsräumen dürfen nur errichtet werden, wenn die Versorgung mit Trinkwasser gesichert ist. ^{2}Zur Brandbekämpfung muss eine ausreichende Wassermenge zur Verfügung stehen.

(2) Jede Eigentümerin und jeder Eigentümer eines Gebäudes ist verpflichtet, ihr oder sein Gebäude an das öffentliche Wasserversorgungsnetz anzuschließen und die Wasserversorgungseinrichtungen zu benutzen, sofern das Grundstück an eine Straße mit einer betriebsfertigen Versorgungsleitung der öffentlichen Wasserversorgung grenzt.

(3) ^{1}Jede Wohnung oder andere Nutzungseinheit in Gebäuden, die überwiegend Wohnzwecken dienen, muss mit Einrichtungen zur Messung des Wasserverbrauchs in der Wohnung oder der Nutzungseinheit ausgerüstet sein. ^{2}Die Eigentümerinnen und Eigentümer bestehender Gebäude sind verpflichtet, bis zum 1. September 2004 jede Wohnung oder andere Nutzungseinheit nach Satz 1 mit solchen Einrichtungen auszurüsten. ^{3}Ausnahmen können zugelassen werden, soweit die Ausrüstung im Einzelfall wegen besonderer Umstände durch einen unangemessenen Aufwand oder in sonstiger Weise zu unverhältnismäßigen Kosten führt.

(4) Es kann verlangt werden, dass Betriebe zur Verminderung des Wasserverbrauchs entsprechend dem Stand der Technik besondere Einrichtungen herstellen oder Verfahren anwenden, wie wassersparende Kreisläufe, Wiederaufbereitungsanlagen oder die Nutzung von Betriebswasser.

(5) ¹Die Herstellung von Brunnen zur Trinkwasserversorgung ist zulässig, wenn die Versorgung aus dem öffentlichen Versorgungsnetz nicht gesichert ist und hygienische Anforderungen eingehalten werden. ²Brunnen sind wasserdicht, verkehrssicher und dauerhaft abzudecken.

(6) ¹Brunnen zur Wasserversorgung müssen von Anlagen zur Lagerung und Beseitigung von Abwasser und festen Abfallstoffen, wie Kleinkläranlagen, Abwassersammelgruben, Sielen, Kompost- und Dungstätten, mindestens 15 m entfernt sein. ²Bei Verrieselungsanlagen und bei ungünstigen Bodenverhältnissen können größere Abstände verlangt werden.

(7) Leitungsrohre von Brunnen dürfen keine Verbindung mit den Versorgungsleitungen der öffentlichen Wasserversorgung haben.

(8) ¹Sollen nicht mehr genutzte Brunnen beseitigt werden, so sind sie zu verfüllen und gegen die Oberfläche abzudichten. ²Das Füllmaterial darf keine wassergefährdenden Stoffe enthalten.

§ 40
Abwasserbeseitigung

(1) Bauliche Anlagen dürfen nur errichtet werden, wenn die einwandfreie Beseitigung des Abwassers gesichert ist.

(2) Die einwandfreie Beseitigung des Abwassers ist sichergestellt, wenn das Grundstück, auf dem die bauliche Anlage errichtet wird, dem Anschluss- und Benutzungszwang nach den abwasserrechtlichen Vorschriften unterliegt.

(3) ¹Auf Grundstücken, die nicht an eine öffentliche Abwasseranlage angeschlossen werden können, sind frei stehende Einzel- und Doppelhäuser mit insgesamt nicht mehr als zwei Wohnungen zulässig. ²Bauliche Anlagen für andere Nutzungen sind zulässig, wenn der Abwasseranfall in der Regel nicht größer als bei einer Grundstücksnutzung mit zwei Wohnungen ist und keine Bedenken wegen der Beseitigung und der Art des Abwassers bestehen.

(4) ¹Werden bauliche Anlagen nach Absatz 3 errichtet, so sind Abwassersammelgruben für Schmutzwasser anzulegen. ²Kleinkläranlagen sind an Stelle von Abwassersammelgruben zulässig, wenn die wasserwirtschaftlichen und hygienischen Anforderungen eingehalten werden.

(5) Die Absätze 3 und 4 gelten nicht für bauliche Anlagen ohne eigene Wasserzapfstelle.

(6) ¹Grundstücke, die dem Anschluss- und Benutzungszwang nach den abwasserrechtlichen Vorschriften unterliegen, sind unmittelbar durch eine eigene unterirdische Leitung (Grundleitung) an die öffentlichen Abwasseranlagen anzuschließen; im Fall des § 4 Absatz 2 Satz 2 ist eine

durch Baulast gesicherte gemeinsame Leitung zulässig. ²Werden bauliche Anlagen zu einem Zeitpunkt errichtet, in dem ein Anschluss an öffentliche Abwasseranlagen noch nicht möglich ist, sind die Grundstücksentwässerungsanlagen so einzurichten, dass sie später ohne wesentliche Umbauarbeiten an die öffentliche Abwasseranlage angeschlossen werden können. ³Das gilt auch, wenn in bestehende bauliche Anlagen neue Entwässerungsanlagen eingebaut oder vorhandene bauliche Anlagen wesentlich geändert werden.

§ 41
Anlagen zum Sammeln und Beseitigen von Abwasser

(1) ¹Anlagen zum Sammeln und Beseitigen von Abwasser auf dem Grundstück, wie Abwassersammelgruben und Kleinkläranlagen, müssen von

- Nachbargrenzen mindestens 2 m,
- Öffnungen von Aufenthaltsräumen und öffentlichen Wegen mindestens 5 m,
- oberirdischen Gewässern und Brunnen mindestens 15 m

entfernt sein. ²Für Sickeranlagen können bei ungünstigen Bodenverhältnissen größere Abstände verlangt werden.

(2) ¹Abwassersammelgruben und Kleinkläranlagen müssen wasserdicht und ausreichend groß sein. ²Sie dürfen nicht mit anderen baulichen Anlagen konstruktiv verbunden werden und müssen eine dichte und sichere Abdeckung sowie Reinigungs- und Entleerungsöffnungen haben. ³Diese Öffnungen dürfen nur vom Freien aus zugänglich sein. ⁴Die Anlagen sind so zu entlüften, dass Gesundheitsschäden oder unzumutbare Belästigungen nicht entstehen. ⁵Die Zuleitungen zu den Abwasserbeseitigungsanlagen müssen geschlossen, dicht und, soweit erforderlich, zum Reinigen eingerichtet sein.

(3) ¹Bei der Beseitigung von Niederschlagswasser über Sickeranlagen ist ein ausreichender Stauraum zu schaffen. ²Überlaufendes Wasser muss schadlos abgeführt werden können. ³Den Sickeranlagen dürfen keine wassergefährdenden Stoffe zugeführt werden.

§ 42
Abfallschächte und Abfallsammelräume

(1) In baulichen Anlagen sind nur solche Abfallschächte zulässig, mit denen Abfälle und Wertstoffe, die außerhalb der öffentlichen Abfallentsorgung eingesammelt werden, getrennt gesammelt und bereitgestellt werden können.

(2) ¹Abfallschächte, ihre Einfüllöffnungen und die zugehörigen Sammelräume sind außerhalb von Aufenthaltsräumen und Treppenräumen anzuordnen. ²An Wänden von Wohn- und Schlafräumen sind sie nicht zulässig. ³Die Wände der Abfallschächte sowie die Wände und Decken der Sammelräume müssen feuerbeständig sein. ⁴In Abfallschächten und Sammelräumen sind nur zur Anlage gehörende Einbauten und Einrichtungen zulässig, die aus nichtbrennbaren Baustoffen bestehen müssen. ⁵Der Einbau einer Feuerlöscheinrichtung kann verlangt werden. ⁶In Hochhäusern dürfen Einfüllöffnungen nur in eigenen, sonst nicht genutzten Räumen mit feuerbeständigen Wänden und Decken und mit mindestens feuerhemmenden Brandschutztüren liegen.

(3) ¹Abfallschächte müssen glatte Innenflächen haben. ²Sie sind bis zur obersten Einfüllöffnung ohne Querschnittsänderungen lotrecht zu führen. Eine ständig wirkende Lüftung muss gesichert sein.

(4) ¹In den Wänden der Abfallschächte sind betriebsbedingte Öffnungen zulässig. ²Die Einfüllöffnungen müssen so beschaffen sein, dass Staubbelästigungen nicht auftreten und sperrige Abfälle nicht eingebracht werden können. ³Am oberen Ende des Abfallschachtes ist eine Reinigungsöffnung vorzusehen. ⁴Die Öffnungen sind mit Verschlüssen aus nichtbrennbaren Baustoffen zu versehen.

(5) ¹Der Abfallschacht muss in einen ausreichend großen Sammelraum münden. ²Der Sammelraum muss unmittelbar vom Freien aus zugänglich und zu entleeren sein. ³Die Zugänge des Sammelraumes sind mit feuerhemmenden Brandschutztüren zu versehen. ⁴Die Abfallstoffe sind in beweglichen Abfallbehältern zu sammeln. ⁵Der Sammelraum muss eine ständig wirkende Lüftung haben.

(6) Werden Abfälle und Wertstoffe auf Grund öffentlich-rechtlicher Vorschriften getrennt eingesammelt, so kann die Bauaufsichtsbehörde eine Unterteilung des Abfallschachtes in Teilschächte verlangen.

§ 43
Anlagen für Abfälle

(1) Bauliche Anlagen, bei deren Nutzung Abfälle anfallen, dürfen nur errichtet werden, wenn die auf Grund öffentlich-rechtlicher Vorschriften vorgesehene Trennung der Abfälle und der Wertstoffe durchführbar und die geordnete Entsorgung der Abfälle sichergestellt ist.

(2) ¹Auf Grundstücken, die dem Anschluss- oder Benutzungszwang unterliegen, sind ausreichend bemessene Standplätze für Abfall- und Wertstoffsammelbehälter herzustellen. ²Die Standplätze sind nahe zur Fahrbahn des nächsten, für Abfallsammelfahrzeuge befahrbaren Weges zu errichten.

(3) ¹Die Standplätze müssen von Öffnungen von Aufenthaltsräumen mindestens 5 m entfernt sein. ²Der Abstand darf bis auf 2 m verringert werden, wenn die Behälter in Müllbehälterschränken untergebracht werden. ³Die Sätze 1 und 2 gelten nicht, wenn auf dem Grundstück nur ein Abfall- und Wertstoffsammelbehälter bis zu insgesamt 240 Liter Fassungsvermögen untergebracht werden.

(4) ¹Räume, in denen Standplätze eingerichtet werden (Abfallbehälterräume), und überdachte Standplätze müssen eine lichte Höhe von mindestens 2 m haben. ²Abfallbehälterräume müssen eine ständig wirkende Lüftung haben.

(5) ¹Die Bauaufsichtsbehörde kann verlangen, dass für bestehende bauliche Anlagen ausreichend bemessene Standplätze für Abfall- und Wertstoffsammelbehälter hergestellt werden, wenn anderenfalls durch die Entsorgung der Abfälle und Wertstoffe eine Gefährdung der öffentlichen Sicherheit und Ordnung nicht auszuschließen ist. ²Ist die Herstellung auf dem eigenen Grundstück nicht möglich, kann die Bauaufsichtsbehörde die Herstellung auf öffentlichem Grund verlangen. ³§ 23 Absatz 3 Nummer 2 des Hamburgischen Wegegesetzes findet keine Anwendung; im Übrigen bleiben die Anforderungen des Hamburgischen Wegegesetzes an die Wegenutzung unberührt.

(6) ¹Auf Grundstücken, auf denen außerhalb der öffentlichen Abfallentsorgung Stoffe regelmäßig abgeholt werden, sind ausreichend bemessene Standplätze für Sammelgefäße herzustellen. ²Satz 1 gilt auch für Grundstücke, deren Nutzer eine Rücknahmeverpflichtung zu erfüllen haben. ³Die Absätze 2 bis 5 gelten entsprechend.

TEIL 9
Nutzungsabhängige Anforderungen an bauliche Anlagen, Stellplätze

§ 44
Aufenthaltsräume

(1) ¹Aufenthaltsräume müssen eine für ihre Benutzung ausreichende Grundfläche und lichte Höhe von mindestens 2,5 m haben. ²Für Aufenthaltsräume in Wohnungen sowie für Nutzungen, die zulässigerweise in Wohnungen ausgeübt werden, genügt eine lichte Höhe von 2,4 m, für Aufenthaltsräume in Wohngebäuden mit nicht mehr als 2 Wohnungen kann eine lichte Höhe von 2,3 m zugelassen werden. ³Aufenthaltsräume in Dachgeschossen müssen über mehr als der Hälfte ihrer Grundfläche eine lichte Höhe von mindestens 2,3 m haben; Raumteile mit einer lichten Höhe bis 1,5 m bleiben bei der Berechnung der Grundfläche außer Betracht. ⁴Aufenthaltsräume von Wohnungen sind nur zulässig, wenn der

Fußboden an mindestens einer Außenwand nicht tiefer als 0,5 m unterhalb der festgelegten Geländeoberfläche liegt.

(2) ¹Aufenthaltsräume müssen unmittelbar ins Freie führende und lotrecht stehende Fenster haben, die nach Zahl, Lage und Beschaffenheit eine ausreichende Beleuchtung mit Tageslicht, Lüftung und Sichtverbindung zur Umgebung sicherstellen. ²Bei Wohnungen sind an Stelle der Fensterlüftung andere, gleich wirksame Lüftungseinrichtungen zulässig, sofern dieses aus Gesundheitsgründen notwendig ist; bei anderen Nutzungen sind solche Lüftungseinrichtungen zulässig. ³Verglaste Vorbauten und Loggien sind zulässig, wenn die ausreichende Beleuchtung mit Tageslicht, Lüftung und Sichtverbindung zur Umgebung sichergestellt bleiben. ⁴Geneigte Fenster sowie Oberlichte an Stelle von Fenstern können zugelassen werden, wenn wegen der Anforderungen nach Satz 1 keine Bedenken bestehen. ⁵Die Summe der Fensteröffnungen eines Aufenthaltsraumes muss mindestens ein Achtel der Grundfläche des Raumes betragen. ⁶Dabei sind die Grundflächen von Loggien mitzurechnen. ⁷Als Fensteröffnung gilt das Rohbaumaß.

(3) Aufenthaltsräume, die nicht dem Wohnen dienen, sind ohne Fenster zulässig, wenn

1. gesundheitliche Belange nicht entgegenstehen und
2. eine ausreichende Beleuchtung und Belüftung auf andere Weise sichergestellt ist oder wenn die Nutzung dieses erfordert.

(4) ¹Für Räume, die nicht als Aufenthaltsräume genutzt werden dürfen, kann die Bauaufsichtsbehörde besondere Anforderungen stellen, um eine unzulässige Benutzung zu verhindern. ²Sie kann die Entfernung von Einrichtungen und Anlagen verlangen, die eine Benutzung dieser Räume als Aufenthaltsräume ermöglichen.

§ 45
Wohnungen

(1) ¹Jede Wohnung muss für sich baulich abgeschlossen sein. ²Wohnungen in Wohngebäuden mit nicht mehr als zwei Wohnungen brauchen nicht abgeschlossen zu sein. ³Bei gemeinsamen Zugängen für Wohnungen und andere Nutzungseinheiten dürfen keine Gefahren oder unzumutbare Belästigungen für die Benutzerinnen und Benutzer entstehen.

(2) Wohnungen müssen durchlüftet werden können und eine ihrer Größe entsprechende Zahl besonnter Aufenthaltsräume haben.

(3) ¹Wohnungen müssen eine Küche haben. ²In Wohnungen mit nicht mehr als zwei Aufenthaltsräumen genügt ein Kochplatz mit zusätzlicher Lüftung.

(4) ¹Jede Wohnung muss Abstellraum von mindestens 6 m² Grundfläche haben; davon muss mindestens 1 m² innerhalb der Wohnung liegen. ²Gebäude mit mehr als zwei Wohnungen müssen ausreichend großen und leicht zugänglichen Abstellraum für Fahrräder und Kinderwagen sowie einen ausreichend großen Trockenraum zur gemeinschaftlichen Benutzung haben. ³Die Grundfläche des Abstellraumes für Fahrräder und Kinderwagen muss 2 m² je Wohnung, mindestens jedoch 10 m² betragen. ⁴Die Fläche darf durch entsprechende Vergrößerung der privaten Abstellräume nachgewiesen werden. ⁵Ein Aufstellplatz und eine Anschlussmöglichkeit für mindestens eine Waschmaschine muss in jeder Wohnung oder außerhalb der Wohnung zur gemeinschaftlichen Benutzung vorhanden sein.

(5) Jede Wohnung muss einen durchlüftbaren Waschraum mit Bade- oder Duscheinrichtung haben.

(6) ¹Jede Wohnung muss mindestens eine Toilette mit Wasserspülung haben. ²Die Toilette muss innerhalb der Wohnung und in einem eigenen Raum oder im Waschraum liegen. ³Sie darf von Aufenthaltsräumen nicht unmittelbar zugänglich sein. ⁴Eine zweite Toilette darf von einem Aufenthaltsraum, nicht jedoch von einer Küche unmittelbar zugänglich sein. ⁵Toilettenräume müssen durchlüftet werden können. ⁶Toiletten ohne Wasserspülung sind zulässig, wenn öffentliche Belange nicht entgegenstehen, insbesondere keine gesundheitlichen oder hygienischen Bedenken bestehen.

(7) Bei Wohnungen mit mehr als vier Aufenthaltsräumen ist eine Toilette im Waschraum nur dann zulässig, wenn eine weitere Toilette vorhanden ist.

(8) ¹In Gebäuden mit mehr als zwei Wohnungen müssen die Wohnungen eines Geschosses frei von Hindernissen erreichbar sein. ²In diesen Wohnungen müssen die Wohn- und Schlafräume, eine Toilette, ein Bad und die Küche oder Kochnische mit dem Rollstuhl zugänglich sein. ³Sätze 1 und 2 gelten nicht, soweit die Anforderungen insbesondere wegen schwieriger Geländeverhältnisse, wegen des Einbaus eines sonst nicht erforderlichen Aufzugs oder wegen ungünstiger vorhandener Bebauung nur mit unverhältnismäßigem Mehraufwand erfüllt werden können.

(9) Eingangstüren von Wohnungen, die über Aufzüge erreichbar sein müssen, müssen eine lichte Durchgangsbreite von mindestens 0,90 m haben.

§ 46

– *aufgehoben* –

§ 47
Ställe, Gärfutterbehälter, Dungstätten

(1) [1]Stallgebäude (Ställe) sind so anzuordnen, zu errichten und in Stand zu halten, dass eine gesunde Tierhaltung sichergestellt ist und die Umgebung nicht unzumutbar belästigt wird. [2]Ställe müssen eine für ihre Benutzung ausreichende Grundfläche und lichte Höhe haben. [3]Sie müssen zu belüften und zu beleuchten sein.

(2) Über oder neben Ställen und ihren Nebenräumen dürfen Wohnungen oder Wohnräume nur für Betriebsangehörige und nur dann angeordnet werden, wenn Gefahren oder unzumutbare Belästigungen nicht entstehen.

(3) [1]Die ins Freie führenden Stalltüren müssen nach außen aufschlagen. [2]Ihre Zahl, Höhe und Breite muss so groß sein, dass die Tiere bei Gefahr ohne Schwierigkeiten ins Freie gelangen können.

(4) Der Fußboden des Stalles, sowie Anlagen zum Abführen und Auffangen von Abgängen und Gärfutterbehälter müssen wasserdicht sein.

(5) Für andere Gebäude, die der Tierhaltung dienen und die keine Ställe sind, wie Tierheime, gelten die Absätze 1 bis 4 sinngemäß.

(6) [1]Dungstätten und andere Anlagen zum Auffangen von tierischen Abgängen dürfen keine Verbindung zu anderen Abwasserbeseitigungsanlagen haben und müssen von

- Nachbargrenzen mindestens 2 m,
- Öffnungen von Aufenthaltsräumen mindestens 5 m,
- öffentlichen Wegen mindestens 10 m,
- oberirdischen Gewässern und Brunnen mindestens 15 m

entfernt sein. [2]Sie dürfen nicht unter Aufenthaltsräumen angeordnet werden.

§ 48
Stellplätze und Fahrradplätze

(1) [1]Werden bauliche Anlagen sowie andere Anlagen, bei denen ein Zu- und Abfahrtsverkehr zu erwarten ist, errichtet, sind Stellplätze für Kraftfahrzeuge als offene Stellplätze oder Stellplätze in Garagen sowie Abstellmöglichkeiten für Fahrräder in ausreichender Zahl und Größe sowie in geeigneter Beschaffenheit herzustellen (notwendige Stellplätze und notwendige Fahrradplätze). [2]Ihre Zahl und Größe richtet sich nach Art und Zahl der vorhandenen und zu erwartenden Kraftfahrzeuge und Fahrräder der ständigen Benutzerinnen und Benutzer und Besucherinnen

und Besucher der Anlagen. ³Bei baulichen Änderungen und bei Änderungen der Nutzung sind nur Stellplätze und Fahrradplätze für den Mehrbedarf infolge der Änderung herzustellen.

(2) ¹Bei bestehenden baulichen Anlagen kann die Herstellung von offenen Stellplätzen gefordert werden, wenn dies im Hinblick auf die Art und Zahl der Kraftfahrzeuge der ständigen Benutzerinnen und Benutzer und Besucherinnen und Besucher der Anlage aus Gründen der Sicherheit und Leichtigkeit des Verkehrs geboten ist und soweit entsprechende Grundstücksflächen unbebaut sind oder durch zumutbare Maßnahmen frei und zugänglich gemacht werden können. ²Die Herstellung von Fahrradplätzen kann bei bestehenden baulichen Anlagen gefordert werden, wenn dies aus Gründen der Sicherheit und Leichtigkeit des Verkehrs geboten ist und Flächen oder Räume dafür zur Verfügung stehen oder mit angemessenem Aufwand hergerichtet werden können.

(3) ¹Notwendige Stellplätze und notwendige Fahrradplätze sind auf dem Grundstück oder auf einem geeigneten Grundstück in der Nähe herzustellen. ²Die Benutzung eines Grundstücks in der Nähe für notwendige Stellplätze oder für notwendige Fahrradplätze muss durch Baulast nach § 79 sichergestellt sein. ³Die Bauaufsichtsbehörde kann im Einzelfall bestimmen, ob die Stellplätze und Fahrradplätze auf dem Grundstück oder auf einem anderen Grundstück herzustellen oder nachzuweisen sind, wenn Gründe der Wohnruhe oder des Verkehrs dies erfordern. ⁴Die Unterbringung der Kinderspiel- und Freizeitflächen sowie der Fahrradplätze auf dem Grundstück hat den Vorrang vor der Unterbringung der Stellplätze.

(4) Notwendige Stellplätze können in offenen oder geschlossenen Garagen gefordert werden, wenn die benachbarte Bebauung oder die Wohnruhe dies erfordert.

(5) ¹Notwendige Stellplätze und notwendige Fahrradplätze dürfen nicht für andere als den dafür vorgesehenen Zweck benutzt werden. ²Eine Nutzung notwendiger Stellplätze für andere Zwecke kann befristet zugelassen werden, insbesondere wenn nachweislich ein Bedarf an ihnen nicht besteht. ³Einzelne Stellplätze in vorhandenen Garagen dürfen als Fahrradplätze genutzt werden; dies gilt nicht für Stellplätze, die zu Wohnungen gehören.

(6) Die Herstellung von Stellplätzen kann mit Ausnahme des durch Wohnnutzung verursachten Stellplatzbedarfs ganz oder teilweise untersagt werden, wenn

1. die öffentlichen Wege im Bereich des Grundstücks oder die nächsten Verkehrsknoten durch den Kraftfahrzeugverkehr ständig oder regel-

mäßig zu bestimmten Zeiten überlastet sind oder ihre Überlastung zu erwarten ist oder

2. das Grundstück durch den öffentlichen Personennahverkehr gut erschlossen ist.

§ 49
Ausgleichsbeträge für Stellplätze und Fahrradplätze

(1) [1]Die Verpflichtung nach § 48 wird durch Zahlung eines Ausgleichsbetrages an die Freie und Hansestadt Hamburg erfüllt, wenn nach § 48 Absatz 3 notwendige Stellplätze oder notwendige Fahrradplätze nicht oder nur unter unzumutbaren Schwierigkeiten hergestellt oder nachgewiesen werden können.

[2]Die Zahlungspflicht entfällt, wenn in einem Gebäude, dessen Fertigstellung mindestens fünf Jahre zurückliegt, Wohnraum durch Änderung der Nutzung, durch Ausbau oder durch nachträgliche Abänderung und Errichtung von Dach- und Staffelgeschossen, ohne dass Vollgeschosse entstehen, geschaffen wird.

(2) Die Ausgleichsbeträge dürfen nur verwendet werden zum Erwerb von Flächen sowie zur Herstellung, Unterhaltung, Grundinstandsetzung und Modernisierung von

1. baulichen Anlagen zum Abstellen von Kraftfahrzeugen außerhalb öffentlicher Straßen und von Fahrrädern,

2. Verbindungen zwischen Parkeinrichtungen und Haltestellen des öffentlichen Personennahverkehrs,

3. Parkleitsystemen und anderen Einrichtungen zur Verringerung des Parksuchverkehrs sowie für sonstige Maßnahmen zu Gunsten des ruhenden Verkehrs sowie

4. Einrichtungen des öffentlichen Personennahverkehrs und von öffentlichen Radverkehrsanlagen.

(3) Die Höhe des Ausgleichsbetrages wird durch ein besonderes Gesetz bestimmt.

(4) [1]Die Ausgleichsbeträge nach Absatz 1 und die sich darauf beziehenden Zinsen ruhen auf dem Grundstück als öffentliche Last und, solange das Grundstück mit einem Erbbaurecht belastet ist, auch auf diesem. [2]Die dingliche Haftung kann gegen die jeweilige Eigentümerin bzw. den jeweiligen Eigentümer oder gegen die Erbbauberechtigte bzw. den Erbbauberechtigten geltend gemacht werden. [3]Das gilt auch dann, wenn diese Person nicht persönliche Schuldnerin oder persönlicher Schuldner ist.

§ 50
Gemeinschaftsanlagen

(1) ¹Die Herstellung, die Instandhaltung und der Betrieb von Gemeinschaftsanlagen, insbesondere für Stellplätze, Fahrradplätze, Kinderspiel- und Freizeitflächen und Anlagen für Abfall- und Wertstoffe, für die in einem Bebauungsplan Flächen festgesetzt sind, obliegen den Eigentümerinnen und Eigentümern der Grundstücke, für die diese Anlagen bestimmt sind. ²Eine Erbbauberechtigte oder ein Erbbauberechtigter tritt an die Stelle der Eigentümerin oder des Eigentümers. ³Die Verpflichtungen zur Herstellung, Instandhaltung und zum Betrieb der Gemeinschaftsanlagen gelten auch für die Rechtsnachfolgerinnen und Rechtsnachfolger.

(2) ¹Die Gemeinschaftsanlage muss hergestellt werden, sobald und soweit sie zur Erfüllung ihres Zweckes erforderlich ist. ²Die Bauaufsichtsbehörde kann durch schriftliche Anordnung den Zeitpunkt für die Herstellung, die ordnungsgemäße Instandhaltung oder den Betrieb bestimmen. ³Ist eine zügige und zweckmäßige Herstellung, die ordnungsgemäße Instandhaltung oder der Betrieb durch die dazu nach Absatz 1 Verpflichteten nicht sichergestellt, so kann die Bauaufsichtsbehörde eine Dritte oder einen Dritten mit der Herstellung, der Unterhaltung und dem Betrieb beauftragen und von den nach Absatz 1 Verpflichteten die Erstattung der Kosten verlangen. ⁴Die Bauaufsichtsbehörde ist ferner berechtigt, von den nach Absatz 1 Verpflichteten vor Beauftragung einer oder eines Dritten Vorauszahlung in Höhe des jeweiligen voraussichtlichen Anteils an den Herstellungs-, Instandhaltungs- und Betriebskosten zu fordern.

(3) Die Baugenehmigung kann davon abhängig gemacht werden, dass die Antragstellerin oder der Antragsteller in Höhe des voraussichtlich auf sie oder ihn entfallenden Anteils der Herstellungskosten der Gemeinschaftsanlage Sicherheit leistet.

(4) Sind mehrere Personen unabhängig voneinander öffentlich-rechtlich verpflichtet, Kinderspiel- und Freizeitflächen, Stellplätze und Anlagen für Abfall- und Wertstoffe herzustellen, so kann ihnen auch auferlegt werden, eine Gemeinschaftsanlage zu schaffen, wenn dies aus Gründen der Sicherheit oder Gesundheit erforderlich oder die Herstellung von Einzelanlagen auf den Grundstücken nicht möglich ist.

§ 51
Bauliche Anlagen und Räume besonderer Art und Nutzung

(1) ¹Soweit die Vorschriften der §§ 4 bis 47 dieses Gesetzes oder die auf Grund dieses Gesetzes erlassenen Vorschriften zur Vermeidung oder Beseitigung von Gefahren, erheblichen Nachteilen oder erheblichen

Belästigungen nicht ausreichen, können für bauliche Anlagen und Räume besonderer Art und Nutzung besondere Anforderungen nach § 3 Absatz 1 gestellt werden. ²Dies gilt auch für bauliche Anlagen, die besonderen Gefährdungen ausgesetzt sein können. ³Diese Anforderungen können sich insbesondere erstrecken auf

1. die Abstände von Nachbargrenzen, von anderen baulichen Anlagen auf dem Baugrundstück, von öffentlichen Verkehrsflächen und von Gewässern sowie auf die Größe der freizuhaltenden Flächen der Baugrundstücke,

2. die Anordnung der baulichen Anlagen auf dem Grundstück,

3. die Öffnungen zu öffentlichen Verkehrsflächen und zu angrenzenden Grundstücken,

4. die Bauart und Anordnung aller für die Standsicherheit, Verkehrssicherheit, den Brandschutz, den Wärme- und Schallschutz oder Gesundheitsschutz wesentlichen Bauteile,

5. Brandschutzeinrichtungen Brandschutzvorkehrungen und Blitzschutzanlagen,

6. die Feuerungsanlagen und Heizräume,

7. die Anordnung und Herstellung der Aufzüge sowie der Treppen, Treppenräume, Flure, Ausgänge und sonstigen Rettungswege,

8. die zulässige Zahl der Benutzerinnen und Benutzer, Anordnung und Zahl der zulässigen Sitzplätze und Stehplätze bei Versammlungsstätten, Tribünen und Fliegenden Bauten,

9. die Lüftung,

10. die elektrischen Anlagen einschließlich der Beleuchtung und Sicherheitsbeleuchtung,

11. die Energieversorgung,

12. die Wasserversorgung,

13. Messeinrichtungen zur Gefahrenerfassung,

14. die Sammlung und Beseitigung von Abwasser und von festen Abfall- und Wertstoffen,

15. die Anlage der Zufahrten und Abfahrten,

16. die Anlage von Grünstreifen, Baumpflanzungen und anderen Pflanzungen sowie die Begrünung oder Beseitigung von Halden und Gruben,

17. den Betrieb und die Benutzung,

18. Prüfungen durch Sachverständige oder sachverständige Stellen vor der ersten Inbetriebnahme, nach wesentlichen Änderungen vor der Wiederinbetriebnahme sowie wiederkehrend in bestimmten Zeitabständen.

(2) Die Vorschriften des Absatzes 1 gelten insbesondere für

1. Hochhäuser und andere bauliche Anlagen großer Ausdehnung,
2. Geschäftshäuser und Verkaufsstätten,
3. Versammlungsstätten und Gaststätten,
4. Bürogebäude und Verwaltungsgebäude,
5. Krankenhäuser, Alten- und Pflegeheime, Entbindungsheime, Säuglingsheime, Kinder- und Jugendstätten,
6. Schulen und Sportstätten,
7. bauliche Anlagen und Räume mit erhöhter Brandgefahr, Explosionsgefahr oder Verkehrsgefahr,
8. bauliche Anlagen und Räume, die für gewerbliche, industrielle und landwirtschaftliche Betriebe bestimmt sind,
9. bauliche Anlagen und Räume, deren Nutzung mit einem starken Abgang unreiner Stoffe verbunden ist,
10. Fliegende Bauten,
11. Camping- und Zeltplätze sowie Dauerkleingärten.

(3) ¹Soweit die Einhaltung der Vorschriften der §§ 4 bis 47 dieses Gesetzes oder der auf Grund dieses Gesetzes erlassenen Vorschriften wegen der besonderen Art oder Nutzung baulicher Anlagen und Räume nicht erforderlich ist, können auf einen mit einer Begründung versehenen Antrag Ausnahmen zugelassen werden. ²Das gilt insbesondere für bauliche Anlagen und Teile von baulichen Anlagen nach Absatz 2, bei denen Aufenthaltsräume nur eine untergeordnete Bedeutung haben.

§ 52
Bauliche Anforderungen zu Gunsten besonderer Personengruppen

(1) ¹Bauliche Anlagen, andere Anlagen und Einrichtungen, die überwiegend für Menschen mit Behinderungen, alte Menschen oder Personen mit Kleinkindern bestimmt sind, sind so anzuordnen, herzustellen und in Stand zu halten, dass sie von diesen Personen ohne fremde Hilfe zweckentsprechend genutzt werden können. ²Das gilt für folgende bauliche Anlagen wie

1. Tagesstätten, Werkstätten, Ausbildungsstätten, Heime und Wohnungen für Menschen mit Behinderungen,

2. Altenheime, Altenwohnheime, Pflegeheime und gleichartige Einrichtungen,

3. Tagesstätten und Heime für Kleinkinder.

(2) Die Anforderungen des Absatzes 1 gelten nur für die dem allgemeinen Besucherverkehr dienenden Teile insbesondere folgender Anlagen:

1. Geschäftshäuser und Verkaufsstätten,
2. Versammlungsstätten einschließlich der für den Gottesdienst bestimmten Anlagen,
3. Verwaltungsgebäude und Gerichte,
4. Schalter- und Kundenräume der Verkehrs- und Versorgungsbetriebe und Kreditinstitute,
5. Museen, Bibliotheken, Messebauten und Ausstellungsbauten,
6. Krankenhäuser, Praxisräume der Heilberufe und Kureinrichtungen,
7. Sportstätten, Spielplätze und andere Freizeiteinrichtungen,
8. Bedürfnisanstalten,
9. Stellplätze und Fahrradplätze,
10. Parkhäuser,
11. Gaststätten, Kantinen, Beherbergungsbetriebe.

TEIL 10
Am Bau Beteiligte

§ 53
Pflichten der am Bau Beteiligten

Bei der Errichtung, Änderung, Nutzungsänderung oder dem Abbruch der baulichen Anlage sind die Bauherrin oder der Bauherr und im Rahmen ihres Wirkungskreises die anderen am Bau Beteiligten dafür verantwortlich, dass die öffentlich-rechtlichen Vorschriften eingehalten werden.

§ 54
Bauherrin oder Bauherr

(1) [1]Wer auf eigene Verantwortung eine bauliche Anlage vorbereitet oder ausführt oder vorbereiten oder ausführen lässt (Bauherrin oder Bauherr), hat zur Vorbereitung, Überwachung und Ausführung eines genehmigungsbedürftigen Bauvorhabens eine Entwurfsverfasserin oder einen Entwurfsverfasser nach § 55, Unternehmerinnen oder Unternehmer nach § 56 und eine Bauleiterin oder einen Bauleiter nach § 57 zu bestellen. [2]Der Bauherrin oder dem Bauherrn obliegen auch die nach den öffentlich-

rechtlichen Vorschriften erforderlichen Anträge, Mitteilungen und Nachweise an die Bauaufsichtsbehörde.

(2) ¹Bei untergeordneten Gebäuden oder bei technisch einfachen baulichen Anlagen brauchen eine Entwurfsverfasserin oder ein Entwurfsverfasser und eine Bauleiterin oder ein Bauleiter nicht bestellt zu werden. ²Bei Bauarbeiten, die in Selbsthilfe oder Nachbarschaftshilfe ausgeführt werden, ist die Bestellung von Unternehmerinnen oder Unternehmern nicht erforderlich, wenn Fachkräfte mit der nötigen Sachkunde und Erfahrung mitwirken. ³Wird eine Entwurfsverfasserin oder ein Entwurfsverfasser, eine Bauleiterin oder ein Bauleiter, eine Unternehmerin oder ein Unternehmer nicht bestellt, so übernimmt ihre Pflichten die Bauherrin oder der Bauherr. ⁴Genehmigungsbedürftige Abbrucharbeiten dürfen nicht in Selbsthilfe oder Nachbarschaftshilfe ausgeführt werden.

(3) ¹Sind die von der Bauherrin oder vom Bauherrn bestellten Personen für ihre Aufgabe nach Sachkunde und Erfahrung nicht geeignet, so kann die Bauaufsichtsbehörde vor und während der Bauausführung verlangen, dass ungeeignete Beauftragte durch geeignete ersetzt oder geeignete Sachverständige hinzugezogen werden. ²Die Bauaufsichtsbehörde kann die Bauarbeiten einstellen lassen, bis geeignete Beauftragte oder Sachverständige bestellt sind.

(4) Wechselt die Bauherrin oder der Bauherr, so hat die neue Bauherrin oder der neue Bauherr dies der Bauaufsichtsbehörde unverzüglich mitzuteilen.

(5) Treten bei einem Bauvorhaben mehrere Personen als Bauherrin oder Bauherr auf, so kann die Bauaufsichtsbehörde verlangen, dass eine Vertreterin oder ein Vertreter bestellt wird, die oder der ihr gegenüber die Verpflichtung der Bauherrin oder des Bauherrn zu erfüllen hat.

§ 55
Entwurfsverfasserin oder Entwurfsverfasser

(1) ¹Die Entwurfsverfasserin oder der Entwurfsverfasser muss nach Sachkunde und Erfahrung zur Vorbereitung des jeweiligen Bauvorhabens geeignet sein. ²Sie oder er ist für die Vollständigkeit und Brauchbarkeit ihres oder seines Entwurfs verantwortlich. ³Die Entwurfsverfasserin oder der Entwurfsverfasser hat dafür zu sorgen, dass die für die Ausführung notwendigen Einzelzeichnungen, Einzelberechnungen und Anweisungen geliefert werden und den genehmigten Bauvorlagen und den öffentlich-rechtlichen Vorschriften entsprechen.

(2) ¹Hat die Entwurfsverfasserin oder der Entwurfsverfasser auf einzelnen Fachgebieten nicht die erforderliche Sachkunde und Erfahrung, so hat sie oder er dafür zu sorgen, dass geeignete Sachverständige hinzuge-

zogen werden. ²Diese sind der Bauaufsichtsbehörde gegenüber für die von ihnen gefertigten Unterlagen verantwortlich. ³Für das ordnungsgemäße Ineinandergreifen aller Fachentwürfe bleibt die Entwurfsverfasserin oder der Entwurfsverfasser verantwortlich.

§ 56
Unternehmerinnen und Unternehmer

(1) ¹Jede Unternehmerin oder jeder Unternehmer ist für die ordnungsgemäße, den allgemein anerkannten Regeln der Technik und den genehmigten Bauvorlagen entsprechende Ausführung der von ihr oder ihm übernommenen Arbeiten und insoweit für die ordnungsgemäße Einrichtung und den sicheren Betrieb der Baustelle sowie für die Einhaltung der Arbeitsschutzbestimmungen verantwortlich. ²Sie oder er hat die erforderlichen Nachweise über die verwendeten Bauprodukte und Bauarten zu erbringen und auf der Baustelle bereitzuhalten. ³Sie oder er darf unbeschadet der Vorschriften des § 70 Arbeiten nicht ausführen oder ausführen lassen, bevor nicht die dafür notwendigen Bauvorlagen und Anweisungen an der Baustelle vorliegen.

(2) Die Unternehmerin oder der Unternehmer hat auf Verlangen der Bauaufsichtsbehörde für Bauarbeiten, bei denen die Sicherheit der baulichen Anlagen in außergewöhnlichem Maße von der besonderen Sachkenntnis und Erfahrung der Unternehmerin oder des Unternehmers oder von einer Ausstattung des Unternehmens mit besonderen Vorrichtungen abhängt, nachzuweisen, dass sie oder er für diese Bauarbeiten geeignet ist und über die erforderlichen Vorrichtungen verfügt.

(3) ¹Hat die Unternehmerin oder der Unternehmer für einzelne Arbeiten nicht die erforderliche Sachkunde und Erfahrung, so hat sie oder er geeignete Fachunternehmerinnen oder Fachunternehmer oder Fachleute heranzuziehen und dieses der Bauherrin oder dem Bauherrn oder der Bauleiterin oder dem Bauleiter mitzuteilen. ²Die Fachunternehmerinnen und Fachunternehmer und Fachleute sind für ihre Arbeiten verantwortlich.

§ 57
Bauleiterin oder Bauleiter

(1) ¹Die Bauleiterin oder der Bauleiter hat auf der Baustelle als sachkundige Vertretung der Bauherrin oder des Bauherrn darüber zu wachen, dass die Baumaßnahme den öffentlich-rechtlichen Vorschriften, den allgemein anerkannten Regeln der Technik und den genehmigten Bauvorlagen entsprechend ausgeführt wird. ²Sie oder er hat die erforderlichen

Weisungen zu erteilen. ³Im Rahmen ihrer oder seiner Aufgabe hat sie oder er auch auf den sicheren bautechnischen Betrieb der Baustelle, insbesondere auf das gefahrlose Ineinandergreifen der Arbeiten der Unternehmerinnen und der Unternehmer zu achten. ⁴Die Verantwortlichkeit der Unternehmerinnen und Unternehmer bleibt unberührt.

(2) ¹Die Bauleiterin oder der Bauleiter muss über die für diese Aufgabe erforderliche Sachkunde und Erfahrung verfügen. ²Verfügt sie oder er auf einzelnen Teilgebieten nicht über die erforderliche Sachkunde und Erfahrung, so hat sie oder er dafür zu sorgen, dass geeignete Sachverständige (Fachbauleiterinnen und Fachbauleiter) bestellt werden. ³Diese treten insoweit an die Stelle der Bauleiterin oder des Bauleiters. ⁴Die Bauleiterin oder der Bauleiter hat ihre oder seine Tätigkeit und die Tätigkeit der Fachbauleiterinnen und der Fachbauleiter aufeinander abzustimmen.

TEIL 11
Verfahrensvorschriften

§ 58
Aufgaben und Befugnisse der Bauaufsichtsbehörde

(1) ¹Es gehört zu den Aufgaben der Bauaufsichtsbehörde, darauf zu achten, dass die baurechtlichen Vorschriften sowie die anderen öffentlich-rechtlichen Vorschriften über die Errichtung, Änderung, Nutzung, Instandhaltung und den Abbruch baulicher Anlagen eingehalten und die auf Grund dieser Vorschriften erlassenen Anordnungen befolgt werden. ²Sie hat in Wahrnehmung ihrer Aufgaben nach pflichtgemäßem Ermessen die erforderlichen Maßnahmen zu treffen.

(2) Die Bauaufsichtsbehörde kann zur Erfüllung ihrer Aufgaben Sachverständige und sachverständige Stellen heranziehen.

(3) ¹Die mit dem Vollzug dieses Gesetzes beauftragten Personen sind berechtigt, in Ausübung ihres Amtes Grundstücke und bauliche Anlagen einschließlich der Wohnungen zu betreten. ²Das Grundrecht der Unverletzlichkeit der Wohnung (Artikel 13 des Grundgesetzes) wird insoweit eingeschränkt.

§ 59
Erfordernis der Schriftform

Die nach diesem Gesetz und nach den auf Grund dieses Gesetzes erlassenen Vorschriften, erforderlichen Anträge, Anzeigen, Mitteilungen, Unterrichtungen, Genehmigungen und Bescheide bedürfen der Schriftform.

§ 60
Genehmigungsbedürftige Vorhaben

(1) ¹Das Errichten, Ändern und Abbrechen baulicher Anlagen ist genehmigungsbedürftig, soweit sich aus den §§ 61, 62 und 73 nichts anderes ergibt. ²Dies gilt auch für die Änderung der Nutzung von baulichen Anlagen, wenn von der im Bebauungsplan festgesetzten Nutzung abgewichen wird oder wenn besondere Rechtsvorschriften für die Benutzung bestehen.

(2) ¹Das Errichten, Aufstellen, Anbringen und Ändern von Werbeanlagen sowie von Waren- und Leistungsautomaten im Sinne des § 13 ist genehmigungsbedürftig; § 69 gilt sinngemäß. ²Einer solchen Genehmigung bedarf es nicht, wenn eine Genehmigung nach Absatz 1 oder nach wegerechtlichen Vorschriften erforderlich ist.

(3) ¹Die nach Absatz 2 Satz 1 erforderliche Genehmigung gilt als erteilt, wenn der Antrag nicht innerhalb eines Monats beschieden worden ist. ²Die Frist kann durch Bescheid an die Antragstellerin oder den Antragsteller um einen weiteren Monat verlängert werden, wenn der Antrag nicht innerhalb eines Monats abschließend geprüft werden kann.

§ 61
Freistellung von der Genehmigungsbedürftigkeit

(1) Soweit die Verwirklichung der allgemeinen Anforderungen nach § 3 nicht gefährdet wird, kann der Senat durch Rechtsverordnung die Freistellung von der Genehmigungsbedürftigkeit nach den §§ 60 und 73 bestimmen.

(2) Die Freistellung von der Genehmigungsbedürftigkeit entbindet nicht von der Verpflichtung, dieses Gesetz und die auf Grund dieses Gesetzes erlassenen Vorschriften einzuhalten.

§ 62
Bauliche Anlagen des Bundes und der Länder

(1) ¹Nach § 60 genehmigungsbedürftige Vorhaben bedürfen keiner Genehmigung und Bauzustandsbesichtigung, wenn

1. die Leitung der Entwurfsarbeiten und die Bauüberwachung einer Baudienststelle des Bundes oder der Länder übertragen ist und

2. die Baudienststelle mindestens mit einer Beamtin oder einem Beamten mit der Befähigung zum höheren technischen Verwaltungsdienst und mit sonstigen geeigneten Fachkräften besetzt ist.

²Solche baulichen Anlagen bedürfen jedoch der Zustimmung der Bauaufsichtsbehörde.

(2) Den Beamtinnen und Beamten des höheren technischen Verwaltungsdienstes werden gleichgestellt

1. technische Angestellte mit abgeschlossener Hochschulbildung (Diplom-Ingenieurinnen oder Diplom-Ingenieure) des Hochbau- oder Bauingenieurwesens und mindestens dreijähriger Berufspraxis,
2. andere technische Angestellte des Hochbau- oder Bauingenieurwesens mit einer der Vergütungsgruppen von III BAT aufwärts und mit mindestens fünfjähriger Berufspraxis,
3. Beamtinnen und Beamte des gehobenen technischen Verwaltungsdienstes vom Technischen Amtmann aufwärts,

die von der Leiterin oder dem Leiter der Baudienststelle für die Vorbereitung und Ausführung von Vorhaben bestellt sind.

(3) ¹Der Antrag auf Zustimmung ist bei der Bauaufsichtsbehörde einzureichen. Für das Zustimmungsverfahren und die Zustimmung gelten die übrigen Vorschriften dieses Gesetzes sinngemäß. ²Über Ausnahmen und Befreiungen entscheidet die Bauaufsichtsbehörde im Zustimmungsverfahren. ³Eine bautechnische Prüfung findet im Zustimmungsverfahren nicht statt.

(4) Die öffentliche Bauherrin oder der öffentliche Bauherr trägt die Verantwortung, dass Entwurf und Ausführung des Vorhabens den öffentlich-rechtlichen Vorschriften und dem Zustimmungsbescheid entsprechen.

(5) ¹Für bauliche Anlagen, die der Landesverteidigung dienen, gelten die Absätze 1 bis 3 nicht. ²Sie sind der Bauaufsichtsbehörde vor Baubeginn in geeigneter Weise zur Kenntnis zu bringen. ³Im Übrigen wirken die Bauaufsichtsbehörden nicht mit.

§ 63
Anträge und ihre Behandlung

(1) ¹Anträge sind bei der Bauaufsichtsbehörde einzureichen. Mit den Anträgen sind alle für die Beurteilung des Vorhabens und für die Bearbeitung erforderlichen Unterlagen (Bauvorlagen) einzureichen. ²In Bodenplanungsgebieten, die durch eine Rechtsverordnung nach § 9 Absatz 1 des Hamburgischen Bodenschutzgesetzes vom 20. Februar 2001 (HmbGVBl. S. 27) festgesetzt oder gemäß § 9 Absatz 5 Nummer 3 des Baugesetzbuchs gekennzeichnet sind, hat die Antragstellerin oder der Antragsteller mit den Bauvorlagen die Ergebnisse von Bodenuntersuchungen vorzulegen; Art und Umfang etwaiger schädlicher Bodenveränderungen müssen sich aus ihnen ergeben. ³Bauvorlagen können nacheinander entsprechend dem Fortgang des Prüfverfahrens eingereicht werden. ⁴Sie

müssen jedoch bei Antragstellung so vollständig sein, dass als erster Schritt die grundsätzliche Genehmigungsfähigkeit geprüft werden kann.

(2) ¹Die Bauaufsichtsbehörde kann Anträge und Bauvorlagen zurückweisen, wenn sie so unvollständig sind, dass sie nicht bearbeitet werden können. ²Zur Beseitigung geringfügiger Mängel soll die Bauaufsichtsbehörde zunächst eine Frist setzen. ³Werden die Mängel innerhalb der Frist nicht behoben, so gilt der Antrag als zurückgenommen.

(3) ¹Bautechnische Nachweise für die Standsicherheit, den Brandschutz, den Wärmeschutz und den Schallschutz werden bei frei stehenden Wohngebäuden mit einem Vollgeschoss und mit nicht mehr als zwei Wohnungen, bei untergeordneten Gebäuden, bei oberirdischen Kleingaragen und bei anderen zur Wohnnutzung gehörenden Nebenanlagen nur auf Antrag geprüft. ²Dies gilt für die Wohngebäude nach Satz 1 jedoch nur dann, wenn die bautechnischen Nachweise von einem Bauvorlageberechtigten nach § 64 Absatz 3 unterschrieben sind.

(4) In besonderen Fällen kann zur Beurteilung der Einwirkung der baulichen Anlagen auf die Umgebung verlangt werden, dass die bauliche Anlage in geeigneter Weise auf dem Grundstück dargestellt wird.

(5) ¹Legt die Bauherrin oder der Bauherr Bescheinigungen einer sachverständigen Person oder Stelle im Sinne der Rechtsverordnung nach § 81 Absatz 8 vor, so wird vermutet, dass die bauaufsichtlichen Anforderungen insoweit erfüllt sind. ²Die Bauaufsichtsbehörde kann die Vorlage solcher Bescheinigungen verlangen.

§ 63 a

– aufgehoben –

§ 64
Bauvorlageberechtigung

(1) Bauvorlagen für das genehmigungsbedürftige Errichten oder Ändern von Gebäuden müssen von einer Entwurfsverfasserin oder einem Entwurfsverfasser, die oder der bauvorlageberechtigt ist, unterschrieben werden.

(2) Absatz 1 gilt nicht für

1. eingeschossige gewerbliche Gebäude bis zu 250 m² Grundfläche und bis zu 5 m Wandhöhe, gemessen von der festgelegten Geländeoberfläche bis zur Schnittlinie der Wandaußenseite mit der Oberkante der Dachkonstruktion,

2. landwirtschaftliche Betriebsgebäude bis zu 250 m² Grundfläche,
3. Garagen bis zu 100 m² Nutzfläche,
4. untergeordnete Gebäude,
5. geringfügige Änderung von Gebäuden.

(3) Bauvorlageberechtigt ist, wer

1. auf Grund des Hamburgischen Architektengesetzes in der Fassung vom 26. März 1991 (Hamburgisches Gesetz- und Verordnungsblatt Seite 85) in der jeweils geltenden Fassung die Berufsbezeichnung „Architekt" zu führen berechtigt ist,

2. in der Liste der bauvorlageberechtigten Ingenieurinnen und bauvorlageberechtigten Ingenieure nach § 15 des Hamburgischen Gesetzes über das Ingenieurwesen vom 10. Dezember 1996 (Hamburgisches Gesetz- und Verordnungsblatt Seite 321), oder in der entsprechenden Liste eines anderen Bundeslandes eingetragen ist oder

3. auf Grund des Hamburgischen Gesetzes über das Ingenieurwesen als Angehörige oder Angehöriger der Fachrichtungen Architektur, Hochbau oder Bauingenieurwesen die Berufsbezeichnung „Ingenieurin" oder „Ingenieur" führen darf, eine praktische Tätigkeit von mindestens drei Jahren in der Fachrichtung ausgeübt hat und im Dienst einer Person des öffentlichen Rechts steht, nur für die dienstliche Tätigkeit.

(4) Bauvorlageberechtigt für Wohngebäude geringer Höhe mit nicht mehr als zwei Wohnungen sind auch

1. die Angehörigen der Fachrichtungen Architektur, Hochbau oder Bauingenieurwesen, die an einer deutschen Hochschule, Fachhochschule oder einer als gleichwertig anerkannten Lehranstalt das Studium erfolgreich abgeschlossen haben,

2. die Meisterinnen und Meister des Maurer-, Zimmerer- oder des Beton- und Stahlbetonbauerhandwerks,

3. die staatlich geprüften Technikerinnen und staatlich geprüften Techniker der Fachrichtung Bautechnik.

(5) Bauvorlageberechtigt für den mit der Berufsaufgabe der Innenarchitektin oder des Innenarchitekten verbundenen Umbau oder Ausbau von Gebäuden ist auch, wer auf Grund des Hamburgischen Architektengesetzes in der jeweils geltenden Fassung die Berufsbezeichnung „Innenarchitekt" zu führen berechtigt ist.

(6) Bauvorlageberechtigt für das Errichten und Ändern von Grundstücksentwässerungsanlagen im Zusammenhang mit dem Errichten und Ändern von Gebäuden geringer Höhe und im Zusammenhang mit Dach-

geschossausbauten sind auch Meisterinnen und Meister des Gas- und Wasserinstallateurhandwerks bzw. des Installateur- und Heizungsbauerhandwerks.

(7) Bauvorlageberechtigt für Freianlagen im Zusammenhang mit dem genehmigungsbedürftigen Errichten und Ändern von Gebäuden ist auch, wer auf Grund des Hamburgischen Architektengesetzes die Berufsbezeichnung Garten- und Landschaftsarchitekt zu führen berechtigt ist.

(8) [1]Unternehmen dürfen Bauvorlagen als Entwurfsverfasser unterschreiben, wenn sie diese unter der Leitung einer nach den Absätzen 3 bis 7 bauvorlageberechtigten Person aufstellen. [2]Auf den Bauvorlagen ist der Name dieser Person anzugeben.

§ 65
Vorbescheid

Einer Bauherrin oder einem Bauherrn ist auf Antrag zu einzelnen Fragen des Bauvorhabens ein Bescheid (Vorbescheid) zu erteilen.

§ 66
Ausnahmen

(1) [1]Die Bauaufsichtsbehörde kann die in diesem Gesetz oder in auf Grund dieses Gesetzes erlassenen Vorschriften vorgesehenen Ausnahmen zulassen, wenn die festgelegten Voraussetzungen gegeben sind und öffentliche Belange nicht entgegenstehen. [2]Ein Bauantrag gilt zugleich als Antrag auf Erteilung der Ausnahmen, die für die Verwirklichung des Vorhabens erforderlich sind, soweit in diesem Gesetz nichts anderes bestimmt ist.

(2) Weiter können auf einen mit einer Begründung versehenen Antrag hin Ausnahmen zugelassen werden von den Vorschriften

1. der §§ 20 bis 23 und 25 bis 48 zur Erhaltung und weiteren Nutzung von Kulturdenkmälern im Sinne des § 2 Absatz 1 Nummern 1 bis 3 des Denkmalschutzgesetzes vom 3. Dezember 1973 mit der Änderung vom 12. März 1984 (Hamburgisches Gesetz- und Verordnungsblatt 1973 Seite 466, 1984 Seiten 61, 63), wenn nicht erhebliche Gefahren für Leben und Gesundheit zu befürchten sind,

2. der §§ 25 bis 48 bei Modernisierungsvorhaben für Wohnungen und Wohngebäude und bei Vorhaben zur Schaffung von zusätzlichem Wohnraum durch Ausbau oder nachträgliche Abänderung und Errichtung von Dach- und Staffelgeschossen, ohne dass Vollgeschosse entstehen, wenn dies im öffentlichen Interesse liegt und die öffentliche Sicherheit und Ordnung nicht gefährdet werden, insbesondere wenn keine Bedenken wegen des Brandschutzes bestehen.

§ 67
Befreiungen

Die Bauaufsichtsbehörde kann von zwingenden Vorschriften dieses Gesetzes oder von zwingenden Vorschriften, die auf Grund dieses Gesetzes erlassen sind, auf einen mit einer Begründung versehenen Antrag befreien, wenn

1. Gründe des Wohls der Allgemeinheit die Abweichung erfordern,
2. das Einhalten der Vorschrift im Einzelfall zu einer offenbar nicht beabsichtigten Härte führen würde und die Abweichung mit den öffentlichen Belangen vereinbar ist oder
3. auf andere Weise dem Zweck einer bau- oder sicherheitstechnischen Anforderung in diesem Gesetz oder in Vorschriften, die auf Grund dieses Gesetzes erlassen sind, nachweislich entsprochen wird und die Abweichung mit den öffentlichen Belangen vereinbar ist.

§ 68
Nachbarliche Belange

(1) ¹Das Errichten und Ändern baulicher Anlagen kann untersagt werden, wenn dadurch vorhandene bauliche Anlagen auf benachbarten Grundstücken in ihrer Benutzbarkeit wesentlich beeinträchtigt würden. ²Ein Rechtsanspruch der Nachbarn auf die Untersagung besteht nicht. ³Vor einer Untersagung nach Satz 1 sind Bauherrin oder Bauherrn und Nachbarinnen oder Nachbarn zu hören.

(2) Die Eigentümerinnen und die Eigentümer benachbarter Grundstücke können die Bauvorlagen einsehen und sich zu dem genehmigungsbedürftigen Vorhaben äußern.

(3) ¹Abweichungen von den Anforderungen

1. an Abstandsflächen, und zwar des § 6 Absätze 9 und 10, soweit die Mindesttiefe von 2,5 m, im Fall des § 6 Absatz 12 Nummer 3 von 2,3 m, unterschritten werden soll,
2. an Abstandsflächen, und zwar des § 6 Absatz 11, soweit der Mindestabstand von 2 m, im Fall des § 6 Absatz 12 Nummer 3 von 1,8 m, unterschritten werden soll,
3. an bauliche Einfriedigungen, und zwar des § 11 Absatz 2, soweit die dort festgesetzten Höhen überschritten werden sollen,
4. an die Lage von Anlagen zum Sammeln und Beseitigen von Abwasser, und zwar des § 41 Absatz 1, soweit die Mindestabstände unterschritten werden sollen,

5. an die Lage der Standplätze für Abfall- und Wertstoffsammelbehälter, und zwar des § 43 Absatz 3 Satz 1, soweit der Mindestabstand zu Öffnungen von Aufenthaltsräumen auf angrenzenden Grundstücken unterschritten werden soll,

6. an die Lage von Dungstätten, und zwar des § 47 Absatz 6, soweit die Mindestabstände unterschritten werden sollen,

bedürfen der Zustimmung der Eigentümerin oder des Eigentümers des angrenzenden Grundstücks. ²Der Zustimmung bedarf es auch, wenn in Wänden, die mit der Nachbargrenze gleichlaufen oder ihr in spitzem Winkel gegenüberstehen, in einem geringeren Abstand als 1 m von der Nachbargrenze Fenster, Türen und Lüftungsöffnungen vorgesehen sind. ³Glasbausteine gelten nicht als Fenster.

(4) ¹Werden Befreiungen von den Festsetzungen eines Bebauungsplans beantragt, so hat die Bauherrin oder der Bauherr die Eigentümerinnen und Eigentümer betroffener Grundstücke über das Vorhaben zu benachrichtigen. ²Ist zu erwarten, dass öffentlich-rechtlich geschützte Nachbarbelange berührt werden, so hat die Bauaufsichtsbehörde die Eigentümerinnen und Eigentümer der betroffenen Grundstücke zu beteiligen. ³In diesen Fällen sind Einwendungen der betroffenen Eigentümerinnen und Eigentümer ausgeschlossen, wenn sie nicht innerhalb einer Frist von zwei Wochen schriftlich gegenüber der Bauaufsichtsbehörde erhoben werden. ⁴Auf den Ausschluss der Einwendungen sind die Eigentümerinnen und Eigentümer hinzuweisen. ⁵Wird den Einwendungen nicht entsprochen, so ist die Entscheidung über die Befreiung den betroffenen Eigentümerinnen und Eigentümern bekannt zu geben. ⁶Satz 2 gilt nicht, wenn die Bauherrin oder der Bauherr ein schriftliches Einverständnis der Eigentümerinnen und Eigentümer der betroffenen Grundstücke vorlegt.

§ 69
Baugenehmigungen und andere Genehmigungen

(1) ¹Die Genehmigung zum Errichten und Ändern baulicher Anlagen und zum Ausheben von Baugruben (Baugenehmigung) ist zu erteilen, wenn dem Vorhaben öffentlich-rechtliche Vorschriften nicht entgegenstehen. ²Das gilt auch für die Genehmigung

– zur Nutzungsänderung (Nutzungsgenehmigung),

– zum Abbruch baulicher Anlagen (Abbruchgenehmigung) und

– zum Errichten, Aufstellen, Anbringen und Ändern von Werbeanlagen sowie von Warenautomaten- und Leistungsautomaten nach § 60 Absatz 2 (Werbegenehmigung).

³Soweit nicht bereits in dem Gebiet eines Bebauungsplans oder einer sonstigen Satzung (Rechtsverordnung) Festsetzungen über die Erhaltung baulicher Anlagen (§ 172 Baugesetzbuch) enthalten sind, kann die Genehmigung zum Abbruch einer baulichen Anlage versagt werden, wenn ihre Erhaltung wegen ihrer städtebaulichen Bedeutung im öffentlichen Interesse liegt und der Eigentümerin oder dem Eigentümer hierdurch keine unzumutbaren Vermögensnachteile entstehen.

(2) ¹Genehmigungen können mit Nebenbestimmungen versehen werden. ²Die Genehmigungen gelten für und gegen die Rechtsnachfolgerin oder den Rechtsnachfolger der Bauherrin oder des Bauherrn und alle über die Bauanlage Verfügungsberechtigten. ³Durch sie werden private Rechte Dritter nicht berührt.

(3) Auch nach Erteilen der Genehmigung können Anforderungen gestellt werden, um nicht vorausgesehene Gefahren oder unzumutbare Belästigungen von der Allgemeinheit oder den Benutzern der baulichen Anlage abzuwenden.

(4) ¹Ist ein Bauantrag eingereicht, kann die Bauaufsichtsbehörde auf Antrag vor Erteilung der Baugenehmigung die Ausführung einzelner Bauabschnitte oder Bauteile zulassen, sofern das Vorhaben grundsätzlich genehmigungsfähig ist (Teilbaugenehmigung). ²Für die damit genehmigten Bauabschnitte oder Bauteile können weitere Nebenbestimmungen mit der Baugenehmigung festgelegt werden.

§ 70
Beginn und Fertigstellung des Vorhabens

(1) Vor Zugang der Genehmigung darf mit einem Vorhaben nicht begonnen werden.

(2) Die Bauherrin oder der Bauherr hat die Eigentümerinnen und Eigentümer angrenzender Grundstücke über genehmigungsbedürftige Bau- oder Abbruchvorhaben spätestens zwei Wochen vor Ausführungsbeginn zu unterrichten.

(3) ¹Bei genehmigungsbedürftigen Vorhaben sind der Bauaufsichtsbehörde der Beginn der Ausführung und die Namen der Bauleiterin oder des Bauleiters und der Unternehmerinnen und Unternehmer der Hauptgewerke mindestens eine Woche vorher mitzuteilen. ²Der Bauaufsichtsbehörde ist gleichzeitig zu bestätigen, dass die Eigentümerinnen und Eigentümer angrenzender Grundstücke über das Bau- oder Abbruchvorhaben nach Absatz 2 unterrichtet sind.

(4) ¹Vor Baubeginn muss die Grundfläche der baulichen Anlage abgesteckt und ihre Höhenlage festgelegt und gekennzeichnet sein. ²Die Bau-

aufsichtsbehörde kann darüber von der Bauherrin oder dem Bauherrn den Nachweis einer sachkundigen Person verlangen.

(5) Genehmigungen und Vorlagen müssen an der Baustelle vom Beginn der Ausführung an bereitgehalten werden.

(6) [1]Über die endgültige Fertigstellung des genehmigungsbedürftigen Vorhabens ist die Bauaufsichtsbehörde von der Bauherrin oder dem Bauherrn innerhalb zweier Wochen zu benachrichtigen. [2]§ 77 Absatz 4 und § 78 Absatz 1 bleiben unberührt.

§ 71
Geltungsdauer des Vorbescheides und der Genehmigungen

(1) [1]Vorbescheide erlöschen, wenn sie nicht innerhalb dreier Jahre in Anspruch genommen worden sind. [2]Die Frist kann auf Antrag bis zu jeweils einem Jahr verlängert werden. [3]Ein Vorbescheid wird unwirksam, sobald für das Grundstück eine Veränderungssperre in Kraft getreten oder ein Bebauungsplan öffentlich ausgelegt oder ohne öffentliche Auslegung festgestellt worden ist und der Vorbescheid der Planausweisung widerspricht.

(2) [1]Genehmigungen erlöschen, wenn sie nicht innerhalb dreier Jahre in Anspruch genommen worden sind oder die Ausführung des Vorhabens mehr als ein Jahr unterbrochen worden ist. [2]Dies gilt nicht, soweit in diesem Gesetz andere Fristen bestimmt sind. [3]Die Fristen können auf Antrag bis zu jeweils einem Jahr verlängert werden.

§ 72
Typengenehmigung

(1) [1]Für bauliche Anlagen, die in derselben Ausführung an mehreren Stellen errichtet werden sollen, kann die Bauaufsichtsbehörde auf Antrag eine allgemeine Genehmigung (Typengenehmigung) erteilen, wenn die baulichen Anlagen den öffentlich-rechtlichen Vorschriften entsprechen, ihre Brauchbarkeit für den jeweiligen Verwendungszweck nachgewiesen ist und ein öffentliches Interesse vorliegt. [2]Eine Typengenehmigung kann auch erteilt werden für bauliche Anlagen, die in unterschiedlicher Ausführung, aber nach einem bestimmten System und aus bestimmten Bauteilen an mehreren Stellen errichtet werden sollen; in der Typengenehmigung ist die zulässige Veränderbarkeit festzulegen. [3]Für Fliegende Bauten wird eine Typengenehmigung nicht erteilt.

(2) [1]Die Typengenehmigung darf nur für eine bestimmte Frist erteilt werden, die fünf Jahre nicht überschreiten soll. [2]Sie kann auf Antrag jeweils bis zu fünf Jahren verlängert werden. [3]Weitere Nebenbestimmungen können festgelegt werden.

(3) Typengenehmigungen anderer Länder im Geltungsbereich des Grundgesetzes gelten auch in der Freien und Hansestadt Hamburg.

(4) ¹Eine Typengenehmigung entbindet nicht von der Verpflichtung, eine Baugenehmigung oder eine Zustimmung einzuholen. ²Die in der Typengenehmigung entschiedenen Fragen brauchen dabei von der Bauaufsichtsbehörde nicht geprüft zu werden. ³Soweit es auf Grund örtlicher Verhältnisse im Einzelfall erforderlich ist, kann die Bauaufsichtsbehörde weitere Auflagen machen oder genehmigte Typen ausschließen.

§ 73
Genehmigung Fliegender Bauten

(1) ¹Fliegende Bauten sind bauliche Anlagen, die geeignet und bestimmt sind, an verschiedenen Orten wiederholt aufgestellt und zerlegt zu werden. ²Baustelleneinrichtungen und Baugerüste gelten nicht als Fliegende Bauten.

(2) Fliegende Bauten bedürfen, bevor sie erstmals aufgestellt und in Gebrauch genommen werden, einer Ausführungsgenehmigung.

(3) ¹Zuständig für die Erteilung der Ausführungsgenehmigung ist die Bauaufsichtsbehörde der Freien und Hansestadt Hamburg, wenn

1. die Antragstellerin oder der Antragsteller ihren oder seinen Wohnsitz oder ihre oder seine gewerbliche Niederlassung in der Freien und Hansestadt Hamburg hat,

2. die Antragstellerin oder der Antragsteller ihren oder seinen Wohnsitz oder ihre oder seine gewerbliche Niederlassung außerhalb der Bundesrepublik Deutschland hat und der Fliegende Bau erstmals in der Freien und Hansestadt Hamburg aufgestellt und in Gebrauch genommen werden soll.

²Die Ausführungsgenehmigung ist zu erteilen, wenn dem Vorhaben öffentlich-rechtliche Vorschriften nicht entgegenstehen.

(4) ¹Die Ausführungsgenehmigung wird für eine bestimmte Frist erteilt, die fünf Jahre nicht überschreiten soll. ²Sie kann auf Antrag von der nach Absatz 3 zuständigen Behörde jeweils bis zu fünf Jahren verlängert werden. ³Die Ausführungsgenehmigung wird in ein Prüfbuch eingetragen, dem eine Ausfertigung der mit einem Genehmigungsvermerk zu versehenden Bauvorlagen beizufügen ist. ⁴Ausführungsgenehmigungen anderer Länder im Geltungsbereich des Grundgesetzes gelten auch in der Freien und Hansestadt Hamburg.

(5) ¹Die Inhaberin oder der Inhaber der Ausführungsgenehmigung hat den Wechsel ihres oder seines Wohnsitzes oder ihrer oder seiner gewerblichen Niederlassung oder die Übertragung eines Fliegenden Baues an

Dritte der Bauaufsichtsbehörde mitzuteilen, die die Ausführungsgenehmigung erteilt hat. ²Diese Änderung (Übertragungsgenehmigung) wird von der nach Absatz 3 zuständigen Behörde in das Prüfbuch eingetragen.

(6) ¹Fliegende Bauten dürfen nur in Gebrauch genommen werden, wenn die Aufstellung der Bauaufsichtsbehörde unter Vorlage des Prüfbuches angezeigt ist. ²Die Bauaufsichtsbehörde kann verlangen, dass bestimmte Teile auf ihre Betriebssicherheit durch Sachkundige geprüft werden und das Prüfergebnis bescheinigt wird. ³Sie kann die Inbetriebnahme von einer Besichtigung abhängig machen. ⁴Das Ergebnis der Besichtigung ist in das Prüfbuch einzutragen.

(7) Bei Fliegenden Bauten, die längere Zeit an einem Aufstellungsort betrieben werden, kann die zuständige Bauaufsichtsbehörde aus Gründen der Sicherheit weitere Besichtigungen durchführen; das Ergebnis ist in das Prüfbuch einzutragen.

(8) ¹Die für die Besichtigung zuständige Bauaufsichtsbehörde kann Auflagen machen oder die Aufstellung oder den Gebrauch Fliegender Bauten untersagen, soweit dies nach den örtlichen Verhältnissen oder zur Abwehr von Gefahren erforderlich ist, insbesondere weil die Betriebssicherheit oder Standsicherheit nicht oder nicht mehr gewährleistet ist oder weil von der Ausführungsgenehmigung abgewichen wird. ²Wird die Aufstellung oder der Gebrauch auf Grund von Mängeln am Fliegenden Bau untersagt, so ist dies in das Prüfbuch einzutragen. ³Wenn innerhalb einer angemessenen Frist ordnungsgemäße Zustände nicht hergestellt worden sind, ist das Prüfbuch einzuziehen und der Bauaufsichtsbehörde zuzuleiten, die das Prüfbuch ausgestellt hat.

(9) Für Fliegende Bauten können im Rahmen der Ausführungsgenehmigung von den Vorschriften dieser Bauordnung Ausnahmen zugelassen werden, soweit es nach der besonderen Ausführungsart und Nutzung der Fliegenden Bauten deren Einhaltung nicht bedarf und die Verwirklichung der allgemeinen Anforderungen nach § 3 nicht gefährdet wird.

§ 74
Inanspruchnahme von Nachbargrundstücken für die Ausführung von Bauarbeiten

(1) ¹Die Grundeigentümerinnen und die Grundeigentümer sind verpflichtet, das Betreten ihrer Grundstücke und das Aufstellen der erforderlichen Gerüste sowie die Vornahme von Arbeiten zu dulden, soweit dies zur Errichtung, Änderung oder Unterhaltung von baulichen Anlagen auf den Nachbargrundstücken erforderlich ist. ²Die Bauaufsichtsbehörde kann entsprechende Anordnungen erlassen.

(2) ¹Grenzt ein Gebäude unmittelbar an ein höheres Gebäude auf einem Nachbargrundstück, so hat die Eigentümerin oder der Eigentümer des höheren Gebäudes zu dulden, dass die Schornsteine und Lüftungsleitungen des niedrigeren Gebäudes an der Grenzwand ihres oder seines Gebäudes befestigt und in Stand gehalten werden, wenn die Bauaufsichtsbehörde angeordnet hat, dass die Schornsteine und die Lüftungsleitungen höher zu führen sind. ²Die Eigentümerin oder der Eigentümer des höheren Gebäudes hat auch zu dulden, dass die Schornsteine und Lüftungsleitungen von ihrem oder seinem Grundstück aus gereinigt und dass die hierzu erforderlichen Einrichtungen auf ihrem oder seinem Gebäude hergestellt und in Stand gehalten werden.

(3) ¹Wird ein Gebäude an ein anderes niedrigeres Gebäude auf einem Nachbargrundstück angebaut, so hat die Eigentümerin oder der Eigentümer des neu errichteten höheren Gebäudes dafür zu sorgen, dass das Dach des vorhandenen niedrigeren Gebäudes dicht an die Wand des höheren Gebäudes angeschlossen wird. ²Die Eigentümerin oder der Eigentümer des vorhandenen niedrigeren Gebäudes hat dabei zu dulden, dass der erforderliche dichte Anschluss auch durch übergreifende Bauteile hergestellt wird.

(4) ¹Soll eine bauliche Anlage tiefer als eine bereits vorhandene angrenzende Nachbarbebauung gegründet werden, so hat die Eigentümerin oder der Eigentümer der bestehenden baulichen Anlage die Unterfangung zu dulden, wenn und soweit dies zur Erhaltung der Standsicherheit der bestehenden baulichen Anlage erforderlich ist. ²Kommt eine Einigung zwischen den Beteiligten nicht zu Stande, so hat die Bauaufsichtsbehörde die entsprechenden Anordnungen zu erlassen. ³Die Eigentümerin oder der Eigentümer der bestehenden baulichen Anlage kann gegen Vorauszahlung der zusätzlichen Kosten eine solche Ausführung der Unterfangung verlangen, dass sie als Gründung für eine spätere planungsgemäße Bebauung verwendet werden kann; aus der Unterfangung entstehende zivilrechtliche Ansprüche bleiben unberührt.

(5) Sind Arbeiten beabsichtigt, die eine Duldungspflicht auslösen, so hat dies die Bauherrin oder der Bauherr mindestens zwei Wochen vor Beginn der Ausführung der Eigentümerin oder dem Eigentümer des in Anspruch zu nehmenden Grundstücks oder der von der Eigentümerin oder dem Eigentümer zur Vertretung bevollmächtigten Person mitzuteilen, sofern diese ohne erhebliche Schwierigkeiten zu erreichen sind.

(6) ¹Die Bauherrin oder der Bauherr ist der Nachbarin und dem Nachbarn zum Ersatz jeden Schadens verpflichtet, der aus Maßnahmen nach den Absätzen 1 bis 4 entsteht. ²Auf Verlangen der Nachbarin oder des Nachbarn ist vor Beginn der Ausführung in Höhe des voraussichtlich entstehenden Schadens Sicherheit zu leisten. ³Ergeht eine Anordnung nach

Absatz 1 Satz 2 oder Absatz 4 Satz 2, so bestimmt die Bauaufsichtsbehörde die Höhe der Sicherheitsleistung.

(7) Mitteilung und Sicherheitsleistung sind nicht erforderlich, wenn die Arbeiten zur Abwendung einer unmittelbaren Gefahr notwendig sind.

§ 74 a
Verbot unrechtmäßig gekennzeichneter Bauprodukte

Sind Bauprodukte entgegen § 22 mit dem Ü-Zeichen gekennzeichnet, so kann die Bauaufsichtsbehörde die Verwendung dieser Bauprodukte untersagen und deren Kennzeichnung entwerten oder beseitigen lassen.

§ 75
Baueinstellung

(1) ^{1}Die Bauaufsichtsbehörde kann anordnen, dass Bauarbeiten eingestellt werden, wenn

1. das Bauvorhaben entgegen den Vorschriften des § 70 Absätze 1 und 3 begonnen wurde oder

2. bei der Ausführung des Bauvorhabens von Genehmigungen abgewichen oder gegen öffentlich-rechtliche Vorschriften verstoßen wird oder

3. Bauprodukte verwendet werden, die unberechtigt mit dem CE-Zeichen (§ 20 Absatz 1 Nummer 2) oder dem Ü-Zeichen (§ 22 Absatz 4) gekennzeichnet sind.

^{2}Die Einstellung kann auch mündlich angeordnet werden.

(2) Werden Bauarbeiten trotz angeordneter Einstellung fortgesetzt, so kann die Bauaufsichtsbehörde die Baustelle versiegeln oder die an der Baustelle vorhandenen Baustoffe, Bauteile, Geräte, Maschinen und Bauhilfsmittel in amtlichen Gewahrsam bringen.

§ 76
Herstellung ordnungsgemäßer Zustände

(1) ^{1}Werden bauliche Anlagen im Widerspruch zu öffentlich-rechtlichen Vorschriften errichtet oder geändert, so kann die Bauaufsichtsbehörde die teilweise oder vollständige Beseitigung der baulichen Anlagen anordnen, wenn nicht auf andere Weise rechtmäßige Zustände hergestellt werden können. ^{2}Werden bauliche Anlagen im Widerspruch zu öffentlich-rechtlichen Vorschriften benutzt, so kann diese Benutzung untersagt werden.

(2) Absatz 1 gilt für Werbeanlagen und Waren- und Leistungsautomaten sinngemäß.

(3) ¹Die Bauaufsichtsbehörde kann anordnen, dass verwahrloste oder durch Beschriftung und Bemalung verunstaltete Bau- und Werbeanlagen oder Teile von ihnen ganz oder teilweise in Stand gesetzt werden, dass ihr Anstrich erneuert oder dass die Fassade gereinigt wird. ²Ist eine Instandsetzung nicht möglich, so kann die Bauaufsichtsbehörde die Beseitigung der Anlage verlangen. ³Sie kann ferner verlangen, dass Grundstücke aufgeräumt oder ordnungsgemäß hergerichtet werden oder dass endgültig nicht mehr genutzte außer Betrieb gesetzte unterirdische bauliche Anlagen, wie Kellergewölbe und Behälter, entweder beseitigt oder gereinigt und mit nicht wassergefährdenden Stoffen verfüllt werden. ⁴Die Bauaufsichtsbehörde kann außerdem anordnen, dass Sachen, insbesondere Fahrzeuge, Schutt und Gerümpel, auf unbebauten Grundstücken und Grundstücksteilen nicht oder nur unter bestimmten Vorkehrungen aufgestellt oder gelagert werden.

§ 77
Bauzustandsbesichtigungen

(1) Die Bauaufsichtsbehörde kann die Einhaltung der öffentlich-rechtlichen Vorschriften, Anordnungen und die ordnungsgemäße Erfüllung der Pflichten der am Bau Beteiligten überwachen und durch Stichproben die Ausführung von Bauvorhaben überprüfen.

(2) ¹Die Überprüfung erstreckt sich insbesondere auf die Brauchbarkeit der verwendeten Bauprodukte, die Ordnungsmäßigkeit der Bauausführung, die Tauglichkeit und Betriebssicherheit der Gerüste, Geräte und der sonstigen Baustelleneinrichtungen. ²Die Bauaufsichtsbehörde und die von ihr Beauftragten können Proben von Bauprodukten, soweit erforderlich, auch aus fertigen Bauteilen entnehmen und prüfen. ³Die Kosten für die Probeentnahmen und Prüfungen sowie für Nachweise auf Grund von Rechtsverordnungen nach § 81 Absatz 1 Nummer 5 und Absatz 4 trägt die Bauherrin oder der Bauherr.

(3) Bauliche Anlagen dürfen erst benutzt werden, wenn sie ordnungsgemäß fertig gestellt und sicher benutzbar sind.

(4) ¹Die Bauaufsichtsbehörde kann bereits mit der Genehmigung festlegen, dass die Fertigstellung des Rohbaues und die endgültige Fertigstellung der baulichen Anlage sowie Beginn und die Beendigung bestimmter Bauarbeiten oder Nutzungen mitgeteilt werden, um eine Besichtigung durch die Bauaufsichtsbehörde durchführen zu können. ²Diese Besichtigung ist innerhalb einer Woche nach Eingang der Mitteilung durchzuführen. ³Ergeben die Besichtigungen Beanstandungen, kann die Bauauf-

sichtsbehörde weitere Besichtigungen festlegen. [4]Sind Besichtigungen festgelegt worden, dürfen die entsprechenden Bauarbeiten erst fortgesetzt oder die Anlage erst benutzt werden, wenn die Bauaufsichtsbehörde erklärt, dass die Besichtigung keine Beanstandungen ergeben hat oder wegen der Sicherheit und Ordnung keine Bedenken bestehen.

(5) [1]Der Rohbau ist fertig gestellt, wenn die tragenden Teile, Schornsteine, Brandwände, notwendigen Treppen und die Dachkonstruktion hergestellt sind. Zur Besichtigung des Rohbaus sind die für die Standsicherheit wesentlichen Bauteile und, soweit möglich, die Bauteile, die für den Brandschutz, den Wärme- und Schallschutz sowie für die Abwasserbeseitigung wesentlich sind, derart offen zu halten, dass Maße und Ausführungsart geprüft werden können. [2]Werden Abgasanlagen für Feuerstätten oder ortsfeste Verbrennungsmotoren errichtet oder geändert, hat die Bauherrin oder der Bauherr bis zur Rohbaufertigstellung über die Tauglichkeit der Abgasanlage eine Bescheinigung der Bezirksschornsteinfegermeisterin oder des Bezirksschornsteinfegermeisters der Bauaufsichtsbehörde vorzulegen.

(6) [1]Die endgültige Fertigstellung der baulichen Anlage umfasst auch die Fertigstellung der Wasserversorgungsanlagen und der Anlagen zum Sammeln und Beseitigen von Abwasser. [2]Werden Abgasanlagen für Feuerstätten oder ortsfeste Verbrennungsmotoren errichtet oder geändert, hat die Bauherrin oder der Bauherr bis zur endgültigen Fertigstellung über die sichere Benutzbarkeit der Abgasanlage einschließlich der zugehörigen Anschlüsse eine Bescheinigung der Bezirksschornsteinfegermeisterin oder des Bezirksschornsteinfegermeisters der Bauaufsichtsbehörde vorzulegen. [3]Die Bauherrin oder der Bauherr hat der Bauaufsichtsbehörde mit der Meldung über die endgültige Fertigstellung der Grundstücksentwässerungsanlage nach § 70 Absatz 6 einen Dichtheitsnachweis, versehen mit einem Lageplan und der Kennzeichnung der geprüften Anlagen, entsprechend § 17 b des Hamburgischen Abwassergesetzes vom 21. Februar 1984 (HmbGVBl. S. 45), zuletzt geändert am 16. November 1999 (HmbGVBl. S. 255), einzureichen. [4]Wird ein Antrag für die Prüfung bautechnischer Nachweise nach § 63 Absatz 3 nicht gestellt, sind bis zur endgültigen Fertigstellung der baulichen Anlage der Bauaufsichtsbehörde

1. eine Bescheinigung einer auf dem Gebiet des Wärmeschutzes sachkundigen Person und

2. auf ihr Verlangen eine Bescheinigung einer auf dem Gebiet des Schallschutzes sachkundigen Person

vorzulegen, in denen bestätigt wird, dass in den Entwürfen und bei der Ausführung des Bauvorhabens der nach den gesetzlichen Vorschriften notwendige bauliche Wärmeschutz oder Schallschutz eingehalten worden ist.

(7) ¹Den mit der Überwachung beauftragten Personen ist jederzeit Einblick in die Bescheide und die auf der Baustelle geführten Unterlagen zu gewähren. ²Die Bauherrin oder der Bauherr hat für die Besichtigungen und die damit verbundenen möglichen Prüfungen die erforderlichen Arbeitskräfte und Geräte bereitzustellen.

§ 78
Abnahmebescheinigungen

(1) ¹Die Bauherrin oder der Bauherr kann vor Beendigung der entsprechenden Bauarbeiten die Besichtigung des Rohbaues und der endgültig fertig gestellten baulichen Anlage beantragen. ²Sie muss innerhalb zweier Wochen durchgeführt sein. ³Bei baulichen Anlagen, für die eine Prüfung der bautechnischen Nachweise nach § 63 Absatz 3 nicht beantragt worden ist, kann ein Antrag auf Besichtigung des Rohbaues nicht gestellt werden.

(2) Über durchgeführte Besichtigungen kann die Bauherrin oder der Bauherr Bescheinigungen (Abnahmebescheinigungen) verlangen.

(3) Absätze 1 und 2 gelten nur für Vorhaben, die in einem Verfahren ohne Beschränkung der Prüfung genehmigt wurden.

§ 79
Baulasten und Baulastenverzeichnis

(1) ¹Durch Erklärung gegenüber der Bauaufsichtsbehörde können Grundstückseigentümerinnen und Grundstückseigentümer sowie Erbbauberechtigte mit Zustimmung der Grundstückseigentümerin oder des Grundstückseigentümers öffentlich-rechtliche Verpflichtungen zu einem ihre Grundstücke betreffenden Handeln, Dulden oder Unterlassen übernehmen, die sich nicht schon aus öffentlich-rechtlichen Vorschriften ergeben (Baulasten). ²Baulasten werden unbeschadet der Rechte Dritter mit der Eintragung in das Baulastenverzeichnis wirksam und wirken auch gegenüber der Rechtsnachfolgerin oder dem Rechtsnachfolger.

(2) ¹Die Erklärung nach Absatz 1 bedarf der Schriftform. ²Die Unterschrift muss amtlich oder öffentlich beglaubigt oder vor der Bauaufsichtsbehörde geleistet werden.

(3) ¹Die Baulast geht durch schriftlichen Verzicht der Bauaufsichtsbehörde unter. ²Wenn ein öffentliches Interesse an der Baulast nicht mehr besteht, kann der Verzicht erklärt werden. ³Vor dem Verzicht sollen die durch die Baulast Verpflichteten und Begünstigten angehört werden. ⁴Der Verzicht wird mit der Löschung der Baulast im Baulastenverzeichnis wirksam.

(4) Das Baulastenverzeichnis wird von der Bauaufsichtsbehörde geführt.

(5) ¹Das Baulastenverzeichnis begründet eine widerlegbare Vermutung für den Bestand und Umfang der eingetragenen Baulast. ²Ein Rechtsanspruch auf Übernahme in das Baulastenverzeichnis besteht nicht.

(6) Wer ein berechtigtes Interesse darlegt, kann in das Baulastenverzeichnis Einsicht nehmen oder sich Abschriften oder Ablichtungen fertigen lassen.

TEIL 12
Ausführungs- und Schlussvorschriften

§ 80
Ordnungswidrigkeiten

(1) Ordnungswidrig handelt, wer vorsätzlich oder fahrlässig

1. Tausalze oder tausalzhaltige Mittel auf privaten Verkehrsflächen verwendet, soweit es sich nicht um besonders gefährliche Stellen handelt (§ 19 Absatz 6 Satz 1),
2. Bauprodukte entgegen § 20 Absatz 1 Nummer 1 ohne das Ü-Zeichen oder entgegen § 20 Absatz 1 Nummer 2 ohne das CE-Zeichen verwendet,
3. nicht geregelte Bauarten entgegen § 21 Absatz 1 ohne allgemeine bauaufsichtliche Zulassung, allgemeines bauaufsichtliches Prüfzeugnis oder Zustimmung im Einzelfall anwendet,
4. Bauprodukte mit dem Ü-Zeichen kennzeichnet, ohne dass die Voraussetzungen des § 22 Absatz 4 vorliegen,
5. den Pflichten als Bauherrin oder Bauherr (§ 54 Absätze 1, 2 und 4), als Entwurfsverfasserin oder Entwurfsverfasser (§ 55 Absatz 1 Satz 3), als Unternehmerin oder Unternehmer (§ 56 Absatz 1), als Bauleiterin oder Bauleiter (§ 57 Absatz 1) oder als deren Vertretung zuwiderhandelt,
6. ohne die erforderliche Genehmigung (§ 60 Absätze 1 und 2) oder Teilbaugenehmigung (§ 69 Absatz 4) oder abweichend davon (§ 69 Absätze 1 und 2) oder ohne die erforderliche Ausnahme oder Befreiung bauliche Anlagen oder Werbeanlagen errichtet, aufstellt, anbringt, ändert, benutzt oder abbricht,
7. die Eigentümerinnen und Eigentümer angrenzender Grundstücke vom Ausführungsbeginn nicht unterrichtet (§ 70 Absatz 2),
8. der Bauaufsichtsbehörde den Beginn der Ausführung (§ 70 Absatz 3) und die endgültige Fertigstellung des Vorhabens (§ 70 Absatz 6) nicht mitteilt,

9. Bauarbeiten vor Zugang der Genehmigung beginnt (§ 70 Absatz 1),

10. die Fertigstellung des Rohbaues und die endgültige Fertigstellung nicht mitteilt (§ 77 Absatz 4),

11. Beginn und Beendigung bestimmter Bauarbeiten nicht mitteilt (§ 77 Absatz 4),

12. vor Durchführung festgelegter Besichtigungen Bauarbeiten fortsetzt oder die bauliche Anlage benutzt (§ 77 Absatz 4),

13. Fliegende Bauten ohne Ausführungsgenehmigung (§ 73 Absatz 2) oder ohne Anzeige und Besichtigung (§ 73 Absatz 8) in Gebrauch nimmt oder abweichend von der Ausführungsgenehmigung oder den Festlegungen anlässlich der Besichtigung (§ 73 Absatz 8) in Gebrauch nimmt und betreibt,

14. einer nach diesem Gesetz erlassenen Rechtsverordnung zuwiderhandelt, sofern die Rechtsverordnung für einen bestimmten Tatbestand auf diese Bußgeldvorschrift verweist.

(2) Ordnungswidrig handelt auch, wer wider besseres Wissen unrichtige Angaben macht oder unrichtige Pläne oder Unterlagen vorlegt, um einen nach diesem Gesetz vorgesehenen Verwaltungsakt zu erwirken oder zu verhindern.

(3) Die Ordnungswidrigkeit kann mit einer Geldbuße bis zu 50 000 Euro geahndet werden.

(4) ^{1}Ist eine Ordnungswidrigkeit nach Absatz 1 Nummern 2 bis 4 begangen worden, so können Gegenstände, auf die sich die Ordnungswidrigkeit bezieht, einbezogen werden. ^{2}§ 23 des Gesetzes über Ordnungswidrigkeiten in der Fassung vom 19. Februar 1987 (Bundesgesetzblatt I Seite 603), zuletzt geändert am 15. Juli 1992 (Bundesgesetzblatt I Seiten 1302, 1310) ist anzuwenden.

§ 81
Rechtsverordnungen

(1) Zur Verwirklichung der in § 3 bezeichneten allgemeinen Anforderungen wird der Senat ermächtigt, durch Rechtsverordnung Vorschriften zu erlassen über

1. die nähere Bestimmung allgemeiner Anforderungen in den §§ 4 bis 50,

2. den Nachweis der Befähigung der in § 20 Absatz 5 genannten Personen; dabei können Mindestanforderungen an die Ausbildung, die durch Prüfung nachzuweisende Befähigung und die Ausbildungsstätten einschließlich der Anerkennungsvoraussetzungen gestellt werden,

3. die Überwachung von Tätigkeiten mit einzelnen Bauprodukten nach § 20 Absatz 6; dabei können für die Überwachungsstellen über die in § 23 festgelegten Mindestanforderungen hinaus weitere Anforderungen im Hinblick auf die besonderen Eigenschaften und die besondere Verwendung der Bauprodukte gestellt werden,

4. besondere Anforderungen oder Erleichterungen, die sich aus der besonderen Art oder Nutzung der baulichen Anlagen nach §§ 51 und 52 für Errichtung, Änderung, Unterhaltung, Betrieb und Benutzung ergeben sowie über die Anwendung solcher Anforderungen auf bestehende bauliche Anlagen dieser Art,

5. eine von Zeit zu Zeit zu wiederholende Überwachung von Anlagen, die zur Verhütung erheblicher Gefahren oder Nachteile ständig ordnungsgemäß unterhalten werden müssen, und die Erstreckung dieser Überwachungspflicht auf bestehende Anlagen,

6. die äußere Gestaltung baulicher Anlagen sowie von Werbeanlagen und Warenautomaten zur Durchführung baugestalterischer Absichten in bestimmten, genau abgegrenzten bebauten oder unbebauten Teilen des Gebietes der Freien und Hansestadt Hamburg; dabei können sich die Vorschriften über Werbeanlagen auch auf deren Art, Größe und Anbringungsort erstrecken,

7. die Art, Ausführung, Anbringung, Anordnung und Beleuchtung von Transparent-Hausnummernleuchten und Hausnummernschildern nach § 19 Absatz 1,

8. die Höhe, bis zu der bei Gründungen an oberirdischen Gewässern Holzteile und Spundwände aus Holz eingebaut werden dürfen,

9. die nach § 15 Absatz 2 zu bestimmenden Tiefen, bis zu denen Austiefungen vor Uferbauwerken vorgenommen werden können,

soweit sich aus Absatz 14 nicht etwas anderes ergibt.

(2) ^{1}Der Senat wird ermächtigt, zum bauaufsichtlichen Verfahren durch Rechtsverordnung Vorschriften zu erlassen über

1. die erforderlichen Anträge, Anzeigen, Nachweise, Bescheinigungen und die in diesem Zusammenhang erforderlichen Unterschriften,

2. Umfang, Inhalt und Zahl der Bauvorlagen und die in diesem Zusammenhang erforderlichen Unterschriften,

3. das Verfahren im Einzelnen,

4. das Erheben und Verarbeiten personenbezogener Daten zum Zweck der Erfüllung der bauaufsichtlichen Aufgaben nach § 58, insbesondere die Übermittlung im Rahmen der notwendigen Beteiligung anderer öffentlicher Stellen, sowie die Übermittlung an sonstige Stellen, soweit

diese die Daten zur Erfüllung der ihnen obliegenden öffentlichen Aufgaben bedürfen. ²Dabei sind Art, Umfang und Empfänger der zu übermittelnden Daten, sowie die Zwecke der Verwendung und die Dauer der Speicherung zu bestimmen.

³Dabei können für verschiedene Arten von Vorhaben unterschiedliche Anforderungen und Verfahren festgelegt werden.

(3) Der Senat wird ermächtigt, zur Vereinfachung, Erleichterung oder Beschleunigung des bauaufsichtlichen Verfahrens oder zur Entlastung der Bauaufsichtsbehörde durch Rechtsverordnung Vorschriften zu erlassen über

1. den vollständigen oder teilweisen Wegfall der bauaufsichtlichen Prüfung bei bestimmten Arten von Vorhaben und hierfür bestimmte Voraussetzungen festzulegen,
2. die Übertragung von Prüfaufgaben der Bauaufsichtsbehörde im Rahmen des bauaufsichtlichen Verfahrens einschließlich der Bauüberwachung, der Bauzustandsbesichtigung und der Erteilung von Bescheinigungen auf Sachverständige oder sachverständige Stellen.

(4) Der Senat wird ermächtigt, durch Rechtsverordnung vorzuschreiben, dass die am Bau Beteiligten (§§ 54 bis 57) zum Nachweis der ordnungsgemäßen Bauausführung Bescheinigungen, Bestätigungen oder Nachweise der Entwurfsverfasserin oder des Entwurfsverfassers, der Unternehmerinnen oder Unternehmer, der Bauleiterin oder des Bauleiters, von Sachverständigen oder Behörden über die Einhaltung öffentlich-rechtlicher Anforderungen vorzulegen haben.

(5) ¹Der Senat wird ermächtigt, durch Rechtsverordnung die Befugnisse zur

1. Bekanntmachung der Bauregellisten A und B (§ 20 Absätze 2 und 7) einschließlich der zu treffenden Festlegungen nach § 20 Absatz 7, § 20 a Absatz 1, § 22 Absatz 2 Satz 2 und § 22 a Absatz 2,
2. Bekanntmachung von Bauprodukten nach § 20 Absatz 3 Satz 2 (Liste C),
3. Entscheidung über allgemeine bauaufsichtliche Zulassungen und deren öffentliche Bekanntmachung (§ 20 a Absätze 1 und 5 und § 21),
4. Anerkennung von Prüf-, Zertifizierungs- und Überwachungsstellen (§ 23 Absätze 1 und 3),
5. Erteilung von Typengenehmigungen (§ 72)

auf nicht zur unmittelbaren Verwaltung der Freien und Hansestadt Hamburg gehörende Behörden zu übertragen. ²Die in Satz 1 Nummern 1 bis 5 genannten Befugnisse können auch auf eine Behörde eines anderen Landes übertragen werden, die der Aufsicht einer obersten Bauaufsichtsbehörde untersteht oder an deren Willensbildung die Freie und Hansestadt Hamburg mitwirkt. ³Die in Satz 1 Nummern 1 und 2 genannten Befugnisse dürfen nur im Einvernehmen mit der Bauaufsichtsbehörde ausgeübt werden.

(6) Der Senat wird ermächtigt, durch Rechtsverordnung

1. das Ü-Zeichen (§ 22 Absatz 4) festzulegen und zu diesem Zeichen zusätzliche Angaben vorzuschreiben,

2. das Anerkennungsverfahren nach § 23 Absatz 1, die Anerkennungsvoraussetzungen einschließlich des Nachweises einer ausreichenden Haftpflichtversicherung sowie die Voraussetzungen für den Widerruf und das Erlöschen der Anerkennung zu regeln und dabei insbesondere auch Altersgrenzen festzulegen.

(7) Der Senat wird ermächtigt, durch Rechtsverordnung zu bestimmen, dass für bestimmte Fliegende Bauten die Aufgaben der Bauaufsichtsbehörde nach § 73 Absätze 1 bis 9 ganz oder teilweise auf andere Stellen übertragen werden, und die Vergütung dieser Stellen zu regeln.

(8) Der Senat wird ermächtigt, durch Rechtsverordnung Vorschriften für Sachverständige zu erlassen über

1. die Fachbereiche, in denen die Sachverständigen tätig werden,

2. die Anforderungen an die Sachverständigen insbesondere in Bezug auf deren Ausbildung, Fachkenntnisse, Berufserfahrung, persönliche Zuverlässigkeit sowie Fort- und Weiterbildung,

3. das Verfahren der Anerkennung sowie die Voraussetzungen für die Anerkennung, ihren Widerruf, ihre Rücknahme und ihr Erlöschen,

4. die Festsetzung einer Altersgrenze,

5. das Erfordernis einer ausreichenden Haftpflichtversicherung,

6. die Überwachung der Sachverständigen und

7. die Vergütung der Sachverständigen.

(9) ¹Der Senat wird ermächtigt, durch Rechtsverordnung für bestimmte Gebiete eine bestimmte Heizungsart oder den Anschluss von Gebäuden an gemeinsame Heizungsanlagen bestimmter Art oder an eine Fernheizung und die Benutzung dieser Einrichtungen vorzuschreiben, um Gefahren, unzumutbare Belästigungen oder sonstige Nachteile durch Luftverunreinigungen zu vermeiden oder zur Sicherung der örtlichen Energieversorgung sowie zum umfassenden Schutz der Umwelt, soweit sich aus Absatz 14 nicht etwas anderes ergibt. ²In der Rechtsverordnung sind Ausnahmen vom Anschluss- und Benutzungsgebot in Fällen vor-

zusehen, in denen auch unter Berücksichtigung der Erfordernisse des Gemeinwohls Anschluss und Benutzung unzumutbar sind.

(10) – *aufgehoben* –

(11) ¹Der Senat wird ermächtigt, Rechtsverordnungen, die auf die Verordnung über Baugestaltung vom 10. November 1936 (Reichsgesetzblatt I Seite 938) oder zugleich auf die Baupflegesatzung für die Freie und Hansestadt Hamburg vom 14. September 1939 (Sammlung des bereinigten hamburgischen Landesrechts I 21301-b) gestützt sind, aufzuheben oder nach Absatz 1 Nummer 6 zu ändern. ²Das gilt auch, soweit Vorschriften zugleich auf § 20 a des Gesetzes, betreffend das Verhältnis der Verwaltung zur Rechtspflege, vom 23. April 1879 (Sammlung des bereinigten hamburgischen Landesrechts I 20100-b) gestützt sind.

(12) – *aufgehoben* –

(13) Der Senat wird ermächtigt, durch Rechtsverordnung das Hamburgische Gesetz zur Erleichterung des Wohnungsbaus vom 18. Juli 2001 (HmbGVBl. S. 221, 223) aufzuheben oder nach Maßgabe der Absätze 2, 3 und 4 zu ändern.

(14) ¹Die Bürgerschaft beschließt Vorschriften nach Absatz 1 Nummer 6 und Absatz 9 durch Gesetz, wenn die örtlich zuständige Bezirksversammlung dem Verordnungentwurf nicht zustimmt oder nicht binnen vier Monaten nach Vorlage des Entwurfes zur Abstimmung über ihre Zustimmung entschieden hat. ²Der Senat wird ermächtigt, durch Rechtsverordnung die Verordnungsermächtigung nach Absatz 1 Nummer 6 Absatz 9 für die Fälle auf die Bezirksämter zu übertragen, in denen die örtlich zuständigen Bezirksversammlungen den Verordnungsentwürfen zugestimmt haben. ³Die Verordnungen bedürfen in diesen Fällen vor ihrem Erlass durch das Bezirksamt der Genehmigung der zuständigen Behörde.

§ 82
Aufhebung, Fortgeltung und Änderung von Vorschriften

(1) Es treten in ihrer zur Zeit geltenden Fassung außer Kraft

1. die Hamburgische Bauordnung vom 10. Dezember 1969 (Hamburgisches Gesetz- und Verordnungsblatt 1969 Seite 249, 1970 Seite 52), zuletzt geändert am 2. Juli 1981 (Hamburgisches Gesetz- und Verordnungsblatt Seite 165),

2. Artikel 3 des Gesetzes zum Abkommen über die Errichtung und Finanzierung des Instituts für Bautechnik vom 4. November 1968 (Hamburgisches Gesetz- und Verordnungsblatt Seite 243),

3. die Baudurchführungsverordnung vom 29. September 1970 (Hamburgisches Gesetz- und Verordnungsblatt Seite 251),

4. die Verordnung über Standplätze für Abfallbehälter vom 23. Februar 1982 (Hamburgisches Gesetz- und Verordnungsblatt Seite 41).

(2) Soweit in landesrechtlichen Rechtsvorschriften auf die nach Absatz 1 außer Kraft getretenen Vorschriften verwiesen ist, treten an ihre Stelle die entsprechenden Vorschriften dieses Gesetzes oder die auf Grund dieses Gesetzes erlassenen Vorschriften.

(3) ¹Es gelten als auf Grund des § 81 erlassen die auf die Hamburgische Bauordnung von 1969 gestützten Rechtsvorschriften in ihrer im Zeitpunkt des In-Kraft-Tretens des Gesetzes geltenden Fassung. ²Die Verordnung über die Freistellung baulicher Anlagen von der Genehmigungsbedürftigkeit nach der Hamburgischen Bauordnung vom 20. September 1983 (Hamburgisches Gesetz- und Verordnungsblatt Seite 221) gilt als auf Grund des § 61 Absatz 1, die Verordnung über die Güteüberwachung von Baustoffen und Bauteilen vom 28. Mai 1970 mit der Änderung vom 30. August 1972 (Hamburgisches Gesetz- und Verordnungsblatt 1970 Seite 182, 1972 Seite 160) als auf Grund des § 23 Absatz 1 erlassen.

(4) Soweit in diesem Gesetz an die Festsetzung von Baugebieten Rechtsfolgen geknüpft werden, gelten diese auch für die entsprechenden Baugebiete in den nach § 173 Absatz 3 Satz 1 des Bundesbaugesetzes übergeleiteten Bebauungsplänen und in Bebauungsplänen nach dem Bundesbaugesetz, bei denen der erste Tag der öffentlichen Auslegung in die Zeit zwischen dem 29. Oktober 1960 und dem 31. Juli 1962 fiel.

(5) Die Technischen Baubestimmungen, deren Einführung vor dem In-Kraft-Treten dieses Gesetzes im Amtlichen Anzeiger bekannt gemacht worden ist, gelten fort.

(6) § 5 des Gesetzes über die Feststellung von Bauleitplänen und ihre Sicherung in der Fassung vom 2. Juli 1981 (Hamburgisches Gesetz- und Verordnungsblatt Seite 167) erhält folgende Fassung:

„§ 5

(1) ¹In Rechtsverordnungen über Bebauungspläne können auf Grund von § 81 Absatz 1 Nummern 1 und 5, Absätze 7 bis 9 der Hamburgischen Bauordnung vom 1. Juli 1986 (Hamburgischen Gesetz- und Verordnungsblatt Seite 183), § 7 Absatz 2, § 15 Absatz 5 und § 17 Absatz 1 des Denkmalschutzgesetzes vom 3. Dezember 1973 (Hamburgisches Gesetz- und Verordnungsblatt Seite 466) und §§ 15 und 19 des Hamburgischen Naturschutzgesetzes vom 2. Juli 1981 (Hamburgisches Gesetz- und Verordnungsblatt Seite 167) Fest-

setzungen aufgenommen werden. ²In ihnen können ferner auf Grund von §§ 15, 17 und 20 des Hamburgischen Naturschutzgesetzes Landschaftsschutzgebiete und geschützte Landschaftsbestandteile geändert oder aufgehoben werden. ³Für Gesetze über Bebauungspläne gelten die Sätze 1 und 2 sinngemäß. ⁴Die Vorschriften des Bundesbaugesetzes finden auf diese Festsetzungen keine Anwendung.

(2) Werden Festsetzungen auf Grund von § 6 Absatz 5 des Hamburgischen Naturschutzgesetzes in den Bebauungsplan aufgenommen, gelten für die öffentliche Auslegung die Vorschriften des Bundesbaugesetzes."

(7) § 15 des Hamburgischen Wegegesetzes in der Fassung vom 22. Januar 1974 mit der Änderung vom 12. März 1984 (Hamburgisches Gesetz- und Verordnungsblatt 1974 Seite 41, 1984 Seite 61) erhält folgende Fassung:

„§ 15
Anbau an öffentlichen Wegen

(1) Grundstücke dürfen nur bebaut oder gewerblich genutzt werden, wenn sie unmittelbar an einen nicht anbaufrei zu haltenden öffentlichen Weg grenzen oder wenn der Wegeausbau nach § 14 gesichert ist.

(2) Die Wegeaufsichtsbehörde kann im Einzelfall Ausnahmen zulassen, wenn Grundstücke nur in einem Ausmaß bebaut oder gewerblich genutzt werden sollen, für das ihre Belegenheit an einem öffentlichen Weg nicht erforderlich ist."

§ 83
Bestehende bauliche Anlagen

(1) ¹Die Grundstückseigentümerin oder der Grundstückseigentümer oder die über die bauliche Anlage verfügungsberechtigte Person hat alle baulichen Anlagen in standsicherem und gesundheitlich einwandfreiem Zustand zu erhalten. ²Bei drohender Gefahr muss sie oder er sofort die nötigen Sicherheitsmaßnahmen treffen und dies der Bauaufsichtsbehörde schriftlich mitteilen.

(2) Die Bauaufsichtsbehörde kann verlangen, dass bestehende bauliche Anlagen den Anforderungen dieses Gesetzes oder den auf Grund dieses Gesetzes erlassenen Vorschriften angepasst werden, soweit dies wegen einer Gefährdung der Sicherheit oder Gesundheit notwendig ist.

(3) Bei wesentlicher Änderung baulicher Anlagen kann gefordert werden, dass auch die von der Änderung nicht berührten Teile der baulichen Anlage mit diesem Gesetz oder den auf Grund dieses Gesetzes erlassenen Vorschriften in Einklang gebracht werden, wenn dies keine unzumutbaren Mehrkosten verursacht.

§ 84

In-Kraft-Treten

(1) ¹Dieses Gesetz tritt am 1. Januar 1987 in Kraft. ²Die Vorschriften über die Ermächtigung zum Erlass von Rechtsverordnungen treten am Tage nach der Verkündung in Kraft.

(2) Ist ein Antrag vor dem In-Kraft-Treten dieses Gesetzes gestellt worden, so kann der Antragsteller verlangen, dass die Entscheidung nach dem zur Zeit der Antragstellung geltenden Recht getroffen wird.

I/2
Hamburgisches Gesetz zur Erleichterung des Wohnungsbaus (HmbWoBauErlG)[1)2)]

i. d. F. der Bek. vom 18. 7. 2001 (HmbGVBl. S. 221)

Inhaltsübersicht

§ 1 Anwendungsbereich
§ 2 Vereinfachtes Genehmigungsverfahren
§ 3 Pflichten der Bauherrin oder des Bauherrn
§ 4 Ausnahmen, Befreiungen
§ 5 Genehmigungsfristen
§ 6 Bautechnische Anforderungen und Brandschutz
§ 7 Abgasanlagen
§ 8 Ordnungswidrigkeiten

§ 1
Anwendungsbereich

(1) Für das Errichten und Ändern von Gebäuden geringer und mittlerer Höhe im Sinne des § 2 Absatz 3 Nummern 1 und 2 der Hamburgischen Bauordnung (HBauO) vom 1. Juli 1986 (HmbGVBl. S. 183), zuletzt geändert am 20. Februar 2001 (HmbGVBl. S. 27, 31), die ausschließlich Wohnzwecken dienen, wird das vereinfachte Genehmigungsverfahren nach den Maßgaben dieses Gesetzes durchgeführt. Das gilt auch für überwiegend Wohnzwecken dienende Gebäude mit Räumen für die Berufsausübung freiberuflich Tätiger und solcher Gewerbetreibender, die ihren Beruf in ähnlicher Art ausüben, sowie für Wohngebäude geringer Höhe, die Läden mit insgesamt nicht mehr als 400 m^2 Geschossfläche enthalten.

---

1) Dieses Gesetz ist Artikel 2 des Gesetzes der Hamburgischen Bauordnung und zur Neufassung des Hamburgischen Wohnungsbauerleichterungsgesetzes.
2) Das Gesetz gilt nur für Vorhaben, für die nach ihrem In-Kraft-Treten Bauanträge gestellt werden. Maßgeblich ist der Zeitpunkt des Eingangs aller für die Beurteilung des Vorhabens und für die Bearbeitung erforderlichen Unterlagen; geringfügige Mängel in den Unterlagen bleiben unberücksichtigt.

(2) Das vereinfachte Genehmigungsverfahren gilt auch für alle technischen Einrichtungen der Gebäude nach Absatz 1 und für das Errichten und Ändern von Stellplätzen und Garagen sowie Nebenanlagen im Sinne des § 14 der Baunutzungsverordnung (BauNVO) in der Fassung vom 23. Januar 1990 (BGBl. I S. 133), zuletzt geändert am 22. April 1993 (BGBl. I S. 466, 479), soweit sie Gebäuden im Sinne des Absatzes 1 zuzuordnen sind.

§ 2
Vereinfachtes Genehmigungsverfahren

(1) Im vereinfachten Genehmigungsverfahren beschränkt sich die Prüfung der Bauvorlagen auf

1. die Zulässigkeit des Vorhabens auf dem Grundstück
   - nach den Vorschriften der §§ 29 bis 37 des Baugesetzbuchs (BauGB) in der Fassung vom 27. August 1997 (BGBl. 1997 I S. 2142, 1998 I S. 137) sowie der auf Grund des Baugesetzbuchs erlassenen Vorschriften, insbesondere der Erhaltungsverordnungen nach § 172 BauGB,
   - nach den Festsetzungen eines Landschaftsplanes gemäß § 6 des Hamburgischen Naturschutzgesetzes vom 2. Juli 1981 (HmbGVBl. S. 167), zuletzt geändert am 2. Mai 2001 (HmbGVBl. S. 75),

2. die Einhaltung der Anforderungen nach § 22 des Bundes-Immissionsschutzgesetzes in der Fassung vom 14. Mai 1990 (BGBl. I S. 881), zuletzt geändert am 19. Oktober 1998 (BGBl. I S. 3178),

3. die Einhaltung der festgesetzten oder natürlichen Geländeoberfläche (§ 2 Absatz 6 HBauO),

4. den Nachweis der Rettungswege auf dem Grundstück (§ 5 Absätze 1 bis 4 HBauO) und im Gebäude (§ 24 Absätze 8 bis 11 HBauO, § 32 HBauO und § 12 der Verordnung über den Bau und Betrieb von Garagen und offenen Stellplätzen (GarVO) vom 17. April 1990 mit der Änderung vom 29. November 1994 – HmbGVBl. 1990 S. 75, 1994 Seite 101, 1995 Seite 17),

5. die Einhaltung der Abstandsflächen (§§ 6 und 7 HBauO), die Herrichtung unbebauter Flächen (§ 9 Absätze 2 bis 4, 6, 7 HBauO), die Schaffung von Kinderspiel- und Freizeitflächen (§ 10 HBauO),

6. die Erfüllung der Stellplatzpflicht (§§ 48 und 49 HBauO),

7. die Übereinstimmung mit den Gestaltungsanforderungen nach § 12 HBauO sowie mit Verordnungen über besondere baupflegerische Anforderungen zur Gestaltung oder zum Schutz von Milieubereichen nach § 81 Absatz 1 Nummer 6 HBauO.

(2) Die Verfahrensvorschriften des Teils 11 der Hamburgischen Bauordnung sind entsprechend anzuwenden, soweit in den nachfolgenden Vorschriften nicht anderweitige Regelungen getroffen werden.

§ 3
Pflichten der Bauherrin oder des Bauherrn

(1) Die Bauherrin oder der Bauherr hat Bauvorlagen entsprechend der Bauvorlagenverordnung vom 1. Dezember 1987 (HmbGVBl. S. 211), zuletzt geändert am 21. Januar 1997 (HmbGVBl. S. 10), erstellen zu lassen. Die Bauvorlagen einschließlich der Erklärung nach Absatz 2 Nummer 2 sind von einer Person, die nach § 64 Absätze 3 bis 8 HBauO bauvorlageberechtigt ist, zu unterschreiben; § 64 Absatz 2 HBauO bleibt unberührt.

(2) Die Bauherrin oder der Bauherr hat der Bauaufsichtsbehörde mit dem Antrag einzureichen:

1. – aktuelle Auszüge aus dem darstellenden und dem beschreibenden Teil des Flächenbezogenen Informationssystems mit Angaben über die Grundstückseigentümerinnen und Grundstückseigentümer und gegebenenfalls Erbbauberechtigten,
   – Auszüge aus dem Baulastenverzeichnis, soweit Eintragungen vorhanden sind,
   – einen Lageplan gemäß § 2 Nummer 2 sowie Nummer 8 der Bauvorlagenverordnung,
   – Berechnungen über das Maß der Nutzung für die Prüfung der planungsrechtlichen Zulässigkeit nach §§ 29 bis 37 BauGB,
   – Berechnung der Geschossflächen bei beantragten freiberuflichen Nutzungen oder Läden,
   – einen Baumbestandsplan gemäß § 2 Nummer 4 der Bauvorlagenverordnung,
   – Bauzeichnungen mindestens im Maßstab 1 : 100 mit Maßangaben und Darstellung der Grundrisse aller Geschosse, der Schnitte mit Angabe der natürlichen und der festgesetzten Geländeoberfläche sowie der Ansichtszeichnungen,
   – einen Nachweis der Stellplätze und Fahrradplätze,
   – einen Nachweis der erforderlichen Folgeeinrichtungen und -anlagen gemäß § 2 Nummer 8 der Bauvorlagenverordnung,
2. eine Erklärung der bauvorlageberechtigten Person, dass
   a) die nicht nach § 2 Absatz 1 zu prüfenden öffentlich-rechtlichen Vorschriften eingehalten werden, insbesondere die einschlägigen Vorschriften

- der Hamburgischen Bauordnung und der auf Grund der Hamburgischen Bauordnung erlassenen Vorschriften,
- des Denkmalschutzgesetzes in der Fassung vom 3. Dezember 1973 (HmbGVBl. S. 466), zuletzt geändert am 16. November 1999 (HmbGVBl. S. 255),
- der Baumschutzverordnung vom 17. September 1948 (Sammlung des bereinigten hamburgischen Landesrechts I 791-i), zuletzt geändert am 2. Juli 1981 (HmbGVBl. S. 167),
- des Bundesfernstraßengesetzes in der Fassung vom 19. April 1994 mit der Änderung vom 18. Juni 1997 (BGBl. I 1994 S. 855, 1997 I S. 1452),
- des Luftverkehrsgesetzes in der Fassung vom 27. März 1999 (BGBl. I S. 551),
- der Arbeitsstättenverordnung in der Fassung vom 20. März 1975 (BGBl. I S. 1057), zuletzt geändert am 4. Dezember 1996 (BGBl. I S. 1841),

in der jeweils geltenden Fassung;

b) die für das Vorhaben erforderlichen Bauvorlagen vollständig erstellt sind;

c) für das Vorhaben keine Ausnahmen oder Befreiungen von bauordnungsrechtlichen Vorschriften (§§ 66 und 67 HBauO) erforderlich sind, soweit sie nicht nach § 4 beantragt sind.

(3) Die Bauherrin oder der Bauherr hat der Bauaufsichtsbehörde auf Anforderung weitere Vorlagen einzureichen.

§ 4
Ausnahmen, Befreiungen

(1) Sind für das Vorhaben Ausnahmen oder Befreiungen von planungsrechtlichen oder bauordnungsrechtlichen Vorschriften erforderlich, so ist deren Erteilung bei der Bauaufsichtsbehörde zu beantragen. § 68 Absätze 3 und 4 HBauO bleibt unberührt.

(2) Mit dem Antrag nach Absatz 1 sind die zur Beurteilung erforderlichen Bauvorlagen einzureichen.

§ 5
Genehmigungsfristen

(1) Der Eingang der vollständigen Unterlagen nach § 3 Absatz 2 Nummern 1 und 2 ist von der Bauaufsichtsbehörde innerhalb von 10 Werktagen schriftlich zu bestätigen. Die Bestätigung soll grundsätzlich

der Bauherrin oder dem Bauherrn bei unvollständigen Unterlagen verbindlich und abschließend die noch einzureichenden Unterlagen benennen.

(2) Die Bauaufsichtsbehörde hat über den Bauantrag innerhalb einer Frist von 2 Monaten nach Eingang der vollständigen Unterlagen zu entscheiden.

(3) Sind für das Vorhaben Befreiungen erforderlich, liegt es im Landschaftsschutzgebiet oder ist eine Genehmigung auf der Grundlage von § 33 BauGB zu erteilen, so verlängert sich die Frist nach Absatz 2 um einen Monat.

(4) Die Genehmigung nach § 1 Absatz 1 gilt als erteilt, wenn sie nicht innerhalb der Frist versagt wurde. Nach Ablauf der Frist wird auf Antrag der Bauherrin oder des Bauherrn der Eintritt der Genehmigungsfiktion bestätigt. Sofern aufgrund gesetzlicher Bestimmungen die Zustimmung einer anderen Behörde einzuholen ist, treten die Rechtsfolgen nach Satz 1 und 2 nicht vor Ablauf einer Woche nach Eingang der Erklärung der Zustimmungsbehörde ein.

§ 6
Bautechnische Anforderungen und Brandschutz

(1) Die Bauherrin oder der Bauherr hat die Bescheinigung einer staatlich anerkannten sachverständigen Person darüber vorzulegen, dass die bautechnischen Nachweise für die Standsicherheit, auch im Brandfall, den Wärme- und Schallschutz und der Nachweis des Brandschutzes den öffentlich-rechtlichen Vorschriften entsprechen. Hinsichtlich des Brandschutzes erfasst die Bescheinigung die Vorschriften der §§ 24 bis 27, 29 bis 31 HBauO und §§ 3 bis 7 GarVO mit Ausnahme der Rettungswege im Sinne von § 2 Absatz 1 Nummer 4 dieses Gesetzes. Die Bescheinigungen können auch als Teilbescheinigungen entsprechend dem Fortgang der Bauarbeiten vorgelegt werden.

(2) Absatz 1 gilt nicht bei

1. Wohngebäuden geringer Höhe mit nicht mehr als zwei Wohnungen ohne Tiefgaragen,

2. sonstigen freistehenden Wohngebäuden geringer Höhe ohne Tiefgaragen,

3. eingeschossigen Garagen und Nebenanlagen im Sinne von § 14 BauNVO mit Ausnahme von Tiefgaragen.

Absatz 1 gilt auch nicht bei Wohngebäuden nach Nummern 1 und 2 mit Räumen für die Berufsausübung freiberuflich Tätiger und solcher Gewerbetreibender, die ihren Beruf in ähnlicher Art ausüben.

(3) Die Bauarbeiten dürfen erst begonnen oder fortgesetzt werden, wenn die Bescheinigungen oder Teilbescheinigungen nach Absatz 1 bei der Bauaufsichtsbehörde vorliegen.

(4) Die staatlich anerkannte sachverständige Person, die die Bescheinigungen nach Absatz 1 ausgestellt hat, überwacht entsprechend § 77 Absätze 1 und 2 HBauO die Übereinstimmung der Bauausführung mit den bescheinigten Nachweisen. Entsprechende Bescheinigungen legt sie der Bauaufsichtsbehörde vor. Werden festgestellte Mängel nicht unverzüglich behoben, hat sie die Bauaufsichtsbehörde zu benachrichtigen.

§ 7
Abgasanlagen

Sollen Abgasanlagen für Feuerstätten oder ortsfeste Verbrennungsmotoren in Gebäuden errichtet oder geändert werden, so muss die Bauherrin oder der Bauherr vor Beginn der Arbeiten eine Bescheinigung der Bezirksschornsteinfegermeisterin oder des Bezirksschornsteinfegermeisters einholen, aus der hervorgeht, dass die geplante Abgasanlage den öffentlich-rechtlichen Vorschriften entspricht und auf die Feuerstätte oder den ortsfesten Verbrennungsmotor so abgestimmt ist, dass beim bestimmungsgemäßen Betrieb Gefahren oder unzumutbare Belästigungen nicht zu erwarten sind. Außerdem hat die Bauherrin oder der Bauherr bis zur Rohbaufertigstellung sowie bis zur endgültigen Fertigstellung der Abgasanlage einschließlich der zugehörigen Anschlüsse von der Bezirksschornsteinfegermeisterin oder dem Bezirksschornsteinfegermeister jeweils eine Bescheinigung über deren Tauglichkeit und sichere Benutzbarkeit einzuholen. Die Bescheinigungen nach den Sätzen 1 und 2 sind unverzüglich der Bauaufsichtsbehörde einzureichen.

§ 8
Ordnungswidrigkeiten

(1) Ordnungswidrig handelt, wer vorsätzlich oder fahrlässig

1. als Bauherrin oder als Bauherr

    a) entgegen § 3 Absatz 1 unvollständige Bauvorlagen erstellen lässt,

    b) unrichtige Angaben nach § 3 Absatz 2 Nummern 1 oder 3 macht oder eine unrichtige Erklärung nach § 3 Absatz 2 Nummer 2 einreicht,

    c) entgegen § 6 Absatz 3 mit den Bauarbeiten beginnt, obwohl die nach § 6 Absatz 1 erforderlichen Bescheinigungen der staatlich anerkannten sachverständigen Person der Bauaufsichtsbehörde noch nicht vorgelegt worden sind,

d) eine der nach § 7 erforderlichen Bescheinigungen der Bezirksschornsteinfegermeisterin oder des Bezirksschornsteinfegermeisters nicht einholt;
2. als bauvorlageberechtigte Person eine unrichtige Erklärung nach § 3 Absatz 2 Nummer 2 abgibt;
3. als staatlich anerkannte sachverständige Person
   a) entgegen § 6 Absatz 1 oder Absatz 4 unrichtige Bescheinigungen ausstellt,
   b) die gemäß § 6 Absatz 4 durchzuführende Bauüberwachung nicht oder nicht ordnungsgemäß vornimmt.

(2) Die Ordnungswidrigkeit kann mit einer Geldbuße bis zu 100 000 Euro geahndet werden.

(3) § 80 HBauO bleibt unberührt.

I/3
Gesetz über die Höhe des Ausgleichsbetrages für Stellplätze und Fahrradplätze (Ausgleichsbetragsgesetz)

vom 15. 4. 1992 (HmbGVBl. S. 81),
zuletzt geändert durch Gesetz vom 30. 1. 2001 (HambGVBl. S. 17)

§ 1

(1) Der Ausgleichsbetrag nach § 49 der Hamburgischen Bauordnung vom 1. Juli 1986 (Hamburgisches Gesetz- und Verordnungsblatt Seite 183), zuletzt geändert am 4. November 1997 (Hamburgisches Gesetz- und Verordnungsblatt Seiten 489, 492), beträgt unbeschadet des Absatzes 2

1. für die jeweils ersten drei Stellplätze bei einer Änderung der Nutzung .... 0 Euro,

2. für Bauvorhaben in dem in der Anlage[1] rot umrandeten Bereich, mit Ausnahme des durch Wohnnutzung verursachten Bedarfes,

   a) je notwendigem Stellplatz oder je notwendiger Garage .... 10 000 Euro,

   b) je notwendigem Fahrradplatz .... 1 000 Euro,

3. im Übrigen Gebiet der Freien und Hansestadt Hamburg sowie für den durch Wohnnutzung verursachten Bedarf in dem in der Anlage rot umrandeten Bereich

   a) je notwendigem Stellplatz oder je notwendiger Garage .... 6 000 Euro,

   b) je notwendigem Fahrradplatz .... 600 Euro.

Nummer 1 gilt nicht bei der Umwandlung von Miet- in Eigentumswohnungen.

(2) Können notwendige Stellplätze, die sonst auf dem Baugrundstück ebenerdig ohne Überdachung zulässig wären, allein aus Gründen, die auf Verhältnissen außerhalb des Baugrundstücks beruhen, nicht genehmigt werden, so beträgt der Ausgleichsbetrag 3000 Euro je notwendigem Stellplatz. Dies gilt nicht, wenn die Herstellung von notwendigen Stellplätzen nach § 48 Absatz 6 der Hamburgischen Bauordnung untersagt wird.

---

[1] Anlage nicht aufgenommen.

(3) Der Senat kann durch Rechtsverordnung die Höhe des Ausgleichsbetrages neu festsetzen, wenn sich der für Bauwerke – Wohngebäude, Rohbauarbeiten – durch das Statistische Landesamt bekannt gemachte Preisindex in Hamburg um jeweils mehr als 5 vom Hundert geändert hat. Dabei muss die Änderung des Ausgleichsbetrages im Verhältnis zur Änderung des Preisindexes stehen. Der Senat ist befugt, die Ermächtigung zum Erlass der Rechtsverordnung weiterzuübertragen.

§ 2

(1) Dieses Gesetz tritt am 1. Juli 1992 in Kraft. Zugleich tritt das Gesetz über die Höhe des Ausgleichsbetrages für Stellplätze und Garagen vom 6. Februar 1974 (Hamburgisches Gesetz- und Verordnungsblatt Seite 71) in der geltenden Fassung außer Kraft.

(2) Dieses Gesetz gilt nur für die nach seinem In-Kraft-Treten gestellten Bauanträge. Maßgeblich ist der Zeitpunkt des Eingangs aller für die Beurteilung des Vorhabens und für die Bearbeitung erforderlichen Unterlagen; geringfügige Mängel in den Unterlagen bleiben unberücksichtigt.

II.
Ergänzende Vorschriften

II/1
Verordnung über anzeigebedürftige Bauvorhaben
(Bauanzeigeverordnung – BauAnzVO)

vom 18. 5. 1993 (HmbGVBl. S. 99),
geändert durch § 1 der VO vom 21. 1. 1997 (HmbGVBl. S. 10)

Inhaltsübersicht

§ 1   Anwendungsbereich

§ 2   Bauvorlagen

§ 3   Bauanzeige

§ 4   Eingangsbestätigung

§ 5   Baubeginn

§ 6   Baustellenhinweis, Fertigstellungsanzeige

§ 7   Ordnungswidrigkeiten

§ 8   In-Kraft-Treten

§ 1
Anwendungsbereich

(1) Das Errichten und Ändern von Gebäuden geringer Höhe im Sinne des § 2 Absatz 3 Nummer 1 HBauO, die

1. ausschließlich der Wohnnutzung dienen,

2. nicht mehr als zwei Wohnungen aufweisen,

3. keiner Ausnahme oder Befreiung bedürfen,

4. einen Mindestabstand von 70 m zur Mittelachse von Hochspannungsfreileitungen einhalten und

5. im Geltungsbereich eines Bebauungsplans im Sinne des § 30 Absatz 1 des Baugesetzbuchs in der Fassung vom 8. Dezember 1986 (Bundesgesetzblatt I Seite 2254), zuletzt geändert am 22. April 1993 (Bundesgesetzblatt I Seite 466), der nach dem 29. Juni 1961 rechtsverbindlich geworden ist, liegen,

ist von der Genehmigungsbedürftigkeit nach § 60 HBauO freigestellt, wenn das Vorhaben nach Maßgabe dieser Verordnung der zuständigen Bauaufsichtsbehörde angezeigt wird. Das gilt auch für alle technischen Einrichtungen dieser Gebäude, die diesen Gebäuden zuzuordnenden Stellplätze und Garagen sowie Nebenanlagen im Sinne des § 14 der Baunutzungsverordnung in der Fassung vom 23. Januar 1990 (Bundesgesetzblatt I Seite 133), zuletzt geändert am 22. April 1993 (Bundesgesetzblatt I Seiten 466, 479), soweit sie nicht bereits nach anderen Vorschriften von der Genehmigungsbedürftigkeit freigestellt sind.

(2) Ein Anzeigeverfahren nach dieser Verordnung ist an Stelle eines Genehmigungsverfahrens durchzuführen für das Errichten und Ändern von Grundstücksentwässerungsanlagen für Abwasser von ausschließlich der Wohnnutzung dienenden Grundstücken unabhängig von der Gebäudehöhe und der Zahl der Wohnungen, sofern

1. das Abwasser

    a) in die öffentlichen Abwasseranlagen eingeleitet wird und von der Einleitungsgenehmigung nach § 11 a Absatz 3 des Hamburgischen Abwassergesetzes vom 21. Februar 1984 (Hamburgisches Gesetz- und Verordnungsblatt Seite 45), zuletzt geändert am 29. Mai 1996 (Hamburgisches Gesetz- und Verordnungsblatt Seite 80), freigestellt ist,

    b) über Abwassersammelgruben beseitigt wird oder

    c) als Niederschlagswasser in ein Gewässer eingeleitet wird

    und

2. die Grundstücksentwässerungsanlagen

    a) hinsichtlich des Errichtens oder Änderns keiner Ausnahme oder Befreiung bedürfen oder diese bereits vorliegen und

    b) aus Entwässerungssystemen und -bauteilen hergestellt werden, die entweder den Technischen Baubestimmungen und sonstigen allgemein anerkannten Regeln der Technik entsprechen oder allgemein bauaufsichtlich zugelassen sind.

Dies gilt auch für den Abbruch der in Satz 1 genannten Grundstücksentwässerungsanlagen, einschließlich des Abbruches von Abwasserbehandlungsanlagen wie Kleinkläranlagen, Schlammfänge und Abscheider für

Leichtflüssigkeiten auf ausschließlich der Wohnnutzung dienenden Grundstücken.

(3) Abweichend von Absatz 1 Satz 1 Nummer 3 gilt Absatz 1 auch für solche Vorhaben, die einer Ausnahme oder Befreiung bedürfen, wenn für diese Abweichungen ein bestandskräftiger, geltender Vorbescheid nach § 65 und § 71 HBauO vorliegt, der für ein Vorhaben ergangen ist, das nach Art, Lage und Ausmaß dem jetzt zu errichtenden oder ändernden entspricht.

(4) Sind Ausnahmen und Befreiungen ausschließlich für Vorhaben im Sinne des Absatzes 1 Satz 2 erforderlich, die nicht in konstruktivem Zusammenhang mit dem Wohngebäude stehen, kann deren Erteilung bei der Bauaufsichtsbehörde gesondert beantragt werden. Für die Errichtung des Wohngebäudes bleibt Absatz 1 unberührt.

(5) Die Freistellung von der Genehmigungsbedürftigkeit entbindet nicht von der Verpflichtung, die öffentlich-rechtlichen Vorschriften im Übrigen einzuhalten, insbesondere nach anderen Vorschriften erforderliche Erlaubnisse und Genehmigungen einzuholen. Die Regelungen der Baufreistellungsverordnung vom 5. Januar 1988 (Hamburgisches Gesetz- und Verordnungsblatt Seite 1), zuletzt geändert am 21. Januar 1997 (Hamburgisches Gesetz- und Verordnungsblatt Seiten 10, 11), in der jeweils geltenden Fassung bleiben unberührt.

(6) Die Vorhaben nach den Absätzen 1, 3 und 4 gelten als genehmigungsbedürftige Baumaßnahmen im Sinne von § 2 Absatz 1 des Zweiten Gesetzes über die Durchführung von Statistiken der Bautätigkeit und die Fortschreibung des Gebäudebestandes vom 27. Juli 1978 (Bundesgesetzblatt I Seite 1118).

§ 2

Bauvorlagen

(1) Der Bauherr hat Bauvorlagen entsprechend §§ 2 bis 6 Bauvorlagenverordnung vom 1. Dezember 1987 (Hamburgisches Gesetz- und Verordnungsblatt Seite 211), zuletzt geändert am 29. November 1994 (Hamburgisches Gesetz- und Verordnungsblatt Seite 301) in der jeweils geltenden Fassung von einem Bauvorlageberechtigten (§ 64 Absätze 3 bis 8 HBauO) erstellen zu lassen.

(2) Die vollständigen Bauvorlagen müssen an der Baustelle bereitgehalten werden.

§ 3

Bauanzeige

(1) Der Bauherr hat der Bauaufsichtsbehörde vor Baubeginn mitzuteilen, dass er die Durchführung eines Vorhabens im Sinne des § 1 beabsich-

tigt (Bauanzeige). Dabei hat er den vorgesehenen Zeitpunkt des Baubeginns und den Namen des verantwortlichen Bauleiters zu benennen. Zuvor hat er die Eigentümer angrenzender Grundstücke über das geplante Vorhaben zu unterrichten.

(2) Der Bauherr hat der Bauaufsichtsbehörde jeweils zweifach mit der Bauanzeige einzureichen:

1. aktuelle Auszüge aus dem Liegenschaftskataster (Karte und Buch) mit Angabe des Grundstückseigentümers oder Erbbauberechtigten, der Flurstücksgröße sowie mit Hinweisen zum Flurstück, die sich auf das Bauvorhaben auswirken können und, wenn Baulasten bestehen, die Auszüge aus dem Baulastenverzeichnis,

2. einen Lageplan gemäß § 2 Nummer 2 der Bauvorlagenverordnung,

3. Bauzeichnungen mindestens im Maßstab 1 : 100 mit Maßangaben und Darstellung der Grundrisse aller Geschosse, der Schnitte mit Angabe der natürlichen und der festgesetzten Geländeoberfläche sowie der Ansichtszeichnungen,

4. einen Entwässerungsplan mit den ergänzenden Vorlagen nach § 6 Bauvorlagenverordnung,

5. einen Baumbestandsplan,

6. einen Wärmebedarfsausweis bei Neuerrichtung eines Gebäudes oder eines Gebäudeteils,

7. im Fall des § 1 Absatz 3 eine Ausfertigung des Vorbescheids,

8. eine Erklärung des Bauvorlageberechtigten, dass

    a) die einschlägigen öffentlich-rechtlichen Vorschriften eingehalten werden,

    b) die für das Vorhaben erforderlichen Bauvorlagen vollständig erstellt sind,

    c) für das Vorhaben keine Ausnahmen oder Befreiungen erforderlich sind, soweit nicht

       – für die Abweichungen ein bestandskräftiger geltender Vorbescheid nach § 65 und § 71 HBauO vorliegt (§ 1 Absatz 3) oder

       – deren Erteilung für Vorhaben im Sinne des § 1 Absatz 1 Satz 2 gesondert beantragt wird (§ 1 Absatz 4),

    d) die Eigentümer angrenzender Grundstücke über das Bauvorhaben unterrichtet wurden.

(3) Die Bestimmungen des fünften Teils der Bauvorlagenverordnung finden im Bauanzeigeverfahren entsprechende Anwendung.

§ 4
Eingangsbestätigung

Die Bauaufsichtsbehörde hat dem Bauherrn innerhalb einer Woche den Eingang der Bauanzeige unter Mitteilung des Datums des Eingangs zu bestätigen.

§ 5
Baubeginn

(1) Mit der Ausführung des Vorhabens darf zwei Wochen nach dem von der Bauaufsicht nach § 4 bestätigten Eingang der Bauanzeige bei der Bauaufsichtsbehörde begonnen werden, es sei denn, die Bauaufsichtsbehörde untersagt den Baubeginn.

(2) Der Baubeginn kann untersagt werden, wenn eine Gefahr für die öffentliche Sicherheit oder Ordnung besteht, insbesondere wenn

1. die Voraussetzungen des § 1 nicht vorliegen,
2. die nach den §§ 2 und 3 erforderlichen Unterlagen nicht vorliegen oder
3. öffentlich-rechtliche Vorschriften dem Vorhaben entgegenstehen.

(3) Ist für Vorhaben im Sinne des § 1 Absatz 1 Satz 2 die Erteilung von Ausnahmen oder Befreiungen gesondert nach § 1 Absatz 4 beantragt worden, darf mit der Bauausführung der davon betroffenen Nebenanlagen erst begonnen werden, wenn dem Antrag entsprochen wurde.

(4) Für die Errichtung oder Änderung von Schornsteinen oder anderen über Dach führenden Abgasanlagen gilt § 3 Absatz 3 des Hamburgischen Gesetzes zur Erleichterung des Wohnungsbaus vom 4. Dezember 1990 mit der Änderung vom 30. Juni 1993 (Hamburgisches Gesetz- und Verordnungsblatt 1990 Seite 233, 1993 Seite 146).

(5) Im Übrigen bleiben die Vorschriften des Teils 11 der Hamburgischen Bauordnung unberührt.

§ 6
Baustellenhinweis, Fertigstellungsanzeige

(1) Bei der Ausführung des Vorhabens hat der Bauherr an der Baustelle einen Hinweis nach § 14 Absatz 3 HBauO (Baustellenhinweis) anzubringen.

(2) Über die endgültige Fertigstellung des Vorhabens hat der Bauherr die Bauaufsichtsbehörde innerhalb von zwei Wochen zu benachrichtigen.

§ 7
Ordnungswidrigkeiten

Ordnungswidrig nach § 80 Absatz 1 Nummer 14 HBauO handelt, wer vorsätzlich oder fahrlässig

1. als Bauherr
   a) ohne eine Anzeige nach § 1 Absatz 2 Grundstücksentwässerungsanlagen auf ausschließlich der Wohnnutzung dienenden Grundstücken errichtet, ändert oder abbricht,
   b) entgegen § 2 Absatz 1 unvollständige Bauvorlagen erstellen lässt,
   c) die vollständigen Bauvorlagen entgegen § 2 Absatz 2 an der Baustelle nicht bereit hält,
   d) unrichtige Angaben nach § 3 Absatz 2 Nummern 1 bis 7 macht oder eine unrichtige Erklärung nach § 3 Absatz 2 Nummer 8 einreicht,
   e) eine der nach § 5 Absatz 4 erforderlichen Bescheinigungen des Bezirksschornsteinfegermeisters nicht einholt,
   f) entgegen § 6 Absatz 2 die endgültige Fertigstellung des Vorhabens nicht mitteilt;
2. als Bauvorlageberechtigter eine unrichtige Erklärung nach § 3 Absatz 2 Nummer 7 abgibt;
3. entgegen § 5 Absätze 1 oder 3 vorzeitig mit der Bauausführung beginnt;
4. entgegen § 5 Absatz 4 die erforderlichen Bescheinigungen des Bezirksschornsteinfegermeisters nicht einholt.

§ 8
In-Kraft-Treten

Diese Verordnung tritt am 1. Juli 1993 in Kraft.

II/2
Baufreistellungsverordnung (BauFreiVO)

vom 5. 1. 1988 (HmbGVBl. S. 1),
zuletzt geändert durch § 2 der VO vom 21. 1. 1997 (HmbGVBl. S. 10)

Inhaltsübersicht

§ 1   Anwendungsbereich
§ 2   Aufhebung bestehender Vorschriften
Anlage

§ 1
Anwendungsbereich

(1) Mit dieser Verordnung werden

- das Errichten, Ändern und Abbrechen der in den Abschnitten I bis VI und VIII bis XV der Anlage genannten baulichen Anlagen von dem Erfordernis der Genehmigung nach § 60 Absatz 1 HBauO,
- das Errichten und Ändern der in Abschnitt VII der Anlage genannten Werbeanlagen und Automaten von dem Erfordernis der Genehmigung nach § 60 Absatz 1 HBauO oder der Genehmigung nach § 60 Absatz 2 HBauO,
- das erstmalige Aufstellen und das Ingebrauchnehmen der in Abschnitt XIII der Anlage genannten Fliegenden Bauten von dem Erfordernis der Ausführungsgenehmigung nach § 73 Absatz 2 HBauO

unter den in der Anlage genannten Voraussetzungen von der Genehmigungsbedürftigkeit freigestellt.

(2) Die Freistellung nach Absatz 1 ersetzt nicht die nach anderen öffentlich-rechtlichen Vorschriften notwendigen Entscheidungen, wie insbesondere Genehmigungen, Erlaubnisse oder Zustimmungen. Sie lässt auch die Baubeschränkungen in den Bauschutzbereichen des Verkehrsflughafens Fuhlsbüttel und des Sonderlandeplatzes Finkenwerder sowie die eisenbahnrechtlichen Bauverbote unberührt.

(3) Ist das Errichten oder Ändern einer baulichen Anlage von der Genehmigungsbedürftigkeit freigestellt und sind für das Vorhaben Aus-

nahmen oder Befreiungen von planungsrechtlichen oder bauordnungsrechtlichen Vorschriften erforderlich, so ist deren Erteilung bei der Bauaufsichtsbehörde zu beantragen. Vor Erteilung einer Ausnahme oder Befreiung dürfen die Bauarbeiten nicht begonnen werden.

(4) Nicht freigestellt sind Arbeiten an oder im Zusammenhang mit den in § 2 Absatz 1 Nummern 1 bis 3 des Denkmalschutzgesetzes vom 3. Dezember 1973 mit der Änderung von 12. März 1984 (Hamburgisches Gesetz- und Verordnungsblatt 1973 Seite 466, 1984 Seite 61) genannten Denkmälern, wenn für diese Denkmäler Denkmalschutz nach § 9 oder § 26 Denkmalschutzgesetz besteht oder das Verfahren zur Unterschutzstellung nach § 7 Absatz 4 Denkmalschutzgesetz eingeleitet worden ist.

§ 2
Aufhebung bestehender Vorschriften

Die Baufreistellungsverordnung vom 20. September 1983 (Hamburgisches Gesetz- und Verordnungsblatt Seite 221) wird aufgehoben.

Anlage

Abschnitt I – Gebäude

1. Land- und forstwirtschaftlich genutzte Gebäude ohne Feuerstätten bis zu 4 m Firsthöhe und 100 m^2 Grundfläche, wenn sie keinen asphaltierten oder betonierten Boden haben und nur zum vorübergehenden Schutz von Pflanzen und Tieren bestimmt sind; nicht freigestellt sind Unterstände für Reittiere auf Weideflächen;
2. Gewächshäuser auf landwirtschaftlich oder erwerbsgärtnerisch genutzten Flächen
   - bis zu 4 m Firsthöhe,
   - bis zu 6 m Firsthöhe,
     wenn eine Typengenehmigung nach § 72 HBauO mindestens in statischer Hinsicht vorliegt;

   nicht freigestellt sind Foliengewächshäuser mit Feuerstätten;
3. Kleingartenlauben mit höchstens 24 m^2 Grundfläche einschließlich überdachtem Freisitz, soweit sie
   - aus Vollholz oder mit äußeren Vollholzverschalungen hergestellt werden,
   - eine maximale Firsthöhe von 2,75 m bei Flach- und Pultdächern und von 3,6 m bei Sattel- und Runddächern nicht überschreiten,
   - mit frostfreien Fundamenten mit bis zu 0,4 m Sockelhöhe über der vorhandenen Geländeoberfläche ausgestattet sind und keine Keller errichtet werden und
   - hinsichtlich des Standorts dem vom zuständigen Bezirksamt für die betreffende Kleingartenanlage aufgestellten Lageplan entsprechen,

   sowie befestigte Sitzplatzflächen bis zu 20 m^2 je Parzelle;
4. Verkaufsstätten bis zu 15 m^2 Grundfläche auf Bahnsteigen oder in Zugängen zu öffentlichen Verkehrsanlagen innerhalb von Gebäuden;
5. Fahrgastunterstände der öffentlichen Verkehrsanlagen, sofern sie dem Rahmenvertrag zwischen der Freien und Hansestadt Hamburg und der Hamburger Hochbahn Aktiengesellschaft über die Behandlung von Wartehallen und Fahrgastunterständen auf öffentlichen Wegen entsprechen;
6. frei stehende untergeordnete Gebäude nach § 2 Absatz 3 Nummer 4 HBauO bis 30 m^3 umbauten Raum in festgesetzten Baugebieten,

jedoch nur jeweils ein Gebäude je Grundstück; nicht freigestellt ist das Errichten und Ändern von Verkaufsstätten, wie Kiosken und Trinkhallen sowie von Ausstellungsstätten, soweit diese nicht unter Nummer 4 fallen;

7. Im Freien aufgestellte Container als Unterstände für das Wach- und Aufsichtspersonal sowie für den vorübergehenden Aufenthalt von Arbeitspersonal bis zu einer Gesamthöhe von 3 m im Hafengebiet nach § 2 Absatz 2 des Hafenentwicklungsgesetzes vom 25. Januar 1982 (Hamburgisches Gesetz- und Verordnungsblatt Seite 19) sowie in festgesetzten Industriegebieten mit der Einschränkung, dass in festgesetzten Industriegebieten höchstens ein Container je 1000 m^2 unbebauter Grundfläche aufgestellt wird und ein Zusammenstellen mehrerer zulässiger Container an einer Stelle unterbleibt.

Abschnitt II – Energieanlagen, Versorgungs- und Entsorgungsanlagen, Blitzschutzanlagen

1. Elektrische Anlagen einschließlich der Leitungen;

   nicht freigestellt ist

   1.1 das Errichten von Starkstromanlagen in genehmigungsbedürftigen Fliegenden Bauten, soweit es sich um Fahrgeschäfte handelt;

   1.2 das Errichten oder Ändern von frei stehenden Netz- und Transformatorenstationen für Elektrizität in Kompaktbauweise außerhalb der im Zusammenhang bebauten Ortsteile;

   1.3 das Errichten von Starkstromanlagen sowie das Ändern von Transformatoren-, Sicherheitsstromversorgungs- und Sicherheitsbeleuchtungsanlagen in

   1.3.1 Versammlungsstätten mit Bühnen oder überdachten Szenenflächen und Versammlungsstätten für Filmvorführungen, wenn die zugehörigen Versammlungsräume einzeln oder zusammen mehr als 100 Besucher fassen,

   1.3.2 Versammlungsstätten mit Versammlungsräumen, die einzeln oder zusammen mehr als 200 Besucher fassen; für Schulen, Museen und ähnliche Gebäude gilt das nur für Versammlungsräume, die einzeln mehr als 200 Besucher fassen, und ihre Rettungswege,

   1.3.3 Verkaufsstätten, deren Verkaufsräume eine Nutzfläche von mehr als 2000 m^2 haben,

1.3.4 Ladenstraßenbereichen mit mehreren Verkaufsstätten, die unmittelbar oder über Rettungswege miteinander in Verbindung stehen und deren Verkaufsräume einzeln eine Nutzfläche von weniger als 2000 m^2, zusammen jedoch eine Nutzfläche von mehr als 2000 m^2 haben,

1.3.5 Ausstellungsstätten, deren Ausstellungsräume einzeln oder zusammen eine Nutzfläche von mehr als 2000 m^2 haben,

1.3.6 Schank- und Speisewirtschaften mit mehr als 400 Gastplätzen,

1.3.7 Beherbergungsbetrieben mit mehr als 60 Gastbetten,

1.3.8 Hochhäusern im Sinne von § 2 Absatz 3 Nummer 3 HBauO,

1.3.9 Krankenhäusern und anderen baulichen Anlagen mit entsprechender Zweckbestimmung,

1.3.10 Gebäuden von Anlagen des öffentlichen nicht schienengebundenen Verkehrs, die für die gleichzeitige Anwesenheit von mehr als 600 Verkehrsteilnehmern bestimmt sind;

2. sonstige Energie- und Versorgungsleitungen einschließlich zugehöriger Armaturen sowie unterirdische Kanäle für diese Leitungen mit einem lichten Querschnitt bis zu 0,5 m^2;

3. Gebäude für Gasdruckregler
   – bis 50 m^3 umbauten Raum,
   – über 50 m^3 umbauten Raum, wenn eine Typengenehmigung nach § 72 HBauO vorliegt;

   nicht freigestellt sind diese Gebäude außerhalb der im Zusammenhang bebauten Ortsteile;

4. Antennenanlagen
   4.1 mit stabförmigen Antennen und Antennenträgern bis zu einer Gesamthöhe einschließlich der Antennenträger von 10 m,
   4.2 mit anderen Antennen wie zum Beispiel Parabolantennen bis zu einer Größe von 0,7 m^2, wobei die rechtwinklige Projektion der Antennenfläche maßgebend ist,
   4.3 auf Fernmeldetürmen;

   nicht freigestellt sind
   – Antennenanlagen, die in Vorgärten errichtet werden sollen; jedoch beschränkt sich die Prüfung bei Erfüllung der Voraussetzungen nach den Nummern 4.1 und 4.2 auf die Gestaltung entsprechend § 12 HBauO,

– Sendeantennenanlagen mit einer Strahlungsleistung von mehr als 10 Watt (EIRP); jedoch beschränkt sich die Prüfung bei Erfüllung der Voraussetzungen nach den Nummern 4.1 bis 4.3 auf mögliche Gesundheitsrisiken durch elektromagnetische Felder;

5. Solarenergieanlagen in und an Dach- oder Außenwandflächen;
6. Blitzschutzanlagen;
7. Grundstücksentwässerungsanlagen

   7.1 Grundstücksentwässerungsanlagen innerhalb von Gebäuden, einschließlich zugehöriger Armaturen und der Einrichtungen zur Niederschlagswasserableitung in und an Gebäuden, in denen ausschließlich häusliches Abwasser anfällt; dieses gilt nicht für

   – Grundleitungen,
   – Anlagen, die unterhalb der Rückstauebene nach § 14 Absatz 3 des Hamburgischen Abwassergesetzes vom 21. Februar 1984 (Hamburgisches Gesetz- und Verordnungsblatt Seite 45) in der jeweils geltenden Fassung liegen,
   – Entwässerungsanlagen von Gebäuden mit einer Dachfläche (Draufsicht) von 5000 m² und mehr,
   – Anlagen, die aus Entwässerungssystemen und -bauteilen bestehen, die weder den Technischen Baubestimmungen und sonstigen allgemein anerkannten Regeln der Technik entsprechen noch allgemein bauaufsichtlich zugelassen sind,

   7.2 Grundstücksentwässerungsanlagen innerhalb von Gebäuden, einschließlich zugehöriger Armaturen und der Einrichtungen zur Niederschlagswasserableitung in und an Gebäuden von Gewerbegrundstücken jedoch nur, soweit bestehende Anlagen vollständig oder teilweise gegen gleichartige Anlagen ausgetauscht werden; die Ausnahmen nach Nummer 7.1 gelten entsprechend;

8. Brunnen, soweit sie einem wasserrechtlichen Erlaubnis- oder Anzeigeverfahren unterliegen.

Abschnitt III – Feuerungs-, Wärmeversorgungs- und Lüftungsanlagen

1. Feuerstätten, einschließlich ihrer sicherheitstechnischen Ausrüstung;
2. Verbindungsstücke, Drosselvorrichtungen, Nebenluftvorrichtungen, Absperrvorrichtungen und Rußabsperrer von Feuerungsanlagen;
3. Querschnittsverminderungen von bestehenden Schornsteinen, Abgasleitungen in stillgelegten Schornsteinen oder in hierfür geeigneten bestehenden Schächten, Abgasleitungen und Metallschornsteine an Gebäuden sowie Abgasleitungen für Gasfeuerstätten, die gemeinsam

Anlage BauFreiVO II/2

mit der Feuerstätte typgeprüft sind, wenn der Bezirksschornsteinfegermeister vor Ausführungsbeginn festgestellt hat, dass das Vorhaben den öffentlich-rechtlichen Vorschriften entspricht, und vor Inbetriebnahme der Anlage deren Betriebs- und Brandsicherheit und die sichere Abführung der Abgase geprüft und bescheinigt hat;

4. elektrische Wärmeerzeuger;

5. Wärmepumpen;

6. technische Einrichtungen der Heizungs- und Warmwasserversorgungsanlage von Fernwärme-Hausstationen; nicht freigestellt ist das Errichten oder Ändern von technischen Einrichtungen, die durch Wärmeträger mit einer Temperatur von mehr als 180 °C oder mit einem Überdruck von mehr als 10 bar beheizt werden;

7. technische Einrichtungen von Blockheizkraftwerken; für die zugehörigen Abgasanlagen gilt Nummer 3;

8. Anlagen zur Verteilung von Wärme bei Warmwasser- und Niederdruckdampfheizungen;

9. Lüftungsanlagen und Warmluftheizungen, deren Leitungen nicht durch Wände und Decken nach § 37 Absatz 1 Satz 1 HBauO hindurchgeführt werden; nicht freigestellt sind Lüftungsanlagen, in deren Leitungen sich in besonderem Maße brennbare Stoffe ablagern können, wie Abluftanlagen für gewerbliche Küchen;

10. Verbrennungsmotoren; nicht freigestellt sind Verbrennungsmotoren von Sicherheitsstromversorgungsanlagen nach Abschnitt II Nummer 1.3.

Abschnitt IV – Behälter und Behälterstandplätze

1. Ortsfeste Behälter zur oberirdischen Lagerung von Flüssigkeiten bis zu einem Gesamtbehälterinhalt von 5 m^3; ortsbewegliche, jedoch überwiegend ortsfest genutzte Behälter nur bis zu einem Gesamtbehälterinhalt von 1 m^3;

2. Ortsfeste Behälter für verflüssigte Gase mit einem Gesamtfassungsvermögen bis weniger als 3 Tonnen; ortsbewegliche, jedoch überwiegend ortsfest benutzte Behälter nur bei Aufstellung außerhalb von Gebäuden bis zu 33 kg Gesamtfüllgewicht;

3. Behälter für nicht verflüssigte Gase bis zu einem Gesamtbehälterinhalt von 5 m^3, soweit der zulässige Betriebsüberdruck nicht mehr als 0,5 bar oder das Produkt aus dem zulässigen Betriebsüberdruck in bar und dem Behälterinhalt in m^3 nicht mehr als 2,5 beträgt;

4. Behälter für Gärfutter und andere landwirtschaftliche Güter bis zu einem Gesamtbehälterinhalt von 5 m^3;
5. Behälter zum Sammeln wiederverwertbarer Abfallstoffe wie Altpapier und Altglas bis zu 10 m^3 Größe auf öffentlichen Wegen, Grünflächen oder öffentlich genutzten Privatflächen;
6. Standplätze für Wertstoffbehälter einschließlich der zugehörigen Behälterschränke, wenn diese nach den abfallrechtlichen Bestimmungen erforderlich sind;
7. ein Standplatz einschließlich des zugehörigen Müllbehälterschrankes für höchstens zwei Abfallbehälter bis zusammen höchstens 240 Liter Rauminhalt.

Abschnitt V – Einfriedigungen

1. Durchbrochene Einfriedigungen, soweit in Bebauungsplänen festgesetzte Höhen nicht überschritten werden
   – bis 1 m Höhe an öffentlichen Wegen, Grün- und Wasserflächen sowie an seitlichen Grundstücksgrenzen im Vorgartenbereich,
   – im Übrigen bis 1,50 m Höhe;
2. Einfriedigungen auf landwirtschaftlich, forstwirtschaftlich oder erwerbsgärtnerisch genutzten Grundstücken bis 2,25 m Höhe, wenn sie aus Spanndrähten, Maschendraht oder in ähnlicher Weise (offene Einfriedigungen) ausgeführt werden;
3. Einfriedigungen in festgesetzten Gewerbe- und Industriegebieten bis zu einer Höhe von 2,25 m an hinteren und seitlichen Grundstücksgrenzen, jedoch nur hinter der vorderen Fluchtlinie bestehender Gebäude oder, wo diese fehlt, der vorderen Baulinie oder Baugrenze;

nicht freigestellt ist das Errichten oder Ändern von Einfriedigungen, die an Bahnanlagen angrenzen.

Abschnitt VI – Bauliche Anlagen in festgesetzten Gewerbe- und Industriegebieten

1. Fundamente für erschütterungs- oder schwingungsfreie Maschinen, Pumpen und Kompressoren sowie für Rohrleitungen und Kabelbahnen;
2. Bedienungs- und Wartungsanlagen von Produktionsanlagen einschließlich der zugehörigen nicht notwendigen Treppen, Leitern, Tritte, Laufstege und Umwehrungen;
3. Untergeordnete Gerüste für Reparatur- und Wartungsarbeiten an Industrieanlagen;

4. Rohrleitungen und Rohrbrücken bis 10 m Spannweite innerhalb von Industrie- und Gewerbebetrieben, sofern sie nicht über öffentliche Verkehrsflächen führen;

5. Anschlussbahnen, wenn für sie eine Genehmigung nach § 35 in Verbindung mit § 14 Absatz 2 des Landeseisenbahngesetzes vom 4. November 1963 mit der Änderung vom 12. März 1984 (Hamburgisches Gesetz- und Verordnungsblatt 1963 Seite 205, 1984 Seite 61) in der jeweils geltenden Fassung erteilt worden ist; nicht freigestellt ist im Zusammenhang hiermit das Errichten oder Ändern von

   – Gebäuden, sofern es sich nicht um solche nach Abschnitt I der Anlage handelt;
   – Überbrückungen und Stützmauern;

6. Fahrzeugwaagen.

Abschnitt VII – Werbeanlagen und Automaten

1. Werbeanlagen, bis zu einer Gesamtfläche von 0,50 m^2;

2. Werbeanlagen für zeitlich begrenzte Veranstaltungen an der Stätte der Leistung, insbesondere für Aus- und Schlussverkäufe, für die Dauer der Veranstaltung und einen angemessenen, jeweils 14 Tage nicht überschreitenden Zeitraum vor und nach der Veranstaltung, für Weihnachtswerbung vom 1. Oktober bis zum 31. Dezember eines jeden Jahres; nicht freigestellt sind Werbeballone und Werbung an Markisen;

3. Stellschilder zur Ankündigung von Veranstaltungen für einen Zeitraum von 10 Tagen vor der Veranstaltung;

4. Stellschilder und andere Werbeanlagen von politischen Parteien vor öffentlichen Wahlen oder Abstimmungen, ausgenommen Werbeballone;

5. Werbeanlagen, die an der Stätte der Leistung vorübergehend angebracht oder aufgestellt werden und nicht über die Baulinie oder Baugrenze hinausragen, ausgenommen Werbeballone oder Werbung an Markisen;

6. Auslagen und Dekorationen in Schaufenstern und Schaukästen sowie an und in Zeitungs- und Zeitschriftenverkaufsstellen; nicht freigestellt sind das Beschriften, das Bemalen sowie das Anschlagen von Zetteln oder Plakaten auf der Glasfläche des Schaufensters oder Schaukastens, wenn damit insgesamt mehr als 30 vom Hundert der Glasfläche bedeckt werden;

7. Automaten, wenn sie in räumlicher Verbindung mit einer offenen Verkaufsstelle stehen und der Anbringungs- oder Aufstellungsort innerhalb der Grundrissfläche des Gebäudes liegt.

II/2 BauFreiVO Anlage

Abschnitt VIII – Überbrückungen, Stützmauern, Aufschüttungen und Abgrabungen

1. Durchlässe und Überbrückungen mit einer lichten Weite bis zu 3 m, soweit sie nicht in konstruktiver Verbindung mit anderen baulichen Anlagen stehen;
2. Stützmauern bis zu 1 m Höhe über der vorhandenen Geländeoberfläche, soweit sie nicht gleichzeitig als Hochwasserschutzanlagen dienen;
3. Aufschüttungen und Abgrabungen
   - bis insgesamt 30 m^2 Grundfläche sowie
   - von mehr als 30 m^2 bis zu 400 m^2 Grundfläche und bis zu 2 m Höhe oder Tiefe,

   soweit nicht an bauliche Anlagen angeschüttet oder an baulichen Anlagen abgegraben wird, sowie
   - im Hafennutzungsgebiet nach § 2 des Hafenentwicklungsgesetzes vom 25. Januar 1982 (Hamburgisches Gesetz- und Verordnungsblatt 1982 Seite 19), zuletzt geändert am 30. Juni 1993 (Hamburgisches Gesetz- und Verordnungsblatt Seite 147), in der jeweils geltenden Fassung bis zu der von der Wasserbehörde festgelegten Höhe des Hochwasserschutzes (Bemessungswasserstand plus Wellenauflauf), sofern sie die Freie und Hansestadt Hamburg zur hochwassersicheren Aufhöhung von Flächen durchführt und der öffentliche Bauherr die Leitung der Entwurfsarbeiten und die Aufsicht einem Beamten des höheren bautechnischen Verwaltungsdienstes übertragen hat,
   - ohne Höhen- oder Flächenbegrenzung, sofern die Aufschüttungen oder Abgrabungen einschließlich ihrer Höhe oder Tiefe in einem Bebauungsplan oder in einem Planfeststellungsverfahren nach § 14 des Hafenentwicklungsgesetzes festgelegt sind.

Abschnitt IX – Friedhofs-, Garten-, Sport- und Freizeitanlagen

1. Skulpturen, Plastiken und Denkmäler bis zu 3 m Höhe sowie Grabmale auf Friedhöfen;
2. bauliche Anlagen, die der Gartengestaltung oder der zweckentsprechenden Einrichtung von Kinderspiel- und Freizeitflächen, Spiel- oder Sportplätzen dienen, wie Trockenmauern, Pergolen, Klettergerüste, Tore für Ballspiele;
3. Teppichklopf- und Wäschetrockenanlagen;
4. Wasserbecken bis zu 100 m^3 Rauminhalt, die nicht gewerblichen oder öffentlichen Zwecken dienen, sowie zugehörige transportable Wasserbeckenüberdachungen; nicht freigestellt ist das Herstellen oder Ändern von Wasserbecken in Kleingärten;

5. Sprungtürme und Wasserrutschen bis zu 3 m Höhe;
6. Landungsstege, soweit sie nicht – auch nicht vorübergehend – allgemein zugänglich sind und keine Aufbauten haben;
7. Saunaanlagen, die nicht gewerblichen oder öffentlichen Zwecken dienen, in Gebäuden mit nicht mehr als zwei Wohnungen, wenn sie
   – einen elektrischen Wärmeerzeuger haben oder
   – mit Feuerstätten beheizt werden, deren Feuerraum zum zugehörigen Saunaraum hin völlig abgeschlossen und dicht ist und die außerhalb des Saunaraumes geführte Rauch- und Abgasrohre haben;
8. Maßnahmen zur inneren Erschließung von öffentlichen Freizeit- und Parkanlagen sowie von Kleingartenanlagen.

Abschnitt X – Masten, Unterstützungen und ähnliche Hochbauten

1. Masten und Unterstützungen
   – für Leitungen zur Versorgung mit Elektrizität,
   – für Fernmeldeleitungen,
   – für Flaggen, ausgenommen Werbeanlagen,
   – für Signalanlagen im Hafengebiet nach § 2 Absatz 2 des Hafenentwicklungsgesetzes und
   – für Beleuchtung, wenn die Masten oder Unterstützungen nicht höher als 12 m sind;
2. Signalhochbauten der Landesvermessung;
3. Unterstützungen von Seilbahnen, die der Lastenbeförderung dienen und nicht über öffentliche Verkehrsflächen führen;
4. Arbeitsgerüste für Film- und Fernsehaufnahmen bis zu einer Höhe von 5 m, wenn sie von Sachkundigen aufgestellt werden.

Abschnitt XI – Bauliche Anlagen auf Baustellen

1. Baustelleneinrichtungen;
2. Gerüste, wenn es sich dabei um eingeschossige Lehr- und Traggerüste bis zu einer Gerüsthöhe von 5 m oder um Arbeits- und Schutzgerüste handelt, bei denen die oberste Gerüstbühne nicht höher als 25 m über der Geländeoberfläche liegt, und die Gerüste von Sachkundigen aufgestellt werden;
3. Lagerhallen, Schutzhallen, Buden und die zum vorübergehenden Aufenthalt von Menschen dienenden Tagesunterkünfte.

Abschnitt XII – Untergeordnete bauliche Anlagen und Bauteile

1. Nicht tragende (nicht belastete und nicht aussteifende) Bauteile innerhalb baulicher Anlagen bei hierfür geeigneter Unterkonstruktion, wenn an die nicht tragenden Bauteile nach den für sie geltenden Vorschriften in Bezug auf den Brand-, Wärme- oder Schallschutz keine besonderen Anforderungen zu stellen sind;
2. Regalanlagen bis zu einer Höhe von 12 m innerhalb von Gebäuden bei hierfür geeigneten Unterkonstruktionen; nicht freigestellt sind Regalanlagen, die
   – Verkehrswege überbrücken, gleichzeitig der Standsicherheit des Gebäudes dienen oder
   – durch feste Leitern, Umgänge oder vergleichbare Einrichtungen betreten oder begangen werden können;
3. Markisen und Rollläden, außer wenn sie gleichzeitig als Werbeanlagen dienen;
4. andere untergeordnete Bauteile in oder an Gebäuden, wie Dachhaken, Dachrinnen, Abflussrohre für Regenwasser, Laufbohlen, Außenleuchten.

Abschnitt XIII – Fliegende Bauten

Fliegende Bauten im Sinne von § 73 Absatz 1 HBauO als Ausspielungs- und Verkaufsgeschäfte bis zu 30 m^2 Grundfläche und 5 m Firsthöhe und als Zelte bis zu einer Grundfläche von 75 m^2.

Abschnitt XIV – Äußere Gestaltung baulicher Anlagen

1. Das Erneuern der Fassade, wenn dies in den zuletzt genehmigten Materialien, Gliederungen und Maßstäblichkeiten erfolgt oder ein früher genehmigter Zustand wiederhergestellt wird und dies nicht gleichzeitig mit einer bautechnischen Änderung verbunden ist;
2. das Ausführen des Farbanstrichs an Außenbauteilen;
   – nicht freigestellt sind Fassadenanstriche innerhalb der geschlossenen Bauweise für die von öffentlichem Grund aus sichtbaren Gebäudeteile, sofern nicht der bisher vorhandene oder ein früher genehmigter Farbton verwendet wird; Fassadenbemalungen sind stets genehmigungsbedürftig;
3. das Erneuern von Fenstern und Außentüren, wenn
   – die bisher genehmigte Gliederung, Maßstäblichkeit und Farbe erhalten oder eine früher genehmigte Gliederung, Maßstäblichkeit und Farbe wiederhergestellt wird
   und

– bei Feuerstätten, die über diese Fenster und Außentüren mit Verbrennungsluft versorgt werden, durch eine Bescheinigung des Bezirksschornsteinfegermeisters bestätigt wird, dass auch zukünftig der gefahrlose Betrieb der Feuerstätten sichergestellt ist;

4. das Erneuern von Dacheindeckungen in nach Werkstoff, Form und Farbe gleichartiger Ausführung.

Abschnitt XV – Abbruch baulicher Anlagen

1. Bauliche Anlagen nach den Abschnitten I bis XII;
2. Gebäude bis 200 m^3 umbauten Raum, ausgenommen Baudenkmäler;
3. Behälter bis 300 m^3 Inhalt;
4. Wärmeerzeuger aller Art einschließlich Wärmepumpen;
5. folgende Anlagen des Zivilschutzes:
   – fabrikmäßig hergestellte, ortsfeste Ein- und Zwei-Mann-Beobachtungsstände aus der Zeit des Zweiten Weltkrieges,
   – Formsteinunterstände aus der Zeit des Zweiten Weltkrieges.

II/3
Bauvorlagenverordnung (BauVorlVO)

vom 1. 12. 1987 (HmbGVBl. S. 211),
zuletzt geändert durch § 3 der VO vom 21. 1. 1997 (HmbGVBl. S. 10)

Inhaltsübersicht

TEIL 1
Allgemeine Vorschriften über Bauvorlagen

§ 1   Inhalt, Zahl und Beschaffenheit der Anträge und Bauvorlagen

TEIL 2
Bauvorlagen zur Prüfung von Bauanträgen

§ 2   Grundsätzliche Genehmigungsfähigkeit
§ 3   Bautechnische Anforderungen
§ 4   Bautechnische Nachweise
§ 5   Haustechnische Anlagen, Feuerungsanlagen und Standplätze für Abfallbehälter
§ 6   Abwasserbeseitigungsanlagen

TEIL 3
Bauvorlagen zur Prüfung von anderen Anträgen

§ 7   Vorbescheidsanträge
§ 8   Anträge für Nutzungsgenehmigungen
§ 9   Abbruchanträge
§ 10 Anträge für Werbeanlagen sowie Waren- und Leistungsautomaten
§ 11 Anträge für Typengenehmigungen
§ 12 Anträge für Ausführungsgenehmigungen von Fliegenden Bauten
§ 12 a Anträge für Teilungsgenehmigungen

TEIL 4
Nachweise der ordnungsgemäßen Bauausführung

§ 13 Bescheinigungen zum Nachweis der ordnungsgemäßen Bauausführung

TEIL 5
Datenschutz

§ 14 Verarbeiten von personenbezogenen Daten zur Erteilung eines baurechtlichen Bescheides

§ 15 Übermittlung von Daten zu anderen Zwecken

§ 16 Dauer der Speicherung der Daten

TEIL 6
Schlussvorschrift

§ 17 In-Kraft-Treten

TEIL 1
Allgemeine Vorschriften über Bauvorlagen

§ 1
Inhalt, Zahl und Beschaffenheit der Anträge und Bauvorlagen

(1) Die im bauaufsichtlichen Verfahren zu stellenden Anträge und die dazu erforderlichen Bauvorlagen sind in dreifacher Ausfertigung bei der Bauaufsichtsbehörde einzureichen. Die Bauaufsichtsbehörde kann wegen der Beteiligung anderer Dienststellen weitere Ausfertigungen verlangen.

(2) Anträge

1. auf Erteilung einer Baugenehmigung, Abbruchgenehmigung, Nutzungsgenehmigung oder Werbegenehmigung nach § 60 Absätze 1 und 2 HBauO,

2. auf Prüfung der bautechnischen Nachweise nach § 63 Absatz 3 HBauO,

3. auf Erteilung eines Vorbescheides nach § 65 HBauO,

4. auf Genehmigung der Teilung eines Grundstücks nach § 8 HBauO und

5. auf Genehmigung der Teilung eines Grundstücks nach § 19 Baugesetzbuch (BauGB) in der Fassung vom 8. Dezember 1986 (Bundesgesetzblatt I Seite 2254)

sind auf amtlichem Vordruck zu stellen. Die Bauvorlagen müssen lichtbeständig und radierfest auf dauerhaftem Papier hergestellt, für Mikroverfilmung (schwarz-weiß) geeignet und im Format DIN A4 oder auf diese Größe gefaltet eingereicht werden.

(3) Die Anträge sind vom Bauherrn, Entwurfsverfasser und vom Grundeigentümer oder Erbbauberechtigten zu unterschreiben. Die Bauvorlagen sind vom Entwurfsverfasser sowie vom Sachverständigen zu unterschreiben, soweit dieser nach § 55 Absatz 2 HBauO hinzugezogen worden ist.

(4) Für die bautechnischen Nachweise nach § 4 genügt die Unterschrift des Sachverständigen. Unberührt bleibt die Notwendigkeit der Unterschrift des Bauvorlageberechtigten, wenn die bautechnischen Nachweise für die Standsicherheit, den Brandschutz, den Wärmeschutz und den Schallschutz bei frei stehenden Wohngebäuden mit einem Vollgeschoss und nicht mehr als zwei Wohnungen nicht durch die Bauaufsichtsbehörde geprüft werden sollen (§ 63 Absatz 3 Satz 2 HBauO).

(5) Die Anträge mit Begründung für

1. Ausnahmen nach § 51 Absatz 3 HBauO,

2. Ausnahmen nach § 66 Absatz 2 HBauO,

3. Befreiungen nach § 67 HBauO und

4. Befreiungen nach § 31 Absatz 2 BauGB

sind mit den entsprechenden Bauvorlagen einzureichen.

(6) Die erforderliche Zustimmungserklärung des Eigentümers des angrenzenden Grundstückes nach § 68 Absatz 3 HBauO sowie das schriftliche Einverständnis der Eigentümer betroffener Grundstücke nach § 68 Absatz 4 HBauO sind auf den entsprechenden Bauvorlagen nachzuweisen.

(7) Die Bauaufsichtsbehörde kann über die in dieser Verordnung getroffenen Festlegungen hinaus weitere Bauvorlagen sowie Angaben über die am Bau Beteiligten und deren Unterschriften sowie einen anderen Maßstab für die zeichnerische Darstellung verlangen, wenn dies zur Prüfung des Antrages erforderlich ist. Sie kann auf Bauvorlagen und die Unterschrift des Grundstückseigentümers verzichten, wenn die Prüfung des Antrages dies nicht erfordert.

TEIL 2
Bauvorlagen zur Prüfung von Bauanträgen

§ 2
Grundsätzliche Genehmigungsfähigkeit

Mit dem Antrag auf Erteilung einer Baugenehmigung sind für die Prüfung der grundsätzlichen Genehmigungsfähigkeit nach § 63 Absatz 1 Satz 5 HBauO – dem jeweiligen Bauvorhaben entsprechend – folgende

Bauvorlagen mit Darstellung der für die Prüfung erforderlichen Sachverhalte und Planungsangaben einzureichen:

1. aktuelle Auszüge aus dem Flächenbezogenen Informationssystem – Liegenschaftskarte und Liegenschaftsbuch – mit Angabe des Grundstückseigentümers und gegebenenfalls Erbbauberechtigten, der Flurstücksgröße sowie mit Hinweisen zum Flurstück, die sich auf das Bauvorhaben auswirken können (zum Beispiel Bombenblindgänger),

2. ein Lageplan mindestens im Maßstab 1:500 insbesondere mit Angabe

2.1 der Festsetzung des Bebauungsplanes mit Baulinien und Baugrenzen und der Festsetzung des Grünordnungsplanes für das Flurstück,

2.2 der Grundstücksgrenzen, -maße und -größe nach dem Liegenschaftskataster,

2.3 der Baulasten und Hofgemeinschaften,

2.4 der Kultur- und Naturdenkmale auch auf angrenzenden Grundstücken,

2.5 der Schutzbauwerke auch auf angrenzenden Grundstücken,

2.6 der Zugänge und Zufahrten zum Grundstück vom öffentlichen Weg sowie der dem Verkehr dienenden Flächen und baulichen Anlagen auf dem Grundstück,

2.7 der natürlichen oder festgesetzten Geländeoberfläche,

2.8 der geplanten baulichen Anlagen mit Angabe der Gebäudeart, der Zahl der Vollgeschosse und der Dachform und -art, der Außenmaße und der Abstandsflächen,

2.9 der vorhandenen baulichen Anlagen auf dem Grundstück und auf den angrenzenden Grundstücken,

2.10 der vorhandenen Hochspannungsfreileitungen im Bereich des Grundstücks und der angrenzenden Grundstücke (Grundrissprojektion mit Angabe des Abstandsmaßes der Gebäude zur Mittelachse der Freileitung),

3. Berechnungen über das Maß der Nutzung nach dem Bebauungsplan in Verbindung mit der maßgebenden Baunutzungsverordnung,

4. Baumbestandsplan einschließlich der Angaben über Gehölze und Knicks sowie über oberirdische Gewässer und Feuchtgebiete,

5. Bauzeichnungen mindestens im Maßstab 1:100 mit Maßangaben und Darstellung der Grundrisse aller Geschosse, der Schnitte und Ansichtszeichnungen mit Darstellung der städtebaulichen Einbindung,

6. Baubeschreibung mit Angaben über das Material und die farbliche Gestaltung (Bemalung) der Fassaden,
7. Betriebsbeschreibung,
8. Nachweis der erforderlichen Folgeeinrichtungen und -anlagen nach den §§ 9, 10, 48 HBauO einschließlich eines Lageplans im Maßstab 1 : 200, der die Umrisse des geplanten Gebäudes und Lage, Art und Ausstattung der Folgeeinrichtungen und -anlagen enthält,
9. ein Wärmebedarfsausweis bei Neuerrichtung eines Gebäudes oder eines Gebäudeteils.

§ 3
Bautechnische Anforderungen

Für die Prüfung der bautechnischen Anforderungen sind die erforderlichen Bauzeichnungen mit Angaben über die Nutzung der einzelnen Räume, die Maßnahmen für die Verkehrssicherheit und die Lage der Rettungswege einzureichen.

§ 4
Bautechnische Nachweise

Für die Prüfung der Standsicherheit, auch im Brandfall, sowie des Wärme- und Schallschutzes der baulichen Anlage sind die erforderlichen Nachweise, Positionspläne mit vollständiger Darstellung der Konstruktion und Bewehrungszeichnungen – bei einfacher Bewehrungsanordnung Bewehrungslisten oder die Angabe der Bewehrung in den Positionsplänen – vorzulegen. In besonderen Fällen kann die Bauaufsichtsbehörde verlangen, dass Werkstattzeichnungen einzureichen sind.

§ 5
Haustechnische Anlagen, Feuerungsanlagen und Standplätze für Abfallbehälter

Für die Genehmigung
1. haustechnischer Anlagen (wie Installationsschächte und -kanäle, Anlagen zur Brennstofflagerung, Abfallschächte und Abfallsammelräume, Starkstromanlagen, Lüftungsanlagen, Warmluftheizungen, Energiesammler, Behälter für Flüssigkeiten und Gase, Feuerlöscheinrichtungen und Brandmeldeanlagen (Feuermeldeanlagen), Rauch- und Wärmeabzugsanlagen, Aufzüge, Antennenanlagen),
2. Feuerungsanlagen und
3. Standplätze für Abfall- und Wertstoffbehälter

sind Angaben über die Lage, die Bau- und Betriebsweise der Anlagen und – soweit erforderlich – Bauvorlagen nach § 4 einzureichen.

§ 6
Abwasserbeseitigungsanlagen

Die Anlagen zur Beseitigung von Abwasser sind in einem Entwässerungsplan darzustellen. Dem Entwässerungsplan sind ein Auszug aus dem Sielkataster der zuständigen Behörde und Zeichnungen der Abwassersammel- und Abwasserbehandlungsanlage einschließlich klärtechnischer Bemessung beizufügen. Dazu sind ein Lageplan (Maßstab 1 : 500) und Bauzeichnungen (Maßstab 1 : 100), die den Verlauf der Leitungen im Grundriss und Schnitt, ihren Querschnitt, ihr Gefälle (bezogen auf Normal-Null) und ihren Werkstoff wiedergeben müssen, vorzulegen. Zusätzlich sind Bau- und Betriebsbeschreibungen der vorgesehenen Abwasserbehandlung, Lage der vorhandenen Brunnen und, soweit erforderlich, Bauvorlagen nach § 4 einzureichen.

TEIL 3
Bauvorlagen zur Prüfung von anderen Anträgen

§ 7
Vorbescheidsanträge

Mit dem Antrag auf Erteilung eines Vorbescheides nach § 65 HBauO sind einzureichen:

1. aktueller Auszug aus dem Flächenbezogenen Informationssystem – Liegenschaftskarte –,

2. allgemeine Beschreibung des geplanten Vorhabens und die zur Beantwortung der im Antrag gestellten Fragen erforderlichen Zeichnungen oder andere Bauvorlagen.

§ 8
Anträge für Nutzungsgenehmigungen

Mit dem Antrag auf Erteilung einer Nutzungsgenehmigung nach § 69 HBauO sind folgende Bauvorlagen einzureichen:

1. aktueller Auszug aus dem Flächenbezogenen Informationssystem – Liegenschaftskarte –,

2. Bauzeichnungen mindestens im Maßstab 1 : 100 mit Darstellung der Grundrisse aller Geschosse mit Angabe der jeweiligen Nutzung der einzelnen Räume und Lage der Rettungswege,

3. bei baulichen Anlagen insbesondere nach § 51 Absatz 2 HBauO – außer bei Wohngebäuden – gegebenenfalls auch eine Betriebsbeschreibung.

§ 9
Abbruchanträge

Mit dem Antrag auf Erteilung einer Abbruchgenehmigung nach § 69 HBauO sind – soweit erforderlich – Standsicherheitsnachweise nach § 4 und folgende Bauvorlagen einzureichen:

1. aktueller Auszug aus dem Flächenbezogenen Informationssystem – Liegenschaftskarte –,
2. Beschreibung der baulichen Anlage nach ihrer Nutzung, ein Lichtbild der Ansicht der abzubrechenden baulichen Anlage und Angaben über schadstoffhaltige Verunreinigungen des Abbruchmaterials, insbesondere bei gewerblichen und industriellen Bauten, und über Asbestfasern,
3. Beschreibung des geplanten Abbruchvorganges,
4. Beschreibung der geplanten Maßnahmen zum Schutz der Beschäftigten, der Passanten sowie der Nachbarschaft vor Gefahren, erheblichen Belästigungen und sonstigen schädlichen Umwelteinwirkungen,
5. Angabe über Art und Menge des Abbruchgutes sowie über den vorgesehenen Verbleib.

§ 10
Anträge für Werbeanlagen sowie Waren- und Leistungsautomaten

Mit dem Antrag auf Erteilung einer Baugenehmigung nach § 69 Absatz 1 Satz 1 HBauO oder einer Werbegenehmigung nach § 69 Absatz 1 Satz 2 HBauO für Werbeanlagen oder Automaten sind folgende Bauvorlagen einzureichen:

1. aktuelle Auszüge aus dem Flächenbezogenen Informationssystem – Liegenschaftskarte und Liegenschaftsbuch – sowie für die Werbeanlagen bedeutsame Angaben,
2. Zeichnungen im Maßstab 1 : 50 mit Darstellung der geplanten Anlage, insbesondere ihre farbige Gestaltung sowie Darstellung der Anbringung an vorhandene bauliche Anlagen, gegebenenfalls ergänzt durch Lichtbilder,
3. Beschreibung der Anlage, soweit die zur Beurteilung erforderlichen Angaben nicht in die Zeichnungen aufgenommen werden können, sowie über benachbarte Lichtsignalanlagen und bei beleuchteten Werbeanlagen über die Art der Beleuchtung, deren Stärke und Farbgebung,
4. bei Werbeanlagen und Automaten, die bauliche Anlagen sind, die entsprechenden Angaben und Berechnungen für den Standsicherheitsnachweis nach § 4.

§ 11
Anträge für Typengenehmigungen

Mit dem Antrag auf Erteilung einer Typengenehmigung nach § 72 HBauO sind Bauvorlagen nach den §§ 3 bis 6 einzureichen.

§ 12
Anträge für Ausführungsgenehmigungen von Fliegenden Bauten

Mit dem Antrag auf Erteilung einer Ausführungsgenehmigung nach § 73 HBauO für einen Fliegenden Bau sind auch Bauvorlagen nach § 4 und für die maschinen- und elektrotechnischen Einrichtungen einzureichen. Die Beurteilung der Konstruktion, des Aufbaus und des Betriebes muss durch Bau- und Betriebsbeschreibungen ermöglicht werden.

§ 12 a
Anträge für Teilungsgenehmigungen

Mit dem Antrag auf Erteilung einer Genehmigung nach § 19 BauGB und nach § 8 HBauO sind aktuelle Auszüge über die zu teilenden Grundstücke aus dem Flächenbezogenen Informationssystem – Liegenschaftskarte und Liegenschaftsbuch – in fünffacher Ausfertigung einzureichen. In einer der Ausfertigungen ist die vorgesehene Teilungslinie in Rot einzutragen und die ungefähre Größe der Teilstücke einschließlich der sich ergebenden Abstände der neuen Grundstücksgrenzen zueinander anzugeben.

TEIL 4
Nachweise der ordnungsgemäßen Bauausführung

§ 13
Bescheinigungen zum Nachweis der ordnungsgemäßen Bauausführung

(1) Vor der Inbetriebnahme von

1. Lüftungsanlagen,
2. selbsttätigen Feuerlöschanlagen,
3. kraftbetätigten Fenstern, Türen und Toren,
4. kraftbetätigten Hebebühnen und Parkplattformen für Kraftfahrzeugstellplätze,
5. Brandmeldeanlagen,
6. Rauch- und Wärmeabzugsanlagen

hat der Bauherr der Bauaufsichtsbehörde eine Erklärung des Unternehmers vorzulegen, aus der hervorgeht, dass die öffentlich-rechtlichen Vorschriften und die allgemein anerkannten Regeln der Technik für die jeweiligen baulichen Anlagen eingehalten sind. Dies gilt nicht, sofern die baulichen Anlagen nach der Verordnung über die Überwachung haustechnischer Anlagen vom 13. November 1984 mit der Änderung vom 17. April 1990 (Hamburgisches Gesetz- und Verordnungsblatt 1984 Seite 227, 1990 Seite 75) in der jeweils geltenden Fassung vor der Inbetriebnahme durch einen behördlich anerkannten Sachverständigen geprüft werden müssen.

(2) Vor der Inbetriebnahme von Lüftungsanlagen,

1. in deren Leitungen nach § 37 Absatz 4 Satz 3 und § 38 Absatz 5 Satz 2 HBauO Abgase von Gasfeuerstätten eingeleitet werden sollen oder

2. die wegen des Betriebes von Feuerstätten zur Heranführung von Verbrennungsluft oder zur Be- und Entlüftung der Aufstellräume der Feuerstätten erforderlich sind,

hat der Bauherr der Bauaufsichtsbehörde eine Bescheinigung des Bezirksschornsteinfegermeisters vorzulegen, aus der hervorgeht, dass die Lüftungsanlage ordnungsgemäß ausgeführt und einwandfrei gebrauchsfähig ist. Vor der Inbetriebnahme von Dunstabzugsanlagen gewerblicher oder vergleichbarer Küchen hat der Bauherr der Bauaufsichtsbehörde eine Bescheinigung des Bezirksschornsteinfegermeisters vorzulegen, aus der hervorgeht, dass die Dunstabzugsanlage einwandfrei gebrauchs- und reinigungsfähig ist.

(3) Vor der Inbetriebnahme von Feuerschutzabschlüssen in Förderanlagen hat der Bauherr der Bauaufsichtsbehörde das Abnahmeprotokoll eines geeigneten Sachverständigen über die Prüfung der einwandfreien Funktion der Feuerschutzabschlüsse im Zusammenwirken mit der Feststell- und der Transportanlage vorzulegen.

TEIL 5

Datenschutz

§ 14

Verarbeiten von personenbezogenen Daten zur Erteilung eines baurechtlichen Bescheides

(1) Die Bauaufsichtsbehörde ist berechtigt, die nach den §§ 1 bis 13 erhobenen Daten zur Erteilung eines baurechtlichen Bescheides zu verarbeiten und zu nutzen. Diese Daten können ermittelt werden, soweit die Übermittlung notwendig ist, um die Vereinbarkeit des Vorhabens mit öffentlich-rechtlichen Vorschriften aufgrund besonderer Sachkunde des Empfängers zu prüfen.

(2) Empfänger können sein

1. die für den Arbeitsschutz zuständige Behörde, soweit die gewerberechtlichen Vorschriften betroffen sind,

2. die Wasserbehörden, soweit die dem Gewässerschutz dienenden Vorschriften betroffen sind,

3. die Feuerwehr, soweit die brandschutztechnischen Vorschriften betroffen sind,

4. die für das Gesundheitswesen zuständige Behörde bei baulichen Anlagen, von denen aufgrund ihrer Nutzung erhöhte gesundheitliche Risiken ausgehen, und bei baulichen Anlagen für gesundheitliche Zwecke,

5. die für den Denkmalschutz zuständige Behörde,

6. die für die Abfallbeseitigung zuständige Behörde,

7. die für den Natur-, Landschafts- und Umweltschutz zuständige Behörde,

8. die für die Stadtplanung und den Tiefbau zuständigen Behörden,

9. die für das Bauwesen zuständige Behörde

   a) zur Zustimmung bei Befreiungen,

   b) zur Prüfung der bautechnischen Nachweise,

   c) als sachverständige Stelle im Sinne von § 58 Absatz 2 HBauO,

   d) bei Grundsatzfragen des Baurechts und der technischen Entwicklung,

   e) sofern Grundzüge der Straßen- und Verkehrsplanung berührt werden,

10. hinsichtlich der Höhenbegrenzung der Vorhaben die für die Luftfahrt zuständige Behörde,

11. die für die Beurteilung nach dem Gewerberecht für Spielhallen und Gaststätten zuständige Behörde,

12. die für Einrichtungen im Sinne des Heimgesetzes vom 7. August 1974 (Bundesgesetzblatt I Seite 1873) zuständige Behörde,

13. die für Zweckentfremdung von Wohnraum zuständige Behörde,

14. die für Bergverordnungen in Verbindung mit dem Bundesberggesetz vom 13. August 1980 (Bundesgesetzblatt I Seite 1310), zuletzt geändert am 8. Dezember 1986 (Bundesgesetzblatt I Seite 2191), zuständige Behörde,

15. die für Sanierungs- und Umlegungsverfahren zuständige Behörde,

16. die für den Kampfmittelräumdienst zuständige Behörde,

17. die für die Flächensanierung zuständige Behörde,
18. bei Bodenfunden die für die Landesarchäologie zuständige Behörde,
19. das Geologische Landesamt,
20. die für die Aufstellung Fliegender Bauten zuständige Behörde,
21. die für die Abwasserbeseitigung zuständige Behörde,
22. die für Hafenangelegenheiten zuständige Behörde,
23. zur Beurteilung der Feuerungsanlagen und Lüftungsanlagen der Bezirksschornsteinfegermeister und die Schornsteinfegerinnung,
24. soweit die Unfallverhütungsvorschriften betroffen sind die Berufsgenossenschaften,
25. die Versorgungsunternehmen für Strom, Fernwärme, Gas und Wasser,
26. die Deutsche Bundesbahn, die Hamburger Hochbahn-Aktiengesellschaft, der Hamburger Verkehrsverbund sowie Privatbahnen bei Baumaßnahmen in der Nähe von geplanten oder vorhandenen Bahnanlagen.

An andere Stellen, deren Beteiligung aus den in § 14 Absatz 1 Satz 2 genannten Gründen erforderlich wird, dürfen Daten mit Einwilligung des Bauherrn übermittelt werden.

(3) Die Bauaufsichtsbehörde hat die Übermittlung nach den Absätzen 1 und 2 ohne Nennung von Namen und Anschrift des Bauherrn, des Entwurfsverfassers und des Bauvorlageberechtigten vorzunehmen, wenn der Zweck der Übermittlung auch auf diese Weise ohne zusätzliche Erschwerung erreicht werden kann und wenn der Bauherr entsprechende Bauvorlagen einreicht.

§ 15
Übermittlung von Daten zu anderen Zwecken

(1) Die Bauaufsichtsbehörde ist berechtigt, folgende Daten nach Maßgabe des Absatzes 2 zu übermitteln:

1. Name und Anschrift des Bauherrn,
2. Name und Anschrift des Grundstückseigentümers und Erbbauberechtigten,
3. Name und Anschrift des Entwurfsverfassers,
4. Lage des Grundstücks und genaue Flurstücksbezeichnung,
5. Bauvorlagen nach den §§ 2 bis 6,
6. Bauvorlagen nach § 9.

(2) Die Bauaufsichtsbehörde ist berechtigt, folgende Daten zu übermitteln:

1. über den Eingang eines Bauantrages oder eines Zustimmungsantrages Daten nach Absatz 1 Nummern 1 bis 4 an

    a) die Deutsche Bundespost für die Entwicklungsplanungen und für Straßenübersichten für das Fernmeldewesen,

    b) die Hamburgischen Electricitäts-Werke für die Planung von Strom- und Fernwärmeversorgungsmaßnahmen,

    c) die Hamburger Gaswerke für die Rohrnetzplanung und Gasvorhaltung,

    d) die Hamburger Wasserwerke für die Rohrnetzplanung und Wasservorhaltung,

    e) die für das Liegenschaftswesen zuständige Behörde,

2. über die Erteilung einer Baugenehmigung oder einer Zustimmung Daten nach Absatz 1 Nummern 1 bis 5 an

    a) die für die Landesplanung und den Tiefbau zuständige Behörde,

    b) die für Sanierungs- und Umlegungsverfahren zuständige Behörde,

    c) die für die Grundstücksentwässerung zuständige Behörde,

    d) die für den Bauarbeiterschutz zuständige Behörde zur Erfüllung der Aufgaben zum Schutz von Personen bei der Bauausführung,

    e) die für die Aufgaben der Kataster- und Stadtvermessung sowie für die Führung des Flächenbezogenen Informationssystems zuständige Behörde,

    f) die für die Erteilung des Anerkennungsbescheides über die Steuerbegünstigung sowie für die Anerkennung der Förderungswürdigkeit des Bauvorhabens nach dem Zweiten Wohnungsbaugesetz in der Fassung vom 17. Juli 1985 mit der Änderung vom 8. Dezember 1986 (Bundesgesetzblatt I 1985 Seiten 1285 und 1661, 1986 Seite 2191) zuständige Behörde,

    g) die für die Steuererhebung zuständige Behörde für die Einheitsbewertung des Grundbesitzes und für die Festsetzung der Grundsteuer,

    h) die Bauberufsgenossenschaft zur Einhaltung der Unfallverhütungsvorschriften,

    i) den Bezirksschornsteinfegermeister zur Prüfung von Schornsteinen und anderen Abgasanlagen,

    j) die für die Flächensanierung zuständige Behörde,

3. über die Erteilung einer Baugenehmigung oder einer Zustimmung Daten nach Absatz 1 Nummern 1, 2 und 4 an die Hamburger Gaswerke bei Gasfeuerstätten für den Lieferbeginn,

4. über die Erteilung einer Abbruchgenehmigung oder Zustimmung zum Abbruch Daten nach Absatz 1 Nummern 1 bis 4 und 6 an

   a) die für die Grundstücksentwässerung zuständige Behörde, die Deutsche Bundespost, die Hamburgischen Electricitäts-Werke, die Hamburger Wasserwerke, die Hamburger Gaswerke,

   jeweils zur Vorbereitung der Leitungsabtrennung vor Abbruchbeginn,

   b) die für den Bauarbeiterschutz zuständige Behörde zur Erfüllung der Aufgaben zum Schutz von Personen bei der Bauausführung,

   c) die für den Tiefbau zuständige Behörde,

   d) die für die Aufgaben der Kataster- und Stadtvermessung sowie für die Führung des Flächenbezogenen Informationssystems zuständige Behörde,

   e) die für die Abwasserbeseitigung zuständige Behörde,

   f) das zuständige Polizeirevier zur Festlegung ergänzender verkehrsregelnder Maßnahmen,

   g) die für Sanierungs- und Umlegungsverfahren zuständige Behörde,

   h) die Bauberufsgenossenschaft zur Einhaltung der Unfallverhütungsvorschriften,

   i) die für die Flächensanierung zuständige Behörde,

5. über die Erteilung einer Abbruchgenehmigung oder Zustimmung zum Abbruch Daten nach Absatz 1 Nummern 1, 2 und 4 an die für die Steuererhebung zuständige Behörde für die Einheitsbewertung des Grundbesitzes und für die Festsetzung der Grundsteuer,

6. über den Eingang einer Baubeginnanzeige und Abbruchbeginnanzeige Daten nach Absatz 1 Nummern 1, 2 und 4 an

   a) die für den Bauarbeiterschutz zuständige Behörde zur Erfüllung der Aufgaben zum Schutz von Personen bei der Bauausführung,

   b) die für die Aufgaben der Kataster- und Stadtvermessung sowie die Führung des Flächenbezogenen Informationssystems zuständige Behörde,

7. über die endgültige Fertigstellung eines genehmigungsbedürftigen oder zustimmungsbedürftigen Bauvorhabens Daten nach Absatz 1 Nummern 1, 2 und 4 an

a) die für die Steuererhebung zuständige Behörde für die Einheitsbewertung des Grundbesitzes und für die Festsetzung der Grundsteuer,

b) die für die Aufgaben der Kataster- und Stadtvermessung sowie für die Führung des Flächenbezogenen Informationssystems zuständige Behörde,

c) die für die Landesplanung zuständige Behörde,

d) die für die Erhebung der Sielbenutzungsgebühr der Sielbau- und Sielanschlussbeiträge zuständige Behörde,

e) die für die Flächensanierung zuständige Behörde,

8. über die Erteilung, Aufhebung und Änderung der Hausnummern zur Vervollständigung und Berichtigung der Unterlagen Daten nach Absatz 1 Nummern 1, 2 und 4 an

a) die für die Steuererhebung zuständige Behörde,

b) die für die Landesplanung zuständige Behörde,

c) die für die Abwasserbeseitigung zuständige Behörde,

d) die für die Abfallentsorgung zuständige Behörde,

e) die für die Grundstücksentwässerung zuständige Behörde,

f) die für die Aufgaben der Kataster- und Stadtvermessung sowie für die Führung des Flächenbezogenen Informationssystems zuständige Behörde,

g) die Hamburger Gaswerke,

h) die Hamburger Wasserwerke,

i) die Hamburgischen Electricitäts-Werke,

j) die Deutsche Bundespost,

9. über die Eintragung einer Baulast Daten nach Absatz 1 Nummern 1, 2 und 4 an

a) die für die Abwasserbeseitigung zuständige Behörde,

b) die für die Sanierungs- und Umlegungsverfahren zuständige Behörde,

c) die für die Aufgaben der Kataster- und Stadtvermessung sowie für die Führung des Flächenbezogenen Informationssystems zuständige Behörde,

10. über die Erteilung einer Teilungsgenehmigung Daten nach Absatz 1 Nummern 1, 2 und 4 an

a) die für die Landesplanung und den Tiefbau zuständige Behörde,

b) die für die Grundstücksentwässerung zuständige Behörde,

c) die für die Aufgaben der Kataster- und Stadtvermessung sowie für die Führung des Flächenbezogenen Informationssystems zuständige Behörde,

d) die für die Sanierungs- und Umlegungsverfahren zuständige Behörde.

(3) An andere Stellen dürfen Daten mit Einwilligung des Bauherrn übermittelt werden.

§ 16
Dauer der Speicherung der Daten

Für die Dauer der Speicherung der Daten gelten für die behördlichen Dienststellen die Vorschriften über die Aufbewahrung von Akten. Nicht öffentliche Stellen haben die aufgrund der §§ 14 und 15 übermittelten Daten spätestens vier Wochen nach Erfüllung des Zwecks, zu dem sie übermittelt wurden, zu löschen.

TEIL 6
Schlussvorschrift

§ 17
In-Kraft-Treten

Diese Verordnung tritt am 1. Januar 1988 in Kraft. Gleichzeitig tritt die Bauvorlagenverordnung vom 29. September 1970 (Hamburgisches Gesetz- und Verordnungsblatt Seite 261) außer Kraft.

II/4
Verordnung über den Bau und Betrieb von Garagen und offenen Stellplätzen (Garagenverordnung – GarVO)

vom 17. 4. 1990 (HmbGVBl. S. 75),
zuletzt geändert durch VO vom 7. 2. 1995 (HmbGVBl. S. 17)

Inhaltsübersicht

TEIL I
Allgemeine Vorschriften

- § 1 Anwendungsbereich
- § 2 Begriffe

TEIL II
Sicherheitsanforderungen

- § 3 Allgemeine brandschutztechnische Anforderungen
- § 4 Garagen geringer Höhe
- § 5 Garagen mittlerer Höhe
- § 6 Tiefgaragen
- § 7 Feuerschutzabschlüsse von Öffnungen in Wänden

TEIL III
Verkehrsflächen, Rettungswege, Verkehrssicherheit

- § 7 a Allgemeine Sicherheit
- § 8 Zu- und Abfahrten
- § 9 Rampen
- § 10 Stellplätze und Verkehrsflächen
- § 11 Lichte Höhe
- § 12 Rettungswege

TEIL IV
Haustechnische Anlagen

§ 13 Beleuchtung

§ 14 Lüftung

§ 15 Feuerlöschanlagen

§ 16 Brandmeldeanlagen

TEIL V
Betriebsvorschriften

§ 17 Betriebsvorschriften für Garagen

§ 18 Abstellen von Kraftfahrzeugen in anderen Räumen als Garagen

TEIL VI
Verfahrens-, Ausführungs- und Schlussvorschriften

§ 19 – *aufgehoben* –

§ 20 Ordnungswidrigkeiten

§ 21 Übergangsvorschriften

§ 22 Aufhebung und Änderung von Vorschriften

TEIL I
Allgemeine Vorschriften

§ 1
Anwendungsbereich

Diese Verordnung gilt für Garagen und offene Stellplätze, die dem Abstellen von Kraftfahrzeugen mit einer Länge bis zu 5,0 m, einer Breite bis zu 2,0 m und einer Höhe von bis zu 1,70 m dienen.

§ 2
Begriffe

(1) Eine Garage ist ein ganz oder teilweise umschlossener Raum zum Abstellen von Kraftfahrzeugen. Ausstellungsräume, Verkaufsräume, Werkräume und Lagerräume für Kraftfahrzeuge gelten nicht als Garagen.

(1a) Eine automatische Garage ist eine Garage ohne Personen- und Fahrverkehr, in der die Kraftfahrzeuge mit mechanischen Förderanlagen von der Garagenzufahrt zu den Garagenstellplätzen befördert und ebenso zum Abholen an die Garagenausfahrt zurückbefördert werden.

(2) Die Nutzfläche einer Garage ist die Summe aller miteinander verbundenen Flächen der Garagenstellplätze und der Verkehrsflächen. Bei Anordnung von Garagenstellplätzen in mehreren Abstellebenen durch mechanische Anlagen, wie kraftbetätigte Hebebühnen, wird die Gesamtfläche aller Abstellebenen bei der Ermittlung der Nutzfläche der Garage berücksichtigt. Die Nutzfläche einer automatischen Garage ist die Summe der Flächen aller Garagenstellplätze.

(3) Es sind Garagen mit einer Nutzfläche

1.	bis 100 m^2	Kleingaragen
2.	über 100 m^2 bis 1000 m^2	Mittelgaragen
3.	über 1000 m^2	Großgaragen

(4) Für die Einstufung der Garage nach Absatz 3 werden Stellplätze auf Dächern und die dazugehörenden Verkehrsflächen der Nutzfläche der Garage nicht hinzugerechnet. Abweichend hiervon sind jedoch für die Bemessung der Fahrbahnen von Zu- und Abfahrten nach § 8 Absätze 3 bis 5 sowie für Rampen nach § 9 die Stellplätze auf Dächern und die dazugehörenden Verkehrsflächen hinzuzurechnen.

(5) Die Absätze 2, 3 und 4 gelten sinngemäß auch für offene Stellplätze.

(6) Offene Mittel- und Großgaragen sind Garagen, die unmittelbar ins Freie führende unverschließbare Öffnungen in einer Größe von insgesamt mindestens einem Drittel der Gesamtfläche der Umfassungswände haben, bei denen mindestens zwei sich gegenüberliegende Umfassungswände mit den ins Freie führenden Öffnungen nicht mehr als 70 m voneinander entfernt sind und bei denen eine ständige Querlüftung vorhanden ist.

(7) Offene Kleingaragen sind Kleingaragen, die unmittelbar ins Freie führende Öffnungen in einer Größe von mindestens einem Drittel der Gesamtfläche der Umfassungswände haben. An überdachte Stellplätze ohne Seitenwände (Carports) sind die bauordnungsrechtlichen Anforderungen wie an offene Kleingaragen zu stellen.

(8) Geschlossene Garagen sind Garagen, die die Voraussetzungen nach den Absätzen 6 oder 7 nicht erfüllen.

(9) Oberirdische Garagen sind Garagen oder Garagengeschosse, deren Fußboden des untersten Geschosses im Mittel nicht mehr als 1,50 m unter der festgelegten Geländeoberfläche liegt.

(10) Tiefgaragen sind Garagen oder Garagengeschosse, deren Fußboden des obersten Geschosses im Mittel mehr als 1,50 m unter der festgelegten Geländeoberfläche liegt.

(11) Ein unterirdisches Garagengeschoss ist ein Garagengeschoss, das vollständig unterhalb der festgelegten Geländeoberfläche liegt.

TEIL II
Sicherheitsanforderungen

§ 3
Allgemeine brandschutztechnische Anforderungen

(1) Für befahrbare Dächer von Garagen gelten die Anforderungen wie an Decken.

(2) Für Decken, die gleichzeitig das Dach bilden, gelten die Anforderungen wie an Dächer.

(3) Untere Verkleidungen und Dämmschichten von Decken und Dächern von Garagen müssen

1. bei Großgaragen aus nichtbrennbaren Baustoffen bestehen,
2. bei Mittelgaragen mindestens schwer entflammbar sein.

Abweichend von Nummer 1 dürfen Verkleidungen bei Großgaragen auch aus mindestens schwer entflammbaren Baustoffen bestehen, wenn deren Bestandteile volumenmäßig überwiegend nichtbrennbar sind und der Abstand zur Decke oder zum Dach höchstens 0,02 m beträgt.

(4) Geschlossene Garagen müssen durch mindestens feuerhemmende und in den wesentlichen Teilen aus nichtbrennbaren Baustoffen bestehende Wände in Rauchabschnitte unterteilt sein; dies gilt nicht für automatische Garagen.

Die Nutzfläche eines Rauchabschnittes darf

1. in oberirdischen geschlossenen Garagen höchstens 5000 m^2,
2. in sonstigen geschlossenen Garagen höchstens 2500 m^2

betragen; sie darf höchstens doppelt so groß sein, wenn die Garagen selbsttätige Feuerlöscheinrichtungen haben. Ein Rauchabschnitt darf sich auch über mehrere Geschosse erstrecken. § 26 Absatz 5 und § 27 Absatz 5 HBauO finden keine Anwendung.

(4a) Automatische Garagen müssen durch Brandwände in Brandabschnitte von höchstens 6000 m^3 Brutto-Rauminhalt unterteilt sein. Jeder Brandabschnitt muss mindestens zwei Zugänge haben.

(5) Wände im Inneren von Garagen, an die in dieser Verordnung keine weiter gehenden Anforderungen gestellt werden, müssen aus nichtbrennbaren Baustoffen bestehen.

(6) Trennwände zwischen Garagen und anders genutzten Räumen müssen feuerbeständig sein.

§ 4
Garagen geringer Höhe

(1) Abweichend von § 26 HBauO sind bei offenen Mittel- und Großgaragen sowie bei allen automatischen Garagen geringer Höhe in Gebäuden, die allein der Garagennutzung dienen, tragende Wände und Decken aus nichtbrennbaren Baustoffen ohne Anforderung an die Feuerwiderstandsdauer zulässig.

(2) Tragende Wände und Decken dürfen abweichend von § 26 HBauO mindestens feuerhemmend sein oder aus nichtbrennbaren Baustoffen bestehen bei

1. eingeschossigen Mittel- und Großgaragen, auch mit Stellplätzen auf dem Dach,
2. bei Kleingaragen.

(3) Treppenräume müssen im Brandfall standsicher bleiben.

(4) Die Anforderungen nach Absatz 2 Nummer 2 gelten nicht für Kleingaragen, wenn

1. die Gebäude allein der Garagennutzung dienen,
2. die Garagen offene Kleingaragen sind oder
3. die Kleingaragen in Gebäuden liegen, an deren tragende oder aussteifende Wände und Decken keine Anforderungen hinsichtlich des Brandschutzes gestellt werden.

(5) Außenwände müssen aus nichtbrennbaren Baustoffen bestehen.

(6) Absatz 5 gilt nicht für

1. eingeschossige Mittel- und Großgaragen, die allein der Garagennutzung dienen,
2. Kleingaragen in Gebäuden, die allein der Garagennutzung dienen,
3. Kleingaragen, die in Gebäuden liegen, an deren Außenwände keine Anforderungen hinsichtlich des Brandschutzes gestellt werden,
4. offene Kleingaragen.

(7) Abweichend von § 3 Absatz 6 dürfen Trennwände zwischen Garagen und anders genutzten Räumen

1. bei Mittel- und Großgaragen feuerhemmend sein und in den wesentlichen Teilen aus nichtbrennbaren Baustoffen bestehen,
2. bei eingeschossigen Mittel- und Großgaragen sowie bei Kleingaragen feuerhemmend sein oder aus nichtbrennbaren Baustoffen mit geschlossener Oberfläche bestehen.

(8) Absatz 7 Nummer 2 gilt nicht

1. für offene Kleingaragen,
2. für Trennwände zwischen Kleingaragen und Räumen oder Gebäuden, die nur Abstellzwecken dienen und nicht mehr als 20 m^2 Grundfläche haben.

(9) § 3 Absatz 5 gilt nicht für sonstige Wände in eingeschossigen Mittel- und Großgaragen und in Kleingaragen.

(10) Abweichend von § 26 Absatz 2 Satz 1 HBauO genügen als Gebäudeabschlusswände bei geschlossenen Kleingaragen feuerbeständige Wände und bei offenen Kleingaragen feuerhemmende Wände, die in den wesentlichen Teilen aus nichtbrennbaren Baustoffen bestehen. Die Anforderungen des § 24 Absatz 5 und Absatz 6 Satz 1 HBauO gelten sinngemäß. Bei offenen Kleingaragen können Ausnahmen zugelassen werden, wenn wegen des Brandschutzes keine Bedenken bestehen.

(11) Zur Aussteifung der Gebäudeabschlusswände genügen feuerhemmende Bauteile, die in den wesentlichen Teilen aus nichtbrennbaren Baustoffen bestehen.

(12) Abweichend von § 3 Absatz 4 Satz 1 genügen bei eingeschossigen Mittel- und Großgaragen Wände aus nichtbrennbaren Baustoffen zur Unterteilung in Rauchabschnitte.

§ 5
Garagen mittlerer Höhe

(1) Abweichend von § 27 HBauO sind bei offenen Mittel- und Großgaragen sowie bei allen automatischen Garagen mittlerer Höhe in Gebäuden, die allein der Garagennutzung dienen, tragende Wände und Decken aus nichtbrennbaren Baustoffen ohne Anforderung an die Feuerwiderstandsdauer zulässig.

(2) Abweichend von § 27 Absatz 3 HBauO sind Außenwände von Garagen mittlerer Höhe aus nichtbrennbaren Baustoffen ohne Anforderung an die Feuerwiderstandsdauer zulässig.

§ 6
Tiefgaragen

(1) Bei Tiefgaragen müssen tragende Wände sowie Decken über und unter Garagen und zwischen Garagengeschossen feuerbeständig sein.

(2) Es kann zugelassen werden, dass die oberste Decke in feuerhemmender Bauart und in den wesentlichen Teilen aus nichtbrennbaren Baustoffen hergestellt wird, wenn sie unter der Geländeoberfläche liegt und wegen des Brandschutzes keine Bedenken bestehen. Nicht befahrbare Decken, die zugleich das Dach bilden, müssen aus nichtbrennbaren Baustoffen bestehen, oder feuerhemmend sein.

(3) Außenwände müssen aus nichtbrennbaren Baustoffen bestehen.

(4) Gebäudeabschlusswände müssen Brandwände sein.

§ 7
Feuerschutzabschlüsse von Öffnungen in Wänden

(1) Flure, Treppenräume und Aufzugvorräume, die nicht nur den Benutzern der Garagen dienen, dürfen verbunden sein

1. mit geschlossenen Mittel- und Großgaragen sowie mit allen automatischen Garagen nur durch Räume mit feuerbeständigen Wänden und Decken sowie selbstschließenden und mindestens feuerhemmenden, in Fluchtrichtung aufschlagenden Türen (Sicherheitsschleusen); abweichend davon genügen bei geschlossenen Mittel- und Großgaragen zwischen Sicherheitsschleusen und Fluren oder Treppenräumen sowie Aufzugvorräumen rauchdichte Türen,

2. mit anderen Garagen unmittelbar nur durch Öffnungen mit selbstschließenden und mindestens feuerhemmenden Türen.

(2) Garagen dürfen mit sonstigen nicht zur Garage gehörenden Räumen unmittelbar nur durch Öffnungen mit selbstschließenden und mindestens feuerhemmenden Türen verbunden sein. Das gilt nicht für Türen in Wänden, die nicht mindestens feuerhemmend sein müssen.

(3) Die Absätze 1 und 2 gelten nicht für Verbindungen

1. zu offenen Kleingaragen,

2. zwischen Kleingaragen und Räumen oder Gebäuden, die nur Abstellzwecken dienen und nicht mehr als 20 m^2 Grundfläche haben.

(4) Türen zu Treppenräumen, die Garagengeschosse miteinander verbinden, müssen selbstschließend und mindestens feuerhemmend sein sowie aus nichtbrennbaren Baustoffen bestehen.

(5) Öffnungen in den Wänden zwischen den Rauchabschnitten müssen mit selbstschließenden und mindestens feuerhemmenden Abschlüs-

sen, bei eingeschossigen Mittel- und Großgaragen nur mit selbstschließenden Abschlüssen, versehen sein. Die Abschlüsse von Öffnungen in Fahrgassen müssen Haltevorrichtungen haben, die bei Raucheinwirkung ein selbsttätiges Schließen bewirken; sie müssen auch von Hand geschlossen werden können.

TEIL III
Verkehrsflächen, Rettungswege, Verkehrssicherheit

§ 7 a
Allgemeine Sicherheit

(1) Stellplätze, Verkehrsflächen, Treppenräume und sonstige allgemein zugängliche Flächen von Mittel- und Großgaragen sind so überschaubar zu halten, dass nicht einsehbare Bereiche vermieden werden; sie müssen so angeordnet sein, dass sie durch Aufsichtspersonen oder elektronische Anlagen wie Videoanlagen überwacht werden können. Wände und Decken sind mit hellen Anstrichen zu versehen.

(2) In allgemein zugänglichen geschlossenen Großgaragen müssen Alarmierungsanlagen vorhanden sein.

§ 8
Zu- und Abfahrten

(1) Zwischen Garagen und öffentlichen Verkehrsflächen müssen Zu- und Abfahrten von mindestens 3 m Länge vorhanden sein. Ausnahmen können zugelassen werden, wenn wegen der Sicht auf die öffentliche Verkehrsfläche Bedenken nicht bestehen.

(2) Vor den die freie Zufahrt zur Garage zeitweilig hindernden Anlagen, wie Schranken oder Tore, kann ein Stauraum für wartende Kraftfahrzeuge gefordert werden, wenn dies wegen der Sicherheit oder Leichtigkeit des Verkehrs erforderlich ist. Dies gilt nicht für Kleingaragen.

(3) Die Fahrbahnen von Zu- und Abfahrten vor Mittel- und Großgaragen müssen mindestens 2,75 m breit sein; der Halbmesser des inneren Fahrbahnrandes muss mindestens 5 m betragen. Kleinere Innenradien können zugelassen werden, wenn eine entsprechende Fahrbahnverbreiterung vorgesehen wird und wenn wegen der Verkehrssicherheit keine Bedenken bestehen. Für Fahrbahnen im Bereich von Zu- und Abfahrtssperren genügt eine Breite von 2,30 m. Breitere Fahrbahnen können in Kurven mit Innenradien von weniger als 10 m verlangt werden, wenn dies wegen der Verkehrssicherheit erforderlich ist.

(4) Großgaragen müssen getrennte Fahrbahnen für Zu- und Abfahrten haben.

(5) Bei Mittel- und Großgaragen ist neben den Fahrbahnen der Zu- und Abfahrten ein mindestens 0,80 m breiter Gehweg erforderlich, soweit nicht für den Fußgängerverkehr besondere Fußwege vorhanden sind. Der Gehweg muss gegenüber der Fahrbahn erhöht oder verkehrssicher abgegrenzt sein.

(6) Zu- und Abfahrten müssen den zu erwartenden Belastungen entsprechend befestigt sein.

(7) Für Zu- und Abfahrten von offenen Stellplätzen gelten die Absätze 2 bis 6 sinngemäß.

(8) Offene Stellplätze und Garagen müssen vom öffentlichen Straßengrund in Vorwärtsfahrt angefahren und verlassen werden können. Dies gilt nicht für Kleingaragen und offene Anlagen bis zu 4 Stellplätzen in unmittelbarer Straßennähe. Ausnahmen können zugelassen werden, wenn wegen der Sicherheit des öffentlichen Straßenverkehrs keine Bedenken bestehen.

§ 9
Rampen

(1) Rampen von Mittel- und Großgaragen dürfen nicht mehr als 15 vom Hundert (v. H.) geneigt sein. Bei nicht überdeckten Rampen von Mittel- und Großgaragen mit einer Neigung von mehr als 10 v. H. ist die Fahrsicherheit, insbesondere im Hinblick auf winterliche Verkehrsverhältnisse, durch besondere Maßnahmen sicherzustellen.

(1a) Bei gewendelten Rampen ist die Neigung in der Mitte der Fahrspur zu messen. Die Breite der Fahrbahnen auf den Rampen muss mindestens 2,75 m, in gewendelten Rampenbereichen mindestens 3,50 m betragen. Gewendelte Teile von Rampen nach Absatz 1 Satz 1 müssen eine Querneigung von mindestens 3 v. H. haben; der Halbmesser des inneren Fahrbahnrandes muss mindestens 5,0 m betragen.

(2) Neigungswechsel von mehr als 10 v. H. sind mit einem Radius von 20 m auszurunden.

(3) Zwischen öffentlicher Verkehrsfläche und einer Rampe mit mehr als 10 v. H. Neigung muss eine Fläche von mindestens 3 m Länge liegen, deren Neigung nicht mehr als 10 v. H. betragen darf. Bei Rampen von Kleingaragen können Ausnahmen von Satz 1 zugelassen werden, wenn hinsichtlich der Sicherheit oder Ordnung des Verkehrs Bedenken nicht bestehen.

(4) In Großgaragen gilt für Rampen, die als Rettungswege benutzt werden, § 8 Absatz 5 sinngemäß. An Rampen, die von Fußgängern nicht benutzt werden dürfen, ist auf dieses Verbot hinzuweisen.

(5) Für Rampen von offenen Stellplätzen gelten die Absätze 1 bis 4 sinngemäß.

(6) Kraftbetriebene geneigte Hebebühnen sind keine Rampen im Sinne dieser Vorschrift.

§ 10
Stellplätze und Verkehrsflächen

(1) Ein Stellplatz muss mindestens 5 m lang sein. Die Breite eines Stellplatzes muss mindestens betragen

1. 2,30 m, wenn keine Längsseite,
2. 2,40 m, wenn eine Längsseite,
3. 2,50 m, wenn jede Längsseite

des Stellplatzes durch Wände, Stützen, andere Bauteile oder Einrichtungen begrenzt ist. Wenn der Stellplatz für Behinderte bestimmt ist, muss die Breite mindestens 3,50 m betragen. Stellplätze auf kraftbetriebenen Hebebühnen brauchen nur 2,30 m breit zu sein. Stellplätze dürfen in der Querachse nicht mehr als 6 v. H. geneigt sein.

(2) Fahrgassen müssen, soweit sie unmittelbar der Zu- oder Abfahrt von Stellplätzen dienen, hinsichtlich ihrer Breite mindestens die Anforderungen der folgenden Tabelle erfüllen; Zwischenwerte sind gradlinig zu interpolieren.

Anordnung der Stellplätze zur Fahrgasse	Erforderliche Fahrgassenbreite (in m) bei einer Stellplatzbreite von		
	2,30 m	2,40 m	2,50 m
90°	6,50	6,00	5,50
60°	4,30	3,80	3,50
0° bis 45°	2,75	2,75	2,75

Bei Längsaufstellung ist entweder nach jedem Stellplatz ein Zwischenraum von 0,75 m oder nach jedem zweiten Stellplatz ein Zwischenraum von 1,50 m als Rangierfläche anzuordnen. Schrägaufstellung ist in Sackgassen ohne Kehre nicht zulässig.

(3) Fahrgassen müssen, soweit sie nicht unmittelbar der Zu- oder Abfahrt von Stellplätzen dienen, mindestens 2,75 m breit sein.

(4) Fahrgassen mit Gegenverkehr müssen in Mittel- und Großgaragen mindestens 5 m breit sein, soweit sich aus Absatz 2 keine weiter gehenden Forderungen ergeben.

(5) Die Absätze 1 bis 4 gelten auch für offene Stellplätze.

(6) Die einzelnen Stellplätze und die Fahrgassen sind mindestens durch Markierungen am Boden leicht erkennbar und dauerhaft gegeneinander abzugrenzen; dies gilt nicht für Kleingaragen ohne Fahrgassen, Stellplätze auf kraftbetriebenen Hebebühnen sowie Stellplätze auf horizontal verschiebbaren Plattformen. Mittel- und Großgaragen müssen in jedem Geschoss leicht erkennbare und dauerhafte Hinweise auf Fahrtrichtungen und Ausfahrten haben.

(7) Für Stellplätze auf horizontal verschiebbaren Plattformen in Fahrgassen gilt Absatz 1 Sätze 1 und 2 nicht, wenn die Plattformen einen Mindestabstand von 0,3 m zu festen Bauteilen oder anderen Stellplätzen einhalten und eine Breite der Fahrgasse von mindestens 2,75 m erhalten bleibt. Sie dürfen nicht vor kraftbetriebenen Hebebühnen angeordnet werden und bei Fahrgassen mit Gegenverkehr nur dort, wo kein Durchgangsverkehr stattfindet.

(8) Vor kraftbetriebenen Hebebühnen mit Fahrspuren müssen die Fahrgassen mindestens 8 m breit sein, wenn die Hebebühnen Fahrspuren haben oder beim Absenken in die Fahrgasse hineinragen.

(9) Bei kraftbetriebenen Hebebühnen mit ölhydraulischen Antrieben und bei automatischen Garagen sind in deren Entwässerungsbereich liegende Wassereinläufe so auszubilden, dass Öle nicht in das Abwassernetz gelangen können.

(10) Die Absätze 1 bis 8 gelten nicht für automatische Garagen.

§ 11
Lichte Höhe

Mittel- und Großgaragen müssen in zum Begehen bestimmten Bereichen, auch unter Unterzügen, Lüftungsleitungen und sonstigen Bauteilen eine lichte Höhe von mindestens 2 m haben.

§ 12
Rettungswege

(1) Jede Mittel- und Großgarage muss in jedem Geschoss mindestens zwei voneinander unabhängige Rettungswege nach § 24 HBauO haben. Der zweite Rettungsweg darf auch über eine Rampe führen. Bei oberirdischen Mittel- und Großgaragen, deren Stellplätze der obersten Abstellebene im Mittel nicht mehr als 3 m über der festgelegten Geländeoberfläche liegen, sind Treppenräume für notwendige Treppen nicht erforderlich.

(2) Von jeder Stelle einer Mittel- und Großgarage muss in demselben Geschoss mindestens ein Treppenraum einer notwendigen Treppe oder,

wenn ein Treppenraum nicht erforderlich ist, mindestens eine notwendige Treppe oder ein Ausgang ins Freie

1. bei offenen Mittel- und Großgaragen in einer Entfernung von höchstens 50 m
2. bei geschlossenen Mittel- und Großgaragen in einer Entfernung von höchstens 30 m

erreichbar sein. Die Entfernung ist in der Luftlinie, jedoch nicht durch Bauteile zu messen.

(3) In Mittel- und Großgaragen müssen dauerhafte und leicht erkennbare Hinweise auf die Ausgänge vorhanden sein. In Großgaragen müssen die zu den notwendigen Treppen oder zu den Ausgängen ins Freie führenden Wege auf dem Fußboden durch dauerhafte und leicht erkennbare Markierungen sowie durch beleuchtete Hinweise gekennzeichnet sein.

(4) Für Stellplätze auf dem Dach gelten die Absätze 1 und 2 sinngemäß.

(5) In automatischen Garagen muss jeder belegte Stellplatz über einen Inspektionsgang von mindestens 0,8 m Breite zugänglich sein.

TEIL IV
Haustechnische Anlagen

§ 13
Beleuchtung

(1) In Mittel- und Großgaragen muss eine allgemeine elektrische Beleuchtung vorhanden sein. Sie muss so beschaffen sein, dass in Verkehrs- und Rettungswegen eine Beleuchtungsstärke von mindestens 50 Lux, an allen übrigen Stellen der Nutzfläche eine Beleuchtungsstärke von mindestens 20 Lux erreicht wird. Die Beleuchtungsstärke ist jeweils in einer Höhe von 20 cm über dem Boden zu messen. Es ist zulässig, die Beleuchtung in zwei Schaltstufen derart auszuführen, dass in der ersten Schaltstufe an allen Stellen der Nutzflächen und Rettungswege nur eine verminderte Beleuchtungsstärke von 1 Lux erreicht wird.

(2) In geschlossenen Großgaragen mit Ausnahme von eingeschossigen Großgaragen mit festem Benutzerkreis muss zur Beleuchtung der Rettungswege eine Sicherheitsbeleuchtung vorhanden sein. Diese muss eine vom Versorgungsnetz unabhängige, bei Ausfall des Netzstromes sich selbsttätig innerhalb von 15 Sekunden einschaltende Ersatzstromquelle haben, die für einen mindestens einstündigen Betrieb ausgelegt ist. Die Beleuchtungsstärke der Sicherheitsbeleuchtung muss mindestens 1 Lux betragen.

(3) In automatischen Garagen muss abweichend von Absatz 1 nur im Bereich der Inspektionsgänge eine Beleuchtungsstärke von mindestens 20 Lux erreicht werden. Absatz 2 gilt nicht für automatische Garagen.

§ 14
Lüftung

(1) Geschlossene Mittel- und Großgaragen müssen maschinelle Abluftanlagen und so große und so verteilte Zuluftöffnungen haben, dass alle Teile der Garage ausreichend gelüftet werden. Bei nicht ausreichenden Zuluftöffnungen muss eine maschinelle Zuluftanlage vorhanden sein. Die maschinellen Abluftanlagen von geschlossenen Großgaragen müssen für eine wirksame Rauchabführung im Brandfall geeignet sein.

(2) Für geschlossene Mittel- und Großgaragen mit geringem Zu- und Abgangsverkehr genügt abweichend von Absatz 1 eine natürliche Lüftung durch Lüftungsöffnungen oder über höchstens 2 m hohe Lüftungsschächte. Die Lüftungsöffnungen müssen

1. einen freien Gesamtquerschnitt von mindestens 1500 cm^2 je Garagenstellplatz haben,

2. in den Außenwänden oberhalb der Geländeoberfläche in einer Entfernung von höchstens 35 m einander gegenüberliegen,

3. unverschließbar sein und

4. so über die Garage verteilt sein, dass in allen Bereichen der Garagennutzflächen eine ständige Querlüftung gesichert ist.

Die Lüftungsschächte müssen untereinander in einem Abstand von höchstens 20 m angeordnet sein und einen freien Gesamtquerschnitt von mindestens 1500 cm^2 je Garagenstellplatz haben.

(3) Für geschlossene Mittel- und Großgaragen genügt abweichend von den Absätzen 1 und 2 eine natürliche Lüftung, wenn im Einzelfall nach dem Gutachten eines Sachverständigen zu erwarten ist, dass der Mittelwert des Volumengehalts an Kohlenmonoxid (CO) in der Luft über jeweils eine halbe Stunde (CO-Halbstundenmittelwert), auch während der regelmäßigen Verkehrsspitzen, nicht mehr als 100 ppm (entsprechend 100 cm^3/m^3) betragen wird. Der CO-Halbstundenmittelwert ist von dem Sachverständigen auf der Grundlage von Messungen, die nach Inbetriebnahme der Garage über einen Zeitraum von mindestens einem Monat durchzuführen sind, zu bestätigen. Der Sachverständige muss nach § 4 Absatz 1 der Verordnung über die Überwachung haustechnischer Anlagen vom 13. November 1984 (Hamburgisches Gesetz- und Verordnungsblatt Seite 227) für die Prüfung von raumlufttechnischen Anlagen in Mittel- und Großgaragen anerkannt sein.

(4) Die maschinellen Abluftanlagen nach Absatz 1 sind so zu bemessen und zu betreiben, dass der CO-Halbstundenmittelwert unter Berücksichtigung der regelmäßig zu erwartenden Verkehrsspitzen nicht mehr als 100 ppm beträgt. Diese Anforderungen gelten ohne Nachweis als erfüllt, wenn die Abluftanlage in Garagen mit geringem Zu- und Abgangsverkehr mindestens 6 m^3, bei anderen Garagen mindestens 12 m^3 Abluft in der Stunde je m^2 Garagennutzfläche abführen kann; für Garagen mit regelmäßig besonders hohen Verkehrsspitzen kann im Einzelfall ein Nachweis der nach Satz 1 erforderlichen Leistung der Abluftanlage verlangt werden. Die maschinellen Abluftanlagen von geschlossenen Großgaragen sind außerdem so zu bemessen und zu betreiben, dass der bei einem Brand entstehende Rauch abgeführt wird.

(5) Maschinelle Abluftanlagen müssen in jedem Lüftungssystem mindestens zwei gleich große Ventilatoren haben, die bei gleichzeitigem Betrieb zusammen den erforderlichen Gesamtvolumenstrom erbringen. Jeder Ventilator einer maschinellen Zu- oder Abluftanlage muss aus einem eigenen Stromkreis gespeist werden, an den andere elektrische Anlagen nicht angeschlossen werden dürfen. Soll das Lüftungssystem zeitweise nur mit einem Ventilator betrieben werden, müssen die Ventilatoren so geschaltet sein, dass sich bei Ausfall eines Ventilators der andere selbsttätig einschaltet.

(6) Geschlossene Großgaragen mit nicht nur geringem Zu- und Abgangsverkehr müssen CO-Anlagen zur Messung, Steuerung und Warnung (CO-Überwachungsanlagen) haben. Die CO-Überwachungsanlagen müssen so beschaffen sein, dass die Benutzer der Garagen bei einem CO-Halbstundenmittelwert von mehr als 100 ppm über Lautsprecher und/oder durch Blinkzeichen dazu aufgefordert werden, die Garage zügig zu verlassen oder die Motoren abzustellen. Während dieses Zeitraumes müssen die Garagenausfahrten ständig offen gehalten werden. Die CO-Überwachungsanlagen müssen zusätzlich an eine Ersatzstromquelle angeschlossen sein.

(7) Bereich oder Räume innerhalb von Garagen, in denen Menschen für längere Zeit tätig sind, müssen so gelüftet werden, dass die Anforderungen an Arbeitsräume erfüllt sind.

(8) In allen Garagen sind in ausreichender Zahl auffällige, dauerhafte Anschläge mit folgendem Wortlaut anzubringen:

„Vorsicht bei laufenden Motoren! Vergiftungsgefahr! Längerer Aufenthalt schadet Ihrer Gesundheit!"

(9) Automatische Garagen müssen abweichend von den Absätzen 1 bis 8 nur Öffnungen oder Anlagen zur wirksamen Rauchabführung haben.

§ 15
Feuerlöschanlagen

(1) Mittel- und Großgaragen müssen in Geschossen, deren Fußboden im Mittel mehr als 4 m unter der festgelegten Geländeoberfläche liegt, Wandhydranten an einer nassen Steigleitung in der Nähe jedes Treppenraumes einer notwendigen Treppe haben. Im Übrigen können für Großgaragen Wandhydranten oder geeignete Feuerlöscher zur Bekämpfung von Glut- und Flüssigkeitsbränden verlangt werden.

(2) Selbsttätige Feuerlöschanlagen müssen vorhanden sein in

1. Geschossen von Großgaragen, wenn der Fußboden der Geschosse mehr als 4 m unter der Geländeoberfläche liegt und das Gebäude nicht allein der Garagennutzung dient; dies gilt nicht, wenn die Großgarage zu Geschossen mit anderer Nutzung in keiner Verbindung steht,

2. automatischen Garagen mit mehr als 20 Garagenstellplätzen.

(3) Nicht selbsttätige Feuerlöschanlagen müssen vorhanden sein in

1. geschlossenen Garagen mit mehr als 20 Stellplätzen auf kraftbetriebenen Hebebühnen, wenn jeweils mehr als zwei Kraftfahrzeuge übereinander angeordnet werden können,

2. automatischen Garagen mit bis zu 20 Stellplätzen.

In Garagen nach Nummer 1 sind die nicht selbsttätigen Feuerlöschanlagen mit Sprinklerdüsen auszustatten.

§ 16
Brandmeldeanlagen

Geschlossene Mittel- und Großgaragen müssen Brandmeldeanlagen haben, wenn sie in Verbindung stehen mit baulichen Anlagen oder Räumen, für die Brandmeldeanlagen erforderlich sind.

TEIL V
Betriebsvorschriften

§ 17
Betriebsvorschriften für Garagen

(1) In Mittel- und Großgaragen muss die allgemeine elektrische Beleuchtung nach § 13 Absatz 1 während der Benutzungszeit ständig mit einer Beleuchtungsstärke von mindestens 1 Lux eingeschaltet sein, soweit nicht durch Tageslicht eine entsprechende Beleuchtung vorhanden ist. Dies gilt nicht für automatische Garagen.

(2) Die Sicherheitsbeleuchtung nach § 13 Absatz 2 muss während der Benutzungszeit der Garage in Betrieb sein, soweit nicht durch Tageslicht eine ausreichende Beleuchtung vorhanden ist.

(3) Maschinelle Lüftungsanlagen und CO-Überwachungsanlagen müssen so gewartet werden, dass sie ständig betriebsbereit sind. CO-Überwachungsanlagen müssen während der Benutzungszeit ständig eingeschaltet sein.

(4) Kraftstoffe dürfen in Garagen außerhalb von Kraftfahrzeugen nicht aufbewahrt werden. In Kleingaragen dürfen bis zu 200 l Dieselkraftstoff und bis zu 20 l Benzin in dicht verschlossenen, bruchsicheren Behältern aufbewahrt werden. Andere brennbare Stoffe dürfen in Mittel- und Großgaragen nur in unerheblichen Mengen aufbewahrt werden.

§ 18
Abstellen von Kraftfahrzeugen in anderen Räumen als Garagen

(1) Kraftfahrzeuge dürfen in Treppenräumen, Fluren und Kellergängen nicht abgestellt werden.

(2) Kraftfahrzeuge dürfen in sonstigen Räumen, die keine Garagen sind, mit Ausnahme der Räume nach § 2 Absatz 1 Satz 2 nur abgestellt werden, wenn

1. das Gesamtfassungsvermögen der Kraftstoffbehälter aller abgestellten Kraftfahrzeuge nicht mehr als 12 l beträgt,
2. Kraftstoff außer in den Kraftstoffbehältern abgestellter Kraftfahrzeuge in diesen Räumen nicht aufbewahrt wird und
3. diese Räume keine Zündquellen und keine leicht entzündlichen Stoffe enthalten und von Räumen mit Feuerstätten oder leicht entzündlichen Stoffen durch Türen mit geschlossener Oberfläche abgetrennt sind

oder wenn die Kraftfahrzeuge Arbeitsmaschinen sind.

TEIL VI
Verfahrens-, Ausführungs- und Schlussvorschriften

§ 19
– *aufgehoben* –

§ 20
Ordnungswidrigkeiten

Ordnungswidrig nach § 80 Absatz 1 Nummer 15 HBauO handelt, wer vorsätzlich oder fahrlässig

1. entgegen § 14 Absatz 4 maschinelle Lüftungsanlagen so betreibt, dass der genannte Wert des CO-Gehaltes der Luft überschritten wird,
2. entgegen § 17 Absätze 1 und 2 die Garage nicht beleuchtet,
3. entgegen § 17 Absatz 3 maschinelle Lüftungsanlagen und CO-Überwachungsanlagen nicht so wartet, dass sie ständig betriebsbereit sind, oder CO-Überwachungsanlagen während der Benutzungszeit nicht ständig eingeschaltet belässt,
4. entgegen § 17 Absatz 4 Kraftstoffe oder andere brennbare Stoffe in Garagen aufbewahrt.

§ 21
Übergangsvorschriften

Auf die zum Zeitpunkt des In-Kraft-Tretens dieser Verordnung bestehenden Garagen sind die Betriebsvorschriften (§ 17) entsprechend anzuwenden.

§ 22
Aufhebung und Änderung von Vorschriften

(1) Mit dem In-Kraft-Treten dieser Verordnung tritt die Garagenverordnung vom 3. Oktober 1972 (Hamburgisches Gesetz- und Verordnungsblatt Seite 195) in der geltenden Fassung außer Kraft.

(2) Die Verordnung über die Überwachung haustechnischer Anlagen vom 13. November 1984 (Hamburgisches Gesetz- und Verordnungsblatt Seite 227) wird wie folgt geändert:

1. § 1 Absatz 1 Nummer 9 enthält folgende Fassung:

    „9. Mittel- und Großgaragen im Sinne von § 2 Absatz 4 der Garagenverordnung vom 17. April 1990 (Hamburgisches Gesetz- und Verordnungsblatt Seite 75)."

2. Die Anlage wird wie folgt geändert und ergänzt:

    a) In den Nummern 1.2.2, 2.2.2, 3.2.2, 4.2.2, 5.2.2, 6.2.2 und 7.2.2 wird das Wort „Feuermeldeanlagen" durch die Wörter „Brandmeldeanlagen (Feuermeldeanlagen)" ersetzt.

    b) In Nummer 7.1.3 werden die Wörter „raumlufttechnische Anlagen" ersetzt durch die Wörter „raumlufttechnische Anlagen (maschinelle Lüftungsanlagen)".

    c) In Nummer 7.1.4 wird die Bezeichnung „CO-Anlagen" ersetzt durch die Bezeichnung „CO-Überwachungsanlagen".

    d) Hinter Nummer 7.1.4 wird folgende Nummer 7.1.5 angefügt:

    „7.1.5 Kraftbetriebene Hebebühnen . . . je 4 Jahre".

(3) Die Bauvorlagenverordnung vom 1. Dezember 1987 (Hamburgisches Gesetz- und Verordnungsblatt Seite 211) wird wie folgt geändert:

In § 5 erster Spiegelstrich werden die Wörter „Feuerlösch- und Feuermeldeeinrichtungen" durch die Wörter „Feuerlöscheinrichtungen und Brandmeldeanlagen (Feuermeldeanlagen)" ersetzt.

II/5
Feuerungsverordnung (FeuVO)

vom 18. 2. 1997 (HmbGVBl. S. 20)

Inhaltsübersicht

- § 1 Anwendungsbereich
- § 2 Begriffe
- § 3 Verbrennungsluftversorgung von Feuerstätten
- § 4 Aufstellung von Feuerstätten
- § 5 Aufstellräume für Feuerstätten
- § 6 Heizräume
- § 7 Abgasanlagen für Feuerstätten
- § 8 Aufstellung von Wärmepumpen, Blockheizkraftwerken und ortsfesten Verbrennungsmotoren
- § 9 Abgasanlagen für ortsfeste Verbrennungsmotoren
- § 10 In-Kraft-Treten

§ 1
Anwendungsbereich

Diese Verordnung gilt für

1. Feuerstätten, Wärmepumpen und Blockheizkraftwerke in Gebäuden, soweit diese der Beheizung von Räumen oder der Warmwasserversorgung dienen,
2. Feuerstätten, die Gashaushaltskochgeräte sind,
3. Aufstellräume für Feuerstätten, Wärmepumpen und Blockheizkraftwerke nach Nummer 1 sowie für ortsfeste Verbrennungsmotoren,
4. Abgasanlagen für Feuerstätten aller Art und für ortsfeste Verbrennungsmotoren.

§ 2
Begriffe

Als Nennwärmeleistung gilt

1. die auf dem Typenschild der Feuerstätte angegebene Leistung oder
2. die in den Grenzen des auf dem Typenschild angegebenen Wärmeleistungsbereiches fest eingestellte höchste Leistung der Feuerstätte oder
3. bei Feuerstätten ohne Typenschild die nach der aus dem Brennstoffdurchsatz mit einem Wirkungsgrad von 80 vom Hundert ermittelte Leistung.

Gesamtnennwärmeleistung ist die Summe der Nennwärmeleistungen der Feuerstätten, die gleichzeitig betrieben werden können.

§ 3
Verbrennungsluftversorgung von Feuerstätten

(1) Feuerstätten, die die Verbrennungsluft dem Aufstellraum entnehmen (raumluftabhängige Feuerstätten) und die eine Gesamtnennwärmeleistung bis zu 35 kW haben, werden ausreichend mit Verbrennungsluft versorgt, wenn sie in einem Raum aufgestellt sind, der

1. mindestens eine Tür ins Freie oder ein Fenster, das geöffnet werden kann (Räume mit Verbindung zum Freien), und einen Rauminhalt von mindestens 4 m^3 je 1 kW Gesamtnennwärmeleistung hat oder
2. mit anderen Räumen mit Verbindung zum Freien nach Maßgabe des Absatzes 2 verbunden sind (Verbrennungsluftverbund) oder
3. eine ins Freie führende Öffnung mit einem lichten Querschnitt von mindestens 150 cm^2 oder zwei Öffnungen von je 75 cm^2 oder Leitungen ins Freie mit strömungstechnisch äquivalenten Querschnitten hat.

(2) Der Verbrennungsluftverbund im Sinne des Absatzes 1 Nummer 2 zwischen dem Aufstellraum und Räumen mit Verbindung zum Freien muss durch Verbrennungsluftöffnungen von jeweils mindestens 150 cm^2 zwischen den Räumen hergestellt sein. Bei der Aufstellung von Feuerstätten in Nutzungseinheiten, wie Wohnungen, dürfen zum Verbrennungsluftverbund nur Räume derselben Wohnung oder Nutzungseinheit gehören. Der Gesamtrauminhalt der Räume, die zum Verbrennungsluftverbund gehören, muss mindestens 4 m^3 je 1 kW Gesamtnennwärmeleistung der Feuerstätten betragen. Räume ohne Verbindung zum Freien sind auf den Gesamtrauminhalt nicht anzurechnen.

(3) Raumluftabhängige Feuerstätten mit einer Gesamtnennwärmeleistung von mehr als 35 kW und nicht mehr als 50 kW werden ausreichend

mit Verbrennungsluft versorgt, wenn sie in einem Raum aufgestellt sind, der die Anforderungen nach Absatz 1 Nummer 3 erfüllt.

(4) Raumluftabhängige Feuerstätten mit einer Gesamtnennwärmeleistung von mehr als 50 kW werden ausreichend mit Verbrennungsluft versorgt, wenn sie in einem Raum aufgestellt sind, der eine ins Freie führende Öffnung oder Verbrennungsluftleitung hat. Der Querschnitt der Öffnung muss mindestens 150 cm^2 und für jedes über 50 kW Gesamtnennwärmeleistung hinausgehende kW Nennwärmeleistung 2 cm^2 mehr betragen. Verbrennungsluftleitungen müssen strömungstechnisch äquivalent bemessen sein. Der erforderliche Querschnitt darf auf höchstens zwei Öffnungen oder Leitungen aufgeteilt sein.

(5) Werden die Verbrennungsluftöffnungen vergittert, so ist durch Vergrößerung der Öffnungsquerschnitte sicherzustellen, dass die Verbrennungsluftversorgung nicht vermindert wird.

(6) Verbrennungsluftöffnungen und -leitungen dürfen nicht verschlossen oder zugestellt werden, sofern nicht durch besondere Sicherheitseinrichtungen gewährleistet ist, dass die Feuerstätten nur bei geöffnetem Verschluss betrieben werden können. Der erforderliche Querschnitt darf durch den Verschluss nicht verengt werden.

(7) Abweichend von den Absätzen 1 bis 4 kann für raumluftabhängige Feuerstätten eine ausreichende Verbrennungsluftversorgung auf andere Weise erfolgen, wenn ein dementsprechender Nachweis vorliegt.

(8) Die Absätze 1 und 2 gelten nicht für Gashaushaltskochgeräte. Die Absätze 1 bis 4 gelten nicht für offene Kamine.

§ 4
Aufstellung von Feuerstätten

(1) Feuerstätten dürfen nicht aufgestellt werden

1. in Treppenräumen, außer in Wohngebäuden mit nicht mehr als zwei Wohnungen,

2. in allgemein zugänglichen Fluren.

(2) Raumluftabhängige Feuerstätten dürfen in Räumen, Wohnungen oder Nutzungseinheiten vergleichbarer Größe, aus denen Luft mithilfe von Ventilatoren, wie Lüftungs- oder Warmluftheizungsanlagen, Dunstabzugshauben, Abluft-Wäschetrockner, abgesaugt wird, nur aufgestellt werden, wenn

1. ein gleichzeitiger Betrieb der Feuerstätten und der Luft absaugenden Anlagen durch Sicherheitseinrichtungen verhindert wird oder

2. die Abgasabführung durch besondere Sicherheitseinrichtungen überwacht wird oder
3. entsprechend § 38 Absatz 4 Satz 2 und Absatz 5 Satz 2 HBauO die Abgase der Feuerstätten über die Luft absaugenden Anlagen abgeführt werden oder
4. durch die Bauart oder die Bemessung der Luft absaugenden Anlagen sichergestellt ist, dass kein gefährlicher Unterdruck entstehen kann.

(3) Raumluftabhängige Gasfeuerstätten mit Strömungssicherung mit einer Nennwärmeleistung von mehr als 7 kW dürfen in Wohnungen und Nutzungseinheiten vergleichbarer Größe nur aufgestellt werden, wenn durch besondere Einrichtungen an den Feuerstätten sichergestellt ist, dass Abgase in gefahrdrohender Menge nicht in den Aufstellraum eintreten können. Das gilt nicht für Feuerstätten, deren Aufstellräume ausreichend gelüftet sind und gegenüber anderen Räumen keine Öffnungen, ausgenommen Öffnungen für Türen, haben; die Türen müssen selbstschließend sein.

(4) Gasfeuerstätten ohne besondere Vorrichtung zur Vermeidung einer gefährlichen Ansammlung von unverbranntem Gas (Flammenüberwachungseinrichtung) dürfen nur in Räumen aufgestellt werden, bei denen durch mechanische Lüftungsanlagen sichergestellt ist, dass während des Betriebes der Feuerstätten stündlich mindestens ein fünffacher Luftwechsel erfolgt; für Gashaushaltskochgeräte genügt ein Außenluftvolumenstrom von 100 m^3/h.

(5) Gasfeuerstätten nach § 38 Absatz 6 Nummer 3 HBauO ohne Abgasanlage dürfen in Räumen nur aufgestellt werden, wenn eine besondere Sicherheitseinrichtung gewährleistet, dass in 1 m^3 Luft des Aufstellraumes nicht mehr als 30 cm^3 Kohlenmonoxid (30 ppm CO) enthalten sind.

(6) Brennstoffleitungen müssen unmittelbar vor Gasfeuerstätten in Räumen mit einer Vorrichtung ausgerüstet sein, die
1. bei einer äußeren thermischen Beanspruchung von mehr als 100 °C die weitere Brennstoffzufuhr selbsttätig absperrt und
2. so beschaffen ist, dass bis zu einer Temperatur von 650 °C über einen Zeitraum von mindestens 30 Minuten nicht mehr als 30 l/h (gemessen mit Luft) durch- oder ausströmen können.

Satz 1 gilt nicht, wenn die Gasfeuerstätten bereits mit einer derartigen Vorrichtung versehen sind.

(7) Feuerstätten für Flüssiggas (Propan, Butan und deren Gemische) dürfen in Räumen, deren Fußboden an jeder Stelle mehr als 1 m unter der Geländeoberfläche liegt, nur aufgestellt werden, wenn
1. die Feuerstätten eine Flammenüberwachungseinrichtung haben und

2. sichergestellt ist, dass auch bei abgeschalteter Feuerungseinrichtung Flüssiggas aus den im Aufstellraum befindlichen Brennstoffleitungen in gefahrdrohender Menge nicht austreten kann oder über eine mechanische Lüftungsanlage sicher abgeführt wird.

(8) Feuerstätten müssen von Bauteilen aus brennbaren Baustoffen und von Einbaumöbeln so weit entfernt oder so abgeschirmt sein, dass an diesen bei Nennwärmeleistung der Feuerstätten keine höheren Temperaturen als 85 °C auftreten können. Andernfalls muss ein Abstand von mindestens 40 cm eingehalten werden.

(9) Vor den Feuerungsöffnungen von Feuerstätten für feste Brennstoffe sind Fußböden aus brennbaren Baustoffen durch einen Belag aus nichtbrennbaren Baustoffen zu schützen. Der Belag muss sich nach vorn auf mindestens 50 cm und seitlich auf mindestens 20 cm über die Feuerungsöffnung hinaus erstrecken.

(10) Bauteile aus brennbaren Baustoffen müssen von den Feuerraumöffnungen offener Kamine nach oben und nach den Seiten einen Abstand von mindestens 80 cm haben. Bei Anordnung eines beiderseits belüfteten Strahlungsschutzes genügt ein Abstand von 40 cm.

§ 5
Aufstellräume für Feuerstätten

(1) Feuerstätten für flüssige oder gasförmige Brennstoffe mit einer Gesamtnennwärmeleistung von mehr als 50 kW dürfen nur in Räumen aufgestellt werden,

1. die nicht anderweitig genutzt werden, ausgenommen zur Aufstellung von Feuerstätten für feste Brennstoffe mit einer Gesamtnennwärmeleistung bis zu 50 kW, Wärmepumpen, Blockheizkraftwerken und ortsfesten Verbrennungsmotoren sowie zur Lagerung von Brennstoffen,

2. deren Wände gegenüber anderen Räumen aus nichtbrennbaren Baustoffen bestehen,

3. die gegenüber anderen Räumen keine Öffnungen, ausgenommen Öffnungen für Türen, haben,

4. deren Türen dicht und selbstschließend sind und

5. die gelüftet werden können.

Die Anforderungen nach Satz 1 gelten auch dann, wenn die Gesamtnennwärmeleistung aller Feuerstätten einschließlich der für feste Brennstoffe nach Nummer 1 mehr als 50 kW beträgt.

(2) Brenner und Brennstofffördereinrichtungen der Feuerstätten nach Absatz 1 müssen durch einen außerhalb des Aufstellraumes angeordneten Schalter (Notschalter) jederzeit abgeschaltet werden können. Neben dem Notschalter muss ein Schild mit der Aufschrift „NOTSCHALTER – FEUERUNG" vorhanden sein.

(3) Wird in dem Aufstellraum Heizöl gelagert oder ist der Raum für die Heizöllagerung nur vom Aufstellraum zugänglich, muss die Heizölzufuhr von der Stelle des Notschalters aus durch eine entsprechend gekennzeichnete Absperreinrichtung unterbrochen werden können.

(4) Abweichend von Absatz 1 dürfen die Feuerstätten auch in anderen Räumen aufgestellt werden, wenn

1. sie nur der Beheizung des Aufstellraumes dienen und wegen der Bauart und Nutzung des Aufstellraumes keine Gefahren auftreten können oder

2. diese Räume in frei stehenden Gebäuden liegen, die allein dem Betrieb der Feuerstätten sowie der Brennstofflagerung dienen.

§ 6
Heizräume

(1) Feuerstätten für feste Brennstoffe mit einer Gesamtnennwärmeleistung von mehr als 50 kW dürfen nur in besonderen Räumen (Heizräumen) aufgestellt werden; § 5 Absatz 4 Nummer 2 gilt entsprechend. Die Heizräume dürfen

1. nicht anderweitig genutzt werden, ausgenommen zur Aufstellung von Feuerstätten für flüssige oder gasförmige Brennstoffe, Wärmepumpen, Blockheizkraftwerken und ortsfesten Verbrennungsmotoren sowie zur Lagerung von Brennstoffen, und

2. mit Aufenthaltsräumen, ausgenommen solche für das Betriebspersonal, sowie mit Treppenräumen notwendiger Treppen nicht in unmittelbarer Verbindung stehen.

(2) Heizräume müssen mindestens einen Rauminhalt von 8 m^3 und eine lichte Höhe von 2 m haben.

(3) Heizräume müssen einen Ausgang haben, der

1. unmittelbar in einen Flur oder

2. über einen Vorraum in einen Treppenraum oder

3. unmittelbar ins Freie

führt. Türen müssen nach außen aufschlagen.

(4) Wände, ausgenommen Außenwände, und Stützen von Heizräumen sowie Decken über und unter ihnen müssen feuerbeständig sein. Öffnungen in diesen Wänden und Decken müssen mindestens feuerhemmende und selbstschließende Feuerschutzabschlüsse haben. Die Sätze 1 und 2 gelten nicht für Trennwände und deren Öffnungen zwischen Heizräumen und den zum Betrieb der Feuerstätten gehörenden Räumen, wenn diese Räume die Anforderungen der Sätze 1 und 2 erfüllen.

(5) Heizräume müssen während des Betriebes der Feuerstätten gelüftet werden. Hierzu müssen die Heizräume jeweils eine obere und eine untere Öffnung ins Freie mit einem Querschnitt von mindestens je 150 cm^2 oder Leitungen ins Freie mit strömungstechnisch äquivalenten Querschnitten haben. Der Querschnitt einer Öffnung oder Leitung darf auf die Verbrennungsluftversorgung nach § 3 Absatz 4 angerechnet werden.

(6) Lüftungsleitungen für Heizräume müssen eine Feuerwiderstandsdauer von mindestens 90 Minuten haben, soweit sie durch andere Räume führen, ausgenommen angrenzende, zum Betrieb der Feuerstätten gehörende Räume, die die Anforderungen nach Absatz 4 Sätze 1 und 2 erfüllen. Die Lüftungsleitungen dürfen mit anderen Lüftungsanlagen nicht verbunden sein und nicht der Lüftung anderer Räume dienen.

(7) Lüftungsleitungen, die der Lüftung anderer Räume dienen, müssen, soweit sie durch Heizräume führen, eine Feuerwiderstandsdauer von mindestens 90 Minuten haben. Sie dürfen in den Heizräumen keine Öffnungen haben.

§ 7
Abgasanlagen für Feuerstätten

(1) Abgasanlagen müssen nach lichtem Querschnitt und Höhe, soweit erforderlich, auch nach Wärmedurchlasswiderstand und innerer Oberfläche, so bemessen sein, dass die Abgase bei allen bestimmungsgemäßen Betriebszuständen ins Freie abgeführt werden, die Abgasanlagen nicht gefährlich durchfeuchten können und gegenüber Räumen kein gefährlicher Überdruck auftreten kann.

(2) Die Abgase von Feuerstätten für feste Brennstoffe müssen in Schornsteine eingeleitet werden.

(3) Luft-Abgas-Systeme sind zur Abgasabführung nur zulässig, wenn sie getrennte Luft- und Abgasschächte haben. An diese Systeme dürfen nur raumluftunabhängige Gasfeuerstätten angeschlossen werden, deren Bauart sicherstellt, dass sie für diese Betriebsweise geeignet sind.

(4) Die Mündungen der Schornsteine und Abgasleitungen müssen

1. den Dachfirst oder die höchste Kante des Daches um mindestens 40 cm überragen oder von der Dachfläche mindestens 1 m entfernt sein; bei raumluftunabhängigen Gasfeuerstätten genügt ein Abstand von der Dachfläche von 40 cm, wenn die Gesamtnennwärmeleistung der Feuerstätten nicht mehr als 50 kW beträgt und das Abgas durch Ventilatoren abgeführt wird,

2. Dachaufbauten und Öffnungen zu Räumen um mindestens 1 m überragen, soweit deren Abstand zu den Schornsteinen und Abgasleitungen weniger als 1,5 m beträgt,

3. ungeschützte Bauteile aus brennbaren Baustoffen, ausgenommen Bedachungen, um mindestens 1 m überragen oder von ihnen mindestens 1,5 m entfernt sein,

4. bei Feuerstätten für feste Brennstoffe in Gebäuden, deren Bedachung überwiegend nicht den Anforderungen des § 30 Absatz 1 HBauO entspricht, am First des Daches austreten und diesen um mindestens 80 cm überragen.

Bei Dächern mit Brüstungen ist durch Höherführung der Mündungen oder durch Brüstungsöffnungen sicherzustellen, dass ein gefährliches Ansammeln von Abgasen nicht eintritt.

(5) Abweichend von Absatz 4 Nummern 1 und 2 können weiter gehende Anforderungen gestellt werden, wenn Gefahren oder unzumutbare Belästigungen zu befürchten sind.

(6) Mehrere Feuerstätten dürfen an einen gemeinsamen Schornstein, an eine gemeinsame Abgasleitung oder an ein gemeinsames Verbindungsstück nur angeschlossen werden, wenn

1. durch die Bemessung nach Absatz 1 die Ableitung der Abgase für jeden Betriebszustand sichergestellt ist,

2. bei Ableitung der Abgase mit Überdruck die Übertragung von Abgasen zwischen den Aufstellräumen der Feuerstätten oder ein Austritt von Abgasen über nicht in Betrieb befindliche Feuerstätten ausgeschlossen ist und

3. bei gemeinsamer Abgasleitung die Abgasleitung aus nichtbrennbaren Baustoffen besteht oder eine Brandübertragung zwischen den Geschossen durch selbsttätige Absperrvorrichtungen verhindert wird.

(7) In Gebäuden muss jede Abgasleitung in einem eigenen Schacht angeordnet sein. Dies gilt nicht für Abgasleitungen in Aufstellräumen für Feuerstätten sowie für Abgasleitungen, die mit Unterdruck betrieben werden und eine Feuerwiderstandsdauer haben, die der Feuerwiderstands-

dauer der Gebäudedecken entspricht. Die Anordnung mehrerer Abgasleitungen in einem gemeinsamen Schacht ist zulässig, wenn

1. die Abgasleitungen aus nichtbrennbaren Baustoffen bestehen oder
2. die zugehörigen Feuerstätten in demselben Geschoss aufgestellt sind oder
3. eine Brandübertragung zwischen den Geschossen durch selbsttätige Absperrvorrichtungen verhindert wird.

Die Schächte müssen eine Feuerwiderstandsdauer haben, die der Feuerwiderstandsdauer der Gebäudedecken entspricht. Die Schächte müssen durchgehend sein; sie dürfen insbesondere nicht durch Decken unterbrochen sein.

(8) Schornsteine, an die Feuerstätten für feste Brennstoffe angeschlossen werden, müssen

1. gegen Rußbrände beständig sein,
2. in Gebäuden eine Feuerwiderstandsdauer haben, die der Feuerwiderstandsdauer der Gebäudedecken entspricht,
3. unmittelbar auf dem Baugrund gegründet oder auf einem feuerbeständigen Unterbau errichtet sein; es genügt ein Unterbau aus nichtbrennbaren Baustoffen für Schornsteine in Gebäuden geringer Höhe, für Schornsteine, die oberhalb der obersten Geschossdecke beginnen sowie für Schornsteine an Gebäuden,
4. durchgehend sein; sie dürfen insbesondere nicht durch Decken unterbrochen sein, und
5. für die Reinigung Öffnungen mit Schornsteinreinigungsverschlüssen haben.

(9) Schornsteine, Abgasleitungen und Verbindungsstücke, die mit Überdruck betrieben werden, müssen innerhalb von Gebäuden

1. vollständig in vom Freien dauernd gelüfteten Räumen liegen oder
2. in Räumen liegen, die § 3 Absatz 1 Nummer 3 entsprechen, oder
3. der Bauart nach so beschaffen sein, dass Abgase in gefahrdrohender Menge nicht austreten können.

Für Abgasleitungen genügt es, wenn sie innerhalb von Gebäuden über die gesamte Länge von längsgelüfteten Schächten, Kanälen oder formbeständigen Leitungen umschlossen sind.

(10) Abgasleitungen oder Verbindungsstücke dürfen nicht in Decken, Wänden oder unzugänglichen Hohlräumen angeordnet, Verbindungsstücke außerdem nicht in andere Geschosse geführt werden.

(11) Schornsteine, an die Feuerstätten für feste Brennstoffe angeschlossen werden, sowie Schächte, in denen Abgasleitungen für Abgase mit einer Temperatur von mehr als 160 °C angeordnet werden, müssen

1. von Holzbalken und von Bauteilen entsprechender Abmessungen aus brennbaren Baustoffen einen Abstand von mindestens 2 cm,

2. von sonstigen Bauteilen aus brennbaren Baustoffen einen Abstand von mindestens 5 cm

einhalten. Dies gilt nicht für Schornsteine und Schächte, die nur mit geringer Fläche an Bauteile, wie Fußleisten und Dachlatten, angrenzen. Zwischenräume in Decken- und Dachdurchführungen müssen mit nichtbrennbaren Baustoffen mit geringer Wärmeleitfähigkeit ausgefüllt sein.

(12) Abgasleitungen außerhalb von Schächten müssen von Bauteilen aus brennbaren Baustoffen einen Abstand von mindestens 20 cm einhalten. Es genügt ein Abstand von mindestens 5 cm, wenn die Abgasleitungen mindestens 2 cm dick mit nichtbrennbaren Dämmstoffen ummantelt sind oder wenn die Abgastemperatur der Feuerstätten bei Nennwärmeleistung nicht mehr als 160 °C betragen kann.

(13) Verbindungsstücke zu Schornsteinen, an die Feuerstätten für feste Brennstoffe angeschlossen werden, müssen von Bauteilen aus brennbaren Baustoffen einen Abstand von mindestens 40 cm einhalten. Es genügt ein Abstand von mindestens 10 cm, wenn die Verbindungsstücke mindestens 2 cm dick mit nichtbrennbaren Dämmstoffen ummantelt sind.

(14) Abgasleitungen sowie Verbindungsstücke zu Schornsteinen müssen, soweit sie durch Bauteile aus brennbaren Baustoffen führen,

1. einen Abstand von mindestens 20 cm mit einem Schutzrohr aus nichtbrennbaren Baustoffen versehen oder

2. in einem Umkreis von mindestens 20 cm mit nichtbrennbaren Baustoffen mit geringer Wärmeleitfähigkeit ummantelt

sein. Abweichend von Satz 1 Nummern 1 und 2 genügt ein Abstand von 5 cm, wenn die Abgastemperatur der Feuerstätten bei Nennwärmeleistung nicht mehr als 160 °C betragen kann oder Gasfeuerstätten eine Strömungssicherung haben.

(15) Geringere Abstände als nach den Absätzen 11 bis 14 sind zulässig, wenn sichergestellt ist, dass an den Bauteilen aus brennbaren Baustoffen bei Nennwärmeleistung der Feuerstätten keine höheren Temperaturen als 85 °C auftreten können.

(16) Abgasleitungen an Gebäuden müssen von Fenstern und Türen ins Freie einen Abstand von mindestens 20 cm haben.

§ 8
Aufstellung von Wärmepumpen, Blockheizkraftwerken und ortsfesten Verbrennungsmotoren

(1) Für die Aufstellung von

1. Sorptionswärmepumpen mit feuerbeheizten Austreibern,
2. Blockheizkraftwerken in Gebäuden und
3. ortsfesten Verbrennungsmotoren

gelten § 3 Absätze 1 bis 7 und § 4 Absätze 1 bis 8 entsprechend. Für Wärmepumpen anderer Bauart gilt § 4 Absatz 1 Nummern 1 und 2 entsprechend.

(2) Die Aufstellräume von

1. Sorptionswärmepumpen mit einer Nennwärmeleistung der Feuerung von mehr als 50 kW,
2. Wärmepumpen, die die Abgaswärme von Feuerstätten nutzen (Abgaswärmepumpen), sofern die Gesamtnennwärmeleistung der Feuerstätten mehr als 50 kW beträgt,
3. Kompressionswärmepumpen mit elektrisch angetriebenen Verdichtern mit Antriebsleistungen von mehr als 50 kW,
4. Kompressionswärmepumpen mit Verbrennungsmotoren,
5. Blockheizkraftwerken in Gebäuden und
6. ortsfesten Verbrennungsmotoren

müssen den Anforderungen nach § 5 entsprechen. Absatz 3 bleibt unberührt.

(3) Ortsfeste Verbrennungsmotoren als Bestandteile von Stromerzeugungsaggregaten für die Stromversorgung notwendiger Sicherheitsanlagen bei Netzausfall müssen mit den Aggregaten in eigenen Räumen aufgestellt werden, die nicht anderweitig genutzt werden dürfen. § 6 Absatz 4 Sätze 1 und 2 gilt entsprechend. Die Räume müssen gelüftet werden können.

§ 9
Abgasanlagen für ortsfeste Verbrennungsmotoren

(1) Die Abgase von ortsfesten Verbrennungsmotoren sind durch eigene, dichte Leitungen abzuleiten. Mehrere Verbrennungsmotoren dürfen an eine gemeinsame Leitung angeschlossen werden, wenn die einwandfreie Abführung der Abgase gewährleistet ist. § 7 Absätze 4, 5, 7, 9, 10, 12, 14, 15 und 16 gilt entsprechend.

(2) Die Einleitung der Abgase in Schornsteine oder Abgasleitungen für Feuerstätten ist zulässig, wenn die einwandfreie Abführung der Abgase der Verbrennungsmotoren und gegebenenfalls der angeschlossenen Feuerstätten sichergestellt ist.

§ 10
In-Kraft-Treten

(1) Diese Verordnung tritt am ersten Tag des auf die Verkündigung folgenden Kalendermonats in Kraft.

(2) Zum selben Zeitpunkt tritt die Feuerungsverordnung vom 24. Oktober 1989 (Hamburgisches Gesetz- und Verordnungsblatt Seite 209) außer Kraft.

II/6
Hamburgische Verordnung über die Überwachung haustechnischer Anlagen (Haustechnik-Überwachungsverordnung – HaustechÜVO)

vom 13. 11. 1984 (HmbGVBl. S. 227),
zuletzt geändert durch Art. 9 § 3 der VO vom 11. 9. 2001 (HmbGVBl. S. 337)

Inhaltsübersicht

§ 1 Geltungsbereich
§ 2 Begriffe
§ 3 Prüfungen
§ 4 Sachverständige
§ 5 Sachkundige
§ 6 Anwendung der Vorschriften auf bestehende Gebäude
§ 7 Ordnungswidrigkeiten
§ 8 Aufhebung und Änderung bestehender Vorschriften
§ 9 In-Kraft-Treten
Anlage

§ 1
Geltungsbereich

(1) Diese Verordnung gilt für die Prüfung haustechnischer Anlagen in

1. Versammlungsstätten mit Bühnen oder überdachten Szenenflächen und Versammlungsstätten für Filmvorführungen, wenn die zugehörigen Versammlungsräume jeweils einzeln oder zusammen mehr als 100 Besucher fassen;

2. Versammlungsstätten mit Versammlungsräumen, die einzeln oder zusammen mehr als 200 Besucher fassen; bei Schulen, Museen und ähnlichen Gebäuden gilt diese Verordnung nur für die Prüfung haus-

technischer Anlagen in Versammlungsräumen, die einzeln mehr als 200 Besucher fassen, und ihre Rettungswege;

3. Verkaufsstätten, deren Verkaufsräume eine Nutzfläche von mehr als 2000 m² haben;

4. Ladenstraßenbereichen mit mehreren Verkaufsstätten, die unmittelbar oder über Rettungswege miteinander in Verbindung stehen und deren Verkaufsräume einzeln eine Nutzfläche von weniger als 2000 m², jedoch zusammen eine Nutzfläche von mehr als 2000 m² haben;

5. Ausstellungsstätten, deren Ausstellungsräume einzeln oder zusammen eine Nutzfläche von mehr als 2000 m² haben;

6. Gaststätten mit mehr als 400 Gastplätzen oder mit mehr als 60 Gastbetten;

7. Hochhäusern im Sinne von § 2 Absatz 2 HBauO;

8. Krankenhäusern und anderen baulichen Anlagen mit entsprechender Zweckbestimmung;

9. Großgaragen im Sinne von § 2 Absatz 4 der Garagenverordnung vom 17. April 1990 (Hamburgisches Gesetz- und Verordnungsblatt Seite 75);

10. Gebäuden von Anlagen des öffentlichen nicht schienengebundenen Verkehrs, die für die gleichzeitige Anwesenheit von mehr als 600 Personen bestimmt sind;

11. Hallenbauten mit industrieller oder gewerblicher Nutzung mit einer Geschossfläche von mehr als 2000 m².

(2) Diese Verordnung gilt außerdem für die Prüfung von Blitzschutzanlagen an sonstigen baulichen Anlagen, bei denen nach Lage, Bauart oder Nutzung Blitzschlag zu schweren Folgen führen kann.

§ 2
Begriffe

(1) Versammlungsstätten sind bauliche Anlagen oder Teile baulicher Anlagen, die für die gleichzeitige Anwesenheit vieler Menschen bei Veranstaltungen erzieherischer, geselliger, kultureller, künstlerischer, politischer, sportlicher oder unterhaltender Art bestimmt sind. Hierzu gehören auch Rundfunk- und Fernsehstudios, die für Veranstaltungen mit Besuchern bestimmt sind, sowie Vortragssäle, Hörsäle und Aulen. Bühnen sind Räume und Szenenflächen sind Bereiche, die für schauspielerische oder ähnliche künstlerische Darbietungen bestimmt sind.

(2) Verkaufsstätten sind Betriebe des Einzelhandels oder des Großhandels, die Räume haben, in denen Waren zum Kauf angeboten werden. Zu einer Verkaufsstätte gehören außer den Verkaufsräumen auch alle sons-

tigen Räume, die unmittelbar oder durch Rettungswege mit den Verkaufsräumen verbunden sind, wie Büroräume, Lagerräume und Sozialräume. Zu den Verkaufsräumen gehören auch Ausstellungsräume, Erfrischungsräume, Vorführräume und Beratungsräume sowie alle anderen dem Kundenverkehr dienenden Räume mit Ausnahme von Fluren, Treppenräumen, Aborträumen und Waschräumen.

(3) Ladenstraßenbereiche umfassen die Ladenstraße und die angrenzenden Verkaufsstätten sowie die angrenzenden Schankwirtschaften, Speisewirtschaften und sonstigen gewerblichen Räume. Ladenstraßen sind überdeckte Flächen, an denen Verkaufsstätten, Schankwirtschaften und Speisewirtschaften oder sonstige gewerbliche Räume liegen.

(4) Ausstellungsstätten sind bauliche Anlagen oder Teile von baulichen Anlagen mit Ausstellungsräumen, die der Durchführung von Messen oder ähnlichen Veranstaltungen dienen. Zu den Ausstellungsräumen gehören auch Vorführräume, Erfrischungsräume und Beratungsräume sowie alle anderen den Ausstellungsbesuchern dienenden Räume mit Ausnahme von Fluren, Treppenräumen, Aborträumen und Waschräumen.

(5) Gaststätten sind bauliche Anlagen oder Teile von baulichen Anlagen, die zum Verzehr von Speisen oder Getränken (Schank- oder Speisewirtschaften) oder zur Beherbergung von Gästen (Beherbergungsbetriebe) bestimmt sind, wenn sie jedermann oder bestimmten Personenkreisen zugänglich sind. Gastplätze sind Sitz- oder Stehplätze für Gäste; Gastbetten sind die für eine regelmäßige Beherbergung eingerichteten Schlafstätten.

(6) Krankenhäuser und andere bauliche Anlagen mit entsprechender Zweckbestimmung sind bauliche Anlagen mit Einrichtungen, in denen durch ärztliche und pflegerische Hilfeleistung Krankheiten, Leiden oder Körperschäden festgestellt, geheilt oder gelindert werden sollen oder Geburtshilfe geleistet wird und in denen die zu versorgenden Personen untergebracht und verpflegt werden können. Hierzu zählen auch Sanatorien.

(7) Im Sinne der Anlage (Verzeichnis zu § 3 Absatz 1) sind

1. Schutzvorhänge Vorhänge in Versammlungsstätten mit Bühne, die die Bühnenöffnung zum Versammlungsraum mindestens rauchdicht verschließen können,

2. Feuerlöschanlagen alle im Gebäude installierten Anlagen zur Brandbekämpfung, bei denen das Löschmittel über Leitungen an die Brandstelle herangeführt wird,

3. Alarmierungsanlagen Anlagen, die im Gefahrenfall der Alarmierung und Anweisung der Beschäftigten, Gäste und Besucher dienen,
4. raumlufttechnische Anlagen Anlagen zur Lüftung von Räumen mit maschineller Luftförderung (Ventilatoren),
5. Rauch- und Wärmeabzugsanlagen Anlagen, die im Brandfall der Abführung von Rauch und Wärme ins Freie dienen,
6. elektrische Starkstromanlagen – unabhängig von der Höhe der elektrischen Spannung – Anlagen zum Erzeugen, Umwandeln, Speichern, Verteilen und Verbrauchen elektrischer Energie zum Zweck des Verrichtens von Arbeit sowie zur Wärme- und Lichterzeugung einschließlich der Sicherheitsbeleuchtung und Sicherheitsstromversorgungsanlagen,
7. CO-Überwachungsanlagen Anlagen, die selbsttätig den CO-Gehalt der Raumluft überwachen und das Überschreiten des CO-Grenzwertes melden,
8. kraftbetätigte Hebebühnen in Großgaragen Lastaufnahmemittel, die dem Abstellen von Kraftfahrzeugen dienen,
9. Brandmeldeanlagen Anlagen, die Brände zu einem frühen Zeitpunkt erkennen und melden oder die Personen zum direkten Hilferuf bei Brandgefahren dienen,
10. Blitzschutzanlagen Anlagen, die dem Auffangen und Ableiten des Blitzstromes ins Erdreich dienen.

(8) Als bauliche Anlagen, bei denen nach Lage, Bauart und Nutzung Blitzschlag zu schweren Folgen führen kann, gelten insbesondere
1. bauliche Anlagen nach § 1 Absatz 1 Nummern 1 bis 8 und 10
2. bauliche Anlagen

   2.1 mit Explosivstoffen, wie Munitionsfabriken, Munitions- und Sprengstofflager,

   2.2 mit explosionsgefährdeten Betriebsstätten, wie Lack- und Farbenfabriken, chemische Betriebe, größere Lager brennbarer Flüssigkeiten und größere Gasbehälter,

   2.3 mit besonderer Brandgefährdung, wie größere Holzbearbeitungsbetriebe, Gebäude mit weicher Bedachung sowie Lager- und Fabrikationsstätten mit großer Brandlast,

   2.4 für eine größere Anzahl von Personen, wie Schulen, Alters- und Kinderheime, Kasernen, Justizvollzugsanstalten und Bahnhöfe,

   2.5 mit Kulturgütern, wie historisch bedeutsame Gebäude, Museen und Archive,

   2.6 bauliche Anlagen, welche die Umgebung wesentlich überragen, wie hohe Schornsteine, Türme und hohe Gebäude.

§ 3
Prüfungen

(1) Die in der Anlage (Verzeichnis zu § 3 Absatz 1) aufgeführten baulichen Anlagen und Einrichtungen müssen von behördlich anerkannten Sachverständigen oder von Sachkundigen entsprechend den Eintragungen in der Anlage auf ihre Wirksamkeit und Betriebssicherheit geprüft werden, und zwar

– auf Veranlassung des Bauherrn in den Fällen der ersten Inbetriebnahme und nach wesentlichen Änderungen vor der Wiederinbetriebnahme,

– auf Veranlassung des Betreibers in den übrigen Fällen.

(2) Für die Prüfungen hat der Bauherr oder der Betreiber die nötigen Vorrichtungen und fachlich geeignete Arbeitskräfte bereitzustellen und die erforderlichen Unterlagen bereitzuhalten oder dem Sachverständigen oder Sachkundigen auf Anforderung zuzuleiten. Der Bauherr oder der Betreiber hat dem Sachverständigen oder Sachkundigen Zugang zu den Einrichtungen und Anlagen zu gestatten.

(3) Die Bauaufsichtsbehörde ist berechtigt, an den Prüfungen teilzunehmen. Sie kann im Einzelfall die in dem Verzeichnis zu § 3 Absatz 1 genannten Fristen verkürzen, wenn dies zur Gefahrenabwehr erforderlich ist. Sie kann bei Schadensfällen an Anlagen und Einrichtungen im Einzelfall weitere Prüfungen anordnen.

(4) Über jede durchgeführte Prüfung hat der Sachverständige oder Sachkundige dem Bauherrn oder dem Betreiber eine Bescheinigung – bei Feststellung von Mängeln mit einem gesonderten Mängelbericht – zu erteilen, aus der Zeitpunkt, Art, Umfang und Ergebnis der Prüfung hervorgehen; bei Sachverständigenprüfungen ist der Bauaufsichtsbehörde vom Sachverständigen unverzüglich eine Durchschrift der Bescheinigung zu übermitteln.

(5) Werden bei der Prüfung Mängel festgestellt, hat der Sachverständige oder Sachkundige dem Bauherrn oder dem Betreiber in der Bescheinigung nach Absatz 4 mit angemessener Fristsetzung Gelegenheit zur Beseitigung der Mängel zu geben. Ergibt die nach Fristablauf durchzuführende erneute Prüfung, dass die beanstandeten Mängel nicht beseitigt wurden, hat der Sachverständige oder Sachkundige der Bauaufsichtsbehörde dies unverzüglich einschließlich des gesonderten Mängelberichts mit einer überschlägigen Beurteilung des Gefährdungsgrads mitzuteilen.

(6) Bei drohender Gefahr hat der Sachverständige oder Sachkundige dies der Bauaufsichtsbehörde durch Übermittlung der Bescheinigung nach Absatz 4 einschließlich des gesonderten Mängelberichts unverzüg-

lich mitzuteilen; die Bauaufsichtsbehörde kann den Betrieb ganz oder teilweise bis zur Vorlage einer Bescheinigung nach Absatz 4, aus der sich die Beseitigung der Gefahr ergibt, untersagen. Das weitere Vorgehen des Sachverständigen oder Sachkundigen nach Absatz 5 bleibt hiervon unberührt.

§ 4
Sachverständige

(1) Als Sachverständiger für die Prüfungen nach § 3 kann auf Antrag von der Bauaufsichtsbehörde anerkannt werden, wer

1. mit Erfolg eine Ausbildung an einer deutschen wissenschaftlichen Hochschule oder Fachhochschule oder einer vergleichbaren ausländischen Lehranstalt in der Fachrichtung abgeschlossen hat, in der die Prüftätigkeit ausgeübt werden soll, und danach eine mindestens fünfjährige praktische Tätigkeit in dieser Fachrichtung – davon mindestens zwei Jahre eine praktische Tätigkeit, die derjenigen eines behördlich anerkannten Sachverständigen ähnlich ist – ausgeübt hat,

2. die für die Ausübung der Tätigkeit als Sachverständiger erforderlichen Sachkenntnisse und Erfahrungen besitzt und nach seiner Persönlichkeit die Gewähr dafür bietet, dass er den Aufgaben eines Sachverständigen gewachsen ist und sie unparteiisch und gewissenhaft erfüllen wird,

3. nachweist, dass im Falle der Anerkennung eine Haftpflichtversicherung mit einer Mindestdeckungssumme von einer Million Euro für Personenschäden und zweihundertfünfzigtausend Euro für sonstige Schäden für die Schadensfälle je Versicherungsjahr bestehen wird. Aus dem Nachweis muss hervorgehen, dass der Versicherungsträger die Bauaufsichtsbehörde von jeder Änderung oder Aufhebung der Haftpflichtversicherung unverzüglich unterrichten wird,

4. das 60. Lebensjahr im Zeitpunkt der Antragsstellung noch nicht überschritten hat.

(1a) Die Anerkennung als Sachverständiger ist bei der Bauaufsichtsbehörde schriftlich zu beantragen. Dem Antrag sind folgende Unterlagen beizufügen:

1. eine beglaubigte Abschrift der Geburtsurkunde;

2. ein Lebenslauf mit lückenloser Angabe des fachlichen Werdegangs und der Berufsausübung bis zum Zeitpunkt der Antragstellung;

3. jeweils eine beglaubigte Abschrift oder Ablichtung des Abschlusszeugnisses der Ausbildungsstätte sowie aller Zeugnisse über die bisherigen Beschäftigungen;

4. ein amtliches Führungszeugnis;

5. die Erklärung des Antragstellers, dass er Prüfungen nur nach bestem Wissen und Gewissen durchführen wird und dabei seine Unparteilichkeit wahren wird;

6. eine Aufstellung der Prüfgeräte des Sachverständigen und der Hilfsmittel und Einrichtungen.

(2) Die Anerkennung ist zu versagen, wenn der Antragsteller

1. die nach Absatz 1 erforderlichen Voraussetzungen nicht erfüllt,

2. die Fähigkeit zur Bekleidung öffentlicher Ämter (§ 45 Absätze 1 und 2 StGB) nicht besitzt,

3. als Unternehmer auf dem Gebiet der Herstellung oder Errichtung von Anlagen oder Einrichtungen der in dem Verzeichnis zu § 3 Absatz 1 genannten Art tätig ist,

4. an einem Unternehmen zur Herstellung oder Errichtung von Anlagen oder Einrichtungen nach dem Verzeichnis zu § 3 Absatz 1 beteiligt ist oder zu einem solchen Unternehmen in einer wirtschaftlichen Bindung steht,

5. in einem anderen Bindungs- oder Abhängigkeitsverhältnis steht, das eine unparteiische Prüftätigkeit beeinflussen könnte.

(3) Auf die Anerkennung besteht kein Rechtsanspruch. Sie kann – je nach der Ausbildung des Antragstellers – auch nur für die Prüfung einzelner der in dem Verzeichnis zu § 3 Absatz 1 genannten prüfpflichtigen Anlagen und Einrichtungen erteilt werden.

(4) Der Sachverständige darf nur solche Prüfungen vornehmen, denen er nach seinen Kenntnissen gewachsen ist und bei deren Erledigung seine Unparteilichkeit gewahrt bleibt. Er darf die Übernahme von Prüfungen nur ablehnen, wenn er sie aus Sachgründen nicht durchführen kann. Die Ablehnung muss von ihm dem Auftraggeber unverzüglich mitgeteilt werden. Der Sachverständige hat die Prüfung in eigener Person durchzuführen. Zu seiner Hilfe darf er sich befähigter und zuverlässiger Personen bedienen, die unter seiner ständigen unmittelbaren Aufsicht tätig sein müssen. Der Sachverständige hat der Bauaufsichtsbehörde auf Verlangen Auskunft über die Prüftätigkeit zu geben und Unterlagen hierüber vorzulegen.

(5) Der Sachverständige ist verpflichtet, sich entsprechend der Entwicklung von Technik und Vorschriften weiterzubilden. Er hat der Bauaufsichtsbehörde auf Verlangen Auskunft über die Weiterbildung zu geben und Unterlagen hierüber vorzulegen.

(6) Die Anerkennung als Sachverständiger kann widerrufen werden. Sie ist zu widerrufen, wenn
1. der Sachverständige gegen die ihm obliegenden Pflichten wiederholt oder gröblich verstoßen hat,
2. der Sachverständige nicht nachweisen kann, dass er sich der Entwicklung von Technik und Vorschriften entsprechend weiterbildet,
3. Gründe – mit Ausnahme der Altersgrenze – bekannt werden oder eintreten, die eine Versagung der Anerkennung gerechtfertigt hätten,
4. der Sachverständige infolge geistiger oder körperlicher Gebrechen nicht mehr in der Lage ist, seine Prüftätigkeit ordnungsgemäß auszuüben,
5. der Sachverständige seine Tätigkeit länger als drei Jahre nicht ausgeübt hat.

(7) Die Anerkennung als Sachverständiger erlischt
1. durch schriftlichen Verzicht gegenüber der Bauaufsichtsbehörde,
2. mit der Vollendung des 68. Lebensjahres,
3. mit dem Verlust der Fähigkeit zur Bekleidung öffentlicher Ämter,
4. bei Verurteilung wegen eines Verbrechens oder eines vorsätzlichen Vergehens zu einer Freiheitsstrafe von mehr als einem Jahr,
5. durch gerichtliche Anordnung der Beschränkung in der Verfügung über das Vermögen des Sachverständigen.

(8) Die Prüfungen von Anlagen der Freien und Hansestadt Hamburg oder der anderen Länder sowie der Bundesrepublik Deutschland können von Bediensteten der jeweiligen öffentlichen Verwaltung durchgeführt werden. Für diese Bediensteten finden die Vorschriften des Absatzes 1 Nummern 1 und 2, des Absatzes 4 Sätze 1, 4 und 5 und des Absatzes 5 Satz 1 entsprechende Anwendung.

§ 5
Sachkundige

Sachkundige sind Personen, die aufgrund ihrer fachlichen Ausbildung, Kenntnisse, Erfahrungen und Tätigkeiten die ihnen übertragenen Prüfungen sachgerecht durchführen und mögliche Gefahren erkennen und beurteilen können. § 4 Absatz 8 gilt sinngemäß.

§ 6
Anwendung der Vorschriften auf bestehende Gebäude

(1) Die Vorschriften dieser Verordnung gelten auch für die im Zeitpunkt des In-Kraft-Tretens der Verordnung bestehenden baulichen Anlagen und Einrichtungen.

(2) Die Fristen nach dem Verzeichnis zu § 3 Absatz 1 rechnen bei bestehenden baulichen Anlagen und Einrichtungen von dem Zeitpunkt an, an dem sie zuletzt geprüft worden sind. Ist eine solche Prüfung bisher nicht vorgenommen worden, so ist die erste Prüfung innerhalb eines Jahres nach In-Kraft-Treten dieser Verordnung durchzuführen.

§ 7
Ordnungswidrigkeiten

Ordnungswidrig nach § 80 Absatz 1 Nummer 14 HBauO handelt, wer vorsätzlich oder fahrlässig entgegen den Geboten des § 3 Absatz 1 oder 3 eine vorgeschriebene oder angeordnete Prüfung nicht oder nicht fristgerecht durchführen lässt.

§ 8
Aufhebung und Änderung bestehender Vorschriften

(1) Die Polizeiverordnung über elektrische Starkstromanlagen vom 24. Februar 1939 (Sammlung des bereinigten hamburgischen Landesrechts I 21302-o) wird aufgehoben.

(2) § 4 der Baudurchführungsverordnung vom 29. September 1970 (Hamburgisches Gesetz- und Verordnungsblatt Seite 251) wird aufgehoben.

(3) Die Garagenverordnung vom 3. Oktober 1972 (Hamburgisches Gesetz- und Verordnungsblatt Seite 195) wird wie folgt geändert:

1. In der Inhaltsübersicht werden die Eintragungen zu den Abschnitten 4 und 5 durch folgende ersetzt:

   „Abschnitt 4 Schlussvorschriften

   § 25 Anwendung der Betriebsvorschriften auf bestehende Garagen

   § 26 Erleichterungen

   § 27 Ordnungswidrigkeiten".

2. Die §§ 25 und 29 werden gestrichen; die §§ 26 bis 28 werden §§ 25 bis 27.

3. Die Abschnittsbezeichnung „Abschnitt 5" wird gestrichen.

4. Im neuen § 25 werden die Wörter „sowie die Vorschriften über Prüfungen (§ 25)" gestrichen.

5. Der neue § 27 wird wie folgt geändert:

   5.1 Das Semikolon am Ende der Nummer 7 wird durch einen Punkt ersetzt.

   5.2 Die Nummern 8 und 9 werden gestrichen.

(4) § 4 Absatz 3 der Verordnung über Feuerlöschmittel und Feuerlöschgeräte vom 30. September 1980 (Hamburgisches Gesetz- und Verordnungsblatt Seite 279) erhält folgende Fassung:

„(3) Für bauliche Anlagen und Einrichtungen nach § 1 Absatz 1 der Verordnung über die Überwachung haustechnischer Anlagen vom 13. November 1984 (Hamburgisches Gesetz- und Verordnungsblatt Seite 227) gelten an Stelle des Absatzes 1 Sätze 2 und 3 die Überprüfungsanforderungen nach der Verordnung über die Überwachung haustechnischer Anlagen."

§ 9
In-Kraft-Treten

Diese Verordnung tritt am 1. Juni 1985 in Kraft.

Anlage
Verzeichnis zu § 3 Absatz 1

Bauliche Anlagen, Prüfer und Prüfgegenstand	vor der Inbetriebnahme und Wiederinbetriebnahme	wiederkehrend/Fristen
1 Versammlungsstätten nach § 1 Absatz 1 Nummern 1 und 2		
1.1 durch behördlich anerkannte Sachverständige		
1.1.1 Feuerlöschanlagen	ja	3 Jahre
1.1.2 Alarmierungsanlagen	ja	3 Jahre
1.1.3 raumlufttechnische Anlagen bezüglich der Belange des Brandschutzes	ja	3 Jahre
1.1.4 Rauch- und Wärmeabzugsanlagen	ja	3 Jahre
1.1.5 elektrische Starkstromanlagen von bühnentechnischen Anlagen	ja	3 Jahre
1.1.6 sonstige elektrische Starkstromanlagen bezüglich des Brandschutzes und des Weiterbetriebes bei Netzausfall	nein	3 Jahre
1.1.7 Brandmeldeanlagen	ja	3 Jahre
1.1.8 Schutzvorhänge	ja	3 Jahre
1.2 durch Sachkundige		
1.2.1 Blitzschutzanlagen	nein	6 Jahre
1.2.2 Feuerlöscher	nein	2 Jahre
2 Verkaufsstätten, Ladenstraßenbereiche, Ausstellungsstätten, Gaststätten und Gebäude von Anlagen des öffentlichen Verkehrs nach § 1 Absatz 1 Nummern 3 bis 6 und 10		

II/6 HaustechÜVO Anlage

Bauliche Anlagen, Prüfer und Prüfgegenstand	vor der Inbetriebnahme und Wiederinbetriebnahme	wiederkehrend/Fristen
2.1 durch behördlich anerkannte Sachverständige		
2.1.1 Feuerlöschanlagen	ja	3 Jahre
2.1.2 Alarmierungsanlagen	ja	3 Jahre
2.1.3 raumlufttechnische Anlagen bezüglich der Belange des Brandschutzes	ja	3 Jahre
2.1.4 Rauch- und Wärmeabzugsanlagen	ja	3 Jahre
2.1.5 elektrische Starkstromanlagen bezüglich der Belange des Brandschutzes und des Weiterbetriebes bei Netzausfall	nein	3 Jahre
2.1.6 Brandmeldeanlagen	ja	3 Jahre
2.2 durch Sachkundige		
2.2.1 Blitzschutzanlagen	nein	6 Jahre
2.2.2 Feuerlöscher	nein	2 Jahre
3 Hochhäuser nach § 1 Absatz 1 Nummer 7		
3.1 durch behördlich anerkannte Sachverständige		
3.1.1 Feuerlöschanlagen	ja	3 Jahre
3.1.2 Alarmierungsanlagen	ja	3 Jahre
3.1.3 raumlufttechnische Anlagen (ausgenommen in Wohnhäusern) bezüglich der Belange des Brandschutzes	ja	3 Jahre
3.1.4 Rauch- und Wärmeabzugsanlagen	ja	3 Jahre

Bauliche Anlagen, Prüfer und Prüfgegenstand	vor der Inbetriebnahme und Wiederinbetriebnahme	wiederkehrend/Fristen
3.1.5 elektrische Starkstromanlagen (ausgenommen in Wohnungen) bezüglich der Belange des Brandschutzes und des Weiterbetriebes bei Netzausfall	nein	3 Jahre
3.1.6 Brandmeldeanlagen	ja	3 Jahre
3.2 durch Sachkundige		
3.2.1 Blitzschutzanlagen	nein	6 Jahre
3.2.2 Feuerlöscher	nein	2 Jahre
4 Krankenhäuser und andere Anlagen mit entsprechender Zweckbestimmung nach § 1 Absatz 1 Nummer 8		
4.1 durch behördlich anerkannte Sachverständige		
4.1.1 Feuerlöschanlagen	ja	3 Jahre
4.1.2 Alarmierungsanlagen	ja	3 Jahre
4.1.3 raumlufttechnische Anlagen in medizinischen Operations-Funktionseinheiten	ja	1 Jahr
4.1.4 sonstige raumlufttechnische Anlagen bezüglich der Belange des Brandschutzes	ja	3 Jahre
4.1.5 Rauch- und Wärmeabzugsanlagen	ja	3 Jahre
4.1.6 elektrische Starkstromanlagen in medizinischen Operations- und Intensivpflege-Funktionseinheiten	ja	2 Jahre

II/6 HaustechÜVO Anlage

Bauliche Anlagen, Prüfer und Prüfgegenstand	vor der Inbetriebnahme und Wiederinbetriebnahme	wiederkehrend/Fristen
4.1.7 elektrische Starkstromanlagen bezüglich der Belange des Brandschutzes und des Weiterbetriebes bei Netzausfall	nein	3 Jahre
4.1.8 Brandmeldeanlagen	ja	3 Jahre
4.2 durch Sachkundige		
4.2.1 Blitzschutzanlagen	nein	6 Jahre
4.2.2 Feuerlöscher	nein	2 Jahre
5 Großgaragen nach § 1 Absatz 1 Nummer 9		
5.1 durch behördlich anerkannte Sachverständige		
5.1.1 Feuerlöschanlagen	nein	3 Jahre
5.1.2 raumlufttechnische Anlagen (maschinelle Lüftungsanlagen) bezüglich der Belange des Brandschutzes	ja	3 Jahre
5.1.3 Brandmeldeanlagen	ja	3 Jahre
5.1.4 CO-Überwachungsanlagen	ja	3 Jahre
5.1.5 kraftbetriebene Hebebühnen	ja	3 Jahre
5.2 durch Sachkundige		
5.2.1 Feuerlöscher	nein	2 Jahre
6 Hallenbauten nach § 1 Absatz 1 Nummer 11		
6.1 durch behördlich anerkannte Sachverständige		
6.1.1 Rauch- und Wärmeabzugsanlagen	ja	3 Jahre
7 Bauliche Anlagen nach § 2 Absatz 8 Nummer 2 in Verbindung mit § 1 Absatz 2 Blitzschutzanlagen durch Sachkundige in baulichen Anlagen nach		

Bauliche Anlagen, Prüfer und Prüfgegenstand	vor der Inbetriebnahme und Wiederinbetriebnahme	wiederkehrend/Fristen
7.1 § 2 Absatz 8 Nummer 2.1	nein	1 Jahr
7.2 § 2 Absatz 8 Nummer 2.2	nein	3 Jahre
7.3 § 2 Absatz 8 Nummern 2.3 bis 2.6	nein	6 Jahre

II/7
Verordnung über Prüfingenieure für Baustatik (Prüfingenieurverordnung – PrüfIngVO)

vom 4. 1. 1972 (HmbGVBl. S. 3, ber. S. 18),
zuletzt geändert durch Art. 9 § 1 der VO vom 11. 9. 2001
(HmbGVBl. S. 339)

Inhaltsübersicht

§ 1	Übertragung bautechnischer Prüfungen
§ 2	Durchführen der bautechnischen Prüfung
§ 3	Anerkennung von Prüfingenieuren für Baustatik
§ 4	Voraussetzungen für die Anerkennung, Versagungsgründe
§ 5	Antrag auf Anerkennung
§ 6	Beirat für die Anerkennung
§ 7	Erlöschen und Widerruf der Anerkennung
§ 8	Übergangsregelung

Anlage nach § 2 Absatz 6
Prüfverzeichnis für das Kalenderjahr 19..

§ 1
Übertragung bautechnischer Prüfungen

(1) Die zuständige Behörde kann einen von ihr anerkannten Sachverständigen damit beauftragen, die bautechnische Prüfung genehmigungsbedürftiger baulicher Anlagen in eigener Verantwortung nach § 2 durchzuführen.

(2) Die bautechnische Prüfung nach Absatz 1 erstreckt sich auf die Standsicherheit und Tragfähigkeit aller tragenden Teile der baulichen Anlage. Dabei wird außer den einzelnen Berechnungsergebnissen geprüft,
– ob die Voraussetzungen und Annahmen der statischen Berechnung zutreffen,
– ob alle Kräfte vollständig erfasst worden sind,

– ob ihre Ableitung bis in den Baugrund hinab verfolgt worden ist,
– ob die bauliche Anlage im Ganzen, in ihren einzelnen Teilen sowie für sich allein standsicher und so tragfähig ist, dass die auf sie wirkenden Lasten sicher aufgenommen werden, und
– ob die Standsicherheit benachbarter baulicher Anlagen nicht gefährdet wird.

Die Beschaffenheit des Baugrundes und seine Tragfähigkeit werden berücksichtigt. Die Prüfung erfasst auch konstruktive Einzelheiten wichtiger Bauteile und bauliche Zwischenzustände. Bei schwierigen Baukonstruktionen und Umbauten, die mithilfe von Schalungs- und Hilfsgerüsten errichtet werden, wird auch die Standsicherheit dieser Gerüste geprüft.

(3) Die bautechnische Prüfung dient der Feststellung,
– ob die bauliche Anlage den nach § 3 Absatz 2 HBauO eingeführten und den nach § 117 Absatz 6 HBauO fortgeltenden technischen Baubestimmungen entspricht oder der Nachweis nach § 12 Absatz 3 HBauO für die Brauchbarkeit neuer Baustoffe, Bauteile und Bauarten vorliegt und
– ob die Zeichnungen den Angaben der statischen Berechnungen entsprechen und alle für die Bauausführung wichtigen Angaben einschließlich der Angaben über den Brand-, Schall- und Wärmeschutz von Wänden und Decken enthalten.

§ 2
Durchführen der bautechnischen Prüfung

(1) Jede geprüfte Bauvorlage ist nach Abschluss der Prüfung mit dem Prüfvermerk „In statischer Hinsicht geprüft" und mit Datumsangabe zu versehen und vom Prüfingenieur für Baustatik zu unterschreiben. Mit der Unterschrift wird gegenüber der zuständigen Behörde die Verantwortung dafür übernommen, dass die Prüfung nach den Absätzen 2 und 3 des § 1 durchgeführt ist und die Berechnungsergebnisse richtig sind. Die zuständige Behörde prüft das Prüfergebnis nur nach, wenn Unstimmigkeiten offensichtlich vorliegen.

(2) Die Vollständigkeit und Richtigkeit der unterbreiteten Berechnungen und zugehörigen Zeichnungen sind in einem Prüfbericht zu bescheinigen. In dem Prüfbericht ist auf die bei der Erteilung der Baugenehmigung, bei der Bauausführung und bei den Abnahmen zu beachtenden Besonderheiten hinzuweisen.

(3) Der Prüfingenieur für Baustatik darf sich bei der Prüfung der Mithilfe fest angestellter befähigter und zuverlässiger Mitarbeiter bedienen; ihre Zahl muss so begrenzt sein, dass er ihre Tätigkeit in vollem Umfange

überwachen kann. Der Prüfingenieur für Baustatik kann sich bei der Prüfung nur durch einen anderen Prüfingenieur für Baustatik derselben Fachrichtung vertreten lassen.

(4) Der Prüfingenieur für Baustatik darf die Prüfung nicht durchführen, wenn er oder einer seiner Mitarbeiter den Entwurf oder die Berechnung aufgestellt oder dabei mitgewirkt hat oder wenn Gründe vorliegen, die Zweifel an seiner unparteiischen Prüftätigkeit rechtfertigen.

(5) Ergibt sich, dass die Prüfung wichtiger oder in statischer Hinsicht schwieriger Teile einer baulichen Anlage zu einer Fachrichtung gehört, für die der mit der Prüfung beauftragte Prüfingenieur für Baustatik nicht anerkannt ist, oder dass er die für die betreffende spezielle Bauart erforderlichen Fachkenntnisse oder Erfahrungen nicht besitzt, so ist er verpflichtet, dies der Behörde, die ihm den Auftrag erteilt hat, sofort anzuzeigen.

(6) Für jedes Kalenderjahr hat der Prüfingenieur für Baustatik ein Verzeichnis aller Prüfingenieuraufträge nach dem in der Anlage enthaltenen Muster zu führen und jeweils bis zum 30. April des folgenden Jahres der zuständigen Behörde unaufgefordert vorzulegen.

§ 3
Anerkennung von Prüfingenieuren für Baustatik

(1) Die Anerkennung eines Sachverständigen als Prüfingenieur für Baustatik wird auf Antrag ausgesprochen. Sie erstreckt sich auf die Fachrichtung

- Massivbau (Stein-, Beton- und Stahlbetonbau),
- Stahlbau oder
- Holzbau

oder auf mehrere dieser Fachrichtungen.

(2) Die Anerkennung kann unter Auflagen ausgesprochen werden.

(3) Auf die Anerkennung und auf die Erteilung von Prüfaufträgen besteht kein Rechtsanspruch.

(4) Die zuständige Behörde ist berechtigt, die Tätigkeit der Prüfingenieure für Baustatik, insbesondere die Einhaltung der von ihr herausgegebenen allgemeinen und besonderen Prüfanweisungen, zu überwachen.

§ 4
Voraussetzungen für die Anerkennung, Versagungsgründe

(1) Als Prüfingenieur für Baustatik kann derjenige selbstständig tätige Bauingenieur anerkannt werden, der

1. das 35. Lebensjahr vollendet, im Zeitpunkt der Antragstellung das 65. Lebensjahr aber noch nicht überschritten hat,
2. sich mindestens neun Jahre mit der Anfertigung von statischen Nachweisen und der bautechnischen Prüfung von Bauvorhaben befasst hat und mindestens ein weiteres Jahr als Bauleiter bei Ingenieurbauten tätig gewesen ist,
3. die für die Ausübung der Tätigkeit eines Prüfingenieurs für Baustatik erforderlichen Fachkenntnisse und Erfahrungen auf dem Gebiet der Baustatik, Baukonstruktion und Bodenmechanik sowie der bauordnungsrechtlichen Vorschriften, insbesondere der technischen Baubestimmungen, besitzt und nach seiner Persönlichkeit Gewähr dafür bietet, dass er den Aufgaben eines Prüfingenieurs für Baustatik gewachsen ist,
4. nachweist, dass im Falle der Anerkennung eine Haftpflichtversicherung mit einer Mindestdeckungssumme von fünfhunderttausend Euro für Personenschäden und fünfundsiebzigtausend Euro für sonstige Schäden bestehen wird und
5. seinen Geschäftssitz in der Freien und Hansestadt Hamburg hat.

(2) Die Anerkennung ist zu versagen, wenn der Antragsteller
1. die nach Absatz 1 erforderlichen Voraussetzungen nicht erfüllt,
2. die Fähigkeit zur Bekleidung öffentlicher Ämter nicht besitzt,
3. als Unternehmer auf dem Gebiet der Bauwirtschaft tätig ist oder
4. in einem sonstigen Bindungs- oder Abhängigkeitsverhältnis steht, das eine unparteiische Prüftätigkeit beeinflussen könnte.

§ 5
Antrag auf Anerkennung

(1) Dem Antrag auf Anerkennung sind folgende Angaben und Nachweise beizufügen:
1. ein Lebenslauf mit lückenloser Angabe des fachlichen Werdeganges und der Berufsstellung im Zeitpunkt der Antragstellung,
2. Nachweise über die in § 4 Absatz 1 Nummer 2 geforderten Tätigkeiten,
3. beglaubigte Abschriften der Zeugnisse über die Ausbildung und bisherige Beschäftigung,
4. ein Nachweis, dass der Antragsteller Vorlagen für statisch schwierige Baukonstruktionen aufgestellt und geprüft hat und dass er als Bauleiter bei Bauten mit solchen Baukonstruktionen tätig gewesen ist; dabei sind Ort, Zeit, Bauherr, Ausführungsart, die Art der von dem Antrag-

steller erbrachten Leistungen und die Personen oder Stellen anzugeben, die die von dem Antragsteller aufgestellten Vorlagen geprüft haben,

5. ein Verzeichnis von Personen, die über die Eignung des Antragstellers für die beantragte Fachrichtung Auskunft geben können; hierbei ist anzugeben, bei welchen baulichen Anlagen und zu welcher Zeit der Antragsteller mit diesen Personen zusammengearbeitet hat,

6. die Erklärung, dass Versagungsgründe nach § 4 Absatz 2 Nummern 2 bis 4 nicht vorliegen,

7. der in § 4 Absatz 1 Nummer 4 geforderte Nachweis über die Haftpflichtversicherung,

8. Angaben über den Geschäftssitz, etwaige Niederlassungen und die Anzahl der Mitarbeiter.

(2) In dem Antrag ist ferner anzugeben, für welche Fachrichtungen nach § 3 Absatz 1 die Anerkennung beantragt wird.

(3) Wenn die Angaben und Nachweise nach Absatz 1 nicht ausreichen, um die Eignung des Antragstellers zu beurteilen, können weitere Angaben oder Nachweise verlangt werden.

§ 6
Beirat für die Anerkennung

(1) Vor der Entscheidung über die Anerkennung hat ein bei der zuständigen Behörde zu bildender Beirat ein Gutachten über die Eignung des Antragstellers zu erstatten.

(2) Der Beirat setzt sich aus dem Vorsitzenden, dem stellvertretenden Vorsitzenden und vier Beisitzern zusammen. Die Beisitzer werden auf die Dauer von fünf Jahren ernannt; sie sind ehrenamtlich tätig und an Weisungen nicht gebunden. Die zuständige Behörde kann eine Geschäftsordnung für den Beirat erlassen.

(3) Der Beirat kann verlangen, dass der Antragsteller ihm seine Kenntnisse auf den in § 4 Absatz 1 Nummer 3 genannten Gebieten darlegt.

§ 7
Erlöschen und Widerruf der Anerkennung

(1) Die Anerkennung erlischt:

1. durch schriftlichen Verzicht gegenüber der zuständigen Behörde,
2. durch Aufgabe der selbstständigen Tätigkeit als Bauingenieur,
3. mit Vollendung des 70. Lebensjahres oder

4. mit dem Verlust der Fähigkeit zur Bekleidung öffentlicher Ämter.

(2) Die Anerkennung ist zu widerrufen, wenn

1. nachträglich Gründe im Sinne von § 4 Absatz 1 Nummern 3 bis 5 oder Absatz 2 Nummern 2 bis 4 bekannt werden oder eintreten, die eine Versagung der Anerkennung gerechtfertigt hätten,
2. der Prüfingenieur für Baustatik infolge geistiger oder körperlicher Gebrechen nicht mehr in der Lage ist, seine Tätigkeit auszuüben,
3. der Prüfingenieur für Baustatik gegen die ihm obliegenden Pflichten wiederholt oder gröblich verstoßen hat.

(3) Die Anerkennung darf widerrufen werden, wenn der Prüfingenieur für Baustatik seine Ingenieurtätigkeit auf dem anerkannten Fachgebiet länger als zwei Jahre nicht oder nur in einem geringen Umfang ausgeübt hat.

§ 8
Übergangsregelung

Die aufgrund der Verordnung über die statische Prüfung genehmigungspflichtiger Bauvorhaben vom 22. August 1942 (Sammlung des bereinigten hamburgischen Landesrechts II 21302 – w) für das Gebiet der Freien und Hansestadt Hamburg ausgesprochenen Anerkennungen als Prüfingenieur für Baustatik gelten als Anerkennung im Sinne dieser Verordnung. Die Anerkennung der Prüfingenieure, die im Zeitpunkt des In-Kraft-Tretens der Verordnung das 66. Lebensjahr bereits vollendet haben, erlischt abweichend von § 7 Absatz 1 Nummer 3 erst vier Jahre nach dem In-Kraft-Treten der Verordnung.

Anlage
nach § 2 Absatz 6

Prüfverzeichnis für das Kalenderjahr 19 . .

	Bezeichnung des genehmigungsbedürftigen Bauvorhabens				Prüfauftrag				Prüfumfang		
Prüf-Nr.	Gemeinde Straße Hausnummer	Bauherr	Zweckbestimmung	Baustoff der Tragteile (Holz = H Massiv = M Stahl = St)	Wert (Rohbausumme)	von Behörde (mit Gemeindeangabe)	Datum des Prüfauftrages	Datum des Prüfvermerks	Anzahl der Zeichnungen (einfach)	Seitenzahl der Standsicherheitsnachweise (einfach)	Bemerkungen
1	2	3	4	5	6	7	8	9	10	11	12

II/8
Verordnung über anerkannte sachverständige Personen für bautechnische Prüfaufgaben (BautechPrüfVO)

vom 18. 9. 2001 (HmbGVBl. S. 405)

Inhaltsübersicht

- § 1 Anwendungsbereich, Aufgaben
- § 2 Anerkennung, Bezeichnung
- § 3 Voraussetzungen für die Anerkennung
- § 4 Anerkennungsverfahren
- § 5 Beirat für die Anerkennung
- § 6 Erlöschen, Rücknahme, Widerruf
- § 7 Listen der anerkannten sachverständigen Personen
- § 8 Aufgabenwahrnehmung
- § 9 Beauftragung und Entgeltregelung
- § 10 Ordnungswidrigkeiten
- § 11 Übergangsregelung

§ 1
Anwendungsbereich, Aufgaben

(1) Die nach dieser Verordnung anerkannten sachverständigen Personen sind nach Maßgabe der Vorschriften des Hamburgischen Gesetzes zur Erleichterung des Wohnungsbaus (HmbWoBauErlG) vom 18. Juli 2001 (HmbGVBl. S. 221, 223) berechtigt, in ihrer Fachrichtung die erforderlichen Prüfungen vorzunehmen und Bescheinigungen auszustellen.

(2) Anerkannte sachverständige Personen prüfen die bautechnischen Nachweise für

1. die Standsicherheit,
2. die Standsicherheit im Brandfall,
3. den Wärmeschutz,

4. den Schallschutz und

5. den Brandschutz.

Anerkannte sachverständige Personen erteilen Bescheinigungen darüber, dass die geprüften Nachweise den öffentlich-rechtlichen Vorschriften entsprechen (§ 6 Absatz 1 HmbWoBauErlG) und überwachen die Übereinstimmung der Bauausführung mit den von ihnen ausgestellten Bescheinigungen (§ 6 Absatz 4 HmbWoBauErlG). Sie nehmen ihre Aufgaben eigenverantwortlich wahr.

§ 2
Anerkennung, Bezeichnung

(1) Die Anerkennung erfolgt durch die zuständige Behörde und kann für eine oder mehrere der Fachrichtungen

1. Massivbau,
2. Metallbau oder
3. Holzbau

ausgesprochen werden. Die Anerkennung für die Fachrichtungen Massivbau oder Metallbau schließt den Verbundbau ein.

(2) Anerkannt für die jeweils entsprechende Fachrichtung sind Personen, die auf Grund der Verordnung über Prüfingenieure für Baustatik – PrüfIngVO – vom 4. Januar 1972 (HmbGVBl. S. 3, 18), geändert am 14. Februar 1984 (HmbGVBl. S. 41), in der jeweils geltenden Fassung anerkannt sind und einen Nachweis über ergänzende Kenntnisse entsprechend § 3 Absatz 3 Nummer 5 erbracht haben.

(3) Anerkannt für die jeweils entsprechende Fachrichtung sind auch Personen, die über der Anerkennung als Prüfingenieur nach der PrüfIngVO vergleichbare Anerkennungen anderer Länder der Bundesrepublik Deutschland verfügen und einen Nachweis über ergänzende Kenntnisse entsprechend § 3 Absatz 3 Nummer 5 erbracht haben.

(4) Vergleichbare Anerkennungen anderer Länder der Bundesrepublik Deutschland gelten auch in der Freien und Hansestadt Hamburg.

(5) Anerkannte sachverständige Personen führen die Bezeichnung „Staatlich anerkannte sachverständige Person für bautechnische Prüfaufgaben" unter Hinzufügung der Fachrichtung.

§ 3
Voraussetzungen für die Anerkennung

(1) Als staatlich anerkannte sachverständige Personen werden nur solche Personen anerkannt, die die persönlichen und fachlichen Voraussetzungen erfüllen und zuverlässig sind.

(2) Die persönlichen Voraussetzungen erfüllt, wer

1. Mitglied in der Hamburgischen Architektenkammer oder in der Hamburgischen Ingenieurkammer-Bau ist,

2. nicht als Unternehmerin oder Unternehmer in der Bauwirtschaft tätig ist und nicht in einem beruflichen, finanziellen oder sonstigen Abhängigkeitsverhältnis, insbesondere zu Unternehmen der Bauwirtschaft, steht, das ihre oder seine Tätigkeit als staatlich anerkannte sachverständige Person beeinflussen kann,

3. eigenverantwortlich und unabhängig in dem beantragten Aufgabenbereich tätig ist; eigenverantwortlich tätig werden Personen, die ihre berufliche Tätigkeit als Inhaberin oder Inhaber eines Büros selbstständig und auf eigene Rechnung und Verantwortung ausüben; unabhängig tätig werden Personen, die bei Ausübung ihrer beruflichen Tätigkeit weder eigene Produktions-, Handels- oder Lieferinteressen haben noch fremde Interessen dieser Art vertreten, die unmittelbar oder mittelbar im Zusammenhang mit ihrer beruflichen Tätigkeit stehen und

4. das 63. Lebensjahr noch nicht vollendet hat.

(3) Die fachlichen Voraussetzungen erfüllen Personen, die

1. das Studium des Bauingenieurwesens an einer deutschen Hochschule oder ein gleichwertiges Studium an einer ausländischen Hochschule im Europäischen Wirtschaftsraum mit Erfolg abgeschlossen haben,

2. mindestens zehn Jahre mit der Aufstellung von Standsicherheitsnachweisen, der technischen Bauleitung oder mit vergleichbaren Tätigkeiten betraut waren, wovon sie mindestens fünf Jahre lang Standsicherheitsnachweise aufgestellt haben und mindestens ein Jahr lang mit der technischen Bauleitung betraut gewesen sein müssen; die Zeit einer technischen Bauleitung darf jedoch nur bis zu höchstens drei Jahren angerechnet werden; für die restlichen Jahre kann insbesondere die Mitwirkung bei der Prüfung von Standsicherheitsnachweisen angerechnet werden; die selbst angefertigten Standsicherheitsnachweise sollen in erheblichem Umfang Tragwerke mit überdurchschnittlichem Schwierigkeitsgrad betroffen haben,

3. die für die Ausübung der Tätigkeit einer staatlich anerkannten sachverständigen Person für bautechnische Prüfaufgaben erforderlichen Fachkenntnisse und Erfahrungen besitzen und nachweisen, dass sie in der beantragten Fachrichtung über einen überdurchschnittlichen Wissensstand auf dem Gebiet der Baustatik, insbesondere im Hinblick auf die dort verwendeten Methoden der Statik und Stabilität der Tragwerke, auf dem Gebiet des konstruktiven Brandschutzes, der Baukons-

truktion und der Bodenmechanik verfügen; nachzuweisen sind auch Erfahrungen in der Bearbeitung von Flächentragwerken, vorgespannten Konstruktionen, Verbundbauten und schwingungsanfälligen Bauwerken,

4. über ausreichende Kenntnisse der Baustofftechnologie und der baurechtlichen Vorschriften verfügen,

5. umfassende Kenntnisse hinsichtlich der in § 6 Absatz 1 HmbWoBau-ErlG genannten bauordnungsrechtlichen Anforderungen an den vorbeugenden Brandschutz von Gebäuden sowie des Brandverhaltens von Bauprodukten und Bauarten durch eine entsprechende Bescheinigung nachweisen,

6. Kenntnisse und Erfahrungen in der Bewertung von Schall-Dämm-Maßnahmen, Kenntnisse des einschlägigen technischen Regelwerkes, der Nachweisverfahren und Berechnungsmethoden, der gesetzlichen Grundlagen, soweit sich aus ihnen Anforderungen an den Schallschutz ergeben, besitzen und

7. Kenntnisse zum Wärmedämmverhalten von Baustoffen und Bauteilen bei Einwirkung von Temperatur und Feuchte, in der Anfertigung von Nachweisen auf der Grundlage der nach dem Energieeinsparungsgesetz erlassenen Vorschriften sowie Kenntnisse des einschlägigen technischen Regelwerkes besitzen.

(4) Nicht zuverlässig sind Personen, die

1. die Fähigkeit, öffentliche Ämter zu bekleiden, verloren haben,

2. in einem ordentlichen Strafverfahren wegen einer vorsätzlich begangenen Tat rechtskräftig zu einer Freiheitsstrafe von mehr als sechs Monaten verurteilt sind, wenn sich aus dem der Verurteilung zu Grunde liegenden Sachverhalt ergibt, dass sie zur Erfüllung der Sachverständigenaufgaben nicht geeignet sind oder

3. durch gerichtliche Anordnung in der Verfügung über ihr Vermögen beschränkt sind oder die eidesstattliche Versicherung gemäß § 807 der Zivilprozessordnung geleistet haben.

§ 4
Anerkennungsverfahren

(1) Die Anerkennung als sachverständige Person wird auf Antrag erteilt. Der Antrag ist unter Angabe der beantragten Fachrichtung (§ 2 Absatz 1) an die zuständige Behörde zu richten.

(2) Dem Antrag sind die erforderlichen Unterlagen zum Nachweis der persönlichen und fachlichen Voraussetzungen sowie der Zuverlässigkeit beizufügen, insbesondere

1. ein Lebenslauf mit lückenloser Angabe des fachlichen Werdeganges und der Berufsstellung im Zeitpunkt der Antragstellung,
2. eine beglaubigte Abschrift der Abschlusszeugnisse der berufsbezogenen Ausbildung,
3. eine Auskunft aus dem Bundeszentralregister,
4. ein Nachweis, dass die persönlichen Voraussetzungen nach § 3 Absatz 2 erfüllt sind,
5. die für den beantragten Aufgabenbereich erforderlichen Nachweise nach § 3 Absatz 3,
6. eine Erklärung, dass Versagensgründe nach § 3 Absatz 4 nicht vorliegen,
7. Angaben über den Geschäftssitz, etwaige Niederlassungen und die Anzahl der Mitarbeiterinnen bzw. Mitarbeiter,
8. ein Nachweis über das Bestehen einer Haftpflichtversicherung mit einer Mindestdeckungssumme von einer Million Euro pauschal für Personen-, Sach- und Vermögensschäden für jeden einzelnen Schadensfall im Fall einer Anerkennung.

Soweit es zur Beurteilung des Antrags erforderlich ist, kann die zuständige Behörde weitere Angaben und Nachweise verlangen.

(3) Abweichend von Absatz 2 ist bei einer Person, die die fachlichen Voraussetzungen nach § 2 Absatz 2 oder 3 erfüllt, lediglich ein Nachweis gemäß § 3 Absatz 3 Nummer 5 und ein Nachweis nach Absatz 2 Satz 1 Nummer 8 gegenüber der zuständigen Behörde zu erbringen. Im Falle des § 2 Absatz 4 beschränkt sich diese Pflicht auf den Nachweis nach Absatz 2 Satz 1 Nummer 8.

§ 5
Beirat für die Anerkennung

(1) Vor der Entscheidung über die Anerkennung hat ein bei der zuständigen Behörde zu bildender Beirat ein Gutachten über die Eignung der Antrag stellenden Person zu erstatten.

(2) Der Beirat setzt sich aus der Vorsitzenden oder dem Vorsitzenden, der stellvertretenden Vorsitzenden oder dem stellvertretenden Vorsitzenden und vier Beisitzern zusammen. Die Vorsitzende oder der Vorsitzende und die stellvertretende Vorsitzende oder der stellvertretende Vorsitzende sollen öffentlich Bedienstete sein. Die Beisitzerinnen oder Beisitzer

werden auf die Dauer von fünf Jahren ernannt; sie sind ehrenamtlich tätig und an Weisungen nicht gebunden. Sie sind zu Unparteilichkeit und Verschwiegenheit verpflichtet und sollen über vertiefte Fachkenntnisse auf mindestens einem der in § 3 Absatz 3 Nummern 3 bis 7 genannten Gebiete verfügen. Die zuständige Behörde kann eine Geschäftsordnung für den Beirat erlassen.

(3) Der Beirat kann verlangen, dass die Antrag stellende Person ihm ihre Kenntnisse auf den in § 3 Absatz 3 genannten Gebieten darlegt.

§ 6
Erlöschen, Rücknahme, Widerruf

(1) Die Anerkennung erlischt
1. durch schriftlichen Verzicht gegenüber der zuständigen Behörde,
2. nach Vollendung des 68. Lebensjahres oder
3. bei den in § 2 Absatz 2, 3 oder 4 genannten Personen bei Wegfall der Anerkennung als Prüfingenieurin oder als Prüfingenieur bzw. der vergleichbaren Anerkennung anderer Länder der Bundesrepublik Deutschland oder mit dem Wegfall des nach § 4 Absatz 2 Satz 1 Nummer 8 geforderten Versicherungsschutzes.

(2) Die Anerkennung ist von der zuständigen Behörde zurückzunehmen, wenn nachträglich Gründe nach § 3 Absatz 2 bis 4 bekannt werden, die eine Versagung der Anerkennung erfordert hätten.

(3) Die Anerkennung ist von der zuständigen Behörde zu widerrufen, wenn
1. nachträglich Gründe nach § 3 Absatz 2 bis 4 eintreten, die eine Versagung der Anerkennung erfordern würden oder
2. staatlich anerkannte sachverständige Personen infolge geistiger oder körperlicher Gebrechen nicht mehr in der Lage sind, ihre Tätigkeit ordnungsgemäß auszuüben.

Die Anerkennung kann von der zuständigen Behörde widerrufen werden, wenn staatlich anerkannte sachverständige Personen gegen die ihnen obliegenden Pflichten wiederholt oder gröblich verstoßen haben. Ein Widerruf wegen eines wiederholten Verstoßes setzt voraus, dass wegen eines vorangegangenen Verstoßes eine Ermahnung ausgesprochen und auf die Möglichkeit eines Widerrufs hingewiesen wurde.

§ 7
Listen der anerkannten sachverständigen Personen

(1) Die zuständige Behörde führt über die staatlich anerkannten sachverständigen Personen nach Fachrichtungen getrennte Listen, die nach

Bedarf, jedoch mindestens einmal jährlich im Amtlichen Anzeiger bekannt gemacht werden.

(2) Die Eintragung ist in den Fällen des § 6 zu löschen.

§ 8
Aufgabenwahrnehmung

(1) Umfang und Häufigkeit vorzunehmender Überwachungsaufgaben sind entsprechend dem statischen und konstruktiven Schwierigkeitsgrad sowie dem notwendigen Brandschutz der Baumaßnahme von der sachverständigen Person festzulegen.

(2) Staatlich anerkannte sachverständige Personen haben ihre Tätigkeit unparteiisch und gewissenhaft gemäß den bauordnungsrechtlichen Vorschriften und den allgemein anerkannten Regeln der Technik auszuüben.

(3) Staatlich anerkannte sachverständige Personen dürfen sich der Mithilfe von befähigten und zuverlässigen Mitarbeiterinnen und Mitarbeitern nur in einem solchen Umfang bedienen, wie sie deren Tätigkeit voll überwachen können.

(4) Staatlich anerkannte sachverständige Personen können sich nur durch andere staatlich anerkannte sachverständige Personen derselben Fachrichtung vertreten lassen.

(5) Ergibt sich bei der Tätigkeit der staatlich anerkannten sachverständigen Personen, dass der Auftrag überwiegend einer Fachrichtung zuzuordnen ist, für die sie nicht anerkannt sind, so sind sie verpflichtet, in Abstimmung mit der Auftraggeberin oder dem Auftraggeber eine für die betreffende Fachrichtung anerkannte sachverständige Person hinzuzuziehen.

(6) Staatlich anerkannte sachverständige Personen dürfen Prüfungen nicht ausführen, wenn sie oder ihre Mitarbeiterinnen oder Mitarbeiter den Entwurf oder die Berechnung aufgestellt oder dabei mitgewirkt haben oder wenn sonst ein Befangenheitsgrund im Sinne von § 20 des Hamburgischen Verwaltungsverfahrensgesetzes vorliegt.

(7) Staatlich anerkannte sachverständige Personen sind verpflichtet, regelmäßig an fachspezifischen Fortbildungsveranstaltungen teilzunehmen. Die zuständige Behörde kann entsprechende Nachweise verlangen.

§ 9
Beauftragung und Entgeltregelung

(1) Die nach dieser Verordnung anerkannten sachverständigen Personen werden nach Maßgabe des Hamburgischen Gesetzes zur Erleichterung des Wohnungsbaus durch die Bauherrin oder den Bauherrn beauftragt.

(2) Die anerkannten sachverständigen Personen sind für die Prüfungs- und Überwachungsaufgaben zu honorieren. Das Honorar für die Prüf- und Überwachungsaufgaben ist auf der Grundlage der Baugebührenordnung vom 6. Dezember 1988 (HmbGVBl. S. 279), zuletzt geändert am 18. September 2001 (HmbGVBl. S. 411), in der jeweils geltenden Fassung zu ermitteln und schließt die Erteilung zugehöriger Bescheinigungen ein.

(3) In dem nach Absatz 2 ermittelten Honorar ist die Umsatzsteuer nicht enthalten.

(4) Ein Nachlass auf das Honorar ist unzulässig.

(5) Auf das Honorar können Abschlagszahlungen nach Prüffortschritt gefordert werden.

§ 10
Ordnungswidrigkeiten

Ordnungswidrig gemäß § 80 Absatz 1 Nummer 14 HBauO handelt, wer

1. die Bezeichnung „Staatlich anerkannte sachverständige Person für bautechnische Prüfaufgaben" mit oder ohne Angabe einer Fachrichtung führt, ohne die Anerkennung nach § 2 zu besitzen, oder

2. entgegen § 8 Absätze 1 bis 6 die zugewiesenen Aufgaben nicht eigenverantwortlich (§ 1 Absatz 2 Satz 3) oder nicht ordnungsgemäß wahrnimmt oder

3. entgegen § 9 Absatz 4 einen unzulässigen Nachlass auf das Honorar gewährt.

§ 11
Übergangsregelung

§ 4 Absatz 2 Nummer 8 gilt bis zum 31. Dezember 2001 mit der Maßgabe, dass an die Stelle des Betrages „eine Million Euro" der Betrag „zwei Millionen DM" tritt.

II/9
Verordnung über das Übereinstimmungszeichen (Übereinstimmungszeichen-Verordnung – ÜZVO)[1]

vom 20. 5. 2003 (HmbGVBl. S. 134)

§ 1

(1) Das Übereinstimmungszeichen (Ü-Zeichen) nach § 22 Absatz 4 HBauO besteht aus dem Buchstaben „Ü" und hat folgende Angaben zu enthalten:

1. Name des Herstellers; zusätzlich das Herstellwerk, wenn der Name des Herstellers eine eindeutige Zuordnung des Bauprodukts zu dem Herstellwerk nicht ermöglicht; anstelle des Namens des Herstellers genügt der Name des Vertreibers des Bauprodukts mit der Angabe des Herstellwerks; die Angabe des Herstellwerks darf verschlüsselt erfolgen, wenn sich beim Hersteller oder Vertreiber und, wenn ein Übereinstimmungszertifikat erforderlich ist, bei der Zertifizierungsstelle und Überwachungsstelle das Herstellwerk jederzeit eindeutig ermitteln lässt,

2. Grundlage der Übereinstimmungsbestätigung

   a) Kurzbezeichnung der für das geregelte Bauprodukt im Wesentlichen maßgebenden technischen Regel,

   b) die Bezeichnung für eine allgemeine bauaufsichtliche Zulassung als „Z" und deren Nummer,

   c) die Bezeichnung für ein allgemeines bauaufsichtliches Prüfzeugnis als „P", dessen Nummer und die Bezeichnung der Prüfstelle oder

   d) die Bezeichnung für eine Zustimmung im Einzelfall als „ZiE" und die Behörde,

---

[1] Die Verpflichtungen aus der Richtlinie 98/34/EG des Europäischen Parlaments und des Rates vom 22. Juni 1998 über ein Informationsverfahren auf dem Gebiet der Normen und technischen Vorschriften und Vorschriften für die Dienste der Informationsgesellschaft (ABl. EG Nr. L 204 S. 37), in der Fassung der Richtlinie 98/48/EG des Europäischen Parlaments und des Rates vom 20. Juli 1998 (ABl. EG Nr. L 217 S. 18), sind beachtet worden.

3. die für den Verwendungszweck wesentlichen Merkmale des Bauprodukts, soweit sie nicht durch die Angabe der Kurzbezeichnung der technischen Regel nach Nummer 2 Buchstabe a abschließend bestimmt sind,
4. die Bezeichnung oder das Bildzeichen der Zertifizierungsstelle, wenn die Einschaltung einer Zertifizierungsstelle vorgeschrieben ist.

(2) Die Angaben nach Absatz 1 sind auf der von dem Buchstaben „Ü" umschlossenen Innenfläche oder in deren unmittelbarer Nähe anzubringen. Der Buchstabe „Ü" und die Angaben nach Absatz 1 müssen deutlich lesbar sein. Der Buchstabe „Ü" muss in seiner Form der folgenden Abbildung entsprechen:

(3) Wird das Ü-Zeichen auf einem Beipackzettel, der Verpackung, dem Lieferschein oder einer Anlage zum Lieferschein angebracht, so darf der Buchstabe „Ü" ohne oder mit einem Teil der Angaben nach Absatz 1 zusätzlich auf dem Bauprodukt angebracht werden.

§ 2

(1) Diese Verordnung tritt am Tage nach der Verkündung in Kraft.

(2) Zum selben Zeitpunkt tritt die Übereinstimmungszeichen-Verordnung vom 29. November 1994 (HmbGVBl. S. 301, 310) außer Kraft.

II/10
Verordnung über Anforderungen an Hersteller von Bauprodukten und Anwender von Bauarten (HAVO)[1)]

vom 20. 5. 2003 (HmbGVBl. S. 132)

§ 1

Für

1. die Ausführung von Schweißarbeiten zur Herstellung tragender Stahlbauteile,

2. die Ausführung von Schweißarbeiten zur Herstellung tragender Aluminiumbauteile,

3. die Ausführung von Schweißarbeiten zur Herstellung von Betonstahlbewehrungen,

4. die Ausführung von Leimarbeiten zur Herstellung tragender Holzbauteile und von Brettschichtholz,

5. die Herstellung und den Einbau von Beton mit höherer Festigkeit und anderen besonderen Eigenschaften auf Baustellen (Beton B II), die Herstellung von Transportbeton und vorgefertigten tragenden Bauteilen aus Beton B II,

6. die Instandsetzung von tragenden Betonbauteilen, deren Standsicherheit gefährdet ist,

müssen die Herstellerin und der Hersteller von Bauprodukten und die Anwenderin und der Anwender von Bauarten über Fachkräfte mit besonderer Sachkunde und Erfahrung sowie über besondere Vorrichtungen verfügen. Die erforderliche Ausbildung und berufliche Erfahrung der Fachkräfte sowie die erforderlichen Vorrichtungen bestimmen sich in den Fällen des Satzes 1

---

1) Die Verpflichtungen aus der Richtlinie 98/34/EG des Europäischen Parlaments und des Rates vom 22. Juni 1998 über ein Informationsverfahren auf dem Gebiet der Normen und technischen Vorschriften und der Vorschriften für die Dienste der Informationsgesellschaft (ABl. EG Nr. L 204 S. 37), in der Fassung der Richtlinie 98/48/EG des Europäischen Parlaments und des Rates vom 20. Juli 1998 (ABl. EG Nr. L 217 S. 18), sind beachtet worden.

1. Nummer 1 nach DIN 18800-7: 1983-05; Richtlinie zur Ausführung von Stahlbauten und Herstellung von Bauprodukten aus Stahl: 1996-03 (Mitteilungen des Deutschen Instituts für Bautechnik, Mai 1996, Sonderheft Nummer 11/1),

2. Nummer 2 nach DIN 4113-1: 1980-05; Richtlinie zum Schweißen von tragenden Bauteilen aus Aluminium 1986-10 (Amtl. Anz. 1987 S. 1613),

3. Nummer 3 nach DIN 4099: 1985-11,

4. Nummer 4 nach DIN 1052-1: 1988-04, DIN 1052-1/A1: 1996-10,

5. Nummer 5 nach DIN 1045: 1988-07,

6. Nummer 6 nach der Richtlinie für Schutz und Instandsetzung von Betonbauteilen, Teil 3: 1991-02.

§ 2

(1) Die Hersteller und Anwender haben vor der erstmaligen Durchführung der Arbeiten nach § 1 und danach für solche nach

1. § 1 Satz 1 Nummern 1 bis 3, 5 und 6 in Abständen von höchstens drei Jahren,

2. § 1 Satz 1 Nummer 4 in Abständen von höchstens fünf Jahren

gegenüber einer nach § 23 Absatz 1 Satz 1 Nummer 6 HBauO anerkannten Prüfstelle nachzuweisen, dass sie über die vorgeschriebenen Fachkräfte und Vorrichtungen verfügen.

(2) Für die in § 1 aufgeführten Bauprodukte gelten die Überwachungsstellen für die Fremdüberwachung nach § 23 Absatz 1 Satz 1 Nummer 4 HBauO als Prüfstelle nach § 23 Absatz 1 Satz 1 Nummer 6 HBauO. Dies gilt auch für die Stellen, welche in den vom Deutschen Institut für Bautechnik im Einvernehmen mit der Bauaufsichtsbehörde bekannt gemachten Verzeichnissen der Stellen für Eignungsnachweise zum Schweißen von Stahl- und Aluminiumkonstruktionen und von Betonstahl sowie zum Leimen tragender Holzbauteile geführt wurden und die Eignung der Hersteller und Anwender geprüft haben.

§ 3

Die Bauaufsichtsbehörde kann im Einzelfall zulassen, dass Bauprodukte, Bauarten oder Teile baulicher Anlagen abweichend von den Regelungen dieser Verordnung hergestellt werden, wenn nachgewiesen ist, dass Gefahren im Sinne des § 3 Absatz 1 HBauO nicht zu erwarten sind.

II/11
Verordnung über die Überwachung von Tätigkeiten mit Bauprodukten und bei Bauarten (ÜTVO)[1)]

vom 20. 5. 2003 (HmbGVBl. S. 133)

§ 1

Folgende Tätigkeiten müssen durch eine Überwachungsstelle nach § 23 Absatz 1 Satz 1 Nummer 5 HBauO überwacht werden:

1. der Einbau von punktgestützten, hinterlüfteten Wandbekleidungen aus Einscheibensicherheitsglas in einer Höhe von mehr als 8 m über Gelände,

2. das Herstellen und der Einbau von Beton mit höherer Festigkeit und anderen besonderen Eigenschaften auf Baustellen (Beton B II),

3. die Instandsetzung von tragenden Betonbauteilen, deren Standsicherheit gefährdet ist,

4. der Einbau von Verpressankern,

5. das Einpressen von Zementmörtel in Spannkanäle,

6. das Einbringen von Ortschäumen auf Bauteilflächen über 50 m^2.

Die Überwachung erfolgt nach einschlägigen Technischen Baubestimmungen und kann sich auf Stichproben beschränken.

§ 2

Für die Tätigkeiten nach § 1 Satz 1 Nummern 2, 3, 5 und 6 gelten die Überwachungsstellen, die bisher als Überwachungsstellen nach § 23 Absatz 1 Satz 1 Nummer 4 HBauO die entsprechenden Bauprodukte überwachen, als anerkannte Überwachungsstellen nach § 23 Absatz 1 Satz 1 Nummer 5 HBauO.

---

1) Die Verpflichtungen aus der Richtlinie 98/34/EG des Europäischen Parlaments und des Rates vom 22. Juni 1998 über ein Informationsverfahren auf dem Gebiet der Normen und technischen Vorschriften und der Vorschriften für die Dienste der Informationsgesellschaft (ABl. EG Nr. L 204 S. 37), in der Fassung der Richtlinie 98/48/EG des Europäischen Parlaments und des Rates vom 20. Juli 1998 (ABl. EG Nr. L 217 S. 18), sind beachtet worden.

II/12
Verordnung über den Bau und Betrieb von Versammlungsstätten (Versammlungsstättenverordnung – VStättVO)[1]

vom 5. 8. 2003 (HmbGVBl. S. 420)

Inhaltsübersicht

TEIL 1
Allgemeine Vorschriften

§ 1 Anwendungsbereich
§ 2 Begriffe

TEIL 2
Allgemeine Bauvorschriften

ABSCHNITT 1
Bauteile und Baustoffe

§ 3 Bauteile
§ 4 Dächer
§ 5 Dämmstoffe, Unterdecken, Verkleidungen und Bodenbeläge

ABSCHNITT 2
Rettungswege

§ 6 Führung der Rettungswege
§ 7 Bemessung der Rettungswege
§ 8 Treppen
§ 9 Türen und Tore

---

1) Die Verpflichtungen aus der Richtlinie 98/34/EG des Europäischen Parlaments und des Rates vom 22. Juni 1998 über ein Informationsverfahren auf dem Gebiet der Normen und technischen Vorschriften (ABl. EG Nr. L 204 S. 37), zuletzt geändert durch die Richtlinie 98/48/EG des Europäischen Parlaments und des Rates vom 20. Juli 1998 (ABl. EG Nr. L 217 S. 18), sind beachtet worden.

ABSCHNITT 3
Besucherplätze und Einrichtungen für Besucher

- § 10 Bestuhlung, Gänge und Stufengänge
- § 11 Abschrankungen und Schutzvorrichtungen
- § 12 Toilettenräume
- § 13 (freibleibend aus redaktionellen Gründen)

ABSCHNITT 4
Technische Einrichtungen

- § 14 Sicherheitsstromversorgungsanlagen, elektrische Anlagen und Blitzschutzanlagen
- § 15 Sicherheitsbeleuchtung
- § 16 Rauchableitung
- § 17 Lüftungsanlagen
- § 18 Stände und Arbeitsgalerien für Licht-, Ton-, Bild- und Regieanlagen
- § 19 Feuerlöscheinrichtungen und -anlagen
- § 20 Brandmelde- und Alarmierungsanlagen, Brandmelder- und Alarmzentrale, Brandfallsteuerung der Aufzüge
- § 21 Werkstätten, Magazine und Lagerräume

TEIL 3
Besondere Bauvorschriften

ABSCHNITT 1
Großbühnen

- § 22 Bühnenhaus
- § 23 Schutzvorhang
- § 24 Feuerlösch- und Brandmeldeanlagen
- § 25 Platz für die Brandsicherheitswache

ABSCHNITT 2
Versammlungsstätten mit mehr als 5000 Besucherplätzen

- § 26 Räume für Lautsprecherzentrale, Polizei, Feuerwehr, Sanitäts- und Rettungsdienst
- § 27 Abschrankung und Blockbildung in Sportstadien mit mehr als 10 000 Besucherplätzen

§ 28	Wellenbrecher
§ 29	Abschrankung von Stehplätzen vor Szenenflächen
§ 30	Einfriedungen und Eingänge

TEIL 4
Betriebsvorschriften

ABSCHNITT 1
Rettungswege, Besucherplätze

| § 31 | Rettungswege, Flächen für die Feuerwehr |
| § 32 | Besucherplätze nach dem Bestuhlungs- und Rettungswegeplan |

ABSCHNITT 2
Brandverhütung

§ 33	Vorhänge, Sitze, Ausstattungen, Requisiten und Ausschmückungen
§ 34	Aufbewahrung von Ausstattungen, Requisiten, Ausschmückungen und brennbarem Material
§ 35	Rauchen, Verwendung von offenem Feuer und pyrotechnischen Gegenständen

ABSCHNITT 3
Betrieb technischer Einrichtungen

| § 36 | Bedienung und Wartung der technischen Einrichtungen |
| § 37 | Laseranlagen |

ABSCHNITT 4
Verantwortliche Personen, besondere Betriebsvorschriften

§ 38	Pflichten der Betreiber, Veranstalter und Beauftragten
§ 39	Verantwortliche für Veranstaltungstechnik
§ 40	Aufgaben und Pflichten der Verantwortlichen für Veranstaltungstechnik, technische Probe
§ 41	Brandsicherheitswache, Sanitäts- und Rettungsdienst
§ 42	Brandschutzordnung, Feuerwehrpläne
§ 43	Sicherheitskonzept, Ordnungsdienst

TEIL 5
Zusätzliche Bauvorlagen

§ 44 Zusätzliche Bauvorlagen, Bestuhlungs- und Rettungswegeplan
§ 45 Gastspielprüfbuch

TEIL 6
Bestehende Versammlungsstätten

§ 46 Anwendung der Vorschriften auf bestehende Versammlungsstätten

TEIL 7
Schlussvorschriften

§ 47 Ordnungswidrigkeiten
§ 48 In-Kraft-Treten

TEIL 1
Allgemeine Vorschriften

§ 1
Anwendungsbereich

(1) Die Vorschriften dieser Verordnung gelten für den Bau und Betrieb von

1. Versammlungsstätten mit Versammlungsräumen, die einzeln mehr als 200 Besucher fassen. Sie gelten auch für Versammlungsstätten mit mehreren Versammlungsräumen, die insgesamt mehr als 200 Besucher fassen, wenn diese Versammlungsräume gemeinsame Rettungswege haben,

2. Versammlungsstätten im Freien mit Szenenflächen, deren Besucherbereich mehr als 1000 Besucher fasst und ganz oder teilweise aus baulichen Anlagen besteht,

3. Sportstadien, die mehr als 5000 Besucher fassen.

(2) Die Anzahl der Besucher ist wie folgt zu bemessen:

1. für Sitzplätze an Tischen:

   1 Besucher je m^2 Grundfläche des Versammlungsraumes,

2. für Sitzplätze in Reihen und für Stehplätze:

2 Besucher je m² Grundfläche des Versammlungsraumes,

3. für Stehplätze auf Stufenreihen:

2 Besucher je laufendem Meter Stufenreihe,

4. bei Ausstellungsräumen:

1 Besucher je m² Grundfläche des Versammlungsraumes.

Für Besucher nicht zugängliche Flächen werden in die Berechnung nicht einbezogen. Für Versammlungsstätten im Freien und für Sportstadien gelten Satz 1 Nummern 1 bis 3 und Satz 2 entsprechend.

(3) Die Vorschriften dieser Verordnung gelten nicht für

1. Räume, die dem Gottesdienst gewidmet sind,

2. Unterrichtsräume in allgemein- und berufsbildenden Schulen,

3. Ausstellungsräume in Museen,

4. Fliegende Bauten.

(4) Bauprodukte, Bauarten und Prüfverfahren, die den in Vorschriften anderer Vertragsstaaten des Abkommens vom 2. Mai 1992 über den Europäischen Wirtschaftsraum genannten technischen Anforderungen entsprechen, dürfen verwendet werden, wenn das geforderte Schutzniveau in Bezug auf Sicherheit, Gesundheit und Gebrauchstauglichkeit gleichermaßen dauerhaft erreicht und die Verwendbarkeit nachgewiesen wird.

§ 2
Begriffe

(1) Versammlungsstätten sind bauliche Anlagen oder Teile baulicher Anlagen, die für die gleichzeitige Anwesenheit vieler Menschen bei Veranstaltungen, insbesondere erzieherischer, wirtschaftlicher, geselliger, kultureller, künstlerischer, politischer, sportlicher oder unterhaltender Art, bestimmt sind sowie Schank- und Speisewirtschaften.

(2) Erdgeschossige Versammlungsstätten sind Gebäude mit nur einem Geschoss ohne Ränge oder Emporen, dessen Fußboden an keiner Stelle mehr als 1 m unter der Geländeoberfläche liegt; dabei bleiben Geschosse außer Betracht, die ausschließlich der Unterbringung technischer Anlagen und Einrichtungen dienen.

(3) Versammlungsräume sind Räume für Veranstaltungen oder für den Verzehr von Speisen und Getränken. Hierzu gehören auch Aulen und Foyers, Vortrags- und Hörsäle sowie Studios.

(4) Szenenflächen sind Flächen für künstlerische und andere Darbietungen; für Darbietungen bestimmte Flächen unter 20 m² gelten nicht als Szenenflächen.

(5) In Versammlungsstätten mit einem Bühnenhaus ist

1. das Zuschauerhaus der Gebäudeteil, der die Versammlungsräume und die mit ihnen in baulichem Zusammenhang stehenden Räume umfasst,

2. das Bühnenhaus der Gebäudeteil, der die Bühnen und die mit ihnen in baulichem Zusammenhang stehenden Räume umfasst,

3. die Bühnenöffnung die Öffnung in der Trennwand zwischen der Hauptbühne und dem Versammlungsraum,

4. die Bühne der hinter der Bühnenöffnung liegende Raum mit Szenenflächen; zur Bühne zählen die Hauptbühne sowie die Hinter- und Seitenbühnen einschließlich der jeweils zugehörigen Ober- und Unterbühnen,

5. eine Großbühne eine Bühne

   a) mit einer Szenenfläche hinter der Bühnenöffnung von mehr als 200 m²,

   b) mit einer Oberbühne mit einer lichten Höhe von mehr als 2,5 m über der Bühnenöffnung oder

   c) mit einer Unterbühne,

6. die Unterbühne der begehbare Teil des Bühnenraumes unter dem Bühnenboden, der zur Unterbringung einer Untermaschinerie geeignet ist,

7. die Oberbühne der Teil des Bühnenraumes über der Bühnenöffnung, der zur Unterbringung einer Obermaschinerie geeignet ist.

(6) Mehrzweckhallen sind überdachte Versammlungsstätten für verschiedene Veranstaltungsarten.

(7) Studios sind Produktionsstätten für Film, Fernsehen und Hörfunk und mit Besucherplätzen.

(8) Foyers sind Empfangs- und Pausenräume für Besucher.

(9) Ausstattungen sind Bestandteile von Bühnen- oder Szenenbildern. Hierzu gehören insbesondere Wand-, Fußboden- und Deckenelemente, Bildwände, Treppen und sonstige Bühnenbildteile.

(10) Requisiten sind bewegliche Einrichtungsgegenstände von Bühnen- oder Szenenbildern. Hierzu gehören insbesondere Möbel, Leuchten, Bilder und Geschirr.

(11) Ausschmückungen sind vorübergehend eingebrachte Dekorationsgegenstände. Zu den Ausschmückungen gehören insbesondere Drapierungen, Girlanden, Fahnen und künstlicher Pflanzenschmuck.

(12) Sportstadien sind Versammlungsstätten mit Tribünen für Besucher und mit nicht überdachten Sportflächen.

(13) Tribünen sind bauliche Anlagen mit ansteigenden Steh- oder Sitzplatzreihen (Stufenreihen) für Besucher.

(14) Innenbereich ist die von Tribünen umgebene Fläche für Darbietungen.

TEIL 2
Allgemeine Bauvorschriften

ABSCHNITT 1
Bauteile und Baustoffe

§ 3
Bauteile

(1) Tragende Bauteile, wie Wände, Pfeiler, Stützen und Decken, müssen feuerbeständig, in erdgeschossigen Versammlungsstätten feuerhemmend sein. Satz 1 gilt nicht für erdgeschossige Versammlungsstätten mit automatischen Feuerlöschanlagen.

(2) Außenwände mehrgeschossiger Versammlungsstätten müssen aus nichtbrennbaren Baustoffen bestehen.

(3) Trennwände von Versammlungsräumen und Bühnen müssen feuerbeständig, in erdgeschossigen Versammlungsstätten mindestens feuerhemmend sein.

(4) Räume mit besonderen Brandgefahren, wie Werkstätten, Magazine und Lagerräume, sowie Räume unter Einbauten in Versammlungsräumen, wie Tribünen und Podien, müssen feuerbeständige Trennwände und Decken haben.

(5) Der Fußboden von Szenenflächen muss fugendicht sein. Betriebsbedingte Öffnungen sind zulässig. Die Unterkonstruktion, mit Ausnahme der Lagerhölzer, muss aus nichtbrennbaren Baustoffen bestehen. Räume unter dem Fußboden, die nicht zu einer Unterbühne gehören, müssen feuerbeständige Wände und Decken haben.

(6) Die Unterkonstruktion der Fußböden von veränderbaren Einbauten in Versammlungsräumen, wie Tribünen oder Podien, muss aus nichtbrennbaren Baustoffen bestehen.

(7) Tribünen und Podien sind so auszubilden, dass sie in ihrer Standsicherheit nicht durch dynamische Schwingungen gefährdet werden können.

§ 4
Dächer

(1) Tragwerke von Dächern, die den oberen Abschluss von Räumen der Versammlungsstätte bilden oder die von diesen Räumen nicht durch feuerbeständige Bauteile getrennt sind, müssen feuerbeständig sein; für Tragwerke von Dächern erdgeschossiger Versammlungsstätten genügen feuerhemmende Bauteile. Tragwerke von Dächern über Tribünen und Szenenflächen im Freien müssen mindestens feuerhemmend sein oder aus nichtbrennbaren Baustoffen bestehen. Satz 1 gilt nicht für Versammlungsstätten mit automatischen Feuerlöschanlagen.

(2) Bedachungen, ausgenommen Dachhaut und Dampfsperre, müssen bei Dächern, die den oberen Abschluss von Räumen der Versammlungsstätten bilden oder die von diesen Räumen nicht durch feuerbeständige Bauteile getrennt sind, aus nichtbrennbaren Baustoffen hergestellt werden.

(3) Lichtdurchlässige Bedachungen über Versammlungsräumen müssen aus nichtbrennbaren Baustoffen bestehen. Bei Versammlungsräumen mit automatischen Feuerlöschanlagen genügen schwerentflammbare Baustoffe, die nicht brennend abtropfen können.

§ 5
Dämmstoffe, Unterdecken, Verkleidungen und Bodenbeläge

(1) Dämmstoffe müssen aus nichtbrennbaren Baustoffen bestehen.

(2) Verkleidungen an Wänden in Versammlungsräumen müssen aus mindestens schwerentflammbaren Baustoffen bestehen. In Versammlungsräumen mit nicht mehr als 1000 m^2 Grundfläche genügen geschlossene nicht hinterlüftete Holzverkleidungen.

(3) Unterdecken und Verkleidungen an Decken in Versammlungsräumen müssen aus nichtbrennbaren Baustoffen bestehen. In Versammlungsräumen mit nicht mehr als 1000 m^2 Grundfläche genügen Verkleidungen aus mindestens schwerentflammbaren Baustoffen oder geschlossene nicht hinterlüftete Holzverkleidungen.

(4) In Foyers, notwendigen Treppenräumen, Räumen zwischen notwendigen Treppenräumen und Ausgängen ins Freie sowie notwendigen Fluren müssen Unterdecken und Verkleidungen aus nichtbrennbaren Baustoffen bestehen.

(5) Unterdecken und Verkleidungen, die mindestens schwerentflammbar sein müssen, dürfen nicht brennend abtropfen.

(6) Unterkonstruktionen, Halterungen und Befestigungen von Unterdecken und Verkleidungen nach den Absätzen 2 bis 4 müssen aus nichtbrennbaren Baustoffen bestehen; dies gilt nicht für Versammlungsräume mit nicht mehr als 100 m^2 Grundfläche. In den Hohlräumen hinter Unterdecken und Verkleidungen aus brennbaren Baustoffen dürfen Kabel und Leitungen nur in Installationsschächten oder Installationskanälen aus nichtbrennbaren Baustoffen verlegt werden.

(7) In notwendigen Treppenräumen, Räumen zwischen notwendigen Treppenräumen und Ausgängen ins Freie müssen Bodenbeläge nichtbrennbar sein. In notwendigen Fluren und Foyers müssen Bodenbeläge mindestens schwerentflammbar sein.

ABSCHNITT 2

Rettungswege

§ 6

Führung der Rettungswege

(1) Rettungswege müssen ins Freie zu öffentlichen Verkehrsflächen führen. Zu den Rettungswegen von Versammlungsstätten gehören insbesondere die freizuhaltenden Gänge und Stufengänge, die Ausgänge aus Versammlungsräumen, die notwendigen Flure und notwendigen Treppen, die Ausgänge ins Freie, die als Rettungsweg dienenden Balkone, Dachterrassen und Außentreppen sowie die Rettungswege im Freien auf dem Grundstück.

(2) Versammlungsstätten müssen in jedem Geschoss mit Aufenthaltsräumen mindestens zwei voneinander unabhängige bauliche Rettungswege haben; dies gilt für Tribünen entsprechend. Die Führung beider Rettungswege innerhalb eines Geschosses durch einen gemeinsamen notwendigen Flur ist zulässig. Rettungswege dürfen über Balkone, Dachterrassen und Außentreppen auf das Grundstück führen, wenn sie im Brandfall sicher begehbar sind.

(3) Rettungswege dürfen durch Foyers oder Hallen zu Ausgängen ins Freie geführt werden, wenn für jedes Geschoss mindestens ein weiterer von dem Foyer oder der Halle unabhängiger baulicher Rettungsweg vorhanden ist.

(4) Versammlungsstätten müssen für Geschosse mit jeweils mehr als 800 Besucherplätzen nur diesen Geschossen zugeordnete Rettungswege haben.

(5) Versammlungsräume und sonstige Aufenthaltsräume mit mehr als 100 m² Grundfläche müssen jeweils mindestens zwei möglichst weit auseinander und entgegengesetzt liegende Ausgänge ins Freie oder zu Rettungswegen haben.

(6) Ausgänge und Rettungswege müssen durch Sicherheitszeichen dauerhaft und gut sichtbar gekennzeichnet sein.

§ 7
Bemessung der Rettungswege

(1) Die Entfernung von jedem Besucherplatz bis zum nächsten Ausgang aus dem Versammlungsraum oder von der Tribüne darf nicht länger als 30 m sein. Bei mehr als 5 m lichter Höhe ist je 2,5 m zusätzlicher lichter Höhe über der zu entrauchenden Ebene für diesen Bereich eine Verlängerung der Entfernung um 5 m zulässig. Die Entfernung von 60 m bis zum nächsten Ausgang darf nicht überschritten werden. Die Entfernung wird in der Lauflinie gemessen.

(2) Die Entfernung von jeder Stelle einer Bühne bis zum nächsten Ausgang darf nicht länger als 30 m sein. Gänge zwischen den Wänden der Bühne und dem Rundhorizont oder den Dekorationen müssen eine lichte Breite von 1,20 m haben; in Großbühnen müssen diese Gänge vorhanden sein.

(3) Die Entfernung von jeder Stelle eines notwendigen Flures oder eines Foyers bis zum Ausgang ins Freie oder zu einem notwendigen Treppenraum darf nicht länger als 30 m sein.

(4) Die Breite der Rettungswege ist nach der größtmöglichen Personenzahl zu bemessen. Die lichte Breite eines jeden Teiles von Rettungswegen muss mindestens 1,20 m betragen. Die lichte Breite eines jeden Teiles von Rettungswegen muss für die darauf angewiesenen Personen mindestens betragen bei

1. Versammlungsstätten im Freien
   sowie Sportstadien .... 1,20 m je 600 Personen,
2. anderen Versammlungsstätten .... 1,20 m je 200 Personen.

Staffelungen sind nur in Schritten von 0,60 m zulässig. Bei Ausgängen aus Aufenthaltsräumen mit weniger als 200 m² Grundfläche und bei Rettungswegen im Bühnenhaus genügt eine lichte Breite von 0,90 m. Für Rettungswege von Arbeitsgalerien genügt eine Breite von 0,80 m.

(5) Ausstellungshallen müssen durch Gänge so unterteilt sein, dass die Tiefe der zur Aufstellung von Ausstellungsständen bestimmten Grundflächen (Ausstellungsflächen) nicht mehr als 30 m beträgt. Die Entfernung von jeder Stelle auf einer Ausstellungsfläche bis zu einem Gang darf nicht

mehr als 20 m betragen; sie wird auf die nach Absatz 1 bemessene Entfernung nicht angerechnet. Die Gänge müssen auf möglichst geradem Weg zu entgegengesetzt liegenden Ausgängen führen. Die lichte Breite der Gänge und der zugehörigen Ausgänge muss mindestens 3,00 m betragen.

§ 8
Treppen

(1) Die Führung der jeweils anderen Geschossen zugeordneten notwendigen Treppen in einem gemeinsamen Treppenraum (Schachteltreppen) ist zulässig.

(2) Notwendige Treppen müssen feuerbeständig sein. Für notwendige Treppen in Treppenräumen oder als Außentreppen genügen nichtbrennbare Baustoffe. Für notwendige Treppen von veränderbaren Einbauten oder von vorübergehend in Ausstellungshallen errichteten Einbauten genügen Unterkonstruktionen aus nichtbrennbaren Baustoffen und Stufen aus Holz.

(3) Die lichte Breite notwendiger Treppen darf nicht mehr als 2,40 m betragen.

(4) Notwendige Treppen und dem allgemeinen Besucherverkehr dienende Treppen müssen auf beiden Seiten feste und griffsichere Handläufe ohne freie Enden haben. Die Handläufe sind über Treppenabsätze fortzuführen.

(5) Notwendige Treppen und dem allgemeinen Besucherverkehr dienende Treppen müssen geschlossene Tritt- und Setzstufen haben; dies gilt nicht für Außentreppen.

(6) Wendeltreppen sind als notwendige Treppen für Besucher unzulässig.

§ 9
Türen und Tore

(1) Türen und Tore in raumabschließenden Innenwänden, die feuerbeständig sein müssen, sowie in inneren Brandwänden müssen mindestens feuerhemmend, rauchdicht und selbstschließend sein.

(2) Türen und Tore in raumabschließenden Innenwänden, die feuerhemmend sein müssen, müssen mindestens rauchdicht und selbstschließend sein.

(3) Türen in Rettungswegen müssen in Fluchtrichtung aufschlagen und dürfen keine Schwellen haben. Während des Aufenthaltes von Personen in der Versammlungsstätte müssen die Türen der jeweiligen Ret-

tungswege jederzeit von innen leicht und in voller Breite geöffnet werden können.

(4) Schiebetüren sind im Zuge von Rettungswegen unzulässig, dies gilt nicht für automatische Schiebetüren, die die Rettungswege nicht beeinträchtigen. Pendeltüren müssen in Rettungswegen Vorrichtungen haben, die ein Durchpendeln der Türen verhindern.

(5) Türen, die selbstschließend sein müssen, dürfen offen gehalten werden, wenn sie Einrichtungen haben, die bei Raucheinwirkung ein selbsttätiges Schließen der Türen bewirken; sie müssen auch von Hand geschlossen werden können.

(6) Mechanische Vorrichtungen zur Vereinzelung oder Zählung von Besuchern, wie Drehtüren oder -kreuze, sind in Rettungswegen unzulässig; dies gilt nicht für mechanische Vorrichtungen, die im Gefahrenfall von innen leicht und in voller Breite geöffnet werden können.

ABSCHNITT 3
Besucherplätze und Einrichtungen für Besucher

§ 10
Bestuhlung, Gänge und Stufengänge

(1) In Reihen angeordnete Sitzplätze müssen unverrückbar befestigt sein; werden nur vorübergehend Stühle aufgestellt, so sind sie in den einzelnen Reihen fest miteinander zu verbinden. Satz 1 gilt nicht für Gaststätten und Kantinen sowie für abgegrenzte Bereiche von Versammlungsräumen mit nicht mehr als 20 Sitzplätzen und ohne Stufen, wie Logen.

(2) Die Sitzplatzbereiche der Tribünen von Versammlungsstätten mit mehr als 5000 Besucherplätzen müssen unverrückbar befestigte Einzelsitze haben.

(3) Sitzplätze müssen mindestens 0,50 m breit sein. Zwischen den Sitzplatzreihen muss eine lichte Durchgangsbreite von mindestens 0,40 m vorhanden sein.

(4) Sitzplätze müssen in Blöcken von höchstens 30 Sitzplatzreihen angeordnet sein. Hinter und zwischen den Blöcken müssen Gänge mit einer Mindestbreite von 1,20 m vorhanden sein. Die Gänge müssen auf möglichst kurzem Weg zum Ausgang führen.

(5) Seitlich eines Ganges dürfen höchstens 10 Sitzplätze, bei Versammlungsstätten im Freien höchstens 20 Sitzplätze angeordnet sein. Zwischen zwei Seitengängen dürfen 20 Sitzplätze, bei Versammlungsstätten im Freien höchstens 40 Sitzplätze angeordnet sein. In Versammlungsräumen dürfen zwischen zwei Seitengängen höchstens 50 Sitzplätze angeordnet

sein, wenn auf jeder Seite des Versammlungsraumes für jeweils vier Sitzreihen eine Tür mit einer lichten Breite von 1,20 m angeordnet ist.

(6) Von jedem Tischplatz darf der Weg zu einem Gang nicht länger als 10 m sein. Der Abstand von Tisch zu Tisch soll 1,50 m nicht unterschreiten.

(7) In Versammlungsräumen müssen für Rollstuhlbenutzer mindestens 1 vom Hundert Besucherplätze, mindestens jedoch 2 Plätze auf ebenen Standflächen vorhanden sein. Den Plätzen für Rollstuhlbenutzer sind Besucherplätze für Begleitpersonen zuzuordnen. Die Plätze für Rollstuhlbenutzer und die Wege zu ihnen sind durch Hinweisschilder gut sichtbar zu kennzeichnen.

(8) Stufen in Gängen (Stufengänge) müssen eine Steigung von mindestens 0,10 m und höchstens 0,19 m und einen Auftritt von mindestens 0,26 m haben. Der Fußboden des Durchganges zwischen Sitzplatzreihen und der Fußboden von Stehplatzreihen muss mit dem anschließenden Auftritt des Stufenganges auf einer Höhe liegen. Stufengänge in Mehrzweckhallen mit mehr als 5000 Besucherplätzen und in Sportstadien müssen sich durch farbliche Kennzeichnung von den umgebenden Flächen deutlich abheben.

§ 11
Abschrankungen und Schutzvorrichtungen

(1) Flächen, die im Allgemeinen zum Begehen bestimmt sind und unmittelbar an tiefer liegende Flächen angrenzen, sind mit Abschrankungen zu umwehren, soweit sie nicht durch Stufengänge oder Rampen mit der tiefer liegenden Fläche verbunden sind. Satz 1 ist nicht anzuwenden:
1. für die den Besuchern zugewandten Seiten von Bühnen und Szenenflächen,
2. vor Stufenreihen, wenn die Stufenreihe nicht mehr als 0,50 m über dem Fußboden der davor liegenden Stufenreihe oder des Versammlungsraumes liegt oder
3. vor Stufenreihen, wenn die Rückenlehnen der Sitzplätze der davor liegenden Stufenreihe den Fußboden der hinteren Stufenreihe um mindestens 0,65 m überragen.

(2) Abschrankungen, wie Umwehrungen, Geländer, Wellenbrecher, Zäune, Absperrgitter oder Glaswände, müssen mindestens 1,10 m hoch sein.

(3) Vor Sitzplatzreihen genügen Umwehrungen von 0,90 m Höhe; bei mindestens 0,20 m Brüstungsbreite der Umwehrung genügen 0,80 m; bei mindestens 0,50 m Brüstungsbreite genügen 0,70 m. Liegt die Stufenreihe

nicht mehr als 1m über dem Fußboden der davor liegenden Stufenreihe oder des Versammlungsraumes, genügen vor Sitzplatzreihen 0,65 m.

(4) Abschrankungen in den für Besucher zugänglichen Bereichen müssen so bemessen sein, dass sie dem Druck einer Personengruppe standhalten.

(5) Die Fußböden und Stufen von Tribünen, Podien, Bühnen oder Szenenflächen dürfen keine Öffnungen haben, durch die Personen abstürzen können.

(6) Spielfelder, Manegen, Fahrbahnen für den Rennsport und Reitbahnen müssen durch Abschrankungen, Netze oder andere Vorrichtungen so gesichert sein, dass Besucher durch die Darbietung oder den Betrieb des Spielfeldes, der Manege oder der Bahn nicht gefährdet werden. Für Darbietungen und für den Betrieb technischer Einrichtungen im Luftraum über den Besucherplätzen gilt Satz 1 entsprechend.

(7) Werden Besucherplätze im Innenbereich von Fahrbahnen angeordnet, so muss der Innenbereich ohne Betreten der Fahrbahnen erreicht werden können.

§ 12
Toilettenräume

(1) Versammlungsstätten müssen getrennte Toilettenräume für Damen und Herren haben. Toiletten sollen in jedem Geschoss angeordnet werden. Es sollen mindestens vorhanden sein:

Besucherplätze	Damen-toiletten	Herrentoiletten	
	Toiletten-becken	Toilettenbecken	Urinalbecken
bis 1000 je 100	1,2	0,8	1,2
über 1000 je weitere 100 ...	0,8	0,4	0,6
über 20 000 je weitere 100 ..	0,4	0,3	0,6.

Die ermittelten Zahlen sind auf ganze Zahlen aufzurunden. Soweit die Aufteilung der Toilettenräume nach Satz 3 nach der Art der Veranstaltung nicht zweckmäßig ist, kann für die Dauer der Veranstaltung eine andere Aufteilung erfolgen, wenn die Toilettenräume entsprechend gekennzeichnet werden. Auf dem Gelände der Versammlungsstätte oder in der Nähe vorhandene Toiletten können angerechnet werden, wenn sie für die Besucher der Versammlungsstätte zugänglich sind.

(2) Für Rollstuhlbenutzer muss eine ausreichende Zahl geeigneter, stufenlos erreichbarer Toiletten, mindestens jedoch je 10 Plätzen für Rollstuhlbenutzer eine Toilette, vorhanden sein.

(3) Jeder Toilettenraum muss einen Vorraum mit Waschbecken haben.

§ 13
– freibleibend aus redaktionellen Gründen –

ABSCHNITT 4
Technische Einrichtungen

§ 14
Sicherheitsstromversorgungsanlagen, elektrische Anlagen und Blitzschutzanlagen

(1) Versammlungsstätten müssen eine Sicherheitsstromversorgungsanlage haben, die bei Ausfall der Stromversorgung den Betrieb der sicherheitstechnischen Anlagen und Einrichtungen übernimmt, insbesondere der

1. Sicherheitsbeleuchtung,
2. automatischen Feuerlöschanlagen und Druckerhöhungsanlagen für die Löschwasserversorgung,
3. Rauchabzugsanlagen,
4. Brandmeldeanlagen,
5. Alarmierungsanlagen.

(2) In Versammlungsstätten für verschiedene Veranstaltungsarten, wie Mehrzweckhallen, Theater und Studios, sind für die vorübergehende Verlegung beweglicher Kabel und Leitungen bauliche Vorkehrungen, wie Installationsschächte und -kanäle oder Abschottungen, zu treffen, die die Ausbreitung von Feuer und Rauch verhindern und die sichere Begehbarkeit insbesondere der Rettungswege gewährleisten.

(3) Elektrische Schaltanlagen dürfen für Besucher nicht zugänglich sein.

(4) Versammlungsstätten müssen Blitzschutzanlagen haben, die auch die sicherheitstechnischen Einrichtungen schützen (äußerer und innerer Blitzschutz).

§ 15
Sicherheitsbeleuchtung

(1) In Versammlungsstätten muss eine Sicherheitsbeleuchtung vorhanden sein, die so beschaffen ist, dass Arbeitsvorgänge auf Bühnen und Sze-

nenflächen sicher abgeschlossen werden können und sich Besucher, Mitwirkende und Betriebsangehörige auch bei vollständigem Versagen der allgemeinen Beleuchtung bis zu öffentlichen Verkehrsflächen hin gut zurechtfinden können.

(2) Eine Sicherheitsbeleuchtung muss vorhanden sein

1. in notwendigen Treppenräumen, in Räumen zwischen notwendigen Treppenräumen und Ausgängen ins Freie und in notwendigen Fluren,
2. in Versammlungsräumen sowie in allen übrigen Räumen für Besucher (zum Beispiel Foyers, Garderoben, Toiletten),
3. für Bühnen und Szenenflächen,
4. in den Räumen für Mitwirkende und Beschäftigte mit mehr als 20 m^2 Grundfläche, ausgenommen Büroräume,
5. in elektrischen Betriebsräumen, in Räumen für haustechnische Anlagen sowie in Scheinwerfer- und Bildwerferräumen,
6. in Versammlungsstätten im Freien und Sportstadien, die während der Dunkelheit benutzt werden,
7. für Sicherheitszeichen von Ausgängen und Rettungswegen,
8. für Stufenbeleuchtungen.

(3) In betriebsmäßig verdunkelten Versammlungsräumen, auf Bühnen und Szenenflächen muss eine Sicherheitsbeleuchtung in Bereitschaftsschaltung vorhanden sein. Die Ausgänge, Gänge und Stufen im Versammlungsraum müssen auch bei Verdunklung unabhängig von der übrigen Sicherheitsbeleuchtung erkennbar sein. Bei Gängen in Versammlungsräumen mit auswechselbarer Bestuhlung sowie bei Sportstadien mit Sicherheitsbeleuchtung ist eine Stufenbeleuchtung nicht erforderlich.

§ 16
Rauchableitung

(1) Versammlungsräume und sonstige Aufenthaltsräume mit mehr als 200 m^2 Grundfläche sowie Bühnen müssen Rauchabzugsanlagen haben. Notwendige Treppenräume müssen Rauchableitungsöffnungen mit einer freien Öffnungsfläche von mindestens 1 m^2 haben.

(2) Rauchabzugsanlagen müssen so bemessen sein, dass sie bis zum Wirksamwerden von Löschmaßnahmen eine raucharme Schicht von mindestens 2,50 m auf allen zu entrauchenden Ebenen, bei Bühnen jedoch mindestens eine raucharme Schicht von der Höhe der Bühnenöffnung, ermöglichen.

(3) Für Versammlungsräume und sonstige Aufenthaltsräume mit nicht mehr als 400 m² Grundfläche genügen Rauchableitungsöffnungen mit einer freien Öffnungsfläche von insgesamt 1 vom Hundert der Grundfläche, Fenster oder Türen mit einer freien Öffnungsfläche von insgesamt 2 vom Hundert der Grundfläche oder maschinelle Rauchabzugsanlagen mit einem Luftvolumenstrom von 36 m³/h je Quadratmeter Grundfläche.

(4) Rauchableitungsöffnungen sollen an der höchsten Stelle des Raumes liegen und müssen unmittelbar ins Freie führen. Die Rauchableitung über Schächte mit strömungstechnisch äquivalenten Querschnitten ist zulässig, wenn die Wände der Schächte die Anforderungen nach § 3 Absatz 3 erfüllen. Die Austrittsöffnungen müssen mindestens 0,25 m über der Dachfläche liegen. Fenster und Türen, die auch der Rauchableitung dienen, müssen im oberen Drittel der Außenwand der zu entrauchenden Ebene angeordnet werden.

(5) Die Abschlüsse der Rauchableitungsöffnungen von Bühnen mit Schutzvorhang müssen bei einem Überdruck von 350 Pa selbsttätig öffnen; eine automatische Auslösung durch geeignete Temperaturmelder ist zulässig.

(6) Maschinelle Rauchabzugsanlagen sind für eine Betriebszeit von 30 Minuten bei einer Rauchgastemperatur von 300° C auszulegen. Maschinelle Lüftungsanlagen können als maschinelle Rauchabzugsanlagen betrieben werden, wenn sie die an diese gestellten Anforderungen erfüllen.

(7) Die Vorrichtungen zum Öffnen oder Einschalten der Rauchabzugsanlagen, der Abschlüsse der Rauchableitungsöffnungen und zum Öffnen der nach Absatz 4 angerechneten Fenster müssen von einer jederzeit zugänglichen Stelle im Raum aus leicht bedient werden können. Bei notwendigen Treppenräumen muss die Vorrichtung zum Öffnen von jedem Geschoss aus leicht bedient werden können.

(8) Jede Bedienungsstelle muss mit einem Hinweisschild mit der Bezeichnung „RAUCHABZUG" und der Bezeichnung des jeweiligen Raumes gekennzeichnet sein. An der Bedienungsvorrichtung muss die Betriebsstellung der Anlage oder Öffnung erkennbar sein.

§ 17
Lüftungsanlagen

Versammlungsräume und sonstige Aufenthaltsräume mit mehr als 200 m² Grundfläche müssen Lüftungsanlagen haben. Das gilt nicht für Pausenhallen und Mehrzweckhallen bis zu 260 m² Fläche in allgemein bildenden Schulen, wenn eine ausreichende Belüftung sichergestellt ist.

§ 18
Stände und Arbeitsgalerien für Licht-, Ton-, Bild- und Regieanlagen

(1) Stände und Arbeitsgalerien für den Betrieb von Licht-, Ton-, Bild- und Regieanlagen, wie Schnürböden, Beleuchtungstürme oder Arbeitsbrücken, müssen aus nichtbrennbaren Baustoffen bestehen. Der Abstand zwischen Arbeitsgalerien und Raumdecken muss mindestens 2 m betragen.

(2) Von Arbeitsgalerien müssen mindestens zwei Rettungswege erreichbar sein. Jede Arbeitsgalerie einer Hauptbühne muss auf beiden Seiten der Hauptbühne einen Ausgang zu Rettungswegen außerhalb des Bühnenraumes haben.

(3) Öffnungen in Arbeitsgalerien müssen so gesichert sein, dass Personen oder Gegenstände nicht herabfallen können.

§ 19
Feuerlöscheinrichtungen und -anlagen

(1) Versammlungsräume, Bühnen, Foyers, Werkstätten, Magazine, Lagerräume und notwendige Flure sind mit geeigneten Feuerlöschern in ausreichender Zahl auszustatten. Die Feuerlöscher sind gut sichtbar und leicht zugänglich anzubringen.

(2) In Versammlungsstätten mit Versammlungsräumen von insgesamt mehr als 1000 m^2 Grundfläche müssen Wandhydranten in ausreichender Zahl gut sichtbar und leicht zugänglich an geeigneten Stellen angebracht sein.

(3) Versammlungsstätten mit Versammlungsräumen von insgesamt mehr als 3600 m^2 Grundfläche müssen eine automatische Feuerlöschanlage haben; dies gilt nicht für Versammlungsstätten, deren Versammlungsräume jeweils nicht mehr als 400 m^2 Grundfläche haben.

(4) Foyers oder Hallen, durch die Rettungswege aus anderen Versammlungsräumen führen, müssen eine automatische Feuerlöschanlage haben.

(5) Versammlungsräume, bei denen eine Fußbodenebene höher als 22 m über der Geländeoberfläche liegt, sind nur in Gebäuden mit automatischer Feuerlöschanlage zulässig.

(6) Versammlungsräume in Kellergeschossen müssen eine automatische Feuerlöschanlage haben.

(7) In Versammlungsräumen müssen offene Küchen oder ähnliche Einrichtungen mit einer Grundfläche von mehr als 30 m^2 eine dafür geeignete automatische Feuerlöschanlage haben.

(8) Die Wirkung automatischer Feuerlöschanlagen darf durch überdeckte oder mehrgeschossige Ausstellungs- oder Dienstleistungsstände nicht beeinträchtigt werden.

(9) Automatische Feuerlöschanlagen müssen an eine Brandmelderzentrale angeschlossen sein.

§ 20
Brandmelde- und Alarmierungsanlagen, Brandmelder- und Alarmzentrale, Brandfallsteuerung der Aufzüge

(1) Versammlungsstätten mit Versammlungsräumen von insgesamt mehr als 1000 m² Grundfläche müssen Brandmeldeanlagen mit automatischen und nicht automatischen Brandmeldern haben.

(2) Versammlungsstätten mit Versammlungsräumen von insgesamt mehr als 1000 m² Grundfläche müssen Alarmierungs- und Lautsprecheranlagen haben, mit denen im Gefahrenfall Besucher, Mitwirkende und Betriebsangehörige alarmiert und Anweisungen erteilt werden können.

(3) In Versammlungsstätten mit Versammlungsräumen von insgesamt mehr als 1000 m² Grundfläche müssen zusätzlich zu den örtlichen Bedienungsvorrichtungen zentrale Bedienungsvorrichtungen für Rauchabzugs-, Feuerlösch-, Brandmelde-, Alarmierungs- und Lautsprecheranlagen in einem für die Feuerwehr leicht zugänglichen Raum (Brandmelder- und Alarmzentrale) zusammengefasst werden.

(4) In Versammlungsstätten mit Versammlungsräumen von insgesamt mehr als 1000 m² Grundfläche müssen die Aufzüge mit einer Brandfallsteuerung ausgestattet sein, die durch die automatische Brandmeldeanlage ausgelöst wird. Die Brandfallsteuerung muss sicherstellen, dass die Aufzüge das Erdgeschoss oder das diesem nächstgelegene, nicht von der Brandmeldung betroffene Geschoss unmittelbar anfahren und dort mit geöffneten Türen außer Betrieb gehen.

(5) Automatische Brandmeldeanlagen müssen durch technische Maßnahmen gegen Falschalarme gesichert sein. Brandmeldungen müssen von der Brandmelderzentrale unmittelbar und automatisch zu der für den Brandschutz zuständigen Behörde weitergeleitet werden.

§ 21
Werkstätten, Magazine und Lagerräume

(1) Für feuergefährliche Arbeiten, wie Schweiß-, Löt- oder Klebearbeiten, müssen dafür geeignete Werkstätten vorhanden sein.

(2) Für das Aufbewahren von Dekorationen, Requisiten und anderem brennbaren Material müssen eigene Lagerräume (Magazine) vorhanden sein.

(3) Für die Sammlung von Abfällen und Wertstoffen müssen dafür geeignete Behälter im Freien oder besondere Lagerräume vorhanden sein.

(4) Werkstätten, Magazine und Lagerräume dürfen mit notwendigen Treppenräumen nicht in unmittelbarer Verbindung stehen.

TEIL 3
Besondere Bauvorschriften

ABSCHNITT 1
Großbühnen

§ 22
Bühnenhaus

(1) In Versammlungsstätten mit Großbühnen sind alle für den Bühnenbetrieb notwendigen Räume und Einrichtungen in einem eigenen, von dem Zuschauerhaus getrennten Bühnenhaus unterzubringen.

(2) Die Trennwand zwischen Bühnen- und Zuschauerhaus muss feuerbeständig und in der Bauart einer Brandwand hergestellt sein. Türen in dieser Trennwand müssen feuerbeständig und selbstschließend sein.

§ 23
Schutzvorhang

(1) Die Bühnenöffnung von Großbühnen muss gegen den Versammlungsraum durch einen Vorhang aus nichtbrennbarem Material dicht geschlossen werden können (Schutzvorhang). Der Schutzvorhang muss durch sein Eigengewicht schließen können. Die Schließzeit darf 30 Sekunden nicht überschreiten. Der Schutzvorhang muss einem Druck von 450 Pa nach beiden Richtungen standhalten. Eine höchstens 1 m breite, zur Hauptbühne sich öffnende, selbsttätig schließende Tür im Schutzvorhang ist zulässig.

(2) Der Schutzvorhang muss so angeordnet sein, dass er im geschlossenen Zustand an allen Seiten an feuerbeständige Bauteile anschließt. Der Bühnenboden darf unter dem Schutzvorhang durchgeführt werden. Das untere Profil dieses Schutzvorhangs muss ausreichend steif sein oder mit Stahldornen in entsprechende stahlbewehrte Aussparungen im Bühnenboden eingreifen.

(3) Die Vorrichtung zum Schließen des Schutzvorhangs muss mindestens an zwei Stellen von Hand ausgelöst werden können. Beim Schließen muss auf der Bühne ein Warnsignal zu hören sein.

§ 24
Feuerlösch- und Brandmeldeanlagen

(1) Großbühnen müssen eine automatische Sprühwasserlöschanlage haben, die auch den Schutzvorhang beaufschlagt.

(2) Die Sprühwasserlöschanlage muss zusätzlich mindestens von zwei Stellen aus von Hand in Betrieb gesetzt werden können.

(3) In Großbühnen müssen neben den Ausgängen zu den Rettungswegen in Höhe der Arbeitsgalerien und des Schnürbodens Wandhydranten vorhanden sein.

(4) Großbühnen und Räume mit besonderen Brandgefahren müssen eine Brandmeldeanlage mit automatischen und nicht automatischen Brandmeldern haben.

(5) Die Auslösung eines Alarmes muss optisch und akustisch am Platz der Brandsicherheitswache erkennbar sein.

§ 25
Platz für die Brandsicherheitswache

(1) Auf jeder Seite der Bühnenöffnung muss für die Brandsicherheitswache ein besonderer Platz mit einer Grundfläche von mindestens 1 m × 1 m und einer Höhe von mindestens 2,20 m vorhanden sein. Die Brandsicherheitswache muss die Fläche, die bespielt wird, überblicken und betreten können.

(2) Am Platz der Brandsicherheitswache müssen die Vorrichtung zum Schließen des Schutzvorhangs und die Auslösevorrichtungen der Rauchabzugs- und Sprühwasserlöschanlagen der Bühne sowie ein nicht automatischer Brandmelder leicht erreichbar angebracht und durch Hinweisschilder gekennzeichnet sein. Die Auslösevorrichtungen müssen beleuchtet sein. Diese Beleuchtung muss an die Sicherheitsstromversorgung angeschlossen sein. Die Vorrichtungen sind gegen unbeabsichtigtes Auslösen zu sichern.

ABSCHNITT 2
Versammlungsstätten mit mehr als 5000 Besucherplätzen

§ 26
Räume für Lautsprecherzentrale, Polizei, Feuerwehr, Sanitäts- und Rettungsdienst

(1) Mehrzweckhallen und Sportstadien müssen einen Raum für eine Lautsprecherzentrale haben, von dem aus die Besucherbereiche und der

Innenbereich überblickt und Polizei, Feuerwehr und Rettungsdienste benachrichtigt werden können. Die Lautsprecheranlage muss eine Vorrangschaltung für die Einsatzleitung der Polizei haben.

(2) In Mehrzweckhallen und Sportstadien sind ausreichend große Räume für die Polizei und die Feuerwehr anzuordnen. Der Raum für die Einsatzleitung der Polizei muss eine räumliche Verbindung mit der Lautsprecherzentrale haben und mit Anschlüssen für eine Videoanlage zur Überwachung der Besucherbereiche ausgestattet sein.

(3) Wird die Funkkommunikation der Einsatzkräfte von Polizei und Feuerwehr innerhalb der Versammlungsstätte durch die bauliche Anlage gestört, ist die Versammlungsstätte mit technischen Anlagen zur Unterstützung des Funkverkehrs auszustatten.

(4) In Mehrzweckhallen und Sportstadien muss mindestens ein ausreichend großer Raum für den Sanitäts- und Rettungsdienst vorhanden sein.

§ 27
Abschrankung und Blockbildung in Sportstadien mit mehr als 10 000 Besucherplätzen

(1) Die Besucherplätze müssen vom Innenbereich durch mindestens 2,20 m hohe Abschrankungen abgetrennt sein. In diesen Abschrankungen sind den Stufengängen zugeordnete, mindestens 1,80 m breite Tore anzuordnen, die sich im Gefahrenfall leicht zum Innenbereich hin öffnen lassen. Die Tore dürfen nur vom Innenbereich oder von zentralen Stellen aus zu öffnen sein und müssen in geöffnetem Zustand durch selbsteinrastende Feststeller gesichert werden. Der Übergang in den Innenbereich muss niveaugleich sein.

(2) Vor Sitzplätzen sind Abschrankungen nach Absatz 1 nicht erforderlich, wenn ein mit den für öffentliche Sicherheit oder Ordnung zuständigen Behörden abgestimmtes Sicherheitskonzept vorgelegt wird.

(3) Stehplätze müssen in Blöcken für höchstens 2500 Besucher angeordnet werden, die durch mindestens 2,20 m hohe Abschrankungen mit eigenen Zugängen abgetrennt sind.

§ 28
Wellenbrecher

Werden mehr als 5 Stufen von Stehplatzreihen hintereinander angeordnet, so ist vor der vordersten Stufe eine durchgehende Schranke von 1,10 m Höhe anzuordnen. Nach jeweils fünf weiteren Stufen sind Schranken gleicher Höhe (Wellenbrecher) anzubringen, die einzeln mindestens 3 m und höchstens 5,50 m lang sind. Die seitlichen Abstände zwischen den Wellenbrechern dürfen nicht mehr als 5 m betragen. Die Abstände sind nach höchstens 5 Stehplatzreihen durch versetzt angeordnete Wellenbrecher zu überdecken, die auf beiden Seiten mindestens 0,25 m länger sein müssen als die seitlichen Abstände zwischen den Wellenbrechern. Die Wellenbrecher sind im Bereich der Stufenvorderkante anzuordnen.

§ 29
Abschrankung von Stehplätzen vor Szenenflächen

(1) Werden vor Szenenflächen Stehplätze für Besucher angeordnet, so sind die Besucherplätze von der Szenenfläche durch eine Abschrankung so abzutrennen, dass zwischen der Szenenfläche und der Abschrankung ein Gang von mindestens 2 m Breite für den Ordnungsdienst und Rettungskräfte vorhanden ist.

(2) Durch mindestens zwei weitere Abschrankungen sind vor der Szenenfläche nur von den Seiten zugängliche Stehplatzbereiche zu bilden. Die Abschrankungen müssen an den Seiten einen Abstand von jeweils mindestens 5 m und über die Breite der Szenenfläche einen Abstand von mindestens 10 m haben. Die durch diese Abschrankungen gebildeten Stehplatzbereiche sind so zu bemessen, dass sie jeweils nicht mehr als 1000 Besucherplätze haben.

§ 30
Einfriedungen und Eingänge

(1) Stadionanlagen müssen eine mindestens 2,20 m hohe Einfriedung haben, die das Überklettern erschwert.

(2) Vor den Eingängen sind Geländer so anzuordnen, dass Besucher nur einzeln und hintereinander Einlass finden. Es sind Einrichtungen für Zugangskontrollen sowie für die Durchsuchung von Personen und Sachen vorzusehen. Für die Einsatzkräfte von Polizei, Feuerwehr und Rettungsdiensten sind von den Besuchereingängen getrennte Eingänge anzuordnen.

(3) Für Einsatz- und Rettungsfahrzeuge müssen besondere Zufahrten, Aufstell- und Bewegungsflächen vorhanden sein. Von den Zufahrten und Aufstellflächen aus müssen die Eingänge der Versammlungsstätten unmittelbar erreichbar sein. Für Einsatz- und Rettungsfahrzeuge muss eine Zufahrt zum Innenbereich vorhanden sein. Die Zufahrten, Aufstell- und Bewegungsflächen müssen gekennzeichnet sein.

TEIL 4
Betriebsvorschriften

ABSCHNITT 1
Rettungswege, Besucherplätze

§ 31
Rettungswege, Flächen für die Feuerwehr

(1) Rettungswege auf dem Grundstück sowie Zufahrten, Aufstell- und Bewegungsflächen für Einsatzfahrzeuge von Polizei, Feuerwehr und Rettungsdiensten müssen ständig freigehalten werden. Darauf ist dauerhaft und gut sichtbar hinzuweisen.

(2) Rettungswege in der Versammlungsstätte müssen ständig freigehalten werden.

(3) Während des Betriebes müssen alle Türen von Rettungswegen unverschlossen sein.

§ 32
Besucherplätze nach dem Bestuhlungs- und Rettungswegeplan

(1) Die Zahl der im Bestuhlungs- und Rettungswegeplan genehmigten Besucherplätze darf nicht überschritten und die genehmigte Anordnung der Besucherplätze darf nicht geändert werden.

(2) Eine Ausfertigung des für die jeweilige Nutzung genehmigten Planes ist in der Nähe des Haupteinganges eines jeden Versammlungsraumes gut sichtbar anzubringen.

ABSCHNITT 2
Brandverhütung

§ 33
Vorhänge, Sitze, Ausstattungen, Requisiten und Ausschmückungen

(1) Vorhänge von Bühnen und Szenenflächen müssen aus mindestens schwerentflammbarem Material bestehen.

(2) Sitze von Versammlungsstätten mit mehr als 5000 Besucherplätzen müssen aus mindestens schwerentflammbarem Material bestehen. Die Unterkonstruktion muss aus nichtbrennbarem Material bestehen.

(3) Ausstattungen müssen aus mindestens schwerentflammbarem Material bestehen. Bei Bühnen oder Szenenflächen mit automatischen Feuerlöschanlagen genügen Ausstattungen aus normalentflammbarem Material.

(4) Requisiten müssen aus mindestens normalentflammbarem Material bestehen.

(5) Ausschmückungen müssen aus mindestens schwerentflammbarem Material bestehen. Ausschmückungen in notwendigen Fluren und notwendigen Treppenräumen müssen aus nichtbrennbarem Material bestehen.

(6) Ausschmückungen müssen unmittelbar an Wänden, Decken oder Ausstattungen angebracht werden. Frei im Raum hängende Ausschmückungen sind zulässig, wenn sie einen Abstand von mindestens 2,50 m zum Fußboden haben. Ausschmückungen aus natürlichem Pflanzenschmuck dürfen sich nur so lange sie frisch sind in den Räumen befinden.

(7) Der Raum unter dem Schutzvorhang ist von Ausstattungen, Requisiten oder Ausschmückungen so freizuhalten, dass die Funktion des Schutzvorhangs nicht beeinträchtigt wird.

(8) Brennbares Material muss von Zündquellen, wie Scheinwerfern, so weit entfernt sein, dass das Material durch diese nicht entzündet werden kann.

§ 34
Aufbewahrung von Ausstattungen, Requisiten, Ausschmückungen und brennbarem Material

(1) Ausstattungen, Requisiten und Ausschmückungen dürfen nur außerhalb der Bühnen und der Szenenflächen aufbewahrt werden; dies gilt nicht für den Tagesbedarf.

(2) Auf den Bühnenerweiterungen dürfen Szenenaufbauten der laufenden Spielzeit bereitgestellt werden, wenn die Bühnenerweiterungen durch Tore gegen die Hauptbühne abgetrennt sind.

(3) An den Zügen von Bühnen oder Szenenflächen dürfen nur Ausstattungsteile für einen Tagesbedarf hängen.

(4) Pyrotechnische Gegenstände, brennbare Flüssigkeiten und anderes brennbares Material, insbesondere Packmaterial, dürfen nur in den dafür vorgesehenen Magazinen aufbewahrt werden.

§ 35
Rauchen, Verwendung von offenem Feuer und pyrotechnischen Gegenständen

(1) Auf Bühnen und Szenenflächen, in Werkstätten und Magazinen ist das Rauchen verboten. Das Rauchverbot gilt nicht für Darsteller und Mit-

wirkende auf Bühnen- und Szenenflächen während der Proben und Veranstaltungen, soweit das Rauchen in der Art der Veranstaltungen begründet ist.

(2) In Versammlungsräumen, auf Bühnen- und Szenenflächen und in Sportstadien ist das Verwenden von offenem Feuer, brennbaren Flüssigkeiten und Gasen, pyrotechnischen Gegenständen und anderen explosionsgefährlichen Stoffen verboten. Das Verwendungsverbot gilt nicht, soweit das Verwenden von offenem Feuer, brennbaren Flüssigkeiten und Gasen sowie pyrotechnischen Gegenständen in der Art der Veranstaltung begründet ist und der Veranstalter die erforderlichen Brandschutzmaßnahmen im Einzelfall mit der Feuerwehr abgestimmt hat. Die Verwendung pyrotechnischer Gegenstände muss durch eine nach Sprengstoffrecht geeignete Person überwacht werden.

(3) Die Verwendung von Kerzen und ähnlichen Lichtquellen als Tischdekoration sowie die Verwendung von offenem Feuer in dafür vorgesehenen Kücheneinrichtungen zur Zubereitung von Speisen ist zulässig.

(4) Auf die Verbote der Absätze 1 und 2 ist dauerhaft und gut sichtbar hinzuweisen.

ABSCHNITT 3
Betrieb technischer Einrichtungen

§ 36
Bedienung und Wartung der technischen Einrichtungen

(1) Der Schutzvorhang muss täglich vor der ersten Vorstellung oder Probe durch Aufziehen und Herablassen auf seine Betriebsbereitschaft geprüft werden. Der Schutzvorhang ist nach jeder Vorstellung herabzulassen und zu allen arbeitsfreien Zeiten geschlossen zu halten.

(2) Die Automatik der Sprühwasserlöschanlage kann während der Dauer der Anwesenheit der Verantwortlichen für Veranstaltungstechnik abgeschaltet werden.

(3) Die automatische Brandmeldeanlage kann abgeschaltet werden, soweit dies in der Art der Veranstaltung begründet ist und der Veranstalter die erforderlichen Brandschutzmaßnahmen im Einzelfall mit der Feuerwehr abgestimmt hat.

(4) Während des Aufenthaltes von Personen in Räumen, für die eine Sicherheitsbeleuchtung vorgeschrieben ist, muss diese in Betrieb sein, soweit die Räume nicht ausreichend durch Tageslicht erhellt sind.

(5) Sicherheitstechnische Einrichtungen sind regelmäßig zu warten.

§ 37
Laseranlagen

Auf den Betrieb von Laseranlagen in den für Besucher zugänglichen Bereichen sind die arbeitsschutzrechtlichen Vorschriften entsprechend anzuwenden.

ABSCHNITT 4
Verantwortliche Personen, besondere Betriebsvorschriften

§ 38
Pflichten der Betreiber, Veranstalter und Beauftragten

(1) Der Betreiber ist für die Sicherheit der Veranstaltung und die Einhaltung der Vorschriften verantwortlich.

(2) Während des Betriebes von Versammlungsstätten muss der Betreiber oder ein von ihm beauftragter Veranstaltungsleiter ständig anwesend sein.

(3) Der Betreiber muss die Zusammenarbeit von Ordnungsdienst, Brandsicherheitswache und Sanitätswache mit der Polizei, der Feuerwehr und dem Rettungsdienst gewährleisten.

(4) Der Betreiber ist zur Einstellung des Betriebes verpflichtet, wenn für die Sicherheit der Versammlungsstätte notwendige Anlagen, Einrichtungen oder Vorrichtungen nicht betriebsfähig sind oder wenn Betriebsvorschriften nicht eingehalten werden können.

(5) Der Betreiber kann die Verpflichtungen nach den Absätzen 1 bis 4 durch schriftliche Vereinbarung auf den Veranstalter übertragen, wenn dieser oder dessen beauftragter Veranstaltungsleiter mit der Versammlungsstätte und deren Einrichtungen vertraut ist. Die Verantwortung des Betreibers bleibt unberührt.

§ 39
Verantwortliche für Veranstaltungstechnik

(1) Verantwortliche für Veranstaltungstechnik sind

1. die Geprüften Meister für Veranstaltungstechnik der Fachrichtungen Bühne/Studio, Beleuchtung, Halle nach der Verordnung über die Prüfung zum anerkannten Abschluss „Geprüfter Meister für Veranstaltungstechnik/Geprüfte Meisterin für Veranstaltungstechnik" in den Fachrichtungen Bühne/Studio, Beleuchtung, Halle vom 26. Januar 1997 (BGBl. I S. 118), zuletzt geändert am 29. Juli 2002 (BGBl. I S. 2904, 2905),

2. technische Fachkräfte mit bestandenem fachrichtungsspezifischen Teil der Prüfung nach § 3 Absatz 1 Nummer 2 in Verbindung mit den §§ 5, 6 oder 7 der Verordnung über die Prüfung zum anerkannten Abschluss „Geprüfter Meister für Veranstaltungstechnik/Geprüfte Meisterin für Veranstaltungstechnik" in den Fachrichtungen Bühne/ Studio, Beleuchtung, Halle in der jeweiligen Fachrichtung,

3. Diplomingenieure der Fachrichtung Theater- und Veranstaltungstechnik mit mindestens einem Jahr Berufserfahrung im technischen Betrieb von Bühnen, Studios oder Mehrzweckhallen in der jeweiligen Fachrichtung, denen die zuständige Behörde oder die von ihr bestimmte Stelle ein Befähigungszeugnis nach Anlage 1 ausgestellt hat,

4. technische Fachkräfte, die den Befähigungsnachweis nach den bis zum In-Kraft-Treten dieser Verordnung geltenden Vorschriften erworben haben.

Auf Antrag stellt die zuständige Behörde auch den Personen nach Satz 1 Nummern 1 und 2 ein Befähigungszeugnis nach Anlage 1 aus. Die in einem anderen Land der Bundesrepublik Deutschland ausgestellten Befähigungszeugnisse werden anerkannt.

(2) Ausbildungen, die in einem anderen Mitgliedstaat der Europäischen Union oder einem Vertragsstaat des Abkommens über den Europäischen Wirtschaftsraum erworben und durch ein Zeugnis nachgewiesen werden, sind entsprechend der Richtlinie 89/48/EWG des Rates vom 21. Dezember 1989 über eine allgemeine Regelung zur Anerkennung der Hochschuldiplome, die eine mindestens dreijährige Berufsausbildung abschließen (ABl. EG 1989 Nr. L 19 S. 16), zuletzt geändert am 14. Mai 2001 (ABl. EG Nr. L 206 S. 1), und der Richtlinie 92/51/EWG des Rates vom 18. Juni 1992 über eine Zweite allgemeine Regelung zur Anerkennung beruflicher Befähigungsnachweise in Ergänzung der Richtlinie 89/98 EWG (ABl. EG Nr. 209 S. 25), zuletzt geändert am 14. Mai 2001 (ABl. EG Nr. L 206 S. 1), den in Absatz 1 genannten Ausbildungen gleichgestellt.

§ 40
Aufgaben und Pflichten der Verantwortlichen für Veranstaltungstechnik, technische Probe

(1) Die Verantwortlichen für Veranstaltungstechnik müssen mit den bühnen-, studio- und beleuchtungstechnischen und sonstigen technischen Einrichtungen der Versammlungsstätte vertraut sein und deren Sicherheit und Funktionsfähigkeit, insbesondere hinsichtlich des Brandschutzes, während des Betriebes gewährleisten.

(2) Beim Auf- oder Abbau technischer Einrichtungen von Großbühnen oder Szenenflächen mit mehr als 200 m^2 Grundfläche oder in Mehrzweck-

hallen mit mehr als 5000 Besucherplätzen sowie bei wesentlichen Wartungs- und Instandsetzungsarbeiten an diesen technischen Einrichtungen und bei technischen Proben muss mindestens ein Verantwortlicher für Veranstaltungstechnik anwesend sein.

(3) Bei Generalproben, Veranstaltungen, Sendungen oder Aufzeichnungen von Veranstaltungen auf Großbühnen oder Szenenflächen mit mehr als 200 m^2 Grundfläche oder in Mehrzweckhallen mit mehr als 5000 Besucherplätzen müssen mindestens ein Verantwortlicher für Veranstaltungstechnik der Fachrichtung Bühne/Studio oder der Fachrichtung Halle sowie ein Verantwortlicher für Veranstaltungstechnik der Fachrichtung Beleuchtung anwesend sein.

(4) Bei Szenenflächen mit mehr als 50 m^2 und nicht mehr als 200 m^2 Grundfläche oder in Mehrzweckhallen mit nicht mehr als 5000 Besucherplätzen müssen die Aufgaben nach den Absätzen 1 bis 3 zumindest von einer Fachkraft für Veranstaltungstechnik mit abgeschlossener Berufsausbildung gemäß der Verordnung über die Berufsausbildung zur Fachkraft für Veranstaltungstechnik vom 18. Juli 2002 (BGBl. I S. 2699) und mindestens drei Jahren Berufserfahrung wahrgenommen werden.

(5) Bei Großbühnen sowie bei Szenenflächen mit mehr als 200 m^2 Grundfläche und bei Gastspielveranstaltungen mit eigenem Szenenaufbau in Versammlungsräumen muss vor der ersten Veranstaltung eine nicht öffentliche technische Probe mit vollem Szenenaufbau und voller Beleuchtung stattfinden. Diese technische Probe ist der Bauaufsichtsbehörde mindestens 24 Stunden vorher anzuzeigen. Beabsichtigte wesentliche Änderungen des Szenenaufbaues nach der technischen Probe sind der zuständigen Bauaufsichtsbehörde rechtzeitig anzuzeigen. Die Bauaufsichtsbehörde kann auf die technische Probe verzichten, wenn dies nach der Art der Veranstaltung oder nach dem Umfang des Szenenaufbaues unbedenklich ist.

§ 41
Brandsicherheitswache, Sanitäts- und Rettungsdienst

(1) Bei Veranstaltungen mit erhöhten Brandgefahren hat der Betreiber eine Brandsicherheitswache einzurichten.

(2) Bei jeder Veranstaltung auf Großbühnen sowie Szenenflächen mit mehr als 200 m^2 Grundfläche muss eine Brandsicherheitswache der für den Brandschutz zuständigen Behörde anwesend sein. Den Anweisungen der Brandsicherheitswache ist zu folgen. Eine Brandsicherheitswache der für den Brandschutz zuständigen Behörde ist nicht erforderlich, wenn die für den Brandschutz zuständige Behörde dem Betreiber bestätigt, dass er

über eine ausreichende Zahl ausgebildeter Kräfte verfügt, die die Aufgaben der Brandsicherheitswache wahrnehmen.

(3) Veranstaltungen mit voraussichtlich mehr als 5000 Besuchern sind der für den Sanitäts- und Rettungsdienst zuständigen Behörde rechtzeitig anzuzeigen.

§ 42
Brandschutzordnung, Feuerwehrpläne

(1) Der Betreiber oder ein von ihm Beauftragter hat im Einvernehmen mit der für den Brandschutz zuständigen Behörde eine Brandschutzordnung aufzustellen und durch Aushang bekannt zu machen. In der Brandschutzordnung sind insbesondere die Erforderlichkeit und die Aufgaben eines Brandschutzbeauftragten und der Kräfte für den Brandschutz sowie die Maßnahmen festzulegen, die zur Rettung Behinderter, insbesondere Rollstuhlbenutzer, erforderlich sind.

(2) Das Betriebspersonal ist bei Beginn des Arbeitsverhältnisses und danach mindestens einmal jährlich zu unterweisen über

1. die Lage und die Bedienung der Feuerlöscheinrichtungen und -anlagen, Rauchabzugsanlagen, Brandmelde- und Alarmierungsanlagen und der Brandmelder- und Alarmzentrale,

2. die Brandschutzordnung, insbesondere über das Verhalten bei einem Brand oder bei einer Panik, und

3. die Betriebsvorschriften.

Der für den Brandschutz zuständigen Behörde ist Gelegenheit zu geben, an der Unterweisung teilzunehmen. Über die Unterweisung ist eine Niederschrift zu fertigen, die der Bauaufsichtsbehörde auf Verlangen vorzulegen ist.

(3) Im Einvernehmen mit der für den Brandschutz zuständigen Behörde sind Feuerwehrpläne anzufertigen und der Feuerwehr zur Verfügung zu stellen.

§ 43
Sicherheitskonzept, Ordnungsdienst

(1) Erfordert es die Art der Veranstaltung, hat der Betreiber ein Sicherheitskonzept aufzustellen und einen Ordnungsdienst einzurichten.

(2) Für Versammlungsstätten mit mehr als 5000 Besucherplätzen hat der Betreiber im Einvernehmen mit den für Sicherheit oder Ordnung zuständigen Behörden ein Sicherheitskonzept aufzustellen. Im Sicher-

heitskonzept sind die Mindestzahl der Kräfte des Ordnungsdienstes gestaffelt nach Besucherzahlen und Gefährdungsgraden sowie die betrieblichen Sicherheitsmaßnahmen und die allgemeinen und besonderen Sicherheitsdurchsagen festzulegen.

(3) Der nach dem Sicherheitskonzept erforderliche Ordnungsdienst muss unter der Leitung eines vom Betreiber oder Veranstalter bestellten Ordnungsdienstleiters stehen.

(4) Der Ordnungsdienstleiter und die Ordnungsdienstkräfte sind für die betrieblichen Sicherheitsmaßnahmen verantwortlich. Sie sind insbesondere für die Kontrolle an den Ein- und Ausgängen und den Zugängen zu den Besucherblöcken, die Beachtung der maximal zulässigen Besucherzahl und der Anordnung der Besucherplätze, die Beachtung der Verbote des § 35, die Sicherheitsdurchsagen sowie für die geordnete Evakuierung im Gefahrenfall verantwortlich.

TEIL 5
Zusätzliche Bauvorlagen

§ 44
Zusätzliche Bauvorlagen, Bestuhlungs- und Rettungswegeplan

(1) Mit den Bauvorlagen ist ein Brandschutzkonzept vorzulegen, in dem insbesondere die maximal zulässige Zahl der Besucher, die Anordnung und Bemessung der Rettungswege und die zur Erfüllung der brandschutztechnischen Anforderungen erforderlichen baulichen, technischen und betrieblichen Maßnahmen dargestellt sind.

(2) Für die nach dieser Verordnung erforderlichen technischen Einrichtungen sind besondere Pläne, Beschreibungen und Nachweise vorzulegen.

(3) Mit den bautechnischen Nachweisen sind Standsicherheitsnachweise für dynamische Belastungen vorzulegen.

(4) Der Verlauf der Rettungswege im Freien, die Zufahrten und die Aufstell- und Bewegungsflächen für die Einsatz- und Rettungsfahrzeuge sind in einem besonderen Außenanlagenplan darzustellen.

(5) Die Anordnung der Sitz- und Stehplätze, einschließlich der Plätze für Rollstuhlbenutzer, der Bühnen-, Szenen- oder Spielflächen sowie der Verlauf der Rettungswege sind in einem Bestuhlungs- und Rettungswegeplan im Maßstab von mindestens 1 : 200 darzustellen. Sind verschiedene Anordnungen vorgesehen, so ist für jede ein besonderer Plan vorzulegen.

§ 45
Gastspielprüfbuch

(1) Für den eigenen, gleich bleibenden Szenenaufbau von wiederkehrenden Gastspielveranstaltungen kann auf schriftlichen Antrag ein Gastspielprüfbuch erteilt werden.

(2) Das Gastspielprüfbuch muss dem Muster der Anlage 2 entsprechen. Der Veranstalter ist durch das Gastspielprüfbuch von der Verpflichtung entbunden, an jedem Gastspielort die Sicherheit des Szenenaufbaues und der dazugehörenden technischen Einrichtungen erneut nachzuweisen.

(3) Das Gastspielprüfbuch wird von der zuständigen Behörde erteilt. Die Geltungsdauer ist auf die Dauer der Tournee zu befristen und kann auf schriftlichen Antrag verlängert werden. Vor der Erteilung ist eine technische Probe durchzuführen. Die in einem anderen Land der Bundesrepublik Deutschland ausgestellten Gastspielprüfbücher werden anerkannt.

(4) Das Gastspielprüfbuch ist der für den Gastspielort zuständigen Bauaufsichtsbehörde rechtzeitig vor der ersten Veranstaltung am Gastspielort vorzulegen. Werden für die Gastspielveranstaltung Fliegende Bauten genutzt, ist das Gastspielprüfbuch mit der Anzeige der Aufstellung der Fliegenden Bauten vorzulegen. Die Befugnisse nach § 58 HBauO bleiben unberührt.

TEIL 6
Bestehende Versammlungsstätten

§ 46
Anwendung der Vorschriften auf bestehende Versammlungsstätten

(1) Die zum Zeitpunkt des In-Kraft-Tretens der Verordnung bestehenden Versammlungsstätten mit mehr als 5000 Besucherplätzen sind innerhalb von zwei Jahren folgenden Vorschriften anzupassen:

1. Kennzeichnung der Ausgänge und Rettungswege (§ 6 Absatz 6),
2. Sitzplätze (§ 10 Absatz 2 und § 33 Absatz 2),
3. Lautsprecheranlage (§ 20 Absatz 2 und § 26 Absatz 1),
4. Einsatzzentrale für die Polizei (§ 26 Absatz 2),
5. Abschrankung von Besucherbereichen (§ 27 Absätze 1 und 3),
6. Wellenbrecher (§ 28),
7. Abschrankung von Stehplätzen vor Szenenflächen (§ 29).

(2) Auf die zum Zeitpunkt des In-Kraft-Tretens der Verordnung bestehenden Versammlungsstätten sind die Betriebsvorschriften entsprechend anzuwenden.

TEIL 7
Schlussvorschriften

§ 47
Ordnungswidrigkeiten

Ordnungswidrig nach § 80 Absatz 1 Nummer 14 HBauO handelt, wer vorsätzlich oder fahrlässig

1. entgegen § 31 Absatz 1 die Rettungswege auf dem Grundstück, die Zufahrten, Aufstell- und Bewegungsflächen nicht freihält,

2. entgegen § 31 Absatz 2 die Rettungswege in der Versammlungsstätte nicht freihält,

3. entgegen § 31 Absatz 3 während des Betriebes Türen in Rettungswegen verschließt oder feststellt,

4. entgegen § 32 Absatz 1 die Zahl der genehmigten Besucherplätze überschreitet oder die genehmigte Anordnung der Besucherplätze ändert,

5. entgegen § 33 Absätze 1 bis 5 andere als die dort genannten Materialien verwendet oder entgegen § 33 Absätze 6 bis 8 anbringt,

6. entgegen § 34 Absätze 1 bis 3 Ausstattungen auf der Bühne aufbewahrt oder nicht von der Bühne entfernt,

7. entgegen § 34 Absatz 4 pyrotechnische Gegenstände, brennbare Flüssigkeiten oder anderes brennbares Material außerhalb der dafür vorgesehenen Magazine aufbewahrt,

8. entgegen § 35 Absätze 1 und 2 raucht oder offenes Feuer, brennbare Flüssigkeiten oder Gase, explosionsgefährliche Stoffe oder pyrotechnische Gegenstände verwendet,

9. entgegen § 36 Absatz 4 die Sicherheitsbeleuchtung nicht in Betrieb nimmt,

10. entgegen § 37 Laseranlagen in Betrieb nimmt,

11. als Betreiber, Veranstalter oder beauftragter Veranstaltungsleiter entgegen § 38 Absatz 2 während des Betriebes nicht anwesend ist,

12. als Betreiber, Veranstalter oder beauftragter Veranstaltungsleiter entgegen § 38 Absatz 4 den Betrieb der Versammlungsstätte nicht einstellt,

13. entgegen § 40 Absätze 2 bis 4 als Betreiber, Veranstalter oder beauftragter Veranstaltungsleiter den Betrieb von Bühnen oder Szenenflächen zulässt, ohne dass die erforderlichen Verantwortlichen oder Fachkräfte für Veranstaltungstechnik anwesend sind oder wer als Verantwortlicher oder Fachkraft für Veranstaltungstechnik die Versammlungsstätte während des Betriebes verlässt,

14. als Betreiber entgegen § 41 Absätze 1 und 2 nicht für die Durchführung der Brandsicherheitswache sorgt oder entgegen § 41 Absatz 3 die Veranstaltung nicht anzeigt,

15. als Betreiber oder Veranstalter die nach § 42 Absatz 2 vorgeschriebenen Unterweisungen unterlässt,

16. als Betreiber oder Veranstalter entgegen § 43 Absätze 1 bis 3 keinen Ordnungsdienst oder keinen Ordnungsdienstleiter bestellt,

17. als Ordnungsdienstleiter oder Ordnungsdienstkraft entgegen § 43 Absätze 3 oder 4 seinen Aufgaben nicht nachkommt,

18. als Betreiber einer der Anpassungspflichten nach § 46 Absatz 1 nicht oder nicht fristgerecht nachkommt.

§ 48
In-Kraft-Treten

Diese Verordnung tritt am 1. Oktober 2003 in Kraft.

Anlage 1
zur VStättVO

Herr/Frau geboren am in gegenwärtige Anschrift hat die Eignung als **Verantwortliche/r für Veranstaltungstechnik** der Fachrichtung **Bühne/Studio** **Beleuchtung** **Halle** nach § 39 der Versammlungsstättenverordnung nachgewiesen. Befähigungszeugnis-Nr.: Ausstellende Behörde (Siegel) Ort, den (Unterschrift)	(Innenseite) (Foto) (Unterschrift des Inhabers)

	(Außenseite) **Befähigungszeugnis** als **Verantwortliche/r** **für** **Veranstaltungstechnik**

Als amtliches Befähigungszeugnis kann auch ein Ausweis im Format 5,4 cm × 8,6 cm mit den erforderlichen Daten ausgestellt werden.

Anlage 2
zur VStättVO

Gastspielprüfbuch
nach § 45 VStättVO

Gastspielveranstaltung: ....

Art der Veranstaltung: ....

Veranstalter: ....

Straße/Hausnummer: ....

PLZ: .... Ort: ....

Telefonnummer: .... Fax: ....

E-Mail: ....

das Gastspielbuch gilt bis zum: ....

Auf der Grundlage der Angaben in diesem Gastspielprüfbuch, evtl. Auflagen und einer nichtöffentlichen Probe am .... in der Veranstaltungsstätte .... ist der Nachweis der Sicherheit der Gastspielveranstaltung erbracht.

Dieses Gastspielprüfbuch ist in drei Ausfertigungen ausgestellt worden, davon verbleibt eine Ausfertigung bei der ausstellenden Behörde

ausgestellt am: ....

durch: ....

Name des Geschäftsführers/Vertreters des Veranstalters: ....

(Anschrift, falls diese nicht mit der des Veranstalters identisch ist.)

Straße/Hausnummer: ....

PLZ: .... Ort: ....

Telefonnummer: .... Fax: ....

E-Mail: ....

II/12 VStättVO Anlage 2

Dieses Gastspielprüfbuch hat 5 Seiten und folgende Anhänge:

☐ ...... Seiten statische Berechnungen (Anhang 1)

☐ ...... Seiten Angaben über das Brandverhalten der Materialien (Anhang 2)

☐ ...... Seiten Angaben über die feuergefährlichen Handlungen (Anhang 3)

☐ ...... Seiten Angaben über pyrotechnische Effekte (Anhang 4)

☐ ...... Seiten Sonstige Angaben z. B. über Prüfzeugnisse, Baumuster (Anhang 5)

☐ ...... Seiten ....

☐ ...... Seiten ....

☐ ...... Seiten ....

Veranstaltungsleiter gemäß § 38 Abs. 2 und 5 der VStättVO für die geplanten Gastspiele ist

Herr/Frau: ....

1. **Bühne/Studio:**

    Herr/Frau: ....

    Befähigungszeugnis-Nr.: ....

    Ausstellungsdatum: ....

    ausstellende Behörde: ....

2. **Halle:**

    Herr/Frau: ....

    Befähigungszeugnis-Nr.: ....

    Ausstellungsdatum: ....

    ausstellende Behörde: ....

3. **Beleuchtung:**

    Herr/Frau: ....

    Befähigungszeugnis-Nr.: ....

    Ausstellungsdatum: ....

    ausstellende Behörde: ....

Anlage 2 VStättVO **II/12**

4. **Fachkraft für Veranstaltungstechnik (§ 40 Abs. 4 VStättVO):**

   Bei Szenenflächen mit nicht mehr als 200 m² Grundfläche

   Herr/Frau: ....

1. **Ausführliche Beschreibung der Veranstaltung**

   (Angaben zur Veranstaltungsart zu den vorgesehenen Gastspielen, zur Anzahl der Mitwirkenden, zu feuergefährlichen Handlungen, pyrotechnischen Effekten, anderen technischen Einrichtungen, z. B. Laser, zur Ausstattung, zum Ablauf der Veranstaltung und zu sonstigen Vorgängen, die Maßnahmen zur Gefahrenabwehr erforderlich machen.)

2. **Darstellung der Aufbauten, Ausstattungen, technischen Einrichtungen**

   (Die Aufbauten und Ausstattungen sind zu beschreiben, zeichnerisch ist der Bühnenaufbau mindestens durch einen Grundriss und möglichst durch einen Schnitt darzustellen. Werden Ausrüstungen in größerem Umfang gehangen, ist ein Hängeplan erforderlich, auf bewegliche Teile der Dekoration und zum Aufbau gehörende maschinen- und elektrotechnische Einrichtungen und die damit verbundenen Gefahren ist hinzuweisen. Es sind Angaben zu mitgeführten Bühnen/Szenenflächen, Zuschauertribünen und Bestuhlungen zu machen, sonstige Angaben.)

3. **Gefährdungsanalyse**

   a) Bei gefährlichen szenischen Vorgängen ist eine Gefährdungsanalyse durchzuführen. Gefährliche szenische Vorgänge sind z. B. offene Verwandlung, maschinentechnische Bewegungen, künstlerische Tätigkeiten im oder über dem Zuschauerbereich.

   - Beschreibung der gefährlichen szenischen Handlung: ....
   - Unterwiesene Personen: ....
   - Schutzmaßnahmen: ....
   - Einweisung vor jeder Probe und Vorstellung
     erforderlich: ☐ ja ☐ nein

::rehm*bau* Hamburgische Bauordnung 245

b) Vor dem Einsatz gefährlicher szenischer Einrichtungen ist eine Gefährdungsanalyse durchzuführen.

Gefährliche szenische Einrichtungen sind Geräte, Einrichtungen und Einbauten in kritischen Bereichen von Bühnen, Szenenflächen und Zuschauerbereichen, z. B. Unterbauen des Schutzvorhangs, Anordnung von Regieeinrichtungen, Vorführgeräten, Scheinwerfern, Kameras, Laseranlagen usw. im Zuschauerraum, Leitungsverbindungen zwischen Brandabschnitten.

- Geräte, Einrichtungen und Einbauten: ....

- Unterbauen des Schutzvorhangs: ....

- Ortsveränderliche technische Einrichtungen im Zuschauerraum: ....

- Laseranlagen/Standort: ....

- Leitungsverbindungen: ....

- Sonstiges: ....

4. **Auflagen**

5. **Rechtsbehelfsbelehrung**

Gegen diesen Bescheid kann innerhalb eines Monats nach Bekanntgabe Widerspruch erhoben werden. Der Widerspruch ist schriftlich oder zur Niederschrift

bei ....

in ....

einzulegen.

Hamburg, den

(Dienstsiegel) (Behörde)

Anhang 1

zum Gastspielprüfbuch ....
(Titel der Gastspielveranstaltung)

Standsicherheitsnachweis[1]

(ggf. Hinweis auf beigefügte statische Berechnungen)

---

1) ggf. weitere Seiten anfügen

Anhang 2

zum Gastspielprüfbuch ....
(Titel der Gastspielveranstaltung)

Baustoff- und Materialliste

In der VStättVO werden an die zur Verwendung kommenden Baustoffe und Materialien brandschutztechnische Anforderungen gestellt. Folgende Mindestanforderungen sind zu erfüllen:

Ort: Gegenstand	Szenenfläche ohne automatische Feuerlöschanlage	Szenenfläche mit automatischer Feuerlöschanlage	Großbühne	Zuschauerraum und Nebenräume	Foyers
Szenenpodien: Fußboden/Bodenbeläge	B 2	B 2	B 2	B 2	B 2
Szenenpodien: Unterkonstruktion	A 1	A 1	A 1	A 1	A 1
Vorhänge	B 1	B 1	B 1	–	–
Ausstattung	B 1	B 2	B 2	–	–
Requisiten	B 2	B 2	B 2	–	–
Ausschmückungen	B 1	B 1	B 1	B 1	B 1

Erläuterungen:

Nach DIN 4102 Teil 1 gelten für Baustoffe folgende Bezeichnungen:

nichtbrennbare Baustoffe: **A 1**

nichtbrennbare Baustoffe mit brennbaren Bestandteilen: **A 2**

schwerentflammbare Baustoffe: **B 1**

normalentflammbare Baustoffe: **B 2**

Soweit die eingesetzten Materialen keine Baustoffe sind, werden die Bezeichnungen entsprechend den für Baustoffe geltenden Klassifizierungen verwendet. Für Textilien und Möbel sind die Klassifizierungen und Prüfungen nach den dafür geltenden DIN-Normen nachzuweisen. Ort bezeichnet den Einsatzort des Baustoffes oder Materials:

B = Bühne
S = Szenenfläche
SmF = Szenenfläche mit automatischer Feuerlöschanlage
SoL = Szenenfläche ohne automatische Feuerlöschanlage
Z = Zuschauerraum (bei Versammlungsstätten mit Bühnenhaus)
V = Versammlungsraum
F = Foyer

Ist das Material nach DIN klassifiziert oder durch ein Prüfzeichen zugelassen, so ist der Feuerschutz ausreichend dokumentiert. Ansonsten ist das Material mit Feuerschutzmitteln zu behandeln, durch die die Zuordnung zu einer angestrebten Baustoffklasse erreicht werden kann.

Für Baustoffe sind die Verwendungsnachweise nach den §§ 20 ff. HBauO zu führen.

Zur Verwendung kommen folgende Baustoffe und Materialen[1]

Baustoff oder Material				Feuerschutz			
lfd. Nr.	Beschreibung	Baustoffklasse A 1, A 2, B 1, B 2	Ort	Klassifizierung nach DIN/ Prüfzeichen	Feuerschutzmittel/Prüfzeichen	damit erreichte Baustoffklasse	aufgebracht am

1) ggf. weitere Seiten anfügen

II/12 VStättVO Anhang 2

Baustoff oder Material				Feuerschutz			
lfd. Nr.	Beschreibung	Baustoff-klasse A 1, A 2, B 1, B 2	Ort	Klassifi-zierung nach DIN/ Prüfzei-chen	Feuer-schutzmit-tel/Prüfzei-chen	damit erreichte Baustoff-klasse	aufgebracht am

Anhang 3

zum Gastspielprüfbuch ....
(Titel der Gastspielveranstaltung)

Angaben über feuergefährliche Handlungen

Dieser Anhang ist erforderlich, wenn auf der Bühne/Szenenfläche oder im Versammlungsraum szenisch bedingt, geraucht oder offenes Feuer verwendet wird. Feuergefährliche Handlungen sind der zuständigen Behörde am Gastspielort anzuzeigen. Für feuergefährliche Handlungen, von denen eine besondere Gefahr wegen ihrer Art oder der Nähe des Abbrennortes zu Ausstattungen oder Personen ausgeht, ist eine Gefährdungsanalyse durchzuführen. Für die Einhaltung der sich daraus ergebenden Auflagen ist der Veranstalter verantwortlich.

Handlungen mit offenem Feuer[1]

Zeitpunkt im Ablauf	Anzahl	Art (Zigarette, Kerze o. Ä.)	Szenischer Ablauf (Ablauf der Aktion)	Ort auf der Bühne/Szenenfläche	Löschen/ Aschablage	Nr. der Gefährdungsanalyse

1) ggf. weitere Seiten anfügen

Zeitpunkt im Ablauf	Anzahl	Art (Zigarette, Kerze o. Ä.)	Szenischer Ablauf (Ablauf der Aktion)	Ort auf der Bühne/Szenenfläche	Löschen/ Aschablage	Nr. der Gefährdungsanalyse

Erläuterungen:

Der Zeitpunkt im Ablauf kann, je nach Veranstaltungstyp, in Akten, Szenen, Bildern, Programmpunkten oder Musikstücken oder in Minuten von einer Nullzeit ausgehend, angegeben werden. Unter Anzahl ist die Stückzahl der zu diesem Zeitpunkt entzündeten Effekte einzutragen. Art bezeichnet den Typ des Effektes, z. B. Zigarette, Kerze, Fackel, Brennpaste, Gas usw. Ort auf der Bühne/Szenenfläche bezeichnet, in welchem Teilraum oder auf welcher Teilfläche die Aktion hauptsächlich stattfindet. Unter Löschen/Aschablage sind die Vorrichtungen einzutragen, die für das sichere Löschen der feuergefährlichen Gegenstände oder für die Ablage der Asche vorgesehen sind.

Brandschutztechnische Gefährdungsanalyse[1]

(Für feuergefährliche Handlungen, von denen eine besondere Gefahr wegen ihrer Art oder der Nähe des Abbrennortes zu Ausstattungen oder Personen ausgeht, ist eine Gefährdungsanalyse durchzuführen.)

Feuergefährliche Handlungen

Gefahren durch:
- ☐ Flammbildung
- ☐ Funkenflug
- ☐ Blendung
- ☐ Wärmestrahlung
- ☐ Abtropfen heißer Schlacke
- ☐ Druckwirkung
- ☐ Splittereinwirkung
- ☐ Staubablagerung
- ☐ Schallwirkung

---

[1] ggf. weitere Seiten anfügen

☐ Gegenseitige Beeinflussung verschiedener Effekte
☐ Gesundheitsgefährdende Gase, Staube, Dämpfe, Rauch

Schutzmaßnahmen: Abstände zu Personen:

Abstände zu Dekorationen:

Unterwiesene Personen:

Lösch- u. Feuerbekämpfungsmittel:

Sonstige Maßnahmen:

Anhang 4

zum Gastspielprüfbuch ....
(Titel der Gastspielveranstaltung)

Angaben über die pyrotechnischen Effekte

Diese Anlage ist erforderlich, wenn auf der Bühne/Szenenfläche oder im Versammlungsraum szenisch bedingte pyrotechnische Effekte durchgeführt werden. Pyrotechnische Effekte sind der zuständigen Behörde anzuzeigen und bedürfen der Genehmigung. Für pyrotechnische Effekte, von denen eine besondere Gefahr wegen ihrer Art oder der Nähe des Abbrennortes zu Ausstattungen oder Personen ausgeht, ist eine Gefährdungsanalyse durchzuführen. Für die Einhaltung der sich daraus ergebenden Auflagen ist der Veranstalter verantwortlich.

Pyrotechnische Effekte der Klassen III, IV und T2 dürfen nur von verantwortlichen Personen im Sinne der §§ 19 und 21 SprengG durchgeführt werden. Pyrotechnische Gegenstände der Klassen I, II und T1 dürfen auch von Personen ohne Befähigungsschein verwendet werden, wenn sie vom Veranstalter hierzu beauftragt sind.

Nach Sprengstoffrecht verantwortliche Personen:

Erlaubnisscheininhaber:

Name/Vorname: ....
Erlaubnisschein Nr.: ....
Ausstellungsdatum: ....
ausstellende Behörde: ....

Befähigungsscheininhaber:

Name/Vorname: ....
Befähigungsschein Nr.: ....
Ausstellungsdatum: ....
ausstellende Behörde: ....

Beauftragte Person:
(nur Klasse I, II, T1)

Herr/Frau: ....

Pyrotechnische Effekte[1]

lfd. Nr.	Zeitpunkt im Ablauf	Anzahl	Art des Effektes	BAM-Nummer	Ort auf der Bühne/Szenenfläche	Dauer des Effektes	Nr. der Gefährdungsanalyse

1) ggf. weitere Seiten anfügen

II/12 VStättVO Anhang 4

lfd. Nr.	Zeitpunkt im Ablauf	Anzahl	Art des Effektes	BAM-Nummer	Ort auf der Bühne/ Szenenfläche	Dauer des Effektes	Nr. der Gefährdungsanalyse

Erläuterungen:

Unter lfd. Nr. sind die vorgesehenen Effekte fortlaufend in der Reihenfolge des Abbrennens zu nummerieren. Der Zeitpunkt im Ablauf kann, je nach Veranstaltungstyp, in Akten, Szenen, Bildern, Programmpunkten oder Musikstücken oder in Minuten von einer Nullzeit ausgehend, angegeben werden. Unter Anzahl ist die Stückzahl der zu diesem Zeitpunkt gezündeten, identischen Effekte einzutragen. Art bezeichnet den Typ des Effektes (Bühnenblitz, Fontäne o. a.). BAM-Nr. meint das Zulassungszeichen der Bundesanstalt für Materialprüfung. Bei Ort auf der Bühne/Szenenfläche ist anzugeben, wo die Effekte gezündet werden. Dauer des Effektes bezeichnet die Zeitspanne vom Zünden des Effektes bis zum endgültigen Verlöschen in Sekunden. Bei extrem kurzzeitigen Effekten, wie Blitzen oder Knallkörpern, ist eine „0" einzutragen.

Pyrotechnische Gefährdungsanalyse[1)]

(Vor dem Einsatz pyrotechnischer Effekte ist eine Gefährdungsanalyse durchzuführen.)

Pyrotechnische Effekte

Gefahren durch: ☐ Flammbildung

☐ Funkenflug

☐ Blendung

☐ Wärmestrahlung

☐ Abtropfen heißer Schlacke

☐ Druckwirkung
☐ Splittereinwirkung
☐ Staubablagerung
☐ Schallwirkung
☐ Gegenseitige Beeinflussung verschiedener Effekte
☐ Gesundheitsgefährdende Gase, Staube, Dämpfe, Rauch

Schutzmaßnahmen: Abstände zu Personen:

Abstände zu Dekorationen:

Unterwiesene Personen:

Lösch- u. Feuerbekämpfungsmittel:

Sonstige Maßnahmen:

Anhang 5

zum Gastspielprüfbuch ....
(Titel der Gastspielveranstaltung)
Sonstige Angaben

Für folgende Bauprodukte liegen Prüfzeugnisse vor:

Für folgende Fliegende Bauten liegen Ausführungsgenehmigungen vor:

II/13
Verordnung über den Bau und Betrieb von Verkaufsstätten (Verkaufsstättenverordnung – VkVO)[1)]

vom 5. 8. 2003 (HmGVBl. S. 413)

Inhaltsübersicht

§ 1	Anwendungsbereich
§ 2	Begriffe
§ 3	Tragende Wände, Pfeiler und Stützen
§ 4	Außenwände
§ 5	Trennwände
§ 6	Brandabschnitte
§ 7	Decken
§ 8	Dächer
§ 9	Verkleidungen, Dämmstoffe
§ 10	Rettungswege in Verkaufsstätten
§ 11	Treppen
§ 12	Treppenräume, Treppenraumerweiterungen
§ 13	Ladenstraßen, Flure, Hauptgänge
§ 14	Ausgänge
§ 15	Türen in Rettungswegen
§ 16	Rauchabführung
§ 17	Beheizung
§ 18	Sicherheitsbeleuchtung
§ 19	Blitzschutzanlagen
§ 20	Feuerlöscheinrichtungen, Brandmeldeanlagen und Alarmierungseinrichtungen
§ 21	Sicherheitsstromversorgungsanlagen

1) ggf. weitere Seiten anfügen

§ 22   Lage der Verkaufsräume
§ 23   Räume für Abfälle und Wertstoffe
§ 24   Gefahrenverhütung
§ 25   Rettungswege auf dem Grundstück, Flächen für die Feuerwehr
§ 26   Verantwortliche Personen
§ 27   Brandschutzordnung
§ 28   (freibleibend aus redaktionellen Gründen)
§ 29   Zusätzliche Bauvorlagen
§ 30   (freibleibend aus redaktionellen Gründen)
§ 31   Weitergehende Anforderungen
§ 32   Übergangsvorschriften
§ 33   Ordnungswidrigkeiten
§ 34   In-Kraft-Treten

§ 1
Anwendungsbereich

Die Vorschriften dieser Verordnung gelten für jede Verkaufsstätte, deren Verkaufsräume und Ladenstraßen einschließlich ihrer Bauteile eine Fläche von insgesamt mehr als 2000 m² haben.

§ 2
Begriffe

(1) Verkaufsstätten sind Gebäude oder Gebäudeteile, die

1. ganz oder teilweise dem Verkauf von Waren dienen,
2. mindestens einen Verkaufsraum haben und
3. keine Messebauten sind.

Zu einer Verkaufsstätte gehören alle Räume, die unmittelbar oder mittelbar, insbesondere durch Aufzüge oder Ladenstraßen, miteinander in Verbindung stehen; als Verbindung gilt nicht die Verbindung durch Treppenräume notwendiger Treppen sowie durch Leitungen, Schächte und Kanäle haustechnischer Anlagen.

(2) Erdgeschossige Verkaufsstätten sind Gebäude mit nicht mehr als einem Geschoss, dessen Fußboden an keiner Stelle mehr als 1 m unter der

Geländeoberfläche liegt; dabei bleiben Treppenraumerweiterungen sowie Geschosse außer Betracht, die ausschließlich der Unterbringung haustechnischer Anlagen und Feuerungsanlagen dienen.

(3) Verkaufsräume sind Räume, in denen Waren zum Verkauf oder sonstige Leistungen angeboten werden oder die dem Kundenverkehr dienen, ausgenommen Treppenräume notwendiger Treppen, Treppenraumerweiterungen sowie Garagen. Ladenstraßen gelten nicht als Verkaufsräume.

(4) Ladenstraßen sind überdachte oder überdeckte Flächen, an denen Verkaufsräume liegen und die dem Kundenverkehr dienen.

(5) Treppenraumerweiterungen sind Räume, die Treppenräume mit Ausgängen ins Freie verbinden.

§ 3
Tragende Wände, Pfeiler und Stützen

Tragende Wände, Pfeiler und Stützen müssen feuerbeständig, bei erdgeschossigen Verkaufsstätten ohne Sprinkleranlagen mindestens feuerhemmend sein. Dies gilt nicht für erdgeschossige Verkaufsstätten mit Sprinkleranlagen.

§ 4
Außenwände

Außenwände müssen bestehen aus

1. nichtbrennbaren Baustoffen, soweit sie nicht feuerbeständig sind, bei Verkaufsstätten ohne Sprinkleranlagen,
2. mindestens schwerentflammbaren Baustoffen, soweit sie nicht feuerbeständig sind, bei Verkaufsstätten mit Sprinkleranlagen,
3. mindestens schwerentflammbaren Baustoffen, soweit sie nicht mindestens feuerhemmend sind, bei erdgeschossigen Verkaufsstätten.

§ 5
Trennwände

(1) Trennwände zwischen einer Verkaufsstätte und Räumen, die nicht zur Verkaufsstätte gehören, müssen feuerbeständig sein und dürfen keine Öffnungen haben.

(2) In Verkaufsstätten ohne Sprinkleranlagen sind Lagerräume mit einer Fläche von jeweils mehr als 100 m^2 sowie Werkräume mit erhöhter Brandgefahr, wie Schreinereien, Maler- oder Dekorationswerkstätten, von anderen Räumen durch feuerbeständige Wände zu trennen. Diese Werk-

und Lagerräume müssen durch feuerbeständige Trennwände so unterteilt werden, dass Abschnitte von nicht mehr als 500 m² entstehen. Öffnungen in den Trennwänden müssen mindestens feuerhemmende und selbstschließende Abschlüsse haben.

§ 6
Brandabschnitte

(1) Verkaufsstätten sind durch Brandwände in Brandabschnitte zu unterteilen. Die Fläche der Brandabschnitte darf je Geschoss betragen in

1. erdgeschossigen Verkaufsstätten mit Sprinkleranlagen nicht mehr als 10 000 m²,

2. sonstigen Verkaufsstätten mit Sprinkleranlagen nicht mehr als 5000 m²,

3. erdgeschossigen Verkaufsstätten ohne Sprinkleranlagen nicht mehr als 3000 m²,

4. sonstigen Verkaufsstätten ohne Sprinkleranlagen nicht mehr als 1500 m², wenn sich die Verkaufsstätten über nicht mehr als drei Geschosse erstrecken und die Gesamtfläche aller Geschosse innerhalb eines Brandabschnitts nicht mehr als 3000 m² beträgt.

(2) Abweichend von Absatz 1 können Verkaufsstätten mit Sprinkleranlagen auch durch Ladenstraßen in Brandabschnitte unterteilt werden, wenn

1. die Ladenstraßen bis zu ihrem Dach in voller Höhe mindestens 10 m breit sind; Einbauten oder Einrichtungen sind innerhalb dieser Breite unzulässig,

2. die Ladenstraßen ausreichende Rauchabzugsanlagen haben,

3. das Tragwerk der Dächer der Ladenstraßen aus nichtbrennbaren Baustoffen besteht und

4. die Bedachung der Ladenstraßen aus nichtbrennbaren Baustoffen besteht.

(3) In Verkaufsstätten mit Sprinkleranlagen brauchen Brandwände abweichend von Absatz 1 im Kreuzungsbereich mit Ladenstraßen nicht hergestellt zu werden, wenn

1. die Ladenstraßen eine Breite von mindestens 10 m über eine Länge von mindestens 10 m beiderseits der Brandwände haben und

2. im Übrigen die Anforderungen nach Absatz 2 in diesem Bereich erfüllt sind.

(4) Öffnungen in den Brandwänden nach Absatz 1 sind zulässig, wenn sie selbstschließende und feuerbeständige Abschlüsse haben. Die Abschlüsse müssen Feststellanlagen haben, die bei Raucheinwirkung ein selbsttätiges Schließen bewirken.

(5) Brandwände sind mindestens 30 cm über Dach zu führen oder in Höhe der Dachhaut mit einer beiderseits 50 cm auskragenden feuerbeständigen Platte aus nichtbrennbaren Baustoffen abzuschließen; darüber dürfen brennbare Teile des Daches nicht hinweggeführt werden.

§ 7
Decken

(1) Decken müssen feuerbeständig sein und aus nichtbrennbaren Baustoffen bestehen. Sie brauchen nur

1. feuerhemmend zu sein und aus nichtbrennbaren Baustoffen zu bestehen in erdgeschossigen Verkaufsstätten ohne Sprinkleranlagen,
2. aus nichtbrennbaren Baustoffen zu bestehen in erdgeschossigen Verkaufsstätten mit Sprinkleranlagen.

Für die Beurteilung der Feuerwiderstandsdauer bleiben abgehängte Unterdecken außer Betracht.

(2) Unterdecken einschließlich ihrer Aufhängungen müssen in Verkaufsräumen, Treppenräumen, Treppenraumerweiterungen, notwendigen Fluren und in Ladenstraßen aus nichtbrennbaren Baustoffen bestehen. In Verkaufsräumen mit Sprinkleranlagen dürfen Unterdecken aus brennbaren Baustoffen bestehen, wenn auch der Deckenhohlraum durch die Sprinkleranlagen geschützt ist.

(3) In Decken sind Öffnungen unzulässig. Dies gilt nicht für Öffnungen zwischen Verkaufsräumen sowie zwischen Ladenstraßen

1. in Verkaufsstätten mit Sprinkleranlagen,
2. in Verkaufsstätten ohne Sprinkleranlagen, soweit die Öffnungen für nicht notwendige Treppen erforderlich sind.

§ 8
Dächer

(1) Das Tragwerk von Dächern, die den oberen Abschluss von Räumen der Verkaufsstätten bilden oder die von diesen Räumen nicht durch feuerbeständige Bauteile getrennt sind, muss

1. aus nichtbrennbaren Baustoffen bestehen in Verkaufsstätten mit Sprinkleranlagen, ausgenommen in erdgeschossigen Verkaufsstätten,

2. mindestens feuerhemmend sein in erdgeschossigen Verkaufsstätten ohne Sprinkleranlagen,

3. feuerbeständig sein in sonstigen Verkaufsstätten ohne Sprinkleranlagen.

(2) Bedachungen müssen

1. gegen Flugfeuer und strahlende Wärme widerstandsfähig sein und

2. bei Dächern, die den oberen Abschluss von Räumen der Verkaufsstätten bilden oder die von diesen Räumen nicht durch feuerbeständige Bauteile getrennt sind, aus nichtbrennbaren Baustoffen bestehen, mit Ausnahme der Dachhaut und der Dampfsperre.

(3) Lichtdurchlässige Bedachungen über Verkaufsräumen und Ladenstraßen dürfen abweichend von Absatz 2 Nummer 1

1. schwerentflammbar sein bei Verkaufsstätten mit Sprinkleranlagen,

2. nichtbrennbar sein bei Verkaufsstätten ohne Sprinkleranlagen.

Sie dürfen im Brandfall nicht brennend abtropfen.

§ 9
Verkleidungen, Dämmstoffe

(1) Außenwandverkleidungen einschließlich der Dämmstoffe und Unterkonstruktionen müssen bestehen aus

1. mindestens schwerentflammbaren Baustoffen bei Verkaufsstätten mit Sprinkleranlagen und bei erdgeschossigen Verkaufsstätten,

2. nichtbrennbaren Baustoffen bei sonstigen Verkaufsstätten ohne Sprinkleranlagen.

(2) Deckenverkleidungen einschließlich der Dämmstoffe und Unterkonstruktionen müssen aus nichtbrennbaren Baustoffen bestehen.

(3) Wandverkleidungen einschließlich der Dämmstoffe und Unterkonstruktionen müssen in Treppenräumen, Treppenraumerweiterungen, notwendigen Fluren und in Ladenstraßen aus nichtbrennbaren Baustoffen bestehen.

§ 10
Rettungswege in Verkaufsstätten

(1) Für jeden Verkaufsraum, Aufenthaltsraum und für jede Ladenstraße müssen in demselben Geschoss mindestens zwei voneinander unabhängige Rettungswege zu Ausgängen ins Freie oder zu Treppenräumen notwendiger Treppen vorhanden sein. Anstelle eines dieser Rettungswege darf ein Rettungsweg über Außentreppen ohne Treppenräu-

me, Rettungsbalkone, Terrassen und begehbare Dächer auf das Grundstück führen, wenn hinsichtlich des Brandschutzes keine Bedenken bestehen; dieser Rettungsweg gilt als Ausgang ins Freie.

(2) Von jeder Stelle
1. eines Verkaufsraumes in höchstens 25 m Entfernung,
2. eines sonstigen Raumes oder einer Ladenstraße in höchstens 35 m Entfernung

muss mindestens ein Ausgang ins Freie oder ein Treppenraum notwendiger Treppen erreichbar sein (erster Rettungsweg). Die Entfernung wird in der Luftlinie, jedoch nicht durch Bauteile gemessen. Die Länge der Lauflinie darf in Verkaufsräumen 35 m nicht überschreiten.

(3) Der erste Rettungsweg einer gesprinklerten Verkaufsstätte darf, soweit er über eine Ladenstraße führt, auf der Ladenstraße eine zusätzliche Länge von höchstens 35 m haben, wenn die Ladenstraße ausreichende Rauchabzugsanlagen hat und der nach Absatz 1 erforderliche zweite Rettungsweg für Verkaufsräume mit einer Fläche von mehr als 100 m^2 nicht über diese Ladenstraße führt.

(4) In erdgeschossigen Verkaufsstätten sowie in sonstigen Verkaufsstätten mit Sprinkleranlagen darf der Rettungsweg nach den Absätzen 2 und 3 innerhalb von Brandabschnitten, soweit er über einen notwendigen Flur für Kunden mit einem unmittelbaren Ausgang ins Freie oder in einen Treppenraum notwendiger Treppen führt, in diesem Flur eine zusätzliche Länge von höchstens 35 m haben.

(5) Von jeder Stelle eines Verkaufsraumes muss ein Hauptgang oder eine Ladenstraße in höchstens 10 m Entfernung, gemessen in der Luftlinie, erreichbar sein.

(6) In Rettungswegen ist nur eine Folge von mindestens drei Stufen zulässig. Die Stufen müssen eine Stufenbeleuchtung haben.

(7) An Kreuzungen der Ladenstraßen und der Hauptgänge sowie an Türen im Zuge von Rettungswegen ist deutlich und dauerhaft auf die Ausgänge durch Sicherheitszeichen hinzuweisen. Die Sicherheitszeichen müssen beleuchtet sein.

§ 11
Treppen

(1) Notwendige Treppen müssen feuerbeständig sein, aus nichtbrennbaren Baustoffen bestehen und an den Unterseiten geschlossen sein. Dies gilt nicht für notwendige Treppen nach § 10 Absatz 1 Satz 2, wenn wegen des Brandschutzes Bedenken nicht bestehen.

(2) Notwendige Treppen für Kunden müssen mindestens 2 m breit sein und dürfen eine Breite von 2,50 m nicht überschreiten. Für notwendige Treppen für Kunden genügt eine Breite von mindestens 1,25 m, wenn die Treppen für Verkaufsräume bestimmt sind, deren Fläche insgesamt nicht mehr als 500 m^2 beträgt.

(3) Notwendige Treppen mit gewendelten Läufen sind in Verkaufsräumen unzulässig. Dies gilt nicht für Verkaufsräume, die

1. eine Fläche von nicht mehr als 100 m^2 haben oder
2. eine Fläche von mehr als 100 m^2, aber nicht mehr als 500 m^2 haben, wenn diese Treppen im Zuge nur eines der zwei erforderlichen Rettungswege liegen.

Diese Treppen brauchen nicht in Treppenräumen zu liegen und die Anforderungen nach Absatz 1 Satz 1 nicht zu erfüllen.

(4) Treppen für Kunden müssen auf beiden Seiten Handläufe ohne freie Enden haben. Die Handläufe müssen fest und griffsicher sein und sind über Treppenabsätze fortzuführen.

§ 12
Treppenräume, Treppenraumerweiterungen

(1) Innen liegende Treppenräume notwendiger Treppen sind in Verkaufsstätten zulässig, wenn eine gefahrlose Benutzung der Treppenräume sichergestellt ist.

(2) Die Wände von Treppenräumen notwendiger Treppen müssen in der Bauart von Brandwänden hergestellt sein. Bodenbeläge müssen in Treppenräumen notwendiger Treppen aus nichtbrennbaren Baustoffen bestehen.

(3) Treppenraumerweiterungen müssen

1. die Anforderungen an Treppenräume erfüllen,
2. feuerbeständige Decken aus nichtbrennbaren Baustoffen haben und
3. mindestens so breit sein wie die notwendigen Treppen, mit denen sie in Verbindung stehen.

Sie dürfen nicht länger als 35 m sein und keine Öffnungen zu anderen Räumen haben.

§ 13
Ladenstraßen, Flure, Hauptgänge

(1) Ladenstraßen müssen mindestens 5 m breit sein.

(2) Wände und Decken notwendiger Flure für Kunden müssen

1. feuerbeständig sein und aus nichtbrennbaren Baustoffen bestehen in Verkaufsstätten ohne Sprinkleranlagen,
2. mindestens feuerhemmend sein und in den wesentlichen Teilen aus nichtbrennbaren Baustoffen bestehen in Verkaufsstätten mit Sprinkleranlagen.

Bodenbeläge in notwendigen Fluren für Kunden müssen mindestens schwerentflammbar sein.

(3) Notwendige Flure für Kunden müssen mindestens 2 m breit sein. Für notwendige Flure für Kunden genügt eine Breite von 1,5 m, wenn die Flure für Verkaufsräume bestimmt sind, deren Fläche insgesamt nicht mehr als 500 m² beträgt.

(4) Hauptgänge müssen mindestens 2 m breit sein. Sie müssen auf möglichst kurzem Wege zu Ausgängen ins Freie, zu Treppenräumen notwendiger Treppen, zu notwendigen Fluren für Kunden oder zu Ladenstraßen führen. Verkaufsstände an Hauptgängen müssen unverrückbar sein.

(5) Ladenstraßen, notwendige Flure für Kunden und Hauptgänge dürfen innerhalb der nach den Absätzen 1, 3 und 4 erforderlichen Breiten nicht durch Einbauten oder Einrichtungen eingeengt sein.

(6) Die Anforderungen an sonstige notwendige Flure nach § 33 HBauO bleiben unberührt.

§ 14
Ausgänge

(1) Jeder Verkaufsraum, Aufenthaltsraum und jede Ladenstraße muss mindestens zwei Ausgänge haben, die zum Freien oder zu Treppenräumen notwendiger Treppen führen. Für Aufenthaltsräume, die eine Fläche von nicht mehr als 100 m² haben, genügt ein Ausgang.

(2) Ausgänge aus Verkaufsräumen müssen mindestens 2 m breit sein; für Ausgänge aus Verkaufsräumen, die eine Fläche von nicht mehr als 500 m² haben, genügt eine Breite von 1 m. Ein Ausgang, der in einen Flur führt, darf nicht breiter sein als der Flur.

(3) Die Ausgänge aus einem Geschoss einer Verkaufsstätte ins Freie oder in Treppenräume notwendiger Treppen müssen eine Breite von mindestens 30 cm je 100 m² der Flächen der Verkaufsräume haben; dabei bleiben die Flächen von Ladenstraßen im Sinne von § 6 Absätze 2 und 3, § 10 Absatz 3 und § 13 Absatz 1 außer Betracht. Ausgänge aus Geschossen einer Verkaufsstätte müssen mindestens 2 m breit sein. Ein Ausgang, der in einen Treppenraum führt, darf nicht breiter sein als die notwendige Treppe.

(4) Ausgänge aus Treppenräumen notwendiger Treppen ins Freie oder in Treppenraumerweiterungen müssen mindestens so breit sein wie die notwendigen Treppen.

§ 15
Türen in Rettungswegen

(1) In Verkaufsstätten ohne Sprinkleranlagen müssen Türen von Treppenräumen notwendiger Treppen und von notwendigen Fluren für Kunden mindestens feuerhemmend, rauchdicht und selbstschließend sein, ausgenommen Türen, die ins Freie führen.

(2) In Verkaufsstätten mit Sprinkleranlagen müssen Türen von Treppenräumen notwendiger Treppen und von notwendigen Fluren für Kunden rauchdicht und selbstschließend sein, ausgenommen Türen, die ins Freie führen.

(3) Türen nach den Absätzen 1 und 2 sowie Türen, die ins Freie führen, dürfen nur in Fluchtrichtung aufschlagen und keine Schwellen haben. Sie müssen während der Betriebszeit von innen mit einem einzigen Griff leicht in voller Breite zu öffnen sein. Elektrische Verriegelungen von Türen in Rettungswegen sind nur zulässig, wenn die Türen im Gefahrenfall jederzeit geöffnet werden können.

(4) Türen, die selbstschließend sein müssen, dürfen offen gehalten werden, wenn sie Feststellanlagen haben, die bei Raucheinwirkung ein selbsttätiges Schließen der Türen bewirken; sie müssen auch von Hand geschlossen werden können.

(5) Drehtüren und Schiebetüren sind in Rettungswegen unzulässig; dies gilt nicht für automatische Dreh- und Schiebetüren, die die Rettungswege im Brandfall nicht beeinträchtigen. Pendeltüren müssen in Rettungswegen Schließvorrichtungen haben, die ein Durchpendeln der Türen verhindern.

(6) Rollläden, Scherengitter oder ähnliche Abschlüsse von Türöffnungen, Toröffnungen oder Durchfahrten im Zuge von Rettungswegen müssen so beschaffen sein, dass sie von Unbefugten nicht geschlossen werden können.

§ 16
Rauchabführung

(1) In Verkaufsstätten ohne Sprinkleranlagen müssen Verkaufsräume ohne notwendige Fenster nach § 44 Absatz 2 HBauO sowie Ladenstraßen Rauchabzugsanlagen haben.

(2) In Verkaufsstätten mit Sprinkleranlagen müssen Lüftungsanlagen in Verkaufsräumen im Brandfall von Hand und automatisch so betrieben werden können, dass sie nur entlüften, soweit es die Zweckbestimmung der Absperrvorrichtungen gegen Brandübertragung zulässt.

(3) Rauchabzugsanlagen müssen von Hand und automatisch durch Rauchmelder ausgelöst werden können und sind an den Bedienungsstellen mit der Aufschrift „Rauchabzug" zu versehen. An den Bedienungseinrichtungen muss erkennbar sein, ob die Rauchabzugsanlag betätigt wurde.

(4) Innen liegende Treppenräume notwendiger Treppen müssen Rauchabzugsanlagen haben. Sonstige Treppenräume notwendiger Treppen, die durch mehr als zwei Geschosse führen, müssen an ihrer obersten Stelle eine Rauchabzugsvorrichtung mit einem freien Querschnitt von mindestens 5 vom Hundert der Grundfläche der Treppenräume, jedoch nicht weniger als 1 m^2 haben. Die Rauchabzugsvorrichtungen müssen von jedem Geschoss aus zu öffnen sein.

§ 17
Beheizung

Feuerstätten dürfen in Verkaufsräumen, Ladenstraßen, Lagerräumen und Werkräumen zur Beheizung nicht aufgestellt werden.

§ 18
Sicherheitsbeleuchtung

Verkaufsstätten müssen eine Sicherheitsbeleuchtung haben. Sie muss vorhanden sein

1. in Verkaufsräumen,
2. in Treppenräumen, Treppenraumerweiterungen und Ladenstraßen sowie in notwendigen Fluren,
3. in Arbeits- und Pausenräumen mit einer Fläche von mehr als 30 m^2,
4. in Toilettenräumen mit einer Fläche von mehr als 50 m^2,
5. in elektrischen Betriebsräumen und Räumen für haustechnische Anlagen,
6. für Hinweisschilder auf Ausgänge und für Stufenbeleuchtung.

§ 19
Blitzschutzanlagen

Gebäude mit Verkaufsstätten müssen Blitzschutzanlagen haben.

§ 20
Feuerlöscheinrichtungen, Brandmeldeanlagen und Alarmierungseinrichtungen

(1) Verkaufsstätten müssen Sprinkleranlagen haben. Dies gilt nicht für

1. erdgeschossige Verkaufsstätten nach § 6 Absatz 1 Satz 2 Nummer 3,
2. sonstige Verkaufsstätten nach § 6 Absatz 1 Satz 2 Nummer 4.

Geschosse einer Verkaufsstätte nach Satz 2 Nummer 2 müssen Sprinkleranlagen haben, wenn sie mit ihrem Fußboden im Mittel mehr als 3 m unter der Geländeoberfläche liegen und Verkaufsräume mit einer Fläche von mehr als 500 m^2 haben.

(2) In Verkaufsstätten müssen vorhanden sein:

1. geeignete Feuerlöscher und geeignete Wandhydranten in ausreichender Zahl, gut sichtbar und leicht zugänglich,
2. Brandmeldeanlagen mit nicht automatischen Brandmeldern zur unmittelbaren Alarmierung der dafür zuständigen Stelle und
3. Alarmierungseinrichtungen, durch die alle Betriebsangehörigen alarmiert und Anweisungen an sie und an die Kunden gegeben werden können,
4. Anlagen zur Unterstützung des Funkverkehrs in Verkaufsstätten über 10 000 m^2, wenn die Funkkommunikation der Einsatzkräfte von Polizei und Feuerwehr durch die bauliche Anlage gestört ist.

§ 21
Sicherheitsstromversorgungsanlagen

Verkaufsstätten müssen eine Sicherheitsstromversorgungsanlage haben, die bei Ausfall der allgemeinen Stromversorgung den Betrieb der sicherheitstechnischen Anlagen und Einrichtungen übernimmt, insbesondere der

1. Sicherheitsbeleuchtung einschließlich der Beleuchtung von Stufen und Hinweisen auf Ausgänge,
2. Sprinkleranlagen einschließlich Löschwasserversorgungstechnik,
3. Rauchabzugsanlagen,
4. Schließeinrichtungen für Feuerschutzabschlüsse (zum Beispiel Rolltore),
5. Brandmeldeanlagen,
6. Alarmierungseinrichtungen.

§ 22
Lage der Verkaufsräume

Verkaufsräume, ausgenommen Gaststätten, dürfen mit ihrem Fußboden nicht mehr als 22 m über der Geländeoberfläche liegen. Verkaufsräume dürfen mit ihrem Fußboden im Mittel nicht mehr als 5 m unter der Geländeoberfläche liegen.

§ 23
Räume für Abfälle und Wertstoffe

Verkaufsstätten müssen für Abfälle und Wertstoffe besondere Räume haben, die mindestens den Abfall und die Wertstoffe von zwei Tagen aufnehmen können. Die Räume müssen feuerbeständige Wände und Decken sowie mindestens feuerhemmende und selbstschließende Türen haben.

§ 24
Gefahrenverhütung

(1) Das Rauchen und das Verwenden von offenem Feuer ist in Verkaufsräumen und Ladenstraßen verboten. Dies gilt nicht für Bereiche, in denen Getränke oder Speisen verabreicht oder Besprechungen abgehalten werden. Auf das Verbot ist dauerhaft und leicht erkennbar hinzuweisen.

(2) In Ladenstraßen nach § 6 Absatz 2 innerhalb der erforderlichen Breiten, in Ladenstraßen nach § 6 Absatz 3 innerhalb der erforderlichen Flächen, in Treppenräumen notwendiger Treppen, in Treppenraumerweiterungen und in notwendigen Fluren dürfen brennbare Dekorationen nicht angebracht oder Gegenstände nicht abgestellt werden. In Ladenstraßen und Hauptgängen innerhalb der nach § 13 Absätze 1 und 4 erforderlichen Breiten dürfen Gegenstände nicht abgestellt werden.

§ 25
Rettungswege auf dem Grundstück, Flächen für die Feuerwehr

(1) Kunden und Betriebsangehörige müssen aus der Verkaufsstätte unmittelbar oder über Flächen auf dem Grundstück auf öffentliche Verkehrsflächen gelangen können.

(2) Die als Rettungswege dienenden Flächen auf dem Grundstück sowie die Flächen für die Feuerwehr nach § 5 HBauO müssen ständig freigehalten werden. Hierauf ist dauerhaft und leicht erkennbar hinzuweisen.

§ 26
Verantwortliche Personen

(1) Während der Betriebszeit einer Verkaufsstätte muss der Betreiber oder ein von ihm bestimmter Vertreter ständig anwesend sein.

(2) Der Betreiber einer Verkaufsstätte hat

1. einen Brandschutzbeauftragten und
2. für Verkaufsstätten, deren Verkaufsräume eine Fläche von insgesamt mehr als 15 000 m² haben, Selbsthilfekräfte für den Brandschutz zu bestellen. Die Namen dieser Personen und jeder Wechsel sind der für den Brandschutz zuständigen Behörde auf Verlangen mitzuteilen. Der Betreiber hat für die Ausbildung dieser Personen im Einvernehmen mit der für den Brandschutz zuständigen Behörde zu sorgen.

(3) Der Brandschutzbeauftragte hat für die Einhaltung der Vorschriften in Absatz 5 sowie in § 13 Absatz 5, § 24, § 25 Absatz 2 und § 27 zu sorgen.

(4) Die erforderliche Anzahl der Selbsthilfekräfte für den Brandschutz ist von der Bauaufsichtsbehörde im Einvernehmen mit der für den Brandschutz zuständigen Behörde festzulegen.

(5) Selbsthilfekräfte für den Brandschutz müssen in erforderlicher Anzahl während der Betriebszeit der Verkaufsstätte anwesend sein.

§ 27
Brandschutzordnung

(1) Der Betreiber einer Verkaufsstätte hat im Einvernehmen mit der für den Brandschutz zuständigen Behörde eine Brandschutzordnung aufzustellen. In der Brandschutzordnung sind insbesondere die Aufgaben des Brandschutzbeauftragten und der Selbsthilfekräfte für den Brandschutz sowie die Maßnahmen festzulegen, die zur Rettung Behinderter, insbesondere Rollstuhlbenutzer, erforderlich sind.

(2) Die Betriebsangehörigen sind bei Beginn des Arbeitsverhältnisses und danach mindestens einmal jährlich zu belehren über

1. die Lage und die Bedienung der Feuerlöschgeräte, Brandmelde- und Feuerlöscheinrichtungen und
2. die Brandschutzordnung, insbesondere über das Verhalten bei einem Brand oder bei einer Panik.

(3) Im Einvernehmen mit der für den Brandschutz zuständigen Behörde sind Feuerwehrpläne anzufertigen und der für den Brandschutz zuständigen Behörde zur Verfügung zu stellen.

§ 28
– freibleibend aus redaktionellen Gründen –

§ 29
Zusätzliche Bauvorlagen

Die Bauvorlagen müssen zusätzliche Angaben enthalten über

1. eine Berechnung der Flächen der Verkaufsräume und der Brandabschnitte,
2. eine Berechnung der erforderlichen Breiten der Ausgänge aus den Geschossen ins Freie oder in Treppenräume notwendiger Treppen,
3. die Sprinkleranlagen, die sonstigen Feuerlöscheinrichtungen und die Feuerlöschgeräte, den Verlauf und die Länge der Rettungswege einschließlich ihres Verlaufs im Freien sowie über die Ausgänge und die Art der Türen,
4. die Brandmeldeanlagen,
5. die Alarmierungseinrichtungen,
6. die Sicherheitsbeleuchtung und die Sicherheitsstromversorgung,
7. die Anlagen zur Unterstützung der Funkkommunikation von Einsatzkräften,
8. die Rauchabzugsvorrichtungen und Rauchabzugsanlagen,
9. die Rettungswege auf dem Grundstück und die Flächen für die Feuerwehr.

§ 30
– freibleibend aus redaktionellen Gründen –

§ 31
Weitergehende Anforderungen

An Lagerräume, deren lichte Höhe mehr als 8 m beträgt, können aus Gründen des Brandschutzes weitergehende Anforderungen gestellt werden.

§ 32
Übergangsvorschriften

Auf die im Zeitpunkt des In-Kraft-Tretens der Verordnung bestehenden Verkaufsstätten sind § 13 Absätze 4 und 5 und die §§ 24 bis 27 anzuwenden.

§ 33
Ordnungswidrigkeiten

Ordnungswidrig im Sinne des § 80 Absatz 1 Nummer 14 HBauO handelt, wer vorsätzlich oder fahrlässig

1. Ladenstraßen, Flure und Hauptgänge entgegen § 13 Absatz 5 einengt oder einengen lässt,
2. Türen im Zuge von Rettungswegen entgegen § 15 Absatz 3 während der Betriebszeit abschließt oder abschließen lässt,
3. in Ladenstraßen, in Treppenräumen notwendiger Treppen, in Treppenraumerweiterungen oder in notwendigen Fluren entgegen § 24 Absatz 2 Satz 1 brennbare Dekorationen anbringt oder anbringen lässt oder Gegenstände abstellt oder abstellen lässt,
4. in Ladenstraßen oder Hauptgängen entgegen § 24 Absatz 2 Satz 2 Gegenstände abstellt oder abstellen lässt,
5. Rettungswege auf dem Grundstück oder Flächen für die Feuerwehr entgegen § 25 Absatz 2 nicht freihält oder freihalten lässt,
6. als Betreiber oder dessen Vertreter entgegen § 26 Absatz 1 während der Betriebszeit nicht ständig anwesend ist,
7. als Betreiber entgegen § 26 Absatz 2 den Brandschutzbeauftragten und die Selbsthilfekräfte für den Brandschutz in der erforderlichen Anzahl nicht bestellt,
8. als Betreiber entgegen § 26 Absatz 5 nicht sicherstellt, dass Selbsthilfekräfte für den Brandschutz in der erforderlichen Anzahl während der Betriebszeit anwesend sind.

§ 34
In-Kraft-Treten

Diese Verordnung tritt am 1. Oktober 2003 in Kraft.

II/14
Verordnung über den Bau und Betrieb von Beherbergungsstätten (Beherbergungsstättenverordnung – BeVO)

vom 5. 8. 2003 (HmbGVBl. S. 448)

§ 1
Anwendungsbereich

Die Vorschriften dieser Verordnung gelten für Beherbergungsstätten mit mehr als 12 Gastbetten.

§ 2
Begriffe

(1) Beherbergungsstätten sind Gebäude oder Gebäudeteile, die ganz oder teilweise für die Beherbergung von Gästen, ausgenommen die Beherbergung in Ferienwohnungen, bestimmt sind.

(2) Beherbergungsräume sind Räume, die dem Wohnen oder Schlafen von Gästen dienen. Eine Folge unmittelbar zusammenhängender Beherbergungsräume (Suite) gilt als ein Beherbergungsraum.

(3) Galerieräume sind Räume, die für den Aufenthalt von Gästen, jedoch nicht zum Wohnen oder Schlafen bestimmt sind, wie Speiseräume und Tagungsräume.

§ 3
Rettungswege

(1) Für jeden Beherbergungsraum müssen mindestens zwei voneinander unabhängige Rettungswege vorhanden sein; sie dürfen jedoch innerhalb eines Geschosses über denselben notwendigen Flur führen. Der erste Rettungsweg muss für Beherbergungsräume, die nicht zu ebener Erde liegen, über eine notwendige Treppe führen, der zweite Rettungsweg über eine weitere notwendige Treppe oder eine Außentreppe. Einer der Rettungswege nach Satz 2 darf über ein Foyer führen: dabei darf die Entfernung zwischen Treppenraum und Ausgang aus dem Foyer ins Freie nicht mehr als 20 m betragen. In Beherbergungsstätten mit insgesamt nicht mehr als 60 Gastbetten genügt als zweiter Rettungsweg eine mit Rettungs-

geräten der Feuerwehr erreichbare Stelle des Beherbergungsraumes; dies gilt nicht, wenn in einem Geschoss mehr als 30 Gastbetten vorhanden sind.

(2) An Abzweigungen notwendiger Flure, an den Zugängen zu notwendigen Treppenräumen und an den Ausgängen ins Freie ist durch Sicherheitszeichen auf die Ausgänge hinzuweisen. Die Sicherheitszeichen müssen beleuchtet sein.

§ 4
Tragende Wände, Stützen, Decken

(1) Tragende Wände, Stützen und Decken müssen feuerbeständig sein. Dies gilt nicht für oberste Geschosse von Dachräumen, wenn sich dort keine Beherbergungsräume befinden.

(2) Tragende Wände, Stützen und Decken brauchen nur feuerhemmend zu sein

1. in Gebäuden mit nicht mehr als zwei oberirdischen Geschossen,

2. in obersten Geschossen von Dachräumen mit Beherbergungsräumen.

§ 5
Trennwände

(1) Trennwände müssen feuerbeständig sein

1. zwischen Räumen einer Beherbergungsstätte und Räumen, die nicht zu der Beherbergungsstätte gehören sowie

2. zwischen Beherbergungsräumen und

   a) Galerieräumen,

   b) Küchen.

Soweit in Beherbergungsstätten die tragenden Wände, Stützen und Decken nur feuerhemmend zu sein brauchen, genügen feuerhemmende Trennwände.

(2) Trennwände zwischen Beherbergungsräumen sowie zwischen Beherbergungsräumen und sonstigen Räumen müssen feuerhemmend sein.

(3) In Trennwänden nach Absatz 1 Satz 1 Nummer 2 und nach Absatz 2 sind Öffnungen unzulässig. Öffnungen in Trennwänden nach Absatz 1 Satz 1 Nummer 1 müssen feuerhemmende Feuerschutzabschlüsse haben, die auch die Anforderungen an Rauchschutzabschlüsse erfüllen.

§ 6
Notwendige Flure

(1) § 33 Absatz 1 Satz 2 Nummer 1 HBauO ist nicht anzuwenden.

(2) In notwendigen Fluren müssen Bekleidungen, Unterdecken und Dämmstoffe aus nichtbrennbaren Baustoffen bestehen. Bodenbeläge müssen aus mindestens schwerentflammbaren Baustoffen bestehen.

(3) In notwendigen Fluren mit nur einer Fluchtrichtung (Stichfluren) darf die Entfernung zwischen Türen von Beherbergungsräumen und notwendigen Treppenräumen oder Ausgängen ins Freie nicht länger als 15 m sein.

(4) Stufen in notwendigen Fluren müssen beleuchtet sein.

§ 7
Türen

(1) Feuerhemmende Feuerschutzabschlüsse, die auch die Anforderungen an Rauchschutzabschlüsse erfüllen, müssen vorhanden sein in Öffnungen

1. von notwendigen Treppenräumen zu anderen Räumen, ausgenommen zu notwendigen Fluren, und
2. von notwendigen Fluren in Kellergeschossen zu Räumen, die von Gästen nicht benutzt werden.

(2) Rauchschutzabschlüsse müssen vorhanden sein in Öffnungen

1. von notwendigen Treppenräumen zu notwendigen Fluren,
2. von notwendigen Fluren zu Beherbergungsräumen und
3. von notwendigen Fluren zu Galerieräumen, wenn an den Fluren in demselben Rauchabschnitt Öffnungen zu Beherbergungsräumen liegen.

§ 8
Sicherheitsbeleuchtung, Sicherheitsstromversorgung, Blitzschutzanlage

(1) Beherbergungsstätten müssen

1. in notwendigen Fluren und in notwendigen Treppenräumen,
2. in Räumen zwischen notwendigen Treppenräumen und Ausgängen ins Freie,
3. für Sicherheitszeichen, die auf Ausgänge hinweisen, und
4. für Stufen in notwendigen Fluren

eine Sicherheitsbeleuchtung haben.

(2) Beherbergungsstätten müssen eine Sicherheitsstromversorgung haben, die bei Ausfall der allgemeinen Stromversorgung den Betrieb der sicherheitstechnischen Anlagen und Einrichtungen übernimmt, insbesondere

1. der Sicherheitsbeleuchtung,
2. der Alarmierungseinrichtungen und
3. der Brandmeldeanlage.

(3) Für Beherbergungsstätten mit mehr als 60 Gastbetten ist eine Blitzschutzanlage erforderlich.

§ 9
Alarmierungseinrichtungen, Brandmeldeanlagen, Brandfallsteuerung von Aufzügen

(1) Beherbergungsstätten müssen Alarmierungseinrichtungen haben, durch die im Gefahrenfall die Betriebsangehörigen und Gäste gewarnt werden können. Bei Beherbergungsstätten mit mehr als 60 Gastbetten müssen sich die Alarmierungseinrichtungen bei Auftreten von Rauch in den notwendigen Fluren auch selbsttätig auslösen.

(2) Beherbergungsstätten mit mehr als 60 Gastbetten müssen Brandmeldeanlagen mit automatischen Brandmeldern, die auf die Kenngröße Rauch in den notwendigen Fluren ansprechen, sowie mit nicht automatischen Brandmeldern (Handfeuermelder) haben. Die automatischen Brandmeldeanlagen müssen in einer Betriebsart ausgeführt werden, bei der mit technischen Maßnahmen Falschalarme vermieden werden. Brandmeldungen sind unmittelbar und automatisch zu der für den Brandschutz zuständigen Behörde zu übertragen.

(3) Aufzüge von Beherbergungsstätten mit mehr als 60 Gastbetten sind mit einer Brandfallsteuerung auszustatten, die durch die automatische Brandmeldeanlage ausgelöst wird. Die Brandfallsteuerung hat sicherzustellen, dass die Aufzüge das nicht vom Rauch betroffene Eingangsgeschoss, ansonsten das in Fahrtrichtung davor liegende Geschoss, anfahren und dort mit geöffneten Türen außer Betrieb gehen.

§ 10
Weitergehende Anforderungen

An Beherbergungsstätten in Hochhäusern können aus Gründen des Brandschutzes weitergehende Anforderungen gestellt werden.

§ 11
Freihalten der Rettungswege, Brandschutzordnung, verantwortliche Personen

(1) Die Rettungswege müssen frei von Hindernissen sein. Türen im Zuge von Rettungswegen dürfen nicht versperrt werden und müssen von innen leicht zu öffnen sein.

(2) In jedem Beherbergungsraum sind an dessen Ausgang ein Rettungswegplan und Hinweise zum Verhalten bei einem Brand anzubringen. Die Hinweise müssen auch in den Fremdsprachen, die der Herkunft der üblichen Gäste Rechnung tragen, abgefasst sein.

(3) Für Beherbergungsstätten mit mehr als 60 Gastbetten sind im Einvernehmen mit der für den Brandschutz zuständigen Behörde

1. eine Brandschutzordnung zu erstellen und
2. Feuerwehrpläne anzufertigen; die Feuerwehrpläne sind der örtlichen Feuerwehr zur Verfügung zu stellen.

(4) Die Betriebsangehörigen sind bei Beginn des Arbeitsverhältnisses und danach mindestens einmal jährlich über

1. die Bedienung der Alarmierungseinrichtungen und der Brandmelder zu unterweisen und
2. die Brandschutzordnung und das Verhalten bei einem Brand zu belehren.

(5) Für die Einhaltung der in den Absätzen 1 bis 4 gestellten Anforderungen ist der Betreiber oder der von ihm Beauftragte verantwortlich.

§ 12
Zusätzliche Bauvorlagen

Die Bauvorlagen müssen zusätzliche Angaben enthalten über

1. die Sicherheitsbeleuchtung,
2. die Sicherheitsstromversorgung,
3. die Alarmierungseinrichtungen,
4. die Brandmeldeanlage,
5. die Rettungswege auf dem Grundstück und die Flächen für die Feuerwehr.

§ 13
Anwendung der Vorschriften auf bestehende Beherbergungsstätten

Auf die im Zeitpunkt des In-Kraft-Tretens dieser Verordnung bestehenden Beherbergungsstätten sind die Vorschriften des § 11 (Freihalten der Rettungswege, Brandschutzordnung, verantwortliche Personen) anzuwenden.

§ 14
Ordnungswidrigkeiten

Ordnungswidrig nach § 80 Absatz 1 Nummer 14 HBauO handelt, wer vorsätzlich oder fahrlässig

1. entgegen § 11 Absatz 1 Rettungswege nicht frei von Hindernissen hält, Türen im Zuge von Rettungswegen versperrt oder versperren lässt oder als Verantwortlicher nicht dafür sorgt, dass diese Türen von innen leicht geöffnet werden können,
2. entgegen § 11 Absatz 2 den Rettungswegplan und Hinweise zum Verhalten bei einem Brand nicht in jedem Beherbergungsraum anbringt oder anbringen lässt.

§ 15
In-Kraft-Treten

Diese Verordnung tritt am 1. September 2003 in Kraft.

II/15

Globalrichtlinie „Notwendige Stellplätze und notwendige Fahrradplätze"

gemäß Senatsbeschluss vom 23. 7. 2002

– Auszug –[1]

Inhaltsübersicht

1. Gegenstand der Globalrichtlinie
2. Bemessung notwendiger Stellplätzte und Fahrradplätze
2.1 Anwendungsbereich der Anlage 1 (§ 48 Abs. 1 HBauO)
2.2 Stellplätze für Sonderfahrzeuge und betrieblich genutzte Kraftfahrzeuge
2.3 Umfang des Nachweises
2.3.1 Errichtung baulicher Anlagen
2.3.2 Änderung und Nutzungsänderung baulicher Anlagen
2.3.3 Bestehende bauliche Anlagen
2.4 Stellplätze und Fahrradplätze mit Anforderungen für bestimmte Personengruppen
2.4.1 Stellplätze und Fahrradplätze für Besucherinnen und Besucher sowie Zuschauerinnen und Zuschauer
2.4.2 Stellplätze für Menschen mit Behinderungen
2.5 Reduzierung des Stellplatzbedarfes in Verbindung mit besonderen Rahmenbedingungen
2.5.1 Allgemeines Verfahren
2.5.2 Job-Ticket
2.5.3 Kombi-Ticket
2.5.4 Autoarmes Wohnen

II/15 Globalrichtlinie

3. Erfüllung der Stellplatzpflicht und Fahrradplatzpflicht
3.1 Tatsächliche Herstellung der Stellplätze und Fahrradplätze
3.1.1 Herstellung auf dem Baugrundstück oder einem Grundstück in der Nähe
3.1.2 Herstellung der Stellplätze im Abminderungsgebiet
3.2 Nachweis durch Doppelnutzung vorhandener Stellplätze und Fahrradplätze
3.3 Nachweis durch Zahlung von Ausgleichsbeträgen
3.3.1 Ausgleichsbeträge aufgrund einer besonderen Grundstückssituation
3.3.2 Ausgleichsbeträge für notwendige Stellplätze, die nicht hergestellt werden dürfen
4. Abweichungen vom Regelnachweis für Stell- und Fahrradplätze
4.1 Bemessung von Sonderfällen
4.1.1 Ermittlung des Stellplatzbedarfes
4.1.2 Ermittlung des Fahrradplatzbedarfes
4.1.3 Ermittlung des Stellplatz- und Fahrradplatzbedarfes aufgrund der Beschäftigungszahlen
4.2 Befristete Genehmigung
4.3 Stundung der Stellplatzpflicht- und Fahrradplatzpflicht
4.3.1 Zeitlich nachfolgende Einrichtung einer Stellplatzanlage oder Fahrradplatzanlage
4.3.2 Stundung aufgrund vermutlich geringerer Bedarfe
4.3.3 Wohnnutzung
4.4 Ausnahmen und Befreiungen
4.4.1 Ausnahme
4.4.2 Befreiungen
5. Ausgleichsbeträge
5.1 Höhe der Ausgleichsbeträge
5.2 Verzicht auf Ausgleichsbeträge beim Dachgeschossausbau/-aufbau
5.3 Stundung von Ausgleichsbeträgen (LHO)
6. Verfahren
6.1 Festsetzung der Stellplatzbedarfe und Fahrradplatzbedarfe
6.2 Festsetzung des Ausgleichsbetrages
6.3 Verfahren bei Stundung

Globalrichtlinie **II/15**

6.4 Beteiligung der Fachbehörde

6.4.1 Zustimmung der Fachbehörde

6.4.2 Berichtspflicht gegenüber der Fachbehörde

7. Hinweis auf Zuständigkeiten

8. Geltungsdauer

Anlage 1: Bemessungswerte für die Anzahl notwendiger Stellplätze und notwendiger Fahrradplätze

1. Gegenstand der Globalrichtlinie

Werden bauliche Anlagen sowie andere Anlagen, bei denen Kraftfahrzeugverkehr zu erwarten ist, errichtet, so sind gemäß § 48 Absatz 1 der Hamburgischen Bauordnung (HBauO) Stellplätze für Kraftfahrzeuge sowie Abstellmöglichkeiten für Fahrräder in ausreichender Zahl und Größe sowie in geeigneter Beschaffenheit herzustellen (notwendige Stellplätze und notwendige Fahrradplätze). Bei baulichen Änderungen und bei Änderungen der Nutzung sind Stellplätze und Fahrradplätze für den Mehrbedarf infolge der Änderung herzustellen.

Entscheidend für den Umfang der Stellplatzpflicht und der Fahrradplatzpflicht ist der Bedarf. Dieser richtet sich nach Art und Zahl der vorhandenen und zu erwartenden Kraftfahrzeuge und Fahrräder der ständigen Benutzerinnen und Benutzer sowie der Besucherinnen und Besucher der Anlagen.

Diese Globalrichtlinie bestimmt die Bemessungswerte für die Anzahl notwendiger Stellplätze und Fahrradplätze in Abhängigkeit von der vorgesehenen Nutzung einer baulichen Anlage.

Durch die Auslegung der unbestimmten Rechtsbegriffe des § 48 HBauO wird einheitliches Verwaltungshandeln in Hamburg ermöglicht, aufwendige und schwierige Einzelermittlungen werden entbehrlich gemacht und die nötige Klarheit für die Bauherrinnen und Bauherren geschaffen.

2. Bemessung notwendiger Stellplätze und Fahrradplätze

2.1 Anwendungsbereich der Anlage 1 (§ 48 Abs. 1 HBauO)

Bei der Bemessung der Anzahl notwendiger Stellplätze und Fahrradplätze ist grundsätzlich von dem Bedarf auszugehen, der typischerweise durch die zu genehmigende bauliche Anlage und deren Nutzung ausgelöst wird. Daher ist die Bedarfsermittlung regelmäßig nicht auf die jeweiligen konkreten Gegebenheiten des Einzelfalls, die sich jederzeit ändern können, sondern auf generelle Bemessungswerte abzustellen. Diese sind der Anlage 1 zu entnehmen.

Die Anlage 1 benennt die Anzahl notwendiger Stellplätze für Kraftfahrzeuge (Pkw, Kombi, Kleinbus, Mofa, Moped) und die Anzahl notwendiger Fahrradplätze für die ständigen Nutzerinnen und Nutzer sowie die Besucherinnen und Besucher einer baulichen Anlage.

2.2 Stellplätze für Sonderfahrzeuge und betrieblich genutzte Kraftfahrzeuge

Stellplätze für Sonderfahrzeuge wie z. B. Wohnmobile, Camping- und Bootsanhänger sind in den Bemessungswerten der Anlage 1 nicht enthalten.

Stellplätze für Fahrzeuge von Betrieben mit Lastkraftwagen, Omnibussen und vergleichbaren Kraftfahrzeugen sowie Stellplätze für betrieblich genutzte Pkw sind ebenfalls in den Bemessungswerten der Anlage 1 nicht enthalten; diese Stellplatzflächen sind für die von der Bauherrin oder dem Bauherrn angegebene Anzahl von Betriebskraftfahrzeugen festzusetzen. Hierzu gehören z. B. Speditions-, Kfz-Verleih- und Omnibusbetriebe.

Diese Stellplätze sind zusätzlich zu den nach der Anlage 1 notwendigen Stellplätzen herzustellen, der Abminderung nach Nr. 3.1.2 unterliegen sie nicht.

Von den Stellplätzen für betrieblich genutzte Pkw, sowie auch den notwendigen Stellplätzen nach der Anlage 1 können unter der Voraussetzung der Nr. 3.2 (Doppelnutzung) bis zu 75 % auf den Flächen der jeweils anderen Stellplatzart nachgewiesen werden.

Für Verkaufsstätten, Gaststätten und Beherbergungsbetriebe, Krankenhäuser, gewerbliche Anlagen, Ausstellungshallen und Ausstellungsplätze sollen auch Anlieferzonen für Lkw für den Versorgungsverkehr nachgewiesen werden.

Für Gaststätten und Beherbergungsbetriebe, Versammlungsstätten, Sportstätten, Ausstellungshallen, Ausstellungsplätze und Friedhöfe von überörtlicher Bedeutung sind neben Stellplätzen für Pkw eine ausreichende Anzahl von Stellplätzen für Omnibusse vorzuhalten. Nach der Anlage 1 errechnete Stellplätze für Kraftfahrzeuge können angerechnet werden.

2.3 Umfang des Nachweises

2.3.1 Errichtung baulicher Anlagen (§ 48 Abs. 1 Satz 1 u. 2 HBauO)

Bei der neuen Errichtung baulicher Anlagen ist der volle Stellplatznachweis und Fahrradplatznachweis nach dieser Globalrichtlinie zu führen.

Geleistete Ausgleichsbeträge aus vorherigen Nutzungen sind dem Grundstück zuzurechnen.

2.3.2 Änderung und Nutzungsänderung baulicher Anlagen (§ 48 Abs. 1 Satz 3)

Bei der Änderung bestehender baulicher Anlagen sowie Nutzungsänderungen sind nur die Stellplätze und Fahrradplätze für den Mehrbedarf infolge der Änderung nachzuweisen.

Es steht dem Antragsteller jedoch frei, auf eigenen Wunsch sämtliche bei einem Neubau genehmigungsfähigen Stellplätze herzustellen, in Abminderungsgebieten jedoch nur bis zur Grenze der Abminderung.

Der Stellplatzmehrbedarf ergibt sich aus der Differenz des Bedarfs der bestehenden baulichen Anlage oder Nutzung und des Bedarfs nach der Änderung. Für beide Berechnungen sind die zum Zeitpunkt der Bescheidung geltenden Werte der Anlage 1 zugrunde zu legen. Bestehende notwendige Stellplätze sind weiterhin vorzuhalten.

2.3.3 Bestehende bauliche Anlagen (§ 48 Abs. 2)

Bei bestehenden baulichen Anlagen kann die nachträgliche Herstellung von Stellplätzen und Fahrradplätzen entsprechend den Vorgaben des § 48 Abs. 2 HBauO gefordert werden. Gründe der Sicherheit und Leichtigkeit des Verkehrs müssen dies erfordern, soweit die Herrichtung unter zumutbarem Aufwand realisierbar ist.

2.4 Stellplätze und Fahrradplätze mit Anforderungen für bestimmte Personengruppen

2.4.1 Stellplätze und Fahrradplätze für Besucherinnen und Besucher sowie Zuschauerinnen und Zuschauer

Die Bemessung dieses Anteils der Stellplätze und Fahrradplätze richtet sich nach den in der Spalte E der Anlage 1 angegebenen Prozentzahlen.

Stellplätze und Fahrradplätze für Besucherinnen und Besucher sowie Zuschauerinnen und Zuschauer sind so anzuordnen, dass sie leicht zugänglich und jederzeit anfahrbar und benutzbar sind. Die Erhebung von angemessenen Entgelten für die Benutzung von Stellplätzen ist zulässig.

2.4.2 Stellplätze für Menschen mit Behinderungen

Stellplätze für Menschen mit Behinderungen (Stellplätze mit einer Breite von 3,50 m für Menschen mit außergewöhnlichen Gehbehinderungen) sind in den unten angegebenen Anteilen herzustellen und durch Hinweisschilder zu reservieren. Ihre Anordnung soll gut erkennbar sein und in der Nähe von Eingängen liegen.

Der Bedarf an Stellplätzen für Menschen mit Behinderungen (Behindertenstellplätze) ist auch in dem Abminderungsgebiet nach Nr. 3.1.2 vollständig zu decken und in der Anzahl tatsächlich herzustellender Stellplätze enthalten.

Wohnungsbau

In Wohnungsbauprojekten nach Nr. 1.1–1.3 der Anlage 1 sind Behindertenstellplätze im Verhältnis des Anteils an Behindertenwohnungen herzustellen. Diese Plätze sind 3,50 m breit anzulegen.

Andere Bauvorhaben

Von den notwendigen Stellplätzen für Mitarbeiterinnen und Mitarbeiter sowie Besucherinnen und Besucher sind jeweils 3 % der Stellplätze als Behindertenstellplätze herzurichten.

Bei Bauten und Anlagen, die von Menschen mit Behinderungen in größerer Anzahl besucht werden (z. B. Krankenhäuser, Ärztezentren, Sozialbehörden und -einrichtungen), erhöht sich der Anteil auf jeweils 4 %. Zudem ist jeweils ein Stellplatz mit den Abmessungen 3,50 m × 7,50 m für einen Kleinbus vorzusehen.

2.5 Reduzierung des Stellplatzbedarfes in Verbindung mit besonderen Rahmenbedingungen

2.5.1 Allgemeines Verfahren (siehe auch 6.3)

Für die Nutzungen Arbeitsstätten, kulturelle sowie Sport- und Veranstaltungseinrichtungen und Wohnen gibt es jeweils ein Instrument zur Reduzierung des Stellplatzbedarfes. Für Arbeitsstätten kommt das Job-Ticket, für kulturelle sowie Sport- und Veranstaltungseinrichtungen das Kombi-Ticket und für Wohnen autoarmes Wohnen mit dem Verzicht auf den Gebrauch eines eigenen Kfz in Betracht.

Die Anerkennung der Bedarfsreduktion ist abhängig vom Vorliegen entsprechender Nachweise im Baugenehmigungsverfahren. Voraussetzung in jedem Fall ist die begründete Vermutung, dass der Stellplatzbedarf durch die unter Nr. 2.5.2–2.5.4 beschriebenen Ersatzmaßnahmen auf Dauer verringert wird.

Verfahrensschritte:

– In der Baugenehmigung ist zunächst der nach der Anlage 1 ermittelte Bedarf festzusetzen.

– Die Differenz zwischen dem vollen Bedarf nach Anlage 1 und dem reduzierten Bedarf nach 2.5.2–2.5.4 wird gestundet.

- Die Bedingungen für den Widerruf der Stundung sind in der Baugenehmigung zu nennen.
- In der Baugenehmigung ist ebenfalls festzulegen, ob die gestundeten Stellplätze bei Widerruf tatsächlich hergestellt werden müssen.
- Stellplätze, die nach Wegfall der Stundung tatsächlich hergestellt werden sollen, sind in den Bauvorlagen nachzuweisen und durch Baulast zu sichern.
- Die Stundung ist zu widerrufen, wenn im Falle des Job- oder Kombi-Tickets der periodische Nachweis nicht mehr erbracht wird oder die Bedingungen des autoarmen Wohnens nicht eingehalten werden.
- Falls gestundete Stellplätze durch Ausgleichszahlungen nachgewiesen werden müssen, gilt der zum Zeitpunkt des Widerrufs maßgebliche Ausgleichsbetrag.
- Eine finanzielle Sicherheitsleistung ist entbehrlich, da gemäß § 49 Abs. 4 HBauO das Grundstück haftet. Ein entsprechender Hinweis auf die Haftung des Grundstücks und ggf. des Erbbaurechts ist in die Baugenehmigung aufzunehmen.

Innerhalb der Abminderungsgebiete gehen die Stundungsregelungen des Job-, bzw. Kombi-Tickets der Abminderungsregelung vor. Es dürfen jedoch nur so viele Stellplätze hergestellt werden, wie es in dem Abminderungsgebiet zulässig ist.

Eine Kombination im Stellplatznachweis von Job-/Kombi-Ticket und Doppelnutzung (vgl. 3.2) ist nicht möglich.

2.5.2 Job-Ticket

Der Gedanke des „Job-Tickets" beinhaltet den Verzicht auf die Herstellung von Kfz-Stellplätzen und auf die Erhebung von Ausgleichsbeträgen, solange und soweit wegen der Benutzung öffentlicher Verkehrsmittel nachweislich kein Bedarf besteht.

Das Job-Ticket kann nur zu einer Verringerung der Kfz-Stellplätze für Beschäftigte führen. Besucherstellplätze, Stellplätze für den eigenen Wirtschaftsverkehr, Behindertenstellplätze usw. werden von der Bedarfsminderung nicht erfasst.

Die Anerkennung der Bedarfsminderung durch das Job-Ticket hängt davon ab, ob der Bedarf an Beschäftigtenstellplätzen tatsächlich, auf Dauer und erheblich im Verhältnis zur bisherigen Situation gesenkt wird. Die Anerkennung ist pauschal oder im Wege des Einzelfallnachweises möglich.

Pauschale Minderung

Eine pauschale Minderung in Höhe von 5 % des rechnerisch ermittelten Bedarfs wird anerkannt, wenn im Baugenehmigungsverfahren folgende Nachweise vorgelegt werden:

- Nachweis über den Abschluss eines Großkundenabonnementvertrages beim Hamburger Verkehrsverbund mit der S-Bahn Hamburg GmbH mit einer Teilnehmerzahl von mindestens 50 % der Beschäftigten.

- Zusicherung der jährlichen Übermittlung eines Nachweises für die tatsächliche Teilnahme am Großkundenabonnement durch Bestätigung der S-Bahn Hamburg GmbH.

Weitergehende Minderung durch Großkundenabonnement

Um eine Bedarfsminderung über das Maß von 5 % hinaus anzuerkennen, muss für Betriebe in der Innenstadt (Abminderungsgebiet) das Großkundenabonnement für mindestens 80 % der Beschäftigten nachgewiesen werden. Für Betriebe im übrigen Stadtgebiet liegt der Mindestwert bei 60 %.

Bei Nachweis wird eine Bedarfsminderung gemäß folgender Tabelle anerkannt:

Nachweis GKA in % der Beschäftigten		Reduktion der Beschäftigtenstellplätze in %
Innenstadt	Übrige Stadt	
80	60	20
90	70	30
	80	40
	90	50

Zur Anerkennung der Bedarfsverringerung ist im Baugenehmigungsverfahren beizubringen:

- Nachweis über den Abschluss eines Großkundenabonnementvertrags beim Hamburger Verkehrsverbund mit der S-Bahn Hamburg GmbH.

- Angabe der Teilnehmerzahl am GKA sowie Quote in % der Beschäftigten.

- Zusicherung der jährlichen Übermittlung des Nachweises über die tatsächliche Teilnahme am GKA (Bestätigung der S-Bahn Hamburg GmbH).

2.5.3 Kombi-Ticket

Durch vertragliche Absicherung mit der S-Bahn Hamburg GmbH im Auftrag des Hamburger Verkehrsverbundes wird mit jeder Eintrittskarte die Hin- und Rückfahrt mit dem ÖPNV zu den Veranstaltungen einer Kultur-, Sport- oder Veranstaltungsstätte kostenlos eingeräumt.

Das Kombi-Ticket ist eine Form der tatsächlichen Verringerung des Bedarfs an Kfz-Stellplätzen für Theater- und Konzertveranstaltungen.

Für diese Nutzungsarten, sowie für Sportveranstaltungen und sonstige Veranstaltungen mit über den Vorverkauf vertriebenen Eintrittskarten, kann davon ausgegangen werden, dass bis zur Hälfte der Besucher auf die Benutzung des Kfz verzichten wird.

Infolge des dadurch tatsächlich verringerten Stellplatzbedarfes sind bei Abschluss eines Kombi-Ticket-Vertrages auch nur entsprechend weniger, jedoch mindestens 50 % der nach Anlage 1 ermittelten Besucherstellplätze nachzuweisen.

Für andere Nutzungsarten ist die Bedarfsminderung im Einzelfall unter den vorweggenannten formellen Bedingungen festzulegen. Auch in diesen Fällen sind mindestens 50 % der notwendigen Besucherstellplätze, herzustellen.

2.5.4 Autoarmes Wohnen

Der Gedanke des autoarmen Wohnens geht davon aus, dass der Stellplatzbedarf unter die Bemessungswerte verringert ist, solange und soweit die Bewohnerinnen und Bewohner eines abgegrenzten Wohnungsbauvorhabens in rechtlich bindender Weise auf das Nutzen eines Kfz verzichten. Auch in diesem Fall sind allerdings Stellplätze für Menschen mit Behinderungen, Zulieferverkehr, Car-Sharing, Besucher und „Wechselfälle des Lebens" in jedem Fall tatsächlich herzurichten.

Eine Verringerung des Bedarfs an Kfz-Stellplätzen kann bei folgenden Voraussetzungen anerkannt werden:
- Das Baugrundstück ist durch den öffentlichen Personennahverkehr gut erschlossen.
- Das Vorhaben umfasst mindestens 30 zusammenhängende Wohneinheiten.
- Dem Vorhaben liegt ein Konzept bewusster Vermeidung einer Kfz-Nutzung zugrunde.
- Verfügungsberechtigte sowie Nutzerinnen und Nutzer verpflichten sich in rechtlich bindenden Erklärungen, auf das Nutzen eines Kfz zu verzichten und das ihnen rechtlich mögliche zu tun, dass diese Verpflichtung eingehalten wird.

II/15 Globalrichtlinie

Beim Nachweis der genannten Voraussetzungen sind zunächst nur 0,2 Stellplätze je Wohneinheit herzustellen.

3. Erfüllung der Stellplatzpflicht und Fahrradplatzpflicht

3.1 Tatsächliche Herstellung der Stellplätze und Fahrradplätze

3.1.1 Herstellung auf dem Baugrundstück oder einem Grundstück in der Nähe (§ 48 Abs. 1 u. 3 HBauO)

Der durch eine bauliche Anlage erzeugte Stellplatzbedarf und Fahrradplatzbedarf, d.h. die Zahl der notwendigen Stellplätze und notwendigen Fahrradplätze, ist von der Bauherrin oder dem Bauherrn auf dem Grundstück oder auf einem geeigneten Grundstück in der Nähe herzustellen. Letzteres muss durch eine Baulast nach § 79 HBauO sichergestellt sein.

Ein Grundstück kann in der Regel als in der Nähe liegend angesehen werden, wenn es auf einem Weg von nicht mehr als 300 m, bei Fahrradplätzen 200 m, Lauflinie zu erreichen ist. Das setzt voraus, dass zwischen dem Baugrundstück und dem Grundstück in der Nähe keine schwer zu überquerenden Hauptverkehrsstraßen (z. B. ohne Ampelanlagen oder Fußgängerüberwege) oder andere Hindernisse vorhanden sind. Größere Entfernungen – bis zu 500 m Wegelänge – können bei gewerblicher Nutzung zugelassen werden. Im Bereich zusammenhängender Einzelhandelsbetriebe können im Einzelfall auch weitergehende Entfernungen akzeptiert werden.

3.1.2 Herstellung der Stellplätze im Abminderungsgebiet (§ 48 Abs. 6 HBauO)

Aufgrund von § 48 Abs. 6 HBauO kann die Herstellung von notwendigen Stellplätzen ganz oder teilweise untersagt werden, wenn

1. die öffentlichen Wege im Bereich des Grundstücks oder die nächsten Verkehrsknoten durch den Kraftfahrzeugverkehr ständig oder regelmäßig zu bestimmten Zeiten überlastet sind oder ihre Überlastung zu erwarten ist oder

2. das Grundstück durch den öffentlichen Personennahverkehr gut erschlossen ist.

Die o. g. Randbedingungen werden in der Innenstadt erfüllt, so dass in diesem Bereich pauschal von der Reduzierungsmöglichkeit der tatsächlichen Herstellung von Stellplätzen Gebrauch gemacht wird (Abminderungsgebiet). Außerhalb der Innenstadt kann eine Anwendung des § 48 Abs. 6 HBauO nur im Einzelfall erfolgen.

Die Abgrenzung des Abminderungsgebietes ist der Anlage 2[1] dieser Globalrichtlinie zu entnehmen. Soweit die Abgrenzung durch Straßen gebildet wird, liegen die Grundstücke mit Belegenheit an dieser Straße innerhalb des Abminderungsgebiets.

Bemessungswerte für die Anzahl der tatsächlich herzustellenden Stellplätze

Die Abminderung der tatsächlich herzustellenden Stellplätze gilt nur für die Nutzungen, die in der nachfolgenden Tabelle aufgeführt sind und innerhalb des Abminderungsgebiets liegen.

Auch für diese Nutzungen ist zunächst die Gesamtzahl der für das Vorhaben notwendigen Stellplätze anhand der Stellplatz-Richtwerte der Anlage 1 zu ermitteln.

Der prozentuale Anteil der notwendigen Stellplätze, der tatsächlich auf dem Grundstück selbst oder auf einem Grundstück in der Nähe hergestellt werden muss, ist der folgenden Tabelle zu entnehmen. Die übrigen notwendigen Stellplätze dürfen nicht hergestellt werden.

Über die Zahl der notwendigen Stellplätze hinausgehende Stellplätze dürfen in den Abminderungsgebieten nicht genehmigt werden. Dies gilt für alle in der nachfolgenden Tabelle aufgeführten Nutzungen. Rechtsgrundlage für die Versagung dieser Stellplätze ist § 48 Abs. 6 HBauO.

Eine Abweichung ist nur zulässig, wenn die zusätzlichen Stellplätze der Erfüllung der Stellplatzpflicht von Bauvorhaben auf Nachbargrundstücken dienen oder wenn sie das Stellplatzdefizit von Wohngebieten verringern, indem sie ausschließlich an die Bewohner der Umgebung vermietet werden.

Tatsächlich herzustellende Stellplätze in dem Abminderungsgebiet

Nutzung		von 100 % nach Anlage 1 sind im Abminderungsgebiet TATSÄCHLICH HERZUSTELLEN
		Abminderungsgebiet
2. 2.1 2.2	Büro- und Verwaltungsgebäude Räume mit vermindertem Verkehrsaufkommen Sonstige Räume	25%
3.	Verkaufsstätten	
4. 4.1	Versammlungsstätten Theater, Konzerthäuser u. a.	

---

[1] Anlage 2 nicht aufgenommen

II/15 Globalrichtlinie

Nutzung		von 100 % nach Anlage 1 sind im Abminderungsgebiet TAT-SÄCHLICH HERZUSTELLEN
		Abminderungsgebiet
6. 6.1 6.2 6.3 6.4.4	Gaststätten und Beherbergungsbetriebe Gaststätten Stehrestaurationen Spiel- und Billardhallen, Automatensaloons zugehörige Restaurants, Veranstaltungsräume	25 %
7. 7.1	Krankenhäuser, Kliniken Krankenhäuser, allgemein	
9. 9.1 9.2	Gewerbliche Anlagen Industrie- und Gewerbebetriebe usw. Lagerräume, -plätze	

3.2 Nachweis durch Doppelnutzung vorhandener Stellplätze und Fahrradplätze

Die Nutzung von Stellplätzen oder Fahrradplätzen zum mehrfachen Nachweis des notwendigen Bedarfs ist in einem bestimmten Umfang zulässig, wenn sich die betreffenden Nutzungen zeitlich nicht überschneiden. Notwendige Stellplätze oder Fahrradplätze, die zu Wohnnutzungen gehören, dürfen nicht in Mehrfachnachweise einbezogen werden.

Ein derartiger Nachweis notwendiger Stellplätze auf den Stellplatzflächen anderer Nutzungen ist durch Baulast zu sichern, sofern das begünstigte und das belastete Grundstück nicht identisch sind.

Die jeweils erforderliche Zugänglichkeit der Stellplätze oder Fahrradplätze, z. B. in den Abendstunden und/oder am Wochenende, ist zu gewährleisten. Eine entsprechende Auflage ist in den Baugenehmigungsbescheid aufzunehmen.

Im Abminderungsgebiet dürfen für bestimmte Nutzungen nur 25 % der notwendigen Stellplätze tatsächlich hergestellt werden. Von diesen Stellplätzen dürfen maximal 50 % in Doppelnutzung nachgewiesen werden.

Im restlichen Stadtgebiet und für die nicht der Abminderung unterliegenden Nutzungen im Abminderungsgebiet sind 100 % der notwendigen Stellplätze nachzuweisen. Der Anteil an notwendigen Stellplätzen in Doppelnutzung darf hier maximal 50 % betragen.

Bei einer Doppelnutzung dürfen lediglich 50 % von vorhandenen, notwendigen Stellplätzen anderer Nutzungen (außer Wohnnutzungen) angerechnet werden.

Für hauptsächlich abends genutzte Versammlungsstätten nach 4.1 und 4.2 der Anlage 1 können die obigen Regelungen zur Doppelnutzung auch dann Anwendung finden, wenn es außerhalb der Hauptbetriebszeit zu zeitlichen Überschneidungen von Nutzungen kommt. Wenn es zur Hauptbetriebszeit zu zeitlichen Überschneidungen der Nutzung kommt, ist eine Doppelnutzung nicht möglich.

Eine Kombination im Stellplatznachweis von Doppelnutzung und Job-/Kombi-Ticket ist nicht möglich.

3.3 Nachweis durch Zahlung von Ausgleichsbeträgen (§ 49 HBauO)

3.3.1 Ausgleichsbeträge aufgrund einer besonderen Grundstückssituation (§ 49 Abs. 1 HBauO)

Ist die Herstellung auf dem Grundstück oder auf einem Grundstück in der Nähe nicht oder nur unter unzumutbaren Schwierigkeiten möglich, hat der Bauherr nach § 49 Absatz 1 HBauO seine Stellplatz- und Fahrradplatzpflicht ganz oder teilweise durch Zahlung eines Ausgleichsbetrages an die Freie und Hansestadt Hamburg zu erfüllen.

Die im Vergleich zu ebenerdigen Stellplätzen höheren Herstellungskosten für Tiefgaragenplätze sind in der Regel keine unzumutbaren Schwierigkeiten im Sinne des § 49 Absatz 1 HBauO.

Eine Wahlmöglichkeit zwischen Herstellung und Zahlung von Ausgleichsbeträgen besteht nicht. Die Höhe der Ausgleichsbeträge wird durch das Ausgleichsbetragsgesetz geregelt (vgl. Nr. 5).

3.3.2 Ausgleichsbeträge für notwendige Stellplätze, die nicht hergestellt werden dürfen

Ist die Herstellung notwendiger Stellplätze aufgrund von Rechtsvorschriften untersagt (rechtliche Unmöglichkeit), ist von der Bauherrin oder dem Bauherrn kein Ausgleichsbetrag zu erheben. Der Fall der rechtlichen Unmöglichkeit liegt vor, wenn (s. Begründung zum 9. Gesetz zur Änderung der Hamburgischen Bauordnung):

– die Herstellung von Stellplätzen durch entsprechende Festsetzungen im Bebauungsplan untersagt wird (§ 12 Abs. 6 BauNVO),
– die Gehwegüberfahrt aufgrund wegerechtlicher Gründe untersagt wird (§ 18 HWG),
– die Herstellung von Stellplätzen in einem Baugebiet aufgrund seiner Eigenart ausgeschlossen werden muss (§ 15 BauNVO),

- von Stellplätzen unzumutbare Belästigungen für Bewohner und Nachbarschaft ausgehen können, und die Herstellung daher untersagt wird (§ 3 HBauO),
- Stellplätze aufgrund des Vorranges von Kinderspiel- und Freizeitflächen nicht errichtet werden dürfen (§ 48 Abs. 3 Satz 4 HBauO), oder
- die Herstellung von Stellplätzen pauschal oder im Einzelfall aufgrund des § 48 Abs. 6 HBauO (Abminderung) untersagt wird.

4. Abweichungen vom Regelnachweis für Stellplätze und Fahrradplätze

4.1 Bemessung von Sonderfällen

4.1.1 Ermittlung des Stellplatzbedarfes

Für Nutzungen, die in der Spalte B der Anlage 1 nicht erfasst sind, ist der Stellplatzbedarf nach den besonderen Verhältnissen im Einzelfall unter sinngemäßer Berücksichtigung der Bemessungswerte für Verkehrsquellen mit vergleichbarem Stellplatzbedarf zu ermitteln. Die sinnvolle Interpolation zwischen zwei vergleichbaren Nutzungsarten ist zulässig.

4.1.2 Ermittlung des Fahrradplatzbedarfes

Sofern Tatsachen vorliegen, aufgrund derer der Bedarf an notwendigen Fahrradplätzen weitaus geringer ist als der nach Anlage 1 rechnerisch ermittelte Bedarf, ist eine Feststellung im Einzelfall durch die Genehmigungsdienststelle vorzunehmen.

4.1.3 Ermittlung des Stellplatz- und Fahrradplatzbedarfes aufgrund der Beschäftigtenzahlen

Ergibt sich bei einer Ermittlung nach Anlage 1 (z. B. Flächenschlüssel) ein Stellplatzbedarf, der in einem offensichtlichen Missverhältnis zu der Zahl der Beschäftigten steht, so ist die Stellplatzanforderung auf die Zahl der Beschäftigten abzustellen. Dies gilt jedoch nur für Nutzungen nach Anlage 1 Nr. 9 (Gewerbliche Anlagen).

Von einem offensichtlichen Missverhältnis ist auszugehen, wenn das Ergebnis nach dem Beschäftigtenschlüssel um mehr als 25 % vom Ergebnis nach dem Flächenschlüssel abweicht. Besucherstellplätze werden von dieser Regelung nicht berührt, diese sind weiterhin auf der Grundlage des Flächenschlüssels nachzuweisen. Es ist dann für je 3 Beschäftigte 1 Stellplatz nachzuweisen.

Fahrradplätze sind im entsprechenden Anteil zu verringern.

4.2 Befristete Genehmigung

Bei Erteilung einer befristeten Baugenehmigung oder einer befristeten Nutzungsgenehmigung ist eine von der Anlage 1 abweichende geringere Bemessung der notwendigen Stellplätze und Fahrradplätze gerechtfertigt, wenn die Befristung äußerstenfalls 5 Jahre beträgt. Die Anzahl ist im Einzelfall auf die ohne erheblichen Aufwand auf dem eigenen oder einem in der Nähe gelegenen Grundstück herstellbaren Stellplätze und Fahrradplätze festzusetzen.

Der Bescheid über die befristete Genehmigung ist mit dem Hinweis zu versehen, dass die nach Anlage 1 notwendigen Stellplätze und Fahrradplätze im Falle einer längerfristigen Nutzung oder eines längerfristigen Bestehens der baulichen Anlage nachzuweisen sind.

4.3 Stundung der Stellplatzpflicht und Fahrradplatzpflicht

4.3.1 Zeitlich nachfolgende Einrichtung einer Stellplatz- oder Fahrradplatzanlage

Sind notwendige Stellplätze und Fahrradplätze auf dem Baugrundstück nicht herstellbar und sollen deshalb in einer geplanten Stellplatzanlage eines anderen Bauträgers nachgewiesen werden, deren Herstellung erst später erfolgen kann, so ist die Herstellung oder der Nachweis der im Baugenehmigungsbescheid festgesetzten Zahl notwendiger Stellplätze oder Fahrradplätze bis zur Errichtung der geplanten Anlage zu stunden, längstens bis zu 5 Jahren.

Voraussetzung ist, dass die betreffenden Stellplätze durch Baulast seitens des anderen Bauträgers auf dem Grundstück gesichert werden. Die Bauherrin oder der Bauherr soll für die Übergangszeit verpflichtet werden, Stellplätze und Fahrradplätze durch Anmietung in der Nähe zur Verfügung zu stellen, sofern dies möglich ist.

4.3.2 Stundung aufgrund vermutlich geringerer Bedarfe

Eine Stundung der Pflicht zur Herstellung von notwendigen Stellplätzen und Fahrradplätzen bei Nicht-Wohnnutzungen ist auf Antrag zulässig, wenn es aufgrund der Eigenart der beantragten Nutzung Anhaltspunkte dafür gibt, dass die nach Anlage 1 ermittelten Stellplatzzahlen und Fahrradplatzzahlen sowie die Ermittlung nach 4.1.3 auf Dauer über dem tatsächlichen Bedarf liegt.

In diesem Fall kann für einen individuell zu bestimmenden Anteil der notwendigen Stellplätze oder Fahrradplätze die Pflicht zur Herstellung bis zu fünf Jahre gestundet werden.

Wird die Herstellung notwendiger Stellplätze oder Fahrradplätze gestundet, so sind die für eine spätere Herstellung notwendigen Flächen in den Bauvorlagen nachzuweisen.

Durch eine Auflage im Baugenehmigungsbescheid sowie durch Baulast ist sicherzustellen, dass diese Flächen von jeglicher Bebauung oder sonstigen dauerhaften Nutzung freigehalten werden und für eine spätere Herstellung tatsächlich zur Verfügung stehen.

Ist eine derartige Flächensicherung nicht möglich, so ist im Baugenehmigungsbescheid der Hinweis aufzunehmen, dass im Falle eines später tatsächlich erhöhten Bedarfes Ausgleichsbeträge in der dann geltenden Höhe zu entrichten sind, die gemäß § 49 Abs. 4 auf dem Grundstück als öffentliche Last ruhen.

Weist der Bauherr bei Ablauf der Stundung nach, dass die Herstellung der vollen Anzahl von Stellplätzen oder Fahrradplätzen nicht erforderlich ist, ist die Forderung auf die reduzierte Stellplatzahl oder Fahrradplatzzahl neu und abschließend festzusetzen. Vorbehaltsflächen sind freizugeben.

4.3.3 Wohnnutzung

Eine Stundung der Pflicht zur Herstellung von notwendigen Stellplätzen oder Fahrradplätzen für Wohnnutzungen ist nicht zulässig. Die Regelungen unter 2.5.4 und 4.3.1 bleiben unberührt.

Werden Wohnungen für die besonderen Nutzergruppen Senioren und Studenten mit in sich abgeschlossenen Wohnungen gebaut, die ohne bauliche Änderungen an Wohnungsuchende auf dem allgemeinen Wohnungsmarkt vermietet werden könnten, so muss in den Bauvorlagen der Stellplatznachweis gemäß Nr. 1.2 oder 1.3 der Anlage 1 erfolgen.

In der Baugenehmigung ist der Stellplatzbedarf nach Nr. 1.3 bzw. 1.4, 1.6 o. 1.7 der Anlage 1 festzusetzen mit der Auflage, dass die Differenz an Stellplätzen zwischen den in den Bauvorlagen nach Nr. 1.2 ermittelten Stellplätzen und dem in der Baugenehmigung festgesetzten Bedarf vom Pflichtigen dann nachzuweisen ist, wenn die Wohnungen nicht mehr entsprechend der ursprünglichen besonderen Zweckbestimmung vermietet werden.

Diese Regelung gilt nicht für im 1. Förderweg öffentlich geförderte Altenwohnungen. Bei Altenwohnungen, die als Eigentumswohnungen errichtet werden, gilt diese Regelung erst ab 30 zusammenhängenden Wohneinheiten in Verbindung mit einem entsprechenden Nutzungskonzept (z. B. an die Wohnung gekoppelte Betreuungsverträge, etc.).

4.4 Ausnahmen und Befreiungen

4.4.1 Ausnahme (§ 66 Absatz 2 HBauO)

Nach § 66 Absatz 2 HBauO kann von § 48 HBauO auf einen mit einer Begründung versehenen Antrag hin eine Ausnahme zugelassen werden.

Diese Ausnahmemöglichkeit besteht nach § 66 Absatz 2 Nr. 1 HBauO bei Kulturdenkmälern im Sinne des § 2 Absatz 1 Nr. 1 bis 3 des Denkmalschutzgesetzes, d. h. bei Denkmälern und Ensembles, die unter Denkmalschutz gestellt und in die Denkmalliste eingetragen wurden.

Die Ausnahme kann jedoch nur dann erteilt werden, wenn die tatsächliche Herstellung von Stellplätzen oder Fahrradplätzen möglich ist und den Bestand, das Erscheinungsbild oder die weitere Nutzung des Kulturdenkmals gefährden würde.

Die für Wohnungen geltende Ausnahme nach § 66 Absatz 2 Nr. 2 HBauO ist nicht anzuwenden, soweit die tatsächliche Herstellung von Stellplätzen und Fahrradplätzen möglich ist. Von den Ausgleichsbeträgen bei Unmöglichkeit der Herstellung von Stellplätzen beim Dachgeschossausbau/-aufbau, ohne dass Vollgeschosse entstehen, stellt der § 49 Absatz 1 Satz 2 HBauO unter bestimmten Randbedingungen frei (siehe Nr. 5.2).

4.4.2 Befreiungen (§ 67 HBauO)

Eine Befreiung von der Stellplatzpflicht und Fahrradplatzpflicht aufgrund von § 67 HBauO ist ausgeschlossen, da § 49 HBauO für den Fall der Unmöglichkeit oder der Unzumutbarkeit der tatsächlichen Herstellung die Rechtsfolge der Ausgleichszahlungspflicht festlegt.

5. Ausgleichsbeträge

5.1 Höhe der Ausgleichsbeträge

Die Höhe der Ausgleichsbeträge für Stellplätze und Fahrradplätze ist im Ausgleichsbetragsgesetz festgelegt.

Für die jeweils ersten drei durch Ausgleichsbeträge nachzuweisenden Stellplätze werden bei Änderung der Nutzung 0 Euro erhoben.

Die Unterteilung einer zusammenhängenden Gesamtmaßnahme in Einzelanträge zum alleinigen Zweck der Mehrfachinanspruchnahme dieser Regelung schafft keinen erneuten Anspruch auf diese Privilegierung.

Der verminderte Ausgleichsbetrag nach § 1 Abs. 2 Ausgleichsbetragsgesetz greift, wenn notwendige Stellplätze, die auf dem Baugrundstück ebenerdig und ohne Überdachung zulässig und herstellbar wären, allein aus Gründen, die auf Verhältnissen außerhalb des Baugrundstücks beruhen, nicht genehmigt werden.

Dies ist z. B. dann der Fall, wenn eine eingeschränkte Erschließung die Herstellung von notwendigen Stellplätzen verhindert. § 1 Abs. 2 des Ausgleichsbetragsgesetzes ist somit als Härtefallregelung zu verstehen.

Die Frage der zeitlichen Anwendung regelt sich nach den jeweils im Gesetz festgelegten Überleitungsvorschriften. Bei Wegfall der Stundung oder Verlängerung von Vorbescheiden und Baugenehmigungen sowie einer abschließenden Festsetzung der Anzahl der durch Ausgleichsbeträge nachzuweisenden Stellplätze ist die dann geltende Höhe der Ausgleichsbeträge zugrunde zu legen (erneute Prüfung der Sach- und Rechtslage).

5.2 Verzicht auf Ausgleichsbeträge beim Dachgeschossausbau/-aufbau

Bei der nachträglichen Schaffung von Wohnraum – insbesondere beim Ausbau und Aufbau von Dachgeschossen – wird nach § 49 Absatz 1 Satz 2 auf die Zahlung eines Ausgleichsbetrages verzichtet, wenn

1. die Herstellung auf dem Grundstück oder auf einem Grundstück in der Nähe nicht oder nur unter unzumutbaren Schwierigkeiten möglich ist,
2. die Fertigstellung des Gebäudes mindestens 5 Jahre zurückliegt und
3. keine Vollgeschosse entstehen.

5.3 Stundung von Ausgleichsbeträgen (LHO)

Eine Stundung von Ausgleichsbeträgen ist nicht zulässig. Die Stundung nach § 59 Landeshaushaltsordnung (wirtschaftliche Notlage) bleibt unberührt.

Auf die gesonderte Behandlung in den Fällen des Job-Tickets, des Kultur-Tickets und des autoarmen Wohnens (siehe Nr. 2.5.2–2.5.4) wird hingewiesen.

6. Verfahren

6.1 Festsetzung der Stellplatzbedarfe und Fahrradplatzbedarfe

Der mit dem Bauantrag einzureichende Stellplatznachweis und Fahrradplatznachweis ist von der Bauaufsichtsbehörde zu prüfen. Die Anzahl der notwendigen Stellplätze und Fahrradplätze ist nach den Vorgaben der Anlage 1 getrennt nach den unterschiedlichen Nutzungsarten im Baugenehmigungsbescheid festzusetzen.

Die Ausweisung der Anzahl der Stellplätze, die für Besucherinnen und Besucher und Menschen mit Behinderungen vorzusehen sind, hat ebenfalls gesondert zu erfolgen.

Das Berechnungsergebnis der notwendigen Stellplätze und Fahrradplätze ist getrennt nach den unterschiedlichen Nutzungsarten ab 0,5 nach oben aufzurunden, sonst abzurunden.

Die Bereitstellung der notwendigen Stellplätze hat bis zur Fertigstellung der baulichen Anlage zu geschehen.

6.2 Festsetzung des Ausgleichsbetrages

Die Anzahl der durch Ausgleichsbeträge nachzuweisenden Stellplätze und Fahrradplätze und der Gesamtbetrag sind ebenfalls im Baugenehmigungsbescheid festzusetzen. Der Ausgleichsbetrag ist bis zur Fertigstellung des Bauvorhabens zu zahlen.

6.3 Verfahren bei Stundung

– Verfahren für Stundungen aufgrund Job-Ticket, Kombi-Ticket und autoarmes Wohnen wie unter 2.5.1 beschrieben.

– Verfahren für Stundungen für Wohnnutzungen mit reduziertem Stellplatzbedarf wie unter 4.3.3 beschrieben.

– Verfahren für Stundungen aufgrund vermutlich geringerer Bedarfe wie unter 4.3.2 beschrieben.

– Verfahren für Stundungen aufgrund einer zeitlich nachfolgenden Einrichtung einer Stell- oder Fahrradplatzanlage wie unter 4.3.1 beschrieben.

6.4 Beteiligung der Fachbehörde

6.4.1 Zustimmung der Fachbehörde

Sonderfälle nach Nr. 4.1.1, autoarmes Wohnen nach 2.5.4, Genehmigung zusätzlicher Stellplätze im Abminderungsgebiet nach Nr. 3.1.2, eine Untersagung der tatsächlichen Herstellung von Stellplätzen im Einzelfall nach § 48 Abs. 6 HBauO, sowie alle Abweichungen von dieser Globalrichtlinie bedürfen der Zustimmung der Fachbehörde.

6.4.2 Berichtspflicht gegenüber der Fachbehörde

Bei Minderung des Stellplatzbedarfs aufgrund des Job-Tickets und des Kultur-Tickets ist die Fachbehörde über die Entscheidung des Bezirkes zu informieren.

7. Hinweis auf Zuständigkeiten

Vom Senat getroffene Zuständigkeitsanordnungen bleiben von dieser Globalrichtlinie unberührt.

8. Geltungsdauer

Diese Globalrichtlinie tritt mit Wirkung vom 1. 8. 2002 in Kraft und am 1. 8. 2012 außer Kraft.

Sie gilt für alle Verwaltungsentscheidungen, die ab dem 1. 8. 2002 getroffen werden.

Anlage 1
zur Globalrichtlinie „Notwendige Stellplätze und notwendige Fahrradplätze"

Bemessungswerte für die Anzahl notwendiger Stellplätze und notwendiger Fahrradplätze

Inhalt:
1. Wohngebäude
2. Büro- und Verwaltungsgebäude, Schalterräume, Praxen u. ä. Nutzungen
3. Verkaufsstätten
4. Versammlungsstätten
5. Sportstätten
6. Gaststätten und Beherbergungsbetriebe
7. Krankenhäuser, Kliniken
8. Schulen, Bildungsstätten
9. Gewerbliche Anlagen
10. Verschiedenes

Nr.	Verkehrsquelle	Zahl der Stellplätze		Zahl der Fahrradplätze		Davon für Besucher jeweils in %
A	B	C		D		E
1	**Wohngebäude**					
1.1	Ein- und Zweifamilienhäuser, Reihenhäuser	1	je Wohnung	/		/
1.2	Mehrfamilienhäuser	0,8	je Wohnung	/	Siehe § 45 Abs. 4 Satz 2 HBauO	/
1.3	Gebäude mit Altenwohnungen nach Nr. 4.3.3 der GR	0,2	je Wohnung	1	je 3 Wohnungen	50
1.4	Studentenwohnheime, Arbeitnehmerwohnheime	1	je 5 Betten, jedoch mind. 2	2 1	je 3 Betten je 3 Betten	20
1.5	Gebäude zur Unterbringung von Aussiedlern, Asylbewerbern, Obdachlosen und anderen von der BSF unterzubringende Personen	1	je 10 Betten, jedoch mind. 2	1	je 5 Betten	20

II/15 Globalrichtlinie Anlage 1

Nr.	Verkehrsquelle	Zahl der Stellplätze		Zahl der Fahrradplätze		Davon für Besucher jeweils in %
A	B	C		D		E
1.6	Kinder- und Jugendwohnheime	1	je 20 Betten, jedoch mind. 2	1	je 3 Betten	75
1.7	Pflegeheime, Frauenhäuser, sozialtherapeutische Einrichtungen	1	je 8 Betten, jedoch mind. 2	1	je 10 Betten	75
2	**Büro- und Verwaltungsgebäude, Schalterräume, Praxen u. ä. Nutzungen** Die Geschossfläche (**GF**) ist gemäß § 20 Abs. 3 BauNVO von 1990 nach den Außenmaßen der Gebäude in allen Vollgeschossen zu ermitteln. Die Flächen von Aufenthaltsräumen in anderen Geschossen einschließlich der zu ihnen gehörender Treppenräume und einschließlich ihrer Umfassungswände sind mitzurechnen. Es können solche Bereiche innerhalb von Gebäuden unberücksichtigt bleiben, die als Nebenanlagen größerer Betriebseinheiten keinen eigenen Stellplatzbedarf und Fahrradplatzbedarf erzeugen, wie z.b. Kantinen, Klima- und Installationsräume mit mindestens 10 m² Fläche, überdeckte Lichthöfe, Repräsentationstreppen.						
2.1	Räume mit vermindertem Verkehrsaufkommen (Büros oder andere Nutzungen mit jeweils mehr als 4.000 m² GF)	1	je 80 m² GF	1	je 300 m² GF	20
2.2	sonstige Räume	1	je 70 m² GF	1	je 140 m² GF, jedoch mind. 1 je Nutzung	20
3	**Verkaufsstätten** In Anwendung der DIN 277 entspricht die Fläche zur Berechnung des Stellplatzbedarfes und des Fahrradplatzbedarfes der Hauptnutzfläche 4.5 „Verkaufsräume" (Verkaufsnutzfläche = VKNF). Werden in einer baulichen Anlage unterschiedliche Verkaufsstätten eingerichtet, so ist der Bedarf für jede Nutzung gesondert zu ermitteln.					
3.1	Läden bis 700 m² Verkaufsnutzfläche	1	je 50 m² VKNF, jedoch mind. 1 je Laden	1	je 170 m² VKNF, jedoch mind. 1 je Laden	75
3.2	Sonstiger Einzelhandel	1	je 40 m² VKNF	1	je 240 m² VKNF	75
3.3	Heimwerkermärkte, Gartencenter	1	je 40 m² VKNF (auch außen), und ggf. Lagerfläche	1	je 300 m² VKNF (auch außen), und ggf. Lagerfläche	90
3.4	Geschäftshäuser mit geringem Besucherverkehr, z.B. Möbelhäuser	1	je 50 m² VKNF	1	je 300 m² VKNF	75
3.5	Verkaufsplätze ohne Bindung an Gebäude	1	je 100 m² Grundstücksfläche	1	je 200 m² Grundstücksfläche	75

Anlage 1 Globalrichtlinie II/15

Nr.	Verkehrsquelle	Zahl der Stellplätze		Zahl der Fahrradplätze		Davon für Besucher jeweils in %
A	B	C		D		E
3.6	Autosalons (Verkaufsausstellung)	1	je 150 m² VKNF	1	je 500 m² VKNF	90
4	**Versammlungsstätten**					
4.1	Theater, Konzerthäuser, Varietés	1	je 5 Sitzplätze	1	je 50 Sitzplätze	75
4.2	Kinos, Diskotheken und Tanzschulen nach Anzahl der zulässigen Besucher	1	je 7 Plätze/Besucher	1	je 50 Plätze/Besucher; bei Tanzschulen 1 je 20	90
4.3	Jugendclubs, Altentagesstätten, Versammlungsräume mit stadtteilbezogener Bedeutung	1	je 15 Plätze/Besucher	1	je 10 Besucher je 20 Besucher bei Altentagesstätten	90
4.4	Gemeindekirchen	1	je 20 Sitzplätze	1	je 20 Sitzplätze	90
4.5	Kirchen mit überörtlichem Bezug	1	je 10 Sitzplätze	1	je 50 Sitzplätze	90
5	**Sportstätten** Sind den Sportanlagen Einrichtungen wie Gaststätten, Läden o. Ä. räumlich und/oder funktional zugeordnet, so ist der Stellplatzbedarf und Fahrradplatzbedarf zusätzlich zu ermitteln und zu 50 % nachzuweisen. Bei zugehörigen Einrichtungen, bei denen kein über den Bedarf der Sportanlage hinausgehender Bedarf erzeugt wird, z. B. bei Clubgaststätten, sind keine zusätzlichen Stellplätze und Fahrradplätze zu fordern.					
5.0	Zuschläge für Besucherinnen und Besucher					
5.0.1	Sportstätten von örtlicher Bedeutung	1	je 15 Besucherplätze	1	je 5 Besucherplätze	100
5.0.2	Sportstätten von überörtlicher Bedeutung (z. B. Fußballstadien)	1	je 5 Besucherplätze	1	je 100 Besucherplätze	100
5.1	Sportplätze	1	je 400 m² Sportfläche	1	je 150 m² Sportfläche	/
5.2	Spiel- und Sporthallen, Sportschulen, Trainingsräume	1	je 50 m² Übungsfläche	1	je 20 m² Übungsfläche	/
5.3	Tennis- und Squashanlagen	2	je Spielfeld	1	je Spielfeld	90
5.4	Freibäder	1	je 200 m² Grundstücksfläche	1	je 50 m² Grundstücksfläche	90
5.5	Hallenbäder	1	je 5 Umkleideschränke	1	je 5 Umkleideschränke	90

II/15 Globalrichtlinie Anlage 1

Nr.	Verkehrsquelle	Zahl der Stellplätze		Zahl der Fahrradplätze		Davon für Besucher jeweils in %
A	B	C		D		E
5.6	Bootshäuser und -liegeplätze	1	je 5 Boote	1	je 2 Boote	90
5.7	Gewerbliche Sport- und Freizeitanlagen					
5.7.1	Kurbäder, Saunaanlagen, Fitnesscenter, SB-Bräunungsstudios	1	je 3 Umkleideschränke	1	je 5 Umkleideschränke	90
5.7.2	Kegel- und Bowlingbahnen	3	je Doppelbahn	2	je Doppelbahn	90
6	**Gaststätten und Beherbergungsbetriebe** Saisonal genutzte Außengastplätze erzeugen dann einen eigenen Stellplatzbedarf und Fahrradplatzbedarf, wenn sie die Anzahl der Innengastplätze überschreiten. Für die positive Differenz ist ein Stellplatznachweis und Fahrradplatznachweis zu liefern.					
6.1	Gaststätten	1	je 10 Sitzplätze	1	je 15 Sitzplätze	75
6.2	Stehrestaurationen	1	je 10 m² Stehfläche	1	je 15 m² Stehfläche	75
6.3	Spiel- und Billardhallen, Automatensalons	1	je 40 m² GF, jedoch mind. 1 Stpl. je Betrieb	1	je 60 m² GF	75
6.4	Beherbergungsbetriebe					
6.4.1	Hotels und Pensionen	1	je 2 Gästezimmer	1	je 15 Gästezimmer	St.: 75 FP: 10
6.4.2	Appartements, Boardinghäuser zur längerfristigen Vermietung	1	je Appartement/ Zimmer	1	je 15 Appartements/ Zimmer	St.: 75 FP: 75
6.4.3	Jugendherbergen	1	je 10 Betten	1	je 5 Betten	75
6.4.4	zugehörige Restaurants, Veranstaltungsräume	1	je 16 Sitzplätze	1	je 16 Sitzplätze	75
7	**Krankenhäuser, Kliniken** Der Bedarf an Stellplätzen und Fahrradplätzen für übergeordnete zentrale Einrichtungen zur Versorgung mehrerer Krankenhäuser (z. B. Großwäscherei, Zentralküche u. a.) ist nach der Nummer 9 zusätzlich zu dem Bedarf nach Nummer 7.1 bzw. 7.2 zu ermitteln. Ebenso sind Schulen gemäß Nummer 8 und Schwesternheime gemäß Nummer 1.5 sowie weitere zusätzlichen Stellplatzbedarf erzeugende Nutzungen (z.B. Tagesklinik, Praxen, ambulante Versorgung, eigenständige weitere Einrichtungen) gesondert zu beurteilen.					
7.1	Krankenhäuser, allgemein	1	je 3 Betten	1	je 20 Betten	60
7.2	Universitätsklinik Eppendorf	1	je 2 Betten	1	je 10 Betten	60

Anlage 1 Globalrichtlinie **II/15**

Nr.	Verkehrsquelle	Zahl der Stellplätze	Zahl der Fahrradplätze			Davon für Besucher jeweils in %
A	B	C	D			E
8	**Schulen, Bildungsstätten** Von den für Schulen notwendigen Stellplätzen sind mind. 50 % auf einem eigenständig benutzbaren Abstellplatz zu erstellen, während der Rest auf einer auch außerhalb der Schulzeiten anfahrbaren Schulhoffläche für die zusätzliche Inanspruchnahme außerhalb der Unterrichtszeiten nachzuweisen ist. Diese Regelung gilt auch für den nach den Nummern 4.3 und 5.2 zu bemessenen Bedarf für Aulen, Turn- und Sporthallen mit regelmäßiger Nutzung für außerschulische Veranstaltungen.					
8.1	Schulen					
8.1.1	Grund-, Haupt- und Realschulen, Gesamtschulen sowie Gymnasien	1	je Klassenraum ohne Fachklassen	10 1	je Klassenraum ohne Fachklassen je Klassenraum von Grundschulen	/
8.1.2	Berufs- und Berufsfachschulen, Ausbildungszentren der freien Wirtschaft	4	je Klassenraum ohne Fachklassen	4	je Klassenraum ohne Fachklassen	/
8.2	Hochschulen Bei der Bemessung des Stellplatzbedarfes und des Fahrradplatzbedarfes für Hochschulen u. ä. Einrichtungen ist die nach dem Hochschulbedarfsplan als Bemessung der baulichen Anlage festgelegte Studentenzahl zugrunde zu legen. Vorübergehende Überkapazitäten der Hochschuleinrichtungen werden bei der Bemessung nicht berücksichtigt. Bei Hochschulen ist der Bedarfsberechnung die Zahl der Hauptfachstudenten zugrunde zu legen, die gleichzeitig in dem Gebäude unterrichtet werden bzw. arbeiten können.					
8.2.1	Hochschulen, Fachhochschulen einschließlich ihrer Forschungsbereiche ohne Semester-Ticket, Volkshochschulen, Berufsfortbildungseinrichtungen, Abendschulen	1	je 5 Studierende	1	je 4 Studierende	/
8.2.2	Hochschulen, Fachhochschulen einschließlich ihrer Forschungsbereiche mit Semester-Ticket	1	je 10 Studierende	1	je 6 Studierende	/
8.3	Kindergärten, Schulkindergärten, Kindertagesstätten u.Ä.	1	je 2 Gruppenräume	1	je Gruppenraum	10

II/15 Globalrichtlinie Anlage 1

Nr.	Verkehrsquelle	Zahl der Stellplätze		Zahl der Fahrradplätze		Davon für Besucher jeweils in %
A	B	C		D		E
9	**Gewerbliche Anlagen** Kleine Betriebseinheiten werden mit ihrer Gesamtfläche angesetzt. Bei mittleren und größeren Betrieben sind die handwerklichen Betriebsflächen und die Büro- und Lagerflächen mit ihren jeweils unterschiedlichen Bedarfsansätzen für Stellplätze und Fahrradplätze zu ermitteln.					
9.1	Handwerksbetriebe, Industrie- und Gewerbebetriebe, Werften, Labore und Forschungseinrichtungen	1	je 100 m² GF	1	je 300 m² GF	20
9.2	Lagerräume, -plätze	1	je 200 m² GF/Grundstücksfläche	/	/	/
9.3	Kfz-Werkstätten	6	je Reparaturstand	1	je 2 Reparaturstände	90
		2	je Lkw-Reparaturstand			
9.4	Tankstellen, inkl. Shop bis 30 m²	2	je Tankstelle, zzgl. zu Warteplätzen an den Zapfsäulen	1	je Shop	90
		1	je SB-Waschplatz			
9.5	Kraftwagenwaschanlagen	1	je 3 Mitarbeiter, Stauraum für 10 Kfz vor der Anlageneinfahrt	1	je Anlage	/
9.6	Spedition, örtlich	1	Lkw-St. je Lkw	/	/	
	überörtlich	1	Lkw-St. je 3 Lkw			
9.7	Taxibetriebe	1	je 3 Mitarbeiter	1	je 5 Mitarbeiter	/
10	**Verschiedenes**					
10.1	Kleingartenanlagen	1	je 3 Parzellen	1	je 3 Parzellen	20
10.2	Ausstellungshallen, -plätze	1	je 50 m² GF/Grundstücksfläche	1	je 200 m² GF/Grundstücksfläche	80
10.3	Eigenständige Büchereien, Museen Zugeordnete, jedoch extern nutzbar	1	je 150 m² GF	1	je 200 m² GF	80
		1	je 200 m² GF	1	je 200 m² GF	

Anlage 1 Globalrichtlinie II/15

Nr.	Verkehrsquelle	Zahl der Stellplätze		Zahl der Fahrradplätze		Davon für Besucher jeweils in %
A	B	C		D		E
10.4	Friedhöfe	1	je 2.000 m² Fläche	1	je 2.000 m² Fläche	90
10.5	Aussegnungskapellen	1	je 5 Sitzplätze	1	je 100 Sitzplätze	90

Anlage 2

– nicht aufgenommen –

II/16
Gebührenordnung für das Bauwesen
(Baugebührenordnung – BauGebO)

vom 6. 12. 1988 (HmbGVBl. S. 279),
zuletzt geändert durch VO vom 30.12.2003
(HmbGVBl. 2004 S. 9)

§ 1

Für die in der Anlage 1 genannten Amtshandlungen nach

1. der Hamburgischen Bauordnung – HBauO – vom 1. Juli 1986 (Hamburgisches Gesetz- und Verordnungsblatt Seite 183), zuletzt geändert am 27. September 1995 (Hamburgisches Gesetz- und Verordnungsblatt Seite 221),

2. Hamburgisches Gesetz zur Erleichterung des Wohnungsbaus (HmbWoBauErlG) vom 18. Juli 2001 (HmbGVBl. S. 221, 223),

3. dem Baugesetzbuch – BauGB – in der Fassung vom 8. Dezember 1986 (Bundesgesetzblatt I Seite 2254), zuletzt geändert am 23. November 1994 (Bundesgesetzblatt I Seiten 3486, 3489),

4. dem Wohnungseigentumsgesetz – WEG – vom 15. März 1951 (Bundesgesetzblatt III 403-1), zuletzt geändert am 5. Oktober 1994 (Bundesgesetzblatt I Seiten 2911, 2926),

5. dem Hamburgischen Abwassergesetz – HmbAbwG – vom 21. Februar 1984 (Hamburgisches Gesetz- und Verordnungsblatt Seite 45), zuletzt geändert am 26. April 1995 (Hamburgisches Gesetz- und Verordnungsblatt Seite 97),

6. der Baupolizeiverordnung vom 8. Juni 1938 (Sammlung des bereinigten hamburgischen Landesrechts I 21 302-n),

7. der Prüfingenieurverordnung – PrüfIngVO – vom 4. Januar 1972 mit der Änderung vom 14. Februar 1984 (Hamburgisches Gesetz- und Verordnungsblatt 1972 Seiten 3, 18, 1984 Seite 41),

8. der Verordnung über den Nachweis ordnungsgemäßer Ausführung von Asbestsanierungen sowie Abbrucharbeiten – Asbest-SachverständigenVO – vom 25. Juli 1989 (Hamburgisches Gesetz- und Verordnungsblatt Seite 166), zuletzt geändert am 26. Januar 1993 (Hamburgisches Gesetz- und Verordnungsblatt Seite 23),

9. der Verordnung über die Überwachung haustechnischer Anlagen – HaustechÜVO – vom 13. November 1984 (Hamburgisches Gesetz- und Verordnungsblatt Seite 227), zuletzt geändert am 29. November 1994 (Hamburgisches Gesetz- und Verordnungsblatt Seite 301),

10. der Überwachungsverordnung zur Heizungsanlagen-Verordnung – HeizÜVO – vom 16. Juni 1981 mit der Änderung vom 19. Dezember 1989 (Hamburgisches Gesetz- und Verordnungsblatt 1981 Seite 153, 1989 Seite 298),

11. der Wärmeschutzverordnung – WärmeschutzV – vom 16. August 1994 (Bundesgesetzblatt I Seite 2121),

12. der Bauanzeigeverordnung vom 18. Mai 1993 (Hamburgisches Gesetz- und Verordnungsblatt Seite 99),

13. der Verordnung über anerkannte sachverständige Personen für bautechnische Prüfaufgaben (BautechPrüfVO) vom 18. September 2001 (HmbGVBl. S. 405)

in ihren jeweils geltenden Fassungen sowie für weitere Amtshandlungen und Benutzungen auf dem Gebiet des Bauwesens werden Verwaltungs- und Benutzungsgebühren nach dieser Gebührenordnung erhoben.

§ 2

(1) Die Mindestgebühr beträgt 36 Euro, soweit in dieser Gebührenordnung nichts anderes bestimmt ist.

(2) Für die in dieser Gebührenordnung nicht aufgeführten Amtshandlungen auf dem Gebiet des Bauwesens werden die Gebühren nach dem Zeitaufwand erhoben.

(3) Die Gebühr nach Zeitaufwand beträgt 36 Euro je angefangene halbe Arbeitsstunde.

§ 3

(1) Die Gebührenpflicht entsteht mit der Erteilung der Baugenehmigung. Für die Ermittlung der Gebühren sind die anrechenbaren Kosten zur Zeit der Genehmigung zu Grunde zu legen.

(2) Die anrechenbaren Kosten bei Neubauten sind für die in der Anlage 2 genannten Gebäude nach deren Brutto-Rauminhalt, vervielfältigt mit den anrechenbaren Kosten je Kubikmeter Brutto-Rauminhalt, zu errechnen. Der Brutto-Rauminhalt bestimmt sich nach DIN 277 Teil 1, Ausgabe Juni 1987 veröffentlicht im Amtlichen Anzeiger 1988 Seite 2209. Die anrechenbaren Kosten der Anlage 2 sind gültig vom 1. Januar 2002 an. Vom 1. Januar jeden weiteren Jahres an sind diese anrechenbaren Kosten mit dem durch 100 geteilten Hamburger Preisindex für Bauwerke, Basis

1994 = 100, zu vervielfältigen. Sodann ist der Wert auf volle Euro aufzurunden. Maßgebend für die Berechnung ist jeweils der für den August des Vorjahres von der Behörde für Inneres – Statistisches Landesamt – ermittelte Bauindex. Für die Berechnung sind die Indizes „Wohngebäude insgesamt" für die Gebäudearten 1 und 2, „Bürogebäude" für die Gebäudearten 3 bis 14 und „Gewerbliche Betriebsgebäude" für die Gebäudearten 15 bis 27 anzuwenden.

(3) Für die nicht in der Anlage 2 genannten Gebäude und baulichen Anlagen sowie für Umbauten sind die anrechenbaren Kosten nach dem Umfang sämtlicher Arbeiten und Lieferungen, die zur Rohbaufertigstellung erforderlich sind, zu ermitteln. Zu den anrechenbaren Kosten gehören insbesondere die Kosten für

1. Erdarbeiten ohne Herrichtung des Grundstücks und ohne Mutterbodenauftrag,
2. Maurerarbeiten,
3. Beton- und Stahlbetonarbeiten,
4. Naturwerksteinarbeiten, Betonwerksteinarbeiten, Zimmerer- und Holzbauarbeiten sowie Stahlbauarbeiten, die nicht in Verbindung mit dem Ausbau des Gebäudes ausgeführt werden,
5. Abdichtung gegen Wasser,
6. Dachdeckungs- und Dachabdichtungsarbeiten,
7. Klempnerarbeiten, die nicht in Verbindung mit dem Ausbau des Gebäudes ausgeführt werden,
8. Baugrubenverkleidungen, Ramm- und Einpressarbeiten,
9. Kosten der Baustelleneinrichtungen ohne Kosten für Winterschutzbauvorrichtungen,
10. Abbrucharbeiten bei Umbauten.

Zu den anrechenbaren Kosten gehören nicht die auf diese Kosten entfallende Umsatzsteuer und nicht die Kosten für die Erstellung der Bauvorlagen. Sind die anrechenbaren Kosten schwer bestimmbar, wird nach den Herstellungskosten abgerechnet.

(4) Bei Gebäuden mit gemischter Nutzung ist für die Ermittlung der anrechenbaren Kosten die offensichtlich überwiegende Nutzung maßgebend. Liegt ein offensichtliches Überwiegen einer Nutzung nicht vor, sind für die Gebäudeteile mit verschiedenen Nutzungsarten die anrechenbaren Kosten anteilig zu ermitteln.

(5) Für Abgasanlagen, Aufzüge, Behälteranlagen, Lüftungsanlagen, elektrische Anlagen und sonstige haustechnische Anlagen sowie für

Grundstücksentwässerungsanlagen sind die anrechenbaren Kosten nach dem Umfang sämtlicher Arbeiten und Lieferungen, die zur Fertigstellung erforderlich sind, zu ermitteln. Absatz 3 Satz 3 gilt sinngemäß.

(6) Der Gebührenpflichtige hat die zur Errechnung der Gebühr erforderlichen Nachweise mit dem Antrag vorzulegen. Die Bauaufsichtsbehörde kann die anrechenbaren Kosten nach den Absätzen 3 und 5 unter Berücksichtigung ortsüblicher Preise schätzen, wenn der Gebührenpflichtige die anrechenbaren Kosten nicht nachgewiesen hat oder diese offensichtlich unzutreffend sind; der Gebührenpflichtige kann diesen Nachweis auch noch nach Erlass des Gebührenbescheides führen.

(7) Die anrechenbaren Kosten und die Herstellungskosten sind jeweils auf volle 1000 Euro aufzurunden.

§ 4

(1) Zur Bemessung der Gebühr nach Nummer 4.1 der Anlage 1 ist die bauliche Anlage in die dem Schwierigkeitsgrad entsprechende Bauwerksklasse nach Anlage 3 einzustufen. Die volle Gebühr in Euro wird durch Multiplikation der Faktoren Bemessungsgrundfaktor, Bauwerksklassenfaktor und Baukostenfaktor berechnet. Der Bemessungsgrundfaktor beträgt 7,35. Der Bauwerksklassenfaktor ist die um 1 erhöhte Bauwerksklasse nach Anlage 3. Der Baukostenfaktor ist die Potenz mit der Basis ein Tausendstel der anrechenbaren Kosten und dem Exponenten 0,8.

(2) Besteht eine bauliche Anlage aus Bauteilen unterschiedlicher Bauwerksklassen nach Anlage 3, so ist sie entsprechend dem überwiegenden Leistungsumfang einzustufen.

(3) Besteht eine Baumaßnahme aus mehreren baulichen Anlagen, so ist die Gebühr nach Anlage 3 für jede einzelne Anlage getrennt zu ermitteln. Dabei sind die anrechenbaren Kosten und die Bauwerksklasse der jeweiligen baulichen Anlage zu Grunde zu legen. Wenn die Bauvorlagen gleichzeitig zur Prüfung vorgelegt werden, und die baulichen Anlagen der gleichen Bauwerksklasse angehören und auch im Übrigen in statisch-konstruktiver Hinsicht weitgehend vergleichbar sind, sind die anrechenbaren Kosten dieser baulichen Anlagen zusammenzufassen; die Gebühr ist danach wie für eine bauliche Anlage zu berechnen.

(4) Mit den Gebühren nach den Nummer 4.1 bis 4.10 und 4.13 bis 4.18 der Anlage 1 sind die Auslagen für das Heranziehen von Sachverständigen abgegolten. In den Fällen von Gebührenfreiheit sind diese Auslagen zu ersetzen. Bei Rücknahme eines Bauantrages sind sie als besondere Auslagen in voller Höhe zu ersetzen.

§ 5

(1) Für mehrere gleiche Gebäude oder andere gleiche bauliche Anlagen, die im räumlichen Zusammenhang stehen, ermäßigen sich die Gebühren nach den Nummern 1.1 und 1.2 der Anlage 1 für die zweite und jede weitere bauliche Anlage um die Hälfte, wenn Bauanträge und Bauvorlagen gleichzeitig und aufeinander Bezug nehmend zur Prüfung vorgelegt werden.

(2) Für mehrere Gebäude oder andere bauliche Anlagen mit gleichen Standsicherheitsnachweisen, gleichen Nachweisen für den Schallschutz und den Wärmeschutz, die im räumlichen Zusammenhang stehen, ermäßigen sich die Gebühren nach den Nummern 4.1 bis 4.9 der Anlage 1 für die Zweite und jede weitere bauliche Anlage um neun Zehntel, wenn die Nachweise gleichzeitig zur Prüfung vorgelegt werden.

(3) Die Ermäßigung nach den Absätzen 1 und 2 werden gleichmäßig auf alle Bauanträge verteilt.

(4) Für die Genehmigung von baulichen Anlagen, die in allen Teilen nach Typengenehmigung ausgeführt werden können oder für die eine Ausführungsgenehmigung nach § 73 Absatz 4 HBauO anerkannt ist, ermäßigen sich die Gebühren nach der Anlage 1 um ein Viertel. Die Gebühr beträgt höchstens 4500,– Euro. Bei Inanspruchnahme der Ermäßigung nach Satz 1 entfällt die Ermäßigung nach Absatz 1.

§ 6

(1) Werden Anträge auf Genehmigung oder Vorbescheide wegen einer Veränderungssperre nach § 14 BauGB ablehnend entschieden oder zurückgenommen, so wird keine Gebühr erhoben. Das Gleiche gilt, wenn ein Antrag zurückgenommen wird, nachdem die Entscheidung über die Zulässigkeit der baulichen Anlage nach § 15 BauGB ausgesetzt worden ist.

(2) Amtshandlungen im Rahmen von genehmigungspflichtigen Vorhaben, Teilungen von Rechtsvorgängen nach § 144 Absätze 1 und 2 BauGB in förmlich festgelegten Sanierungsgebieten und städtebaulichen Entwicklungsbereichen sind gebührenfrei; Gebührenfreiheit besteht nicht für ein ganz oder teilweise erfolgloses Widerspruchsverfahren.

§ 7

Für die Erteilung der Zustimmung nach § 62 HBauO ist ein Fünftel der Gebühren nach der Anlage 1 zu entrichten; die Gebührenfreiheitsverordnung vom 6. Dezember 1994 (Hamburgisches Gesetz- und Verordnungsblatt Seite 379) in ihrer jeweils geltenden Fassung bleibt unberührt.

§ 8

(1) Diese Gebührenverordnung tritt am 1. Januar 1989 in Kraft.

(2) Gleichzeitig tritt die Gebührenordnung für das Bauwesen vom 16. Oktober 1979 (Hamburgisches Gesetz- und Verordnungsblatt Seiten 311 und 320) in ihrer geltenden Fassung außer Kraft.

(3) Gebührenrechtsverhältnisse, die vor dem In-Kraft-Treten dieser Gebührenordnung entstanden sind, werden nach bisherigem Recht abgewickelt.

Anlage 1

Gebührensätze für Amtshandlungen auf dem Gebiet des Bauwesens

Nummer	Gebührentatbestand	Gebührensatz in Euro
1	**Bau-, Nutzungs-, Abbruch- und Werbegenehmigung, Vorbescheid**	
1.1	Genehmigung zum Errichten oder Ändern baulicher Anlagen nach § 60 HBauO, sofern in den Nummern 1.2 bis 1.8 nichts anderes bestimmt ist	
1.1.1	für je 1000 Euro der anrechenbaren Kosten	12,40
1.1.2	für je 1000 Euro der Herstellungskosten in den Fällen nach § 3 Absatz 3 Satz 4	8,20
1.1.3	wenn die Genehmigung zum Errichten und Ändern baulicher Anlagen nach dem Hamburgischen Gesetz zur Erleichterung des Wohnungsbaus erfolgt ist, auch bei Eintritt der Genehmigungsfiktion	
1.1.3.1	für je 1000 Euro der anrechenbaren Kosten	9,30
1.1.3.2	für je 1000 Euro der Herstellungskosten in den Fällen nach § 3 Absatz 3 Satz 4	6,20
1.2	Genehmigung zum Errichten oder Ändern von baulichen Anlagen besonderer Art und Nutzung nach § 51 Absatz 2 HBauO, sowie zum Errichten, Ändern oder Abbrechen von Grundstücksentwässerungsanlagen nach § 1 Absatz 5 HmbAbwG	
1.2.1	bei baulichen Anlagen besonderer Art oder Nutzung nach § 51 Absatz 2 HBauO für je 1000 Euro der anrechenbaren Kosten	16,50
1.2.2	bei Grundstücksentwässerungsanlagen nach § 1 Absatz 5 HmbAbwG für je 1000 Euro der anrechenbaren Kosten mindestens	22 80

Nummer	Gebührentatbestand	Gebührensatz in Euro
1.2.3	wenn die Genehmigung zum Errichten oder Ändern von Grundstücksentwässerungsanlagen nach dem Hamburgischen Gesetz zur Erleichterung des Wohnungsbaus erfolgt ist, auch bei Eintritt der Genehmigungsfiktion bis	30 180
1.2.4	für je 1000 Euro der Herstellungskosten in den Fällen nach § 3 Absatz 3 Satz 4	12,40
1.3	Genehmigung zum Errichten oder Ändern sicherheitstechnisch bedeutsamer baulicher Anlagen	
1.3.1	bei baulichen Anlagen nach § 36 HBauO für je 1 000 Euro der anrechenbaren Kosten	8,20
1.3.2	bei baulichen Anlagen nach § 1 HBauO in Verbindung mit § 11 des Gerätesicherheitsgesetzes in der Fassung vom 11. Mai 2001 (BGBl. I S. 867), in der jeweils geltenden Fassung für je 1000 Euro anrechenbare Kosten	2
1.4	Genehmigung von selbstständigen Aufschüttungen oder Abgrabungen nach § 69 HBauO je angefangene 1000 m^3	15,35
1.5	Genehmigung von Gerüsten nach § 60 HBauO	46
1.6	Genehmigung von Nutzungen und Nutzungsänderungen nach § 60 HBauO, wenn im Zusammenhang damit keine oder nur geringfügige genehmigungsbedürftige Baumaßnahmen durchgeführt werden bis	45 360
1.7	Genehmigung von Abbrüchen nach § 60 HBauO	
1.7.1	Gebäude, Gebäudeteile und sonstige bauliche Anlagen je m^3 Brutto-Rauminhalt höchstens	0,20 4 500

Anlage 1 BauGebO **II/16**

Nummer	Gebührentatbestand	Gebührensatz in Euro
1.7.2	Bauliche Anlagen, deren Brutto-Rauminhalt nicht bestimmbar ist	
1.7.2.1	ohne Prüfung von Standsicherheitsnachweisen bis	450
1.7.2.2	mit Prüfung von Standsicherheitsnachweisen bis	270 4 500
1.8	Genehmigung von Werbeanlagen und Automaten nach § 69 HBauO je 1000 Euro Herstellungskosten, auch bei Eintritt der Genehmigungsfiktion mindestens	54 110
	Das gilt auch für Werbeanlagen oder Automaten, die keine baulichen Anlagen sind.	
1.9	Erteilung eines Vorbescheides nach § 65 HBauO bis	4 500
	Die Gebühr wird zur Hälfte angerechnet, wenn der Vorbescheid ohne wesentliche Änderung zu einer Genehmigung nach den Nummern 1.1 bis 1.8 führt.	
	Die Mindestgebühr nach § 2 Absatz 1 darf dabei jedoch nicht unterschritten werden.	
1.10	Erteilen einer Teilbaugenehmigung nach § 69 HBauO je Antrag	bis zu 20 vom Hundert – v. H. – der Gebühr nach den Nummern 1.1 bis 1.3, höchstens 6 000
1.11	Verlängerung der Geltungsdauer einer Bau-, Nutzungs-, Abbruch-, Werbe- oder Teilbaugenehmigung, eines Vorbescheides oder einer Befristung nach § 71 HBauO	10 v. H. der Genehmigungsgebühr, höchstens 600

II/16 BauGebO Anlage 1

Nummer	Gebührentatbestand	Gebührensatz in Euro
1.12	Genehmigung von Änderungsanträgen nach § 60 HBauO je Antrag	zusätzlich bis zu 30 v. H. zu der Gebühr nach den Nummern 1.1 und 1.2
1.13	Prüfung und Rückgabe von Bauvorlagen	
1.13.1	Prüfung und Rückgabe unvollständiger oder nicht prüffähiger Bauvorhaben zur Ergänzung oder Änderung nach § 63 HBauO je Vorgang bis	45 160
1.13.2	Zurückweisung von Anträgen und Bauvorhaben, die so unvollständig sind, dass sie nicht bearbeitet werden können nach § 63 HBauO je Antrag bis	45 160
1.14	Die Gebühren nach den Nummern 1.1 bis 1.6 und 1.8 werden auch in den Fällen erhoben, in denen diese Anlagen geprüft werden, wenn sie ohne Genehmigung errichtet worden sind.	
1.15	Durchführung einer Umweltverträglichkeitsprüfung nach § 63 a HBauO	zusätzlich bis zu 50 v. H. der Gebühr nach den Nummern 1.1 bis 1.4
	Die Kosten für die Hinzuziehung von Sachverständigen und sachverständigen Stellen nach § 58 Absatz 2 HBauO werden als besondere Auslagen erhoben.	
2	**Ausnahmen und Befreiungen, Baulasten**	
2.1	Ausnahmen	

Nummer	Gebührentatbestand	Gebührensatz in Euro
2.1.1	von bauordnungsrechtlichen Vorschriften nach § 66 und § 51 Absatz 3 HBauO je Ausnahme bis	180
2.1.2	von planungsrechtlichen Vorschriften nach § 31 BauGB je Ausnahme bis	270
2.1.3	nach sonstigen Vorschriften je Ausnahme bis	180
2.2	Befreiungen von	
2.2.1	baurechtlichen Vorschriften nach § 67 HBauO je Befreiung bis	295
2.2.2	planungsrechtliche Festsetzungen oder Vorschriften nach § 31 BauGB je Befreiung bis	120 900
2.2.3	sonstige Vorschriften je Befreiung bis	315
2.4	Eintragung oder Löschung einer Baulast nach § 79 HBauO bis	450
3	**Bauzustandsbesichtigungen, Überwachung nach der HeizÜVO**	
3.1	Besichtigung des fertig gestellten Rohbaus (auf Antrag nach § 78 HBauO)	5 v. H. der Gebühr nach Nummer 1.1 oder 1.2, mindestens 30, höchstens 450
3.2	Besichtigung der endgültigen fertig gestellten oder abzubrechenden baulichen Anlage (auf Antrag nach § 78 HBauO)	5 v. H. der Gebühr nach den Nummern 1.1 bis 1.7, mindestens 30, höchstens 2 500

II/16 BauGebO Anlage 1

Nummer	Gebührentatbestand	Gebührensatz in Euro
3.3	Bauzustandsbesichtigungen von baulichen Anlagen, über deren Zulässigkeit in einem anderen als dem bauaufsichtlichen Verfahren entschieden worden ist, je Bauzustandsbesichtigung bis	2 500
3.4	Weitere Besichtigung nach Beanstandung bis	450
3.5	Abnahmebescheinigungen je Bescheinigung	46
3.6	Überwachung nach § 2 Absatz 3 HeizÜVO bis	225
4	**Prüfung der Nachweise der Standsicherheit, des Brand-, Wärme- und Schallschutzes nach § 63 HBauO sowie nach § 6 HmbWoBauErlG**	
4.1	Prüfung des Standsicherheitsnachweises	die nach § 4 Absatz 1 errechnete Gebühr, mindestens 60
4.2	Prüfungen der Standsicherheitsnachweise, wenn die Prüfung auf Veranlassung des Antragstellers abschnittsweise erfolgt	Gebühr nach Nummer 4.1 zuzüglich bis zu 50 v. H. dieses Betrages entsprechend dem Bearbeitungsmehraufwand
4.3	Prüfung des Standsicherheitsnachweises für Umbauten und Aufstockungen	Gebühr nach Nummer 4.1 zuzüglich bis zu 50 v. H. dieses Betrages entsprechend dem Bearbeitungsmehraufwand
4.4	Brandschutz	

Nummer	Gebührentatbestand	Gebührensatz in Euro
4.4.1	Prüfung der Standsicherheit im Brandfall nach der HBauO	5 v. H. der errechneten Gebühr nach Nummer 4.1
4.4.2	Prüfung des Brandschutzes nach § 6 HmbWoBauErlG	10 v. H. der errechneten Gebühr nach Nummer 4.1
4.5	Prüfung des Wärmeschutznachweises, baulicher Teil	5 v. H. der Gebühr nach Nummer 4.1
4.6	Prüfung des Schallschutznachweises	5 v. H. der Gebühr nach Nummer 4.1
4.7	Prüfung von Ausführungszeichnungen	50 v. H. der Gebühr nach Nummer 4.1
4.8	Prüfungen von Elementplänen sowie Werkstattzeichnungen des Metall- und Ingenieurholzbaues anstatt der üblichen Ausführungszeichnungen	Gebühr nach Nummer 4.7 zuzüglich bis zu 100 v. H. dieses Betrages entsprechend dem Bearbeitungsmehraufwand
4.9	Prüfung von vorgezogener Lastzusammenstellungen für die Gründung	bis zu 25 v. H. der Gebühr nach Nummer 4.1
4.10	Prüfung eines Nachtrages zu den bautechnischen Nachweisen infolge von Änderungen oder Fehlern	bis zum zweifachen Satz der Gebühr nach Nummer 4.1

Nummer	Gebührentatbestand	Gebührensatz in Euro
4.11	Prüfung der Standsicherheit des Wärmeschutzes, des Schallschutzes im Rahmen einer Typengenehmigung oder Typenprüfung	bis zum zwanzigfachen Betrag der nach den Nummern 4.1, 4.4 bis 4.6 errechneten Gebühr
4.12	Prüfung der Standsicherheit, des Wärmeschutzes, des Schallschutzes im Rahmen der Verlängerung einer Typengenehmigung oder Typenprüfung	bis zum zehnfachen Betrag der nach den Nummern 4.1, 4.4 bis 4.6 errechneten Gebühr
4.13	Bauzustandsbesichtigung baulicher Anlagen mit schwieriger Konstruktion oder neuen Bauarten oder Baustoffen (§ 77 HBauO) sowie Bauzustandsbesichtigung und Überwachung baulicher Anlagen (§ 6 HmbWoBauErlG)	bis zu 50 v. H. der Gebühr nach Nummer 4.1
	bei Umbauten	bis zu 100 v. H. der Gebühr nach Nummer 4.1
4.14	Stehen Aufwand und Gebühr in einem groben Missverhältnis zueinander, wird nach dem Zeitaufwand (§ 2 Abs. 3) abgerechnet.	
4.15	Sind die anrechenbaren Kosten schwer bestimmbar, wird nach dem Zeitaufwand (§ 2 Absatz 3) abgerechnet.	
4.16	Prüfung von Sicherheitsnachweisen, die künftige bauliche Erweiterungen oder Nutzungsänderungen berücksichtigen	Gebühr nach Nummer 4.1 zuzüglich bis zu 100 v. H. dieses Betrages entsprechend dem Bearbeitungsmehraufwand

Anlage 1 BauGebO **II/16**

Nummer	Gebührentatbestand	Gebührensatz in Euro
4.17	Prüfung und Bauzustandsbesichtigung von ingenieurmäßig konstruierten Fassaden mit überdurchschnittlichem Schwierigkeitsgrad	Gebühr nach Zeitaufwand gemäß § 2 Absatz 3
4.18	Prüfung der brandschutzrechtlichen Nachweise nach § 6 Absatz 1 HmbWoBauErlG	5 v. H. der Gebühr nach Nummer 4.1
5	**Grundstücksteilungen, Bescheidungen nach dem BauGB und dem WEG**	
5.1	Grundstücksteilungen	
5.1.1	Teilungsgenehmigung nach § 19 BauGB und nach § 8 HBauO, auch bei Eintritt der Genehmigungsfiktion je bis	90 450
	Werden mehr als zwei Grundstücke gebildet oder verändert, so erhöht sich die Gebühr für jedes weitere Grundstück um je	31
5.1.2	Zeugnis (Negativbescheinigung) nach § 20 Absatz 2 Satz 1 BauGB und nach § 8 HBauO je	46
5.2	Bescheinigung darüber, dass ein Grundstück – keiner Verfügungs- oder Veränderungssperre nach § 51 BauGB oder – keiner Genehmigungspflicht nach § 144 BauGB unterliegt	
	je Antrag oder Vertrag und je Grundstück	23
5.3	Erteilung einer Abgeschlossenheitsbescheinigung nach § 7 Absatz 4 Nummer 2 WEG	
5.3.1	je Nutzungseinheit	23
5.3.2	je Garagenstellplatz	13

Nummer	Gebührentatbestand	Gebührensatz in Euro
5.3.3	Bei Überprüfung der Abgeschlossenheit durch Ortsbesichtigung	zusätzlich 50 v. H. der Gebühr nach den Nummern 5.3.1 und 5.3.2
5.4	– gestrichen –	
5.5	Negativtest, dass eine Genehmigung zur Begründung von Sondereigentum nach § 172 BauGB nicht erforderlich ist	18
6	**Fliegende Bauten, Typengenehmigung**	
6.1	Fliegende Bauten nach § 73 HBauO	
6.1.1	Erteilung oder Verlängerung einer Ausführungsgenehmigung einschließlich technischer Prüfung	nach Zeitaufwand gemäß § 2 Absatz 3, mindestens 120
6.1.2	Übertragung der Ausführungsgenehmigung auf Dritte oder Eintragung eines neuen Wohnsitzes bis	55
6.1.3	Besichtigung eines Fahrgeschäftes zum Zwecke der Freigabe für den Gebrauch je m² Grundfläche mindestens höchstens	0,26 25 240
6.1.4	Besichtigung anderer Fliegender Bauten zum Zwecke der Freigabe für den Gebrauch je m² Grundfläche mindestens höchstens	0,13 13 120
6.1.5	Freigabe für den Gebrauch ohne Besichtigung	15
6.2	Typengenehmigung nach § 72 HBauO	
6.2.1	Erteilung einer Typengenehmigung bis	270 2 500
6.2.2	Verlängerung einer Typengenehmigung bis	90 900

Anlage 1 BauGebO **II/16**

Nummer	Gebührentatbestand	Gebührensatz in Euro
7	Zustimmung im Einzelfall zur Verwendbarkeit von Bauprodukten und Bauarten nach §§ 20 c und 21 HBauO bis	90 3 600
8	Anerkennung von Prüfingenieuren für Baustatik oder von Sachverständigen	
8.1	Anerkennung als Prüfingenieur für Baustatik nach § 3 PrüfIngVO je Fachrichtung	460
8.2	Anerkennung als Sachverständiger nach § 4 HaustechÜVO bis	90 450
8.3	Anerkennung als Sachverständiger nach § 4 Asbest-SachverständigenVO bis	90 450
8.4	Anerkennung als staatlich anerkannte sachverständige Person nach § 2 BautechPrüfVO	
8.4.1	Anerkennung mit Prüfung der persönlichen und fachlichen Voraussetzungen nach § 3 BautechPrüfVO je Fachrichtung	450
8.4.2	Feststellung der Anerkennungsvoraussetzungen nach § 2 Absatz 2 oder 3 BautechPrüfVO für die erste Fachrichtung je weitere Fachrichtung	250 50
9	**Genehmigung zum Errichten, Abbruch, Ändern, für eine Nutzungsänderung baulicher Anlagen oder zur Begründung von Sondereigentum gemäß §§ 172 und 173 BauGB** je Gebäude bis	60 1 800
10	**Sonstige Amtshandlungen**	
10.1	Bauaufsichtliche Anordnungen nach §§ 58, 75, 76 oder 83 HBauO bis	3 750

Nummer	Gebührentatbestand	Gebührensatz in Euro
10.2	Einsichtgewährung in eine Bauakte je Akte	7
10.3	Im Rahmen des Bauanzeigeverfahrens nach der Bauanzeigeverordnung	
10.3.1	Erteilung einer Eingangsbestätigung nach § 4	18
10.3.2	Untersagung des Baubeginns nach § 5 Absatz 2 je Gebäude je sonstige bauliche Anlage	138 69
11	**Überlassen von Zeichnungen oder Berechnungen aus einer Bauakte (Benutzungsgebühr)**	
11.1	bis zu einer Rückgabefrist von 14 Tagen bis	23 180
11.2	für jeden weiteren Tag nach Ablauf von 14 Tagen	2,60
12	**Erfolglose Widerspruchsverfahren**	
12.1	bei Widersprüchen gegen die Ablehnung eines Antrages	die volle für die beantragte Amtshandlung vorgesehene Gebühr
	bis	3 000
12.2	bei Widersprüchen gegen die Festsetzung oder die Höhe einer Gebühr bis	500
12.3	in allen übrigen Fällen bis	75 600
	Bei Teilerfolge des Widerspruchs ist die Gebühr anteilig festzusetzen.	

Anlage 2
(zur Baugebührenordnung entsprechende Tabelle)

Anrechenbare Kosten je Kubikmeter Brutto-Rauminhalt für Neubauten nach § 3 BauGebO

	Gebäudeart	anrechenbare Kosten in DM/m³		in Euro/m³		in Euro/m³
	gültig ab	1. 1. 2000	1. 1. 2001	1. 1. 2002	1. 1. 2003	1. 1. 2004
1.	Wohngebäude	197	197	102	102	103
2.	Wochenendhäuser	172	173	89	89	90
3.	Büro- und Verwaltungsgebäude, Banken und Arztpraxen	267	270	140	140	141
4.	Schulen	252	254	132	132	133
5.	Kindergärten	226	228	118	118	119
6.	Hotels, Pensionen, Heime bis 60 Betten	226	228	118	118	119
7.	Hotels, Heime, Sanatorien mit mehr als 60 Betten	267	270	140	140	141
8.	Krankenhäuser	293	297	154	154	155
9.	Versammlungsstätten wie Fest-, Mehrzweckhallen, Lichtspieltheater (soweit sie nicht unter Nummer 7 oder 12 fallen)	226	228	118	118	119
10.	Kirchen	248	250	129	129	131
11.	Leichenhallen, Friedhofskapellen	208	209	108	108	109
12.	Turn- und Sporthallen, einfache Mehrzweckhallen (soweit sie nicht unter Nummer 9 fallen)	152	153	79	79	80
13.	Hallenbäder	248	250	129	129	131
14.	sonstige nicht unter Nummern 1 bis 13 aufgeführte eingeschossige Gebäude (zum Beispiel Umkleidegebäude von Sporthallen und Schwimmbädern)	192	194	100	100	101
15.	eingeschossige Verkaufsstätten	149	150	77	77	78
16.	mehrgeschossige Verkaufsstätten	267	270	140	140	141
17.	Kleingaragen	159	161	83	83	84
18.	eingeschossige Mittel- und Großgaragen	191	192	99	99	100
19.	mehrgeschossige Mittel- und Großgaragen	230	232	120	120	122
20.	Tiefgaragen	267	270	140	140	141
21.	eingeschossige Fabrik-, Werkstatt- und Lagergebäude sowie Tennis- und Sporthallen					
21.1	mit nicht geringen Einbauten	132	133	69	69	70
21.2	ohne oder mit geringen Einbauten					
	a) bis 2000 m³ Brutto-Rauminhalt					
	Bauart schwer[1])	94	95	49	49	50
	sonstige Bauarten	80	81	42	42	43

II/16 BauGebO Anlage 2

Gebäudeart	anrechenbare Kosten in DM/m³		in Euro/m³		in Euro/m³
gültig ab	1. 1. 2000	1. 1. 2001	1. 1. 2002	1. 1. 2003	1. 1. 2004
b) der 2000 m³ übersteigende Brutto-Rauminhalt bis 5000 m³					
Bauart schwer[1])	80	81	42	42	43
sonstige Bauarten	65	65	33	33	34
c) der 5000 m³ übersteigende Brutto-Rauminhalt bis 30 000 m³					
Bauart schwer[1])	65	65	33	33	34
sonstige Bauarten	51	51	26	26	27
d) der 30 000 m³ übersteigende Brutto-Rauminhalt					
Bauart schwer[1])	51	51	26	26	27
sonstige Bauarten	37	37	19	19	20
22. mehrgeschossige Fabrik-, Werkstatt- und Lagerhallen ohne Einbauten	191	192	99	99	100
23. mehrgeschossige Fabrik-, Werkstatt- und Lagergebäude mit Einbauten	215	217	112	112	114
24. sonstige eingeschossige kleinere gewerbliche Bauten (soweit sie nicht unter Nummer 21 fallen)	159	161	83	83	84
25. Stallgebäude, Scheunen und sonstige landwirtschaftliche Betriebsgebäude	wie Nr. 21	wie Nr. 21	wie Nr. 21	wie Nr. 21	wie Nr. 21
26. Schuppen, offene Feldscheunen und ähnliche Gebäude	73	73	38	38	39
27. erwerbsgärtnerische Betriebsgebäude (Gewächshäuser)					
a) bis 1500 m³ Brutto-Rauminhalt	51	51	26	26	27
b) der 1500 m³ übersteigende Brutto-Rauminhalt	32	32	16	16	17

1) Gebäude, deren Wände überwiegend aus Beton einschließlich Leicht- und Gasbeton oder aus mehr als 17,5 cm dickem Mauerwerk bestehen.

Bei Gebäuden mit mehr als 5 Vollgeschossen sind die anrechenbaren Kosten um 5 v. H., bei Hochhäusern um 10 v. H. und bei Gebäuden mit befahrbaren Decken (außer bei den Nummern 18 bis 20) um 10 v. H. zu erhöhen.

Die angegebenen Werte berücksichtigen nur Flachgründungen mit Streifen- oder Einzelfundamenten. Mehrkosten für andere Gründungen sind gesondert zu ermitteln und den Tabellenwerten hinzuzurechnen.

Bei Gebäuden mit gemischter Nutzung sind für die Gebäudeteile mit verschiedenen Nutzungsarten die anrechenbaren Kosten anteilig zu ermitteln, soweit Nutzungsarten nicht nur Nebenzwecken dienen.

Anlage 3

Bauwerksklassen nach § 4 Absatz 1

1. Bauwerksklasse 1

Tragwerke mit sehr geringem Schwierigkeitsgrad, insbesondere
- einfache statisch bestimmte ebene Tragwerke aus Holz, Stahl, Stein oder unbewehrtem Beton mit ruhenden Lasten, ohne Nachweis horizontaler Aussteifung;

2. Bauwerksklasse 2

Tragwerke mit geringem Schwierigkeitsgrad, insbesondere
- statisch bestimmte ebene Tragwerke in gebräuchlichen Bauarten ohne Vorspann- und Verbundkonstruktionen, mit vorwiegend ruhenden Lasten,
- Deckenkonstruktionen mit vorwiegend ruhenden Flächenlasten, die sich mit gebräuchlichen Tabellen berechnen lassen,
- Mauerwerksbauten mit bis zur Gründung durchgehenden tragenden Wänden ohne Nachweis horizontaler Aussteifung,
- Flachgründungen und Stützwände einfacher Art;

3. Bauwerksklasse 3

Tragwerke mit durchschnittlichem Schwierigkeitsgrad, insbesondere
- schwierige statisch bestimmte und statisch unbestimmte ebene Tragwerke in gebräuchlichen Bauarten ohne Vorspannkonstruktionen und ohne Stabilitätsuntersuchungen
- einfache Verbundkonstruktionen des Hochbaus ohne Berücksichtigung des Einflusses von Kriechen und Schwinden,
- Tragwerke für Gebäude mit Abfangung der tragenden, beziehungsweise aussteifenden Wände,
- ausgesteifte Skelettbauten,
- ebene Pfahlrostgründungen,
- einfache Gewölbe,
- einfache Rahmentragwerke ohne Vorspannkonstruktionen und ohne Stabilitätsuntersuchungen,
- einfache Traggerüste und andere einfache Gerüste für Ingenieurbauwerke,
- einfache verankerte Stützwände;

4. Bauwerksklasse 4

Tragwerke mit überdurchschnittlichem Schwierigkeitsgrad, insbesondere
- statisch und konstruktiv schwierige Tragwerke in gebräuchlichen Bauarten und Tragwerke, für deren Standsicherheits- und Festigkeitsnachweis schwierig zu ermittelnde Einflüsse zu berücksichtigen sind,
- vielfach statisch unbestimmte Systeme,
- statisch bestimmte räumliche Fachwerke,
- einfache Faltwerke nach der Balkentheorie,
- statisch bestimmte Tagwerke, die Schnittgrößenbestimmungen nach der Theorie II. Ordnung erfordern,
- einfach berechnete, seilgespannte Konstruktionen,
- Tragwerke für schwierige Rahmen- und Skelettbauten sowie turmartige Bauten, bei denen der Nachweis der Stabilität und Aussteifung die Anwendung besonderer Berechnungsverfahren erfordert,
- Verbundkonstruktionen, soweit nicht in Bauwerksklasse 3 oder 5 erwähnt,
- einfache Trägerroste und einfache orthotrope Platten,
- Tragwerke mit einfachen Schwingungsuntersuchungen,
- schwierige statisch unbestimmte Flachgründungen, schwierige ebene und räumliche Pfahlgründungen, besondere Gründungsverfahren, Unterfahrungen,
- schiefwinklige Einfeldplatten für Ingenieurbauwerke,
- schiefwinklig gelagerte oder gekrümmte Träger,
- schwierige Gewölbe und Gewölbereihen,
- Rahmentragwerke, soweit nicht in Bauwerksklasse 3 oder 5 erwähnt,
- schwierige Traggerüste und andere schwierige Gerüste für Ingenieurbauwerke,
- schwierige, verankerte Stützwände;

5. Bauwerksklasse 5

Tragwerke mit sehr hohem Schwierigkeitsgrad, insbesondere
- statisch und konstruktiv ungewöhnlich schwierige Tragwerke,
- schwierige Tragwerke in neuen Bauarten,
- räumliche Stabwerke und statisch unbestimmte räumliche Fachwerke,
- schwierige Trägerroste und schwierige orthotrope Platten,

- Verbundträger mit Vorspannung durch Spannglieder oder andere Maßnahmen,
- Flächentragwerke (Platte, Scheiben, Faltwerke, Schalen), die die Anwendung der Elastizitätstheorie erfordern,
- statisch unbestimmte Tragwerke, die Schnittgrößenbestimmungen nach der Theorie II. Ordnung erfordern,
- Tragwerke mit Standsicherheitsnachweisen, die nur unter Zuhilfenahme modellstatischer Untersuchungen beurteilt werden können,
- Tragwerke mit Schwingungsuntersuchungen, soweit nicht in Bauwerksklasse 4 erwähnt,
- seilverspannte Konstruktionen, soweit nicht in Bauwerksklasse 4 erwähnt,
- schiefwinklige Mehrfeldplatten,
- schiefwinklig gelagerte und gekrümmte Träger,
- schwierige Rahmentragwerke mit Vorspannkonstruktionen und Stabilitätsuntersuchungen,
- sehr schwierige Traggerüste und andere sehr schwierige Gerüste für Ingenieurbauwerke, zum Beispiel weit gespannte oder hohe Traggerüste.

II/17
Verordnung zur Feststellung der wasserrechtlichen Eignung von Bauprodukten und Bauarten durch Nachweise nach der Hamburgischen Bauordnung (WasBauPVO)[1)]

vom 30. 7. 2002 (HmbGVBl. S. 223)

Einziger Paragraph

Für folgende serienmäßig hergestellte Bauprodukte und für folgende Bauarten sind auch hinsichtlich wasserrechtlicher Anforderungen Verwendbarkeits-, Anwendbarkeits- und Übereinstimmungsnachweise nach den §§ 20 a, 20 b und 22 bis 22 b HBauO in Verbindung mit § 20 Absatz 2, § 20 Absatz 3 Satz 1 Nummern 1 und 2 sowie § 23 HBauO zu führen:

1. Abwasserbehandlungsanlagen

    a) Kleinkläranlagen, die für einen Anfall von Abwässern bis zu 8 m^3/Tag bemessen sind,

    b) Leichtflüssigkeitsabscheider für Benzin und Öl,

    c) Fettabscheider,

    d) Amalgamabscheider für Zahnarztpraxen,

    e) Anlagen zur Begrenzung von Schwermetallen in Abwässern, die bei der Herstellung keramischer Erzeugnisse anfallen,

    f) Anlagen zur Begrenzung von abfiltrierbaren Stoffen, Arsen, Antimon, Barium, Blei und anderen Schwermetallen, die für einen Anfall von bei der Herstellung und Verarbeitung von Glas und künstlichen Mineralfasern anfallenden Abwässern bis zu 8 m^3/Tag bemessen sind,

    g) Anlagen zur Begrenzung von Kohlenwasserstoffen in mineralölhaltigen Abwässern,

    h) Anlagen zur Begrenzung des Silbergehalts in Abwässern aus fotografischen Verfahren und

    i) Anlagen zur Begrenzung von Halogenkohlenstoffen in Abwässern von Chemischreinigungen.

---

1) Diese Verordnung ist gemäß der Richtlinie 83/189/EWG über ein Informationsverfahren auf dem Gebiet der Normen und technischen Vorschriften notifiziert worden.

2. Bauprodukte und Bauarten für ortsfest verwendete Anlagen zum Lagern, Abfüllen und Umschlagen von wassergefährdenden Stoffen:
   a) Auffangwannen und -vorrichtungen sowie vorgefertigte Teile für Abfangräume und -flächen,
   b) Abdichtungsmittel für Auffangwannen, -vorrichtungen, -räume und für Flächen,
   c) Behälter,
   d) Innenbeschichtungen und Auskleidungen für Behälter und Rohre,
   e) Rohre, zugehörige Formstücke, Dichtmittel, Armaturen und
   f) Sicherheitseinrichtungen.

II/18
Technische Baubestimmungen
– Liste der Technischen Baubestimmungen –

vom 28. 8. 2003 (Amtl. Anz. 2003, S. 4689)

– Auszug –[1]

1. Auf Grund des § 3 Absatz 3 Satz 3 der Hamburgischen Bauordnung (HBauO) vom 1. Juli 1986 (HmbGVBl. S. 183), zuletzt geändert am 17. Dezember 2002 (HmbGVBl. S. 347, 353), werden die in folgender Liste zusammengefassten Regeln der Technik als Technische Baubestimmungen bekannt gemacht, ausgenommen die Abschnitte über Prüfzeugnisse.

Diese „Liste der Technischen Baubestimmungen" enthält technische Regeln für die Planung, Bemessung und Konstruktion baulicher Anlagen und ihrer Teile.

(Hinweis:

Die technischen Regeln für Bauprodukte werden gemäß § 20 Absätze 2 und 3 HBauO in der „Bauregelliste A" bekannt gemacht [veröffentlicht in den Mitteilungen des Deutschen Instituts für Bautechnik]. Auch diese technischen Regeln sind Technische Baubestimmungen.)

Nach § 3 Absatz 3 Satz 1 HBauO sind die allgemein anerkannten Regeln der Technik zu beachten. Als allgemein anerkannte Regeln der Technik gelten auch die in der Liste aufgeführten Technischen Baubestimmungen. Von den allgemein anerkannten Regeln der Technik kann dann abgewichen werden, wenn mit einer anderen Lösung die allgemeinen Anforderungen des § 3 Absatz 1 HBauO in gleichem Maße erfüllt werden.

Soweit technische Regeln durch die Anlagen zur Liste geändert oder ergänzt werden, gehören auch die Änderungen und Ergänzungen zum Inhalt der Technischen Baubestimmungen.

Sofern die in Spalte 2 der Liste aufgeführten technischen Regeln Festlegungen zu Bauprodukten enthalten, wie Festlegungen von Stufen, Klassen und Verwendungsbedingungen, einschließlich der Ermittlung von Rechen- und Bemessungswerten von Produkteigenschaften aus Nennwerten, charakteristischen Werten o. Ä., gelten vorrangig die Bestimmungen der Bauregellisten.

---
1) Anlagen 1.1/1 bis 7.4/1 nicht aufgenommen.

Die „Liste der Technischen Baubestimmungen" ist als Anlage 1 abgedruckt.

2. Bezüglich der in der Liste genannten Normen, anderen Unterlagen und technischen Anforderungen, die sich auf Produkte und Prüfverfahren beziehen, gilt:

   Es dürfen auch Produkte bzw. Prüfverfahren angewendet werden, die Normen oder sonstigen Bestimmungen und/oder technischen Vorschriften anderer Vertragsstaaten des Abkommens über den Europäischen Wirtschaftsraum entsprechen, sofern das geforderte Schutzniveau in Bezug auf Sicherheit, Gesundheit und Gebrauchstauglichkeit gleichermaßen dauerhaft erreicht ist.

   Sofern für ein Produkt ein Übereinstimmungsnachweis oder der Nachweis der Verwendbarkeit, z. B. durch eine allgemeine bauaufsichtliche Zulassung oder ein allgemeines bauaufsichtliches Prüfzeugnis, vorgesehen ist, kann von einer Gleichwertigkeit nur ausgegangen werden, wenn für das Produkt der entsprechende Nachweis der Verwendbarkeit und/oder Übereinstimmungsnachweis vorliegt und das Produkt ein Übereinstimmungszeichen (Ü) trägt.

3. Prüfungen, Überwachungen und Zertifizierungen, die von Stellen anderer Vertragsstaaten des Abkommens über den Europäischen Wirtschaftsraum erbracht werden, sind ebenfalls anzuerkennen, sofern die Stellen auf Grund ihrer Qualifikation, Integrität, Unparteilichkeit und technischer Ausstattung Gewähr dafür bieten, die Prüfung, Überwachung bzw. Zertifizierung gleichermaßen sachgerecht und aussagekräftig durchzuführen. Die Voraussetzungen gelten insbesondere dann als erfüllt, wenn die Stellen nach Artikel 16 der Richtlinie 89/106/EWG vom 21. Dezember 1988 für diesen Zweck zugelassen sind.

4. Die Verpflichtungen aus der Richtlinie 98/34/EG des Europäischen Parlaments und des Rates vom 22. Juni 1998 über ein Informationsverfahren auf dem Gebiet der Normen und technischen Vorschriften (ABl. EG Nr. L 204 S. 37), zuletzt geändert durch die Richtlinie 98/48/EG des Europäischen Parlaments und des Rates vom 20. Juli 1998 (ABl. EG Nr. L 217 S. 18), sind beachtet worden.

5. Die Bekanntmachung der Behörde für Bau und Verkehr über die „Liste der Technischen Baubestimmungen" vom 6. Juni 2002 (Amtl. Anz. vom 12. August 2002 S. 3177) wird aufgehoben.

6. Hinweis:

   Gegenüber der Bekanntmachung vom 6. Juni 2002 ergeben sich folgende Abweichungen:

   . . .

Anlage 1 Technische Baubestimmungen **II/18**

Anlage 1

Liste der Technischen Baubestimmungen

Die Liste der Technischen Baubestimmungen umfasst technische Regeln zu

1. Lastannahmen
2. Bemessung und Ausführung
2.1 Grundbau
2.2 Mauerwerksbau
2.3 Beton-, Stahlbeton- und Spannbetonbau
2.4 Metallbau
2.5 Holzbau
2.6 Bauteile
2.7 Sonderkonstruktionen
3. Brandschutz
4. Wärme- und Schallschutz
4.1 Wärmeschutz
4.2 Schallschutz
5. Bautenschutz
5.1 Schutz gegen seismische Einwirkungen
5.2 Holzschutz
6. Gesundheitsschutz
7. Planungsgrundlagen

1. Technische Regeln zu Lastannahmen

Lfd. Nr.	Bezeichnung	Titel	Ausgabe	Fundstelle im Amtlichen Anzeiger bzw. Bezugsquelle[*]
1	2	3	4	5
1.1	DIN 1055	Lastannahmen für Bauten		
	Teil 1	Einwirkungen auf Tragwerke – Teil 1: Wichten und Flächenlasten von Baustoffen, Bauteilen und Lagerstoffen	Juni 2002	[1])
	Teil 2	–; Bodenkenngrößen; Wichte, Reibungswinkel, Kohäsion, Wandreibungswinkel	Februar 1976	1977 Seite 233
	Blatt 3 Anlage 1.1/1	–; Verkehrslasten	Juni 1971	1983 Seite 1025
	Teil 4 Anlage 1.1/2	–; Verkehrslasten; Windlasten bei nicht schwingungsanfälligen Bauwerken	August 1986	1987 Seite 1365
	Teil 4 A1	–; –; –; Änderung A1; Berichtigungen	Juni 1987	1988 Seite 2345
	Teil 5 Anlage 1.1/3	–; Verkehrslasten; Schneelast und Eislast	Juni 1975	1977 Seite 257
	Teil 5 A1	–; –; –; (Schneelastzonenkarte)	April 1994	[1])
	Teil 6 Anlage 1.1/4	–; Lasten in Silozellen	Mai 1987	1989 Seite 2205
	Beiblatt 1	–; –; Erläuterungen	Mai 1987	1989 Seite 2205
	Teil 100 Anlage 1.1/5	Einwirkungen auf Tragwerke – Teil 100: Grundlagen der Tragwerksplanung, Sicherheitskonzept und Bemessungsregeln	März 2001	[1])
1.2	DIN 1072	Straßen- und Wegbrücken; Lastannahmen	Dezember 1985	1986 Seite 345
	Beiblatt 1	–; –; Erläuterungen	Mai 1988	[1])
1.3	Richtlinie Anlage 1.3/1	ETB-Richtlinie – „Bauteile, die gegen Absturz sichern"	Juni 1985	1986 Seite 2541
1.4	Richtlinie VDI 3673 Blatt 1	Druckentlastung von Staubexplosionen	Juli 1995	[1])

---

*) Die Fußnoten befinden sich am Ende der Liste.

Anlage 1 Technische Baubestimmungen II/18

Lfd. Nr.	Bezeichnung	Titel	Ausgabe	Fundstelle im Amtlichen Anzeiger bzw. Bezugsquelle*
1	2	3	4	5
1.5	Richtlinie	Berechnungsgrundsätze für private Hochwasserschutzwände und Uferbauwerke im Bereich der Freien und Hansestadt Hamburg	Mai 1997	1998 Seite 601

2. Technische Regeln zur Bemessung und zur Ausführung

2.1 Grundbau

Lfd. Nr.	Bezeichnung	Titel	Ausgabe	Fundstelle im Amtlichen Anzeiger bzw. Bezugsquelle*
1	2	3	4	5
2.1.1	DIN 1054 Anlage 2.1/1	Baugrund; zulässige Belastung des Baugrunds	November 1976	1978 Seite 477
2.1.2	DIN 4014 Anlage 2.1/2	Bohrpfähle; Herstellung, Bemessung und Tragverhalten	März 1990	1990 Seite 1717
2.1.3	DIN 4026 Anlage 2.1/3	Rammpfähle; Herstellung, Bemessung und zulässige Belastung	August 1975	1977 Seite 53
2.1.4	DIN 4093	Baugrund; Einpressen in den Untergrund; Planung, Ausführung, Prüfung	September 1987	1988 Seite 465
2.1.5	DIN 4123	Ausschachtungen, Gründungen und Unterfangungen im Bereich bestehender Gebäude	September 2000	[1])
2.1.6	DIN 4124 Anlage 2.1/4	Baugruben und Gräben; Böschungen, Arbeitsraumbreiten, Verbau	August 1981	1982 Seite 949
2.1.7	DIN 4125 Anlage 2.1/5	Verpressanker, Kurzzeitanker und Daueranker; Bemessung, Ausführung und Prüfung	November 1990	1991 Seite 2389
2.1.8	DIN 4126 Anlage 2.1/6	Ortbeton-Schlitzwände; Konstruktion und Ausführung	August 1986	1987 Seite 1305
2.1.9	DIN 4128	Verpresspfähle (Ortbeton- und Verbundpfähle) mit kleinem Durchmesser; Herstellung, Bemessung und zulässige Belastung	April 1983	1984 Seite 919

2.2 Mauerwerksbau

Lfd. Nr.	Bezeichnung	Titel	Ausgabe	Fundstelle im Amtlichen Anzeiger bzw. Bezugsquelle[*]
1	2	3	4	5
2.2.1	DIN 1053	Mauerwerk		
	-1 Anlage 2.2/4	–; Berechnung und Ausführung	November 1996	1998 Seite 601
	Teil 3	–; Bewehrtes Mauerwerk; Berechnung und Ausführung	Februar 1990	1990 Seite 2263
	Teil 4 Anlage 2.2/2	–; Bauten aus Ziegelfertigbauteilen	September 1978	1979 Seite 1437
2.2.2	Richtlinie	Richtlinie für die Bemessung und Ausführung von Flachstürzen	August 1977 Ber. Juli 1979	1978 Seite 97 [2]) 3/1979 Seite 73
2.2.3	DIN V ENV 1996-1-1 Anlage 2.2/3	Eurocode 6: Bemessung und Konstruktion von Mauerwerksbauten; Teil 1-1: Allgemeine Regeln, Regeln für bewehrtes und unbewehrtes Mauerwerk	Dezember 1996	[1])
	DIN-Fachbericht 60	Nationales Anwendungsdokument (NAD); Richtlinie zur Anwendung von DIN V ENV 1996-1-1; Eurocode 6	1. Auflage 97	[1])

2.3 Beton-, Stahlbeton- und Spannbetonbau

Lfd. Nr.	Bezeichnung	Titel	Ausgabe	Fundstelle im Amtlichen Anzeiger bzw. Bezugsquelle[*]
1	2	3	4	5
2.3.1 (1)	DIN 1045 Anlagen 2.3/1, 2.3/13 und 2.3/14	Beton- und Stahlbeton; Bemessung und Ausführung	Juli 1988	1989 Seite 253
	DIN 1045/A1	–; –; Änderung A1	Dezember 1996	[1])
2.3.1 (2)	DIN 1045 Anlage 2.3/14	Tragwerke aus Beton, Stahlbeton und Spannbeton		
	Teil 1 Anlage 2.3/15	–; Teil 1: Bemessung und Konstruktion	Juli 2001	[1])

Anlage 1 Technische Baubestimmungen **II/18**

Lfd. Nr.	Bezeichnung	Titel	Ausgabe	Fundstelle im Amtlichen Anzeiger bzw. Bezugsquelle*
1	2	3	4	5
	Teil 2 Anlage 2.3/16	–; Teil 2: Beton; Festlegung, Eigenschaften, Herstellung und Konformität – Anwendungsregeln zu DIN EN 206-1	Juli 2001	[1]
	DIN EN 206-1 Anlage 2.3/13	Beton – Teil 1: Festlegung, Eigenschaften, Herstellung und Konformität	Juli 2001	[1]
	Teil 3 Anlage 2.3/17	–; Teil 3: Bauausführung	Juli 2001	[1]
	Teil 4	–; Teil 4: Ergänzende Regeln für die Herstellung und die Konformität von Fertigteilen	Juli 2001	[1]
2.3.2	DIN 1075 Anlage 2.3/2	Betonbrücken; Bemessung und Ausführung	April 1981	1992 Seite 2313
2.3.3	DIN 4028 Anlage 2.3/3	Stahlbetondielen aus Leichtbeton mit haufwerksporigem Gefüge; Anforderungen, Prüfung, Bemessung, Ausführung, Einbau	Januar 1982	1983 Seite 1025
2.3.4	DIN 4099	Schweißen von Betonstahl; Ausführung und Prüfung	November 1985	1986 Seite 2489
2.3.5	DIN 4212 Anlage 2.3/4	Kranbahnen aus Stahlbeton und Spannbeton; Berechnung und Ausführung	Januar 1986	1986 Seite 2141
2.3.6	DIN 4219 Teil 2 Anlage 2.3/13 und 2.3/14	Leichtbeton und Stahlleichtbeton mit geschlossenem Gefüge; Bemessung und Ausführung	Dezember 1979	1980 Seite 1557
2.3.7	DIN 4227 Anlage 2.3/14	Spannbeton		
	Teil 1 Anlagen 2.3/5 und 2.3/13	–; Bauteile aus Normalbeton mit beschränkter oder voller Vorspannung	Juli 1988	1993 Seite 2065
	-1/A1	–; Änderung A1	Dezember 1995	[1]
	DIN V 4227 Teil 2 Anlagen 2.3/6 und 2.3/13	–; Bauteile mit teilweiser Vorspannung	Mai 1984	[1]
	Teil 4 Anlage 2.3/13	–; Bauteile aus Spannleichtbeton	Februar 1986	1986 Seite 1889
	DIN V 4227 Teil 6 Anlagen 2.3/7 und 2.3/13	–; Bauteile mit Vorspannung ohne Verbund	Mai 1982	[1]

II/18 Technische Baubestimmungen Anlage 1

Lfd. Nr.	Bezeichnung	Titel	Ausgabe	Fundstelle im Amtlichen Anzeiger bzw. Bezugsquelle[*]
1	2	3	4	5
2.3.8	DIN 4228	Werkmäßig hergestellte Betonmaste	Februar 1989	1989 Seite 2053
2.3.9	DIN 4232	Wände aus Leichtbeton mit haufwerksporigem Gefüge; Bemessung und Ausführung	September 1987	1988 Seite 401
2.3.10	DIN 18 551 Anlagen 2.3/8 und 2.3/13	Spritzbeton; Herstellung und Güteüberwachung	März 1992	1993 Seite 1593
2.3.11	Instandsetzungs-Richtlinie Anlage 2.3/11	DafStb-Richtlinien – Schutz und Instandsetzung von Betonbauteilen		
		Teil 1: Allgemeine Regelungen und Planungsgrundsätze	Oktober 2001	[1])
		Teil 2: Bauprodukte und Anwendung	Oktober 2001	[1])
		Teil 3: Anforderungen an die Betriebe und Überwachung der Ausführung	Oktober 2001	[1])
2.3.12	DIN V 20 000	Anwendung von Bauprodukten in Bauwerken		
	Teil 100	–; Teil 100: Betonzusatzmittel nach DIN EN 934-2:2002-02	November 2002	[1])
	Teil 101	–; Teil 101: Zusatzmittel für Einpressmörtel für Spannglieder nach DIN EN 934-4:2002-02	November 2002	[1])

2.4 Metallbau

Lfd. Nr.	Bezeichnung	Titel	Ausgabe	Fundstelle im Amtlichen Anzeiger bzw. Bezugsquelle[*]
1	2	3	4	5
2.4.1	DIN 4113 Teil 1 Anlage 2.4/9	Aluminiumkonstruktionen unter vorwiegend ruhender Belastung; Berechnung und bauliche Durchbildung	Mai 1980	1987 Seite 1493

Anlage 1   Technische Baubestimmungen   **II/18**

Lfd. Nr.	Bezeichnung	Titel	Ausgabe	Fundstelle im Amtlichen Anzeiger bzw. Bezugsquelle*
1	2	3	4	5
	Richtlinie	Richtlinien zum Schweißen von tragenden Bauteilen aus Aluminium	Oktober 1986	1987 Seite 1613
2.4.2	DIN 4119	Oberirdische zylindrische Flachboden-Tankbauwerke aus metallischen Werkstoffen		
	Teil 1 Anlagen 2.4/1	–; Grundlagen, Ausführung, Prüfungen	Juni 1979	¹)
	Teil 2	–; Berechnung	Februar 1980	¹)
2.4.3	DIN 4132 Anlagen 2.4/1	Kranbahnen; Stahltragwerke; Grundsätze für Berechnung, bauliche Durchbildung und Ausführung	Februar 1981	1982 Seite 213
2.4.4	DIN 18 800	Stahlbauten		
	Teil 1 Anlagen 2.4/1	–; Bemessung und Konstruktion	November 1990	1992 Seite 2433
	Teil 1 A1	–; –; Änderung A1	Februar 1996	1998 Seite 601
	Teil 2 Anlage 2.4/1	–; Stabilitätsfälle, Knicken von Stäben und Stabwerken	November 1990	1992 Seite 2433
	Teil 2 A1	–; –; Änderung A1	Februar 1996	1998 Seite 601
	Teil 3 Anlage 2.4/1	–; Stabilitätsfälle, Plattenbeulen	November 1990	1992 Seite 2433
	Teil 3 A1	–; –; Änderung A1	Februar 1996	1998 Seite 601
	Teil 4 Anlage 2.4/1	–; Stabilitätsfälle, Schalenbeulen	November 1990	1992 Seite 2433
	Teil 7	–; Ausführung und Herstellungsqualifikation	September 2002	¹)
2.4.5	DIN 18 801 Anlage 2.4/1	Stahlhochbau; Bemessung, Konstruktion, Herstellung	September 1983	1984 Seite 1866
2.4.6	DIN 18 806 Teil 1 Anlage 2.4/3	Verbundkonstruktionen; Verbundstützen	März 1984	1985 Seite 277
	Richtlinie	Richtlinien für die Bemessung und Ausführung von Stahlverbundträgern	März 1981	1982 Seite 73
	Ergänzende Bestimmungen	Ergänzende Bestimmungen zu den Richtlinien für die Bemessung und Ausführung von Stahlverbundträgern (Ausgabe März 1981)	März 1984	1985 Seite 277

II/18 Technische Baubestimmungen Anlage 1

Lfd. Nr.	Bezeichnung	Titel	Ausgabe	Fundstelle im Amtlichen Anzeiger bzw. Bezugsquelle*
1	2	3	4	5
	Ergänzende Bestimmungen	Ergänzende Bestimmungen zu den Richtlinien für die Bemessung und Ausführung von Stahlverbundträgern (Ausgabe März 1981)	Juni 1991	1992 Seite 1065
2.4.7	DIN 18 807	Trapezprofile im Hochbau		
	Teil 1 Anlagen 2.4/1, 2.4/7 und 2.4/10	Stahltrapezprofile; –; Allgemeine Anforderungen, Ermittlung der Tragfähigkeitswerte durch Berechnung	Juni 1987	1989 Seite 2117
	-1/A1	–;–; Änderung A1	Mai 2001	[1]
	Teil 3 Anlagen 2.4/1, 2.4/8 und 2.4/10	Stahltrapezprofile; –; Festigkeitsnachweis und konstruktive Ausbildung	Juni 1987	1989 Seite 2117
	-3/A1	–;–; Änderung A1	Mai 2001	[1]
	Teil 6 Anlage 2.4/10	–; Aluminium-Trapezprofile und ihre Verbindungen; Ermittlung der Tragfähigkeitswerte durch Berechnung	September 1995	[1]
	Teil 8 Anlage 2.4/10	–; Aluminium-Trapezprofile und ihre Verbindungen; Nachweise der Tragsicherheit und Gebrauchstauglichkeit	September 1995	[1]
	Teil 9 Anlagen 2.4/10	–; Aluminium-Trapezprofile und ihre Verbindungen; Anwendung und Konstruktion	Juni 1998	[1]
2.4.8	DASt-Richtlinie 016 Anlagen 2.4/1	Bemessung und konstruktive Gestaltung von Tragwerken aus dünnwandigen kaltgeformten Bauteilen	Juli 1988, Neudruck 1992	1991 Seite 2318 [3]
2.4.9	DIN 18 808 Anlagen 2.4/1	Stahlbauten; Tragwerke aus Hohlprofilen unter vorwiegend ruhender Beanspruchung	Oktober 1984	1985 Seite 1769
2.4.10	DIN 18 809 Anlage 2.4/4	Stählerne Straßen- und Wegbrücken; Bemessung, Konstruktion, Herstellung	September 1987	1988 Seite 1533
2.4.11	DIN V ENV 1993 Teil 1-1 Anlage 2.4/5	Eurocode 3: Bemessung und Konstruktion von Stahlbauten; Teil 1-1: Allgemeine Bemessungsregeln, Bemessungsregeln für den Hochbau	April 1993	[1]
	Richtlinie	DASt-Richtlinie 103 Richtlinie zu Anwendung von DIN V ENV 1993 Teil 1-1	November 1993	[1] und [3]

Anlage 1 Technische Baubestimmungen **II/18**

Lfd. Nr.	Bezeichnung	Titel	Ausgabe	Fundstelle im Amtlichen Anzeiger bzw. Bezugsquelle*
1	2	3	4	5
2.4.12	DIN V ENV 1994 Teil 1-1 Anlage 2.4/6	Eurocode 4: Bemessung und Konstruktion von Verbundtragwerken aus Stahl und Beton; Teil 1-1: Allgemeine Bemessungsregeln, Bemessungsregeln für den Hochbau	Februar 1994	[1]
	Richtlinie	DASt-Richtlinie 104 Richtlinie zur Anwendung von DIN V ENV 1994 Teil 1-1	Februar 1994	[1] und [3]
2.4.13	DASt-Richtl. 007	Lieferung, Verarbeitung und Anwendung wetterfester Baustähle	Mai 1993	[3]

2.5 Holzbau

Lfd. Nr.	Bezeichnung	Titel	Ausgabe	Fundstelle im Amtlichen Anzeiger bzw. Bezugsquelle*
1	2	3	4	5
2.5.1	DIN 1052	Holzbauwerke		
	Teil 1 Anlage 2.5/3	–; Berechnung und Ausführung	April 1988	1989 Seite 1373
	-1/A1	–; –; Änderung A1	Oktober 1996	1998 Seite 601
	Teil 2 Anlage 2.5/1	–; Mechanische Verbindungen	April 1988	1989 Seite 1373
	-2/A1	–; –; Änderung A1	Oktober 1996	1998 Seite 601
	Teil 3	–; Holzhäuser in Tafelbauart; Berechnung und Ausführung	April 1988	1989 Seite 1373
	-3/A1	–; –; Änderung A1	Oktober 1996	1998 Seite 601
2.5.2	DIN 1074	Holzbrücken	Mai 1991	1992 Seite 1289
2.5.3	DIN V ENV 1995 Teil 1-1 Anlage 2.5/2	Eurocode 5: Entwurf, Berechnung und Bemessung von Holzbauwerken; Teil 1-1: Allgemeine Bemessungsregeln, Bemessungsregeln für den Hochbau	Juni 1994	1996 Seite 593

II/18 Technische Baubestimmungen Anlage 1

Lfd. Nr.	Bezeichnung	Titel	Ausgabe	Fundstelle im Amtlichen Anzeiger bzw. Bezugsquelle[*]
1	2	3	4	5
	Richtlinie	Richtlinie zur Anwendung von DIN V ENV 1995 Teil 1-1	Februar 1995	1996 Seite 593

2.6 Bauteile

Lfd. Nr.	Bezeichnung	Titel	Ausgabe	Fundstelle im Amtlichen Anzeiger bzw. Bezugsquelle[*]
1	2	3	4	5
2.6.1	DIN 4121	Hängende Drahtputzdecken; Putzdecken mit Metallputzträgern, Rabitzdecken; Anforderungen für die Ausführung	Juli 1978	[1])
2.6.2	DIN 4141	Lager im Bauwesen		
	Teil 1	–; Allgemeine Regelungen	September 1984	1985 Seite 825
	Teil 2	–; Lagerung für Ingenieurbauwerke im Zuge von Verkehrswegen (Brücken)	September 1984	1985 Seite 825
	Teil 3	–; Lagerung für Hochbauten	September 1984	1985 Seite 825
	Teil 14	–; Bewehrte Elastomerlager; Bauliche Durchbildung und Bemessung	September 1985	1986 Seite 168
	Teil 15	–; Unbewehrte Elastomerlager; Bauliche Durchbildung und Bemessung	Januar 1991	1991 Seite 2437
	DIN EN 1337-11 Anlage 2.6/2	Lager im Bauwesen; Teil 11: Transport, Zwischenlagerung und Einbau	April 1998	[1])
2.6.3	DIN 18 069	Tragbolzentreppen für Wohngebäude; Bemessung und Ausführung	November 1985	1986 Seite 1889
2.6.4	DIN 18 168 Teil 1	Leichte Deckenbekleidungen und Unterdecken; Anforderungen für die Ausführung	Oktober 1981	1982 Seite 1293
2.6.5	DIN 18 516	Außenwandbekleidungen, hinterlüftet		

346 Hamburgische Bauordnung

Anlage 1 Technische Baubestimmungen **II/18**

Lfd. Nr.	Bezeichnung	Titel	Ausgabe	Fundstelle im Amtlichen Anzeiger bzw. Bezugsquelle[*]
1	2	3	4	5
	Teil 1 Anlage 2.6/4	–; –; Anforderungen, Prüfgrundsätze	Dezember 1999	[1]
	Teil 3	–; –; Naturwerkstein; Anforderungen, Bemessung	Dezember 1999	[1]
	Teil 4 Anlage 2.6/3	–; Einscheiben-Sicherheitsglas; Anforderungen, Bemessung, Prüfung	Februar 1990	1991 Seite 429
	Teil 5	–; –; Betonwerkstein; Anforderungen, Bemessung	Dezember 1999	[1]
2.6.6	Richtlinie Anlage 2.6/1	Technische Regeln für die Verwendung von linienförmig gelagerten Verglasungen	September 1998	[2] 6/1998 Seite 146

2.7 Sonderkonstruktionen

Lfd. Nr.	Bezeichnung	Titel	Ausgabe	Fundstelle im Amtlichen Anzeiger bzw. Bezugsquelle[*]
1	2	3	4	5
2.7.1	DIN 1056 Anlage 2.7/1	Freistehende Schornsteine in Massivbauart; Berechnung und Ausführung	Oktober 1984	1985 Seite 1705
2.7.2	DIN 4112 Anlagen 2.4/1 und 2.7/2	Fliegende Bauten; Richtlinien für Bemessung und Ausführung	Februar 1983	1984 Seite 810
2.7.3	Richtlinie	Richtlinie über den Bau und Betrieb Fliegender Bauten	Februar 1994	1994 Seite 941
2.7.4	DIN 4131 Anlage 2.7/3	Antennentragwerke aus Stahl	November 1991	1993 Seite 817
2.7.5	DIN 4133 Anlage 2.7/4	Schornsteine aus Stahl	November 1991	1993 Seite 761
2.7.6	DIN 4134	Tragluftbauten; Berechnung, Ausführung und Betrieb	Februar 1983	1985 Seite 437
2.7.7	DIN 4178 Anlage 2.4/1	Glockentürme; Berechnung und Ausführung	August 1978	1982 Seite 33

::rehm bau   Hamburgische Bauordnung   347

II/18 Technische Baubestimmungen Anlage 1

Lfd. Nr.	Bezeichnung	Titel	Ausgabe	Fundstelle im Amtlichen Anzeiger bzw. Bezugsquelle*
1	2	3	4	5
2.7.8	DIN 4421 Anlagen 2.4/1 und 2.7/8	Traggerüste; Berechnung, Konstruktion und Ausführung	August 1982	1993 Seite 1465
2.7.9	DIN V 11 535-1	Gewächshäuser; Teil 1; Ausführung und Berechnung	Februar 1998	[1]
2.7.10	DIN 11 622	Gärfuttersilos und Güllebehälter		
	-1 Anlage 2.7/7	–; Bemessung, Ausführung, Beschaffenheit; Allgemeine Anforderungen	Juli 1994	[1]
	-2	–; Teil 2: Bemessung, Ausführung, Beschaffenheit; Gärfuttersilos und Güllebehälter aus Stahlbeton, Stahlbetonfertigteilen, Betonformsteinen und Betonschalungssteinen	Juli 1994	[1]
	-3 Anlage 2.7/6	–; Teil 3: Bemessung, Ausführung, Beschaffenheit; Gärfutterhochsilos und Güllehochbehälter aus Holz	Juli 1994	[1]
	-4	–; Teil 4: Bemessung, Ausführung, Beschaffenheit; Gärfutterhochsilos und Güllehochbehälter aus Stahl	Juli 1994	[1]
2.7.11	DIN 18 914 Anlage 2.4/1	Dünnwandige Rundsilos aus Stahl	September 1985	1986 Seite 457
2.7.12	Richtlinie Anlage 2.7/10	Richtlinie für Windkraftanlagen; Einwirkungen und Standsicherheitsnachweise für Turm und Gründung	Juni 1993	1994 Seite 2445
2.7.13	DIN 4420 Teil 1 Anlage 2.7/9	Arbeits- und Schutzgerüste; –; Allgemeine Regelungen; Sicherheitstechnische Anforderungen, Prüfungen	Dezember 1990	1992 Seite 2201
2.7.14	Nicht besetzt			

Anlage 1 Technische Baubestimmungen **II/18**

3. Technische Regeln zum Brandschutz

Lfd. Nr.	Bezeichnung	Titel	Ausgabe	Fundstelle im Amtlichen Anzeiger bzw. Bezugsquelle[*]
1	2	3	4	5
3.1	DIN 4102 Teil 4 Anlage 3.1/8	Brandverhalten von Baustoffen und Bauteilen; Zusammenstellung und Anwendung klassifizierter Baustoffe, Bauteile und Sonderbauteile	März 1994	[1]
	DIN V ENV 1992-1-2 Anlage 3.1/9	Eurocode 2: Planung von Stahlbeton- und Spannbetonwerken Teil 1-2: Allgemeine Regeln; Tragwerksbemessung für den Brandfall	Mai 1997	[1]
	Richtlinie	DIBt-Richtlinie zur Anwendung von DIN V ENV 1992-1-2:1997-05 in Verbindung mit DIN 1045-1: 2001-07	2001	[2] 2/2002 Seite 49
	DIN V ENV 1993-1-2 Anlage 3.1/9	Eurocode 3: Bemessung und Konstruktion von Stahlbauten Teil 1-2: Allgemeine Regeln; Tragwerksbemessung für den Brandfall	Mai 1997	[1]
	DIN Fachbericht 93	Nationales Anwendungsdokument (NAD) – Richtlinie zur Anwendung von DIN V ENV 1993-1-2: 1997-05	2000	[1]
	DIN V ENV 1994-1-2 Anlage 3.1/9	Eurocode 4: Bemessung und Konstruktion von Verbundtragwerken aus Stahl und Beton Teil 1-2: Allgemeine Regeln; Tragwerksbemessung für den Brandfall	Juni 1997	[1]
	DIN Fachbericht 94	Nationales Anwendungsdokument (NAD) – Richtlinie zur Anwendung von DIN V ENV 1994-1-2: 1997-06	2000	[1]
	DIN V ENV 1995-1-2 Anlage 3.1/9	Eurocode 5: Entwurf, Berechnung und Bemessung von Holzbauwerken Teil 1-2: Allgemeine Regeln; Tragwerksbemessung für den Brandfall	Mai 1997	[1]
	DIN Fachbericht 95	Nationales Anwendungsdokument (NAD) – Richtlinie zur Anwendung von DIN V ENV 1995-1-2: 1997-05	2000	[1]

Lfd. Nr.	Bezeichnung	Titel	Ausgabe	Fundstelle im Amtlichen Anzeiger bzw. Bezugsquelle[*]
1	2	3	4	5
	DIN V ENV 1996-1-2 Anlage 3.1/9	Eurocode 6: Bemessung und Konstruktion von Mauerwerksbauten Teil 1-2: Allgemeine Regeln; Tragwerksbemessung für den Brandfall	Mai 1997	[1]
	DIN Fachbericht 96	Nationales Anwendungsdokument (NAD) – Richtlinie zur Anwendung von DIN V ENV 1996-1-2: 1997-05	2000	[1]
3.2	DIN 18 093	Feuerschutzabschlüsse; Einbau von Feuerschutztüren in massive Wände aus Mauerwerk oder Beton; Ankerlagen, Ankerformen, Einbau	Juni 1987	1988 Seite 369
3.3	Richtlinie	Richtlinie über den baulichen Brandschutz im Industriebau (Industriebaurichtlinie – IndBauR)	März 2000	2002 Seite 601
3.4	Richtlinie	Richtlinie über brandschutztechnische Anforderungen an Hohlraumestriche und Doppelböden	Dezember 1998	2000 Seite 2321
3.5	Richtlinie Anlage 3.5/1	Richtlinie zur Bemessung von Löschwasser-Rückhalteanlagen beim Lagern wassergefährdender Stoffe (LöRüRL)	August 1992	1993 Seite 1257
3.6	Richtlinie	Bauaufsichtliche Richtlinie über die brandschutztechnischen Anforderungen an Lüftungsanlagen	Juni 1987	1987 Seite 1662
3.7	Richtlinie	Richtlinie über brandschutztechnische Anforderungen an Leitungsanlagen (Leitungsanlagenrichtlinie – LAR)	November 2001	2002 Seite 611
3.8	Richtlinie	Richtlinie über den Brandschutz bei der Lagerung von Sekundärstoffen aus Kunststoff (Kunststofflagerrichtlinie – KLR)	Juni 1996	2000 Seite 2320

4. Technische Regeln zum Wärme- und Schallschutz
4.1 Wärmeschutz

Lfd. Nr.	Bezeichnung	Titel	Ausgabe	Fundstelle im Amtlichen Anzeiger bzw. Bezugsquelle[*]
1	2	3	4	5
4.1.1	DIN 4108	Wärmeschutz und Energieeinsparung in Gebäuden		
	Teil 2 Anlage 4.1/1	–; Teil 2: Mindestanforderungen an den Wärmeschutz	März 2001	[1)]
	Teil 3 Anlage 4.1/2	–; Teil 3: Klimabedingter Feuchteschutz; Berechnungsverfahren und Hinweise für Planung und Ausführung	Juli 2001	[1)]
	DIN V 4108-4 Anlage 4.1/3	–; Teil 4: Wärme- und feuchteschutztechnische Bemessungswerte	Februar 2002	[1)]
	DIN V 4108-10 Anlage 4.1/4	–; Anwendungsbezogene Anforderungen an Wärmedämmstoffe – Teil 10: Werkmäßig hergestellte Wärmedämmstoffe	Februar 2002	[1)]
4.1.2	DIN 18 159	Schaumkunststoffe als Ortschäume im Bauwesen		
	Teil 1	–; Polyurethan-Ortschaum für die Wärme- und Kältedämmung; Anwendung, Eigenschaften, Ausführung, Prüfung	Dezember 1991	1992 Seite 2177
	Teil 2	–; Harnstoff-Formaldehydharz-Ortschaum für die Wärmedämmung, Anwendung, Eigenschaften, Ausführung, Prüfung	Juni 1978	[1)]
4.1.3	Richtlinie	ETB-Richtlinie zur Begrenzung der Formaldehydemission in der Raumluft bei Verwendung von Harnstoff-Formaldehyd-Ortschaum	April 1985	1986 Seite 138

II/18 Technische Baubestimmungen Anlage 1

4.2 Schallschutz

Lfd. Nr.	Bezeichnung	Titel	Ausgabe	Fundstelle im Amtlichen Anzeiger bzw. Bezugsquelle[*]
1	2	3	4	5
4.2.1	DIN 4109 Anlagen 4.2/1 und 4.2/2	Schallschutz im Hochbau; –; Anforderungen und Nachweise	November 1989	1991 Seite 281 1993 Seite 2121
	DIN 4109/A1	–; –, Änderung A1	Januar 2001	[1])
	Beiblatt 1 zu DIN 4109 Anlage 4.2/2	–; Ausführungsbeispiele und Rechenverfahren	November 1989	1991 Seite 281 1993 Seite 2121

5. Technische Regeln zum Bautenschutz

5.1 Schutz gegen seismische Einwirkungen

Lfd. Nr.	Bezeichnung	Titel	Ausgabe	Fundstelle im Amtlichen Anzeiger bzw. Bezugsquelle[*]
1	2	3	4	5
5.1.1	DIN 4149	Bauten in deutschen Erdbebengebieten		
	Teil 1 Anlage 5.1/1	–; Lastannahmen, Bemessung und Ausführung üblicher Hochbauten	April 1981	[1])
	Teil 1 A1	–; –; Änderung A1, Karte der Erdbebenzonen	Dezember 1992	[1])

5.2 Holzschutz

Lfd. Nr.	Bezeichnung	Titel	Ausgabe	Fundstelle im Amtlichen Anzeiger bzw. Bezugsquelle*
1	2	3	4	5
5.2.1	DIN 68800	Holzschutz		
	Teil 2	–; Vorbeugende bauliche Maßnahmen im Hochbau	Mai 1996	[1])
	Teil 3 Anlage 5.2/1	–; Vorbeugender chemischer Holzschutz	April 1990	1991 Seite 25

6. Technische Regeln zum Gesundheitsschutz

Lfd. Nr.	Bezeichnung	Titel	Ausgabe	Fundstelle im Amtlichen Anzeiger bzw. Bezugsquelle*
1	2	3	4	5
6.1	Nicht besetzt			
6.2	Asbest-Richtlinie Anlage 6.2/1	Richtlinie für die Bewertung und Sanierung schwach gebundener Asbestprodukte in Gebäuden	Mai 1989	1989 Seite 1517
		Änderung und Ergänzung zu den Asbest-Richtlinien	Dezember 1992	1993 Seite 681
6.3	Richtlinie	Bauaufsichtliche Richtlinie über die Lüftung fensterloser Küchen, Bäder und Toilettenräume in Wohnungen	August 1990	1991 Seite 453
6.4	Nicht besetzt			

7. Technische Regeln als Planungsgrundlagen

Lfd. Nr.	Bezeichnung	Titel	Ausgabe	Fundstelle im Amtlichen Anzeiger bzw. Bezugsquelle[*]
1	2	3	4	5
7.1	DIN 18 065 Anlage 7.1/1	Gebäudetreppen; Definitionen, Messregeln, Hauptmaße	Januar 2000	[1])
7.2	Nicht besetzt			
7.3	Nicht besetzt			
7.4	Richtlinie Anlage 7.4/1	Richtlinie über Flächen für die Feuerwehr auf Grundstücken	Juli 1998	2002 Seite 616

Bezugsquelle/Fundstelle

1) Beuth Verlag GmbH, 10772 Berlin
2) Deutsches Institut für Bautechnik, „Mitteilungen", zu beziehen beim Verlag Ernst & Sohn, Mühlenstraße 33–34, 13187 Berlin
3) Stahlbau-Verlag GmbH, Ebertplatz 1, 50668 Köln
4) Siehe Anlage zu dieser Bekanntmachung

Anlagen-Liste der Technischen Baubestimmungen
Anlagen 1.1/1 bis 7.4/1

– *nicht aufgenommen* –

III.
Altes Hamburger Baurecht

III/1
Baupolizeiverordnung der Freien und Hansestadt Hamburg (BPVO)

vom 8. 6. 1938[1] (HmbVBl. S. 69)

– Auszug –

§ 10
Baustufenpläne

(1) bis (3) – *aufgehoben* –

(4) Im Baugebiet wird planmäßig gebaut. Innerhalb des Baugebiets werden folgende Nutzungsgebiete unterschieden:

Kleinsiedlungsgebiet	S
Wohngebiet	W
Mischgebiet	M
Geschäftsgebiet	G
Industriegebiet	I.

Für die einzelnen Nutzungsgebiete gelten folgende Bestimmungen:

Kleinsiedlungsgebiet S

Die Grundstücke sind für nichtbäuerliche Siedlerstellen mit einem Haushalt und vorwiegend gartenbaumäßiger Nutzung bestimmt. Mindestgrößen der Grundstücke werden nach den besonderen örtlichen Verhältnissen (Bodenbeschaffenheit, Grundwasser, Vorflut, Abwasserbeseitigung und dgl.) vorgeschrieben.

---

1) Die hier abgedruckten §§ 10, 11, 13, 14 und 34 gelten als Landesrecht im Rahmen von weiter geltenden Bebauungsplänen alten Rechts sowie von Bebauungsplänen nach dem Bundesbaugesetz (sofern deren erster Tag der öffentlichen Auslegung zwischen dem 29. 10. 1960 und 31. 7. 1962 lag) fort.

Wohngebiet W

Die Grundstücke dienen den Wohnbedürfnissen. Kleinere Läden, kleine nicht störende handwerkliche Betriebe, Wirtschaften und Räume zum Einstellen von Kraftfahrzeugen für die Bedürfnisse der Anwohner können zugelassen werden. Für Teile des Gebiets können zum Schutze ihrer Eigenart als Wohngebiet besondere Vorschriften erlassen werden (Verbot jeder Art gewerblicher und handwerklicher Betriebe, Läden und Wirtschaften, Beschränkung der Wohnungszahl, Festsetzung von Mindestgrößen der Grundstücke und dgl.). Gebiete für Wohnlauben und Gebiete für Wochenendhäuser können ausgewiesen werden.

Mischgebiet M

Die Grundstücke sollen vorwiegend Wohnzwecken dienen. Gewerbliche und landwirtschaftliche Betriebe, Läden, Lagerräume und dergleichen sind zulässig, wenn durch sie erhebliche Nachteile oder Belästigungen für die Bewohner oder die Allgemeinheit nicht zu befürchten sind.

Geschäftsgebiet G

Die Grundstücke dienen geschäftlichen und gewerblichen Zwecken. Erheblich belästigende Geschäfts- und Gewerbebetriebe sind unzulässig. Wohnungen werden nur in besonderen Fällen zugelassen.

Industriegebiet I

Die Grundstücke dienen industriellen und gewerblichen Zwecken. Für Teile des Gebiets und im Einzelfall können besonders gefährdende und belästigende Betriebe ausgeschlossen werden; solche Betriebe können auf bestimmte Gebiete verwiesen werden. Wohnungen dürfen nur für Werkaufsicht und Werkleitung als Zubehör zu den Industrie- oder Gewerbeanlagen errichtet werden.

Außengebiete

(5) sind die Landflächen außerhalb des Baugebiets. Das Außengebiet dient der landwirtschaftlichen, gewerblich gärtnerischen und forstwirtschaftlichen Nutzung sowie der Erholung. In diesem Gebiet können die zur ordnungsmäßigen Nutzung des Bodens, für ortsgebundene gewerbliche Anlagen, Sportanlagen usw. notwendigen baulichen Anlagen zugelassen werden, wenn dadurch die geordnete Entwicklung des Gebietes nicht beeinträchtigt wird.

(6) Innerhalb des Bau- und Außengebiets können Flächen für besondere Zwecke vorbehalten werden.

(7) bis (9) – *aufgehoben* –

§ 11
Bauweise und Umfang der Bebauung

(1) Im Rahmen der Baustufenpläne gilt für Bauweise und Umfang der Bebauung der Grundstücke die nachstehende Baustufentafel mit den dazugehörigen Bemerkungen.

Baustufentafel

1	2	3	4	8
Nutzungsgebiet	Zahl der Vollgeschosse	Bauweise	Stufenbezeichnung	Bebaubare Fläche (b. F.)
S	1	offen geschl.	S 1 o S 1 g	1/10
W	1	offen geschl.	W 1 o W 1 g	2/10 3/10
	2	offen geschl.	W 2 o W 2 g	3/10 5/10
	3	geschl.	W 3 g	5/10
	4	geschl.	W 4 g	5/10
M	1	offen geschl.	M 1 o M 1 g	2/10 3/10
	2	offen geschl.	M 2 o M 2 g	3/10 5/10
	3	geschl.	M 3 g	5/10
	4	geschl.	M 4 g	5/10
G	2	geschl.	G 2 g	–
	3	geschl.	G 3 g	–
	4	geschl.	G 4 g	–
	5	geschl.	G 5 g	–
J	–	–	–	–

Bemerkungen
Spalte 1: Die Nutzungsgebiete ergeben sich aus den Baustufenplänen.
– *(Spalte 2)* –

Spalte 3: In Gebieten der offenen Bauweise müssen Gebäude an der Straße von den *seitlichen* Nachbargrenzen *den aus der Baustufentafel ersichtlichen* Abstand (Bauwich) halten.

Zulässig sind Einzel- und Doppelhäuser.

In den Nutzungsgebieten S, W und M ist auch in Gebieten der geschlossenen Bauweise eine allseitig geschlossene Umbauung der Baublöcke unzulässig. Die Baureihe muss unterbrochen sein. Die Unterbrechung muss $^1/_6$ der Baulinienlänge des Baublocks betragen. Die zuständige Behörde kann das Maß auf $^1/_7$ ermäßigen oder auf $^1/_5$ erhöhen und im Einzelfall Ausnahmen zulassen. Niedrige Bauten zwischen den Baugruppen können zugelassen werden.

Die Länge von Gruppen- und Zeilenbauten kann beschränkt werden. (Zweiter Satz)

– *(Spalten 4 bis 7)* –

Spalte 8: Für die Berechnung der bebaubaren Fläche gilt der hinter der vorderen Baulinie liegende Grundstücksteil.

(Zweiter Absatz der Spalte 8)

Ist für einen Baublock oder Teile desselben eine einheitliche Bebauung gesichert, so kann für einzelne Grundstücke eine stärkere Bebauung der Grundstücksfläche, als für das Gebiet vorgesehen ist, zugelassen werden, wenn im ganzen Block keine größere Fläche gebaut wird, als insgesamt für den Baublock zulässig ist (Baugemeinschaft). Die Form der Sicherung wird von der zuständigen Behörde vorgeschrieben.

– *(Spalten 9 und 10)* –

§ 13
Bau- und Straßenlinien

(1) Die Vorderseite der Gebäude ist in der vorgeschriebenen Baulinie zu errichten. Wo keine Baulinie vorhanden ist, gilt die Straßenlinie als Baulinie. Abweichungen kann die zuständige Behörde im Einzelfall gestatten.

(2) ...

(3) Auf bebauten Grundstücken müssen Gebäude, die nicht in der Baulinie stehen, bei wesentlicher Veränderung oder bei Wiederherstellung nach Zerstörung wesentlicher Teile oder nach Abbruch auf die vorgeschriebene Baulinie vorgerückt oder zurückgenommen werden.

(4) Wo hintere oder seitliche Baulinien vorgeschrieben sind, werden bauliche Anlagen über diese Baulinien hinaus nur ausnahmsweise zugelassen.

(5) Der öffentliche Grund, die für besondere Zwecke vorbehaltenen Flächen und die dem öffentlichen Verkehr dienenden Flächen mit dem darüber liegenden Luftraum dürfen zu privaten baulichen Anlagen, auch zu einzelnen Bauteilen und dgl. weder ständig noch vorübergehend benutzt werden, wenn nicht Gesetze oder öffentliche Belange wahrende Verträge etwas anderes bestimmen oder Ausnahmen im Einzelfalle zugelassen werden.

§ 14
Bebauung hinterer Grundstücksteile

(1) Die Errichtung und Veränderung baulicher Anlagen in mehr als 15 m Tiefe hinter der vorderen Baulinie kann untersagt werden, wenn es die Durchführung einer Gesundung der baulichen Verhältnisse des Grundstücks oder des Baublocks oder die zweckmäßige Bebauung des Baublocks erfordert.

(2) Die Errichtung baulicher Anlagen auf hinteren Teilen der Grundstücke vor Errichtung des nach dem Baustufenplan und sonstigen gesetzlichen Bestimmungen an der vorderen Bebauungsgrenze zulässigen Gebäudes ist, unbeschadet der Bestimmungen des Absatzes 1, nur dann zulässig, wenn dadurch die Errichtung des zulässigen Vordergebäudes nicht gehindert wird.

(3) Die zuständige Behörde kann Vorschriften über die einheitliche Ausnutzung hinterer Grundstücksteile für bestimmte Baublöcke erlassen.

(4) (Bauordnungsrechtliche Vorschrift, aufgehoben durch § 117 Abs. 3 Nr. 23 HBauO 1969.)

§ 34
Viehställe

(1) Die Einrichtung von Viehställen ist nur im Außengebiet und in den Baugebieten S und M zulässig.

(2) und (4) ...

(5) Bei Ställen für Kleintiere (Kaninchen, Federvieh) und einzelne Haustiere können Ausnahmen von vorstehenden Bestimmungen zugelassen werden.

(6) ...

III/2
Verordnung über Garagen und Einstellplätze (Reichsgaragenordnung – RGaO)

vom 17. 2. 1939 (RGBl. Nr. 28)[1]

– Auszug –

. . .

§ 10
Gemeinschaftsanlagen

Zur Schaffung von Gemeinschaftseinstellplätzen oder Gemeinschaftsgaragen für mehrere Grundstücke kann in den dafür in Betracht kommenden Plänen eine gemeinsame Einstell- oder Garagenfläche ausgewiesen werden. Die Schaffung von Einstellplätzen und Garagen auf den einzelnen Baugrundstücken ist dann in der Regel nicht zuzulassen.

§ 11
Zulässigkeit in den Baugebieten

(1) Einstellplätze, Garagen und ihre Nebenanlagen sind als Zubehör zur Wohnung, zum Arbeitsplatz und zum Betrieb grundsätzlich in allen für die Bebauung bestimmten Gebieten zulässig; sie müssen jedoch so angeordnet und ausgeführt werden, dass ihre Benutzung die Verkehrs- und Feuersicherheit nicht gefährdet, die Gesundheit nicht schädigt sowie das Arbeiten und Wohnen, die Ruhe und die Erholung in der Umgebung durch Lärm oder Gerüche nicht erheblich stört. Zu diesem Zweck kann die baupolizeiliche Genehmigung für solche Anlagen namentlich in der Nähe von Erholungsstätten, Krankenhäusern, Heilanstalten, öffentlichen Gebäuden, Schulen und Kirchen u. dgl. versagt oder von besonderen Auflagen abhängig gemacht werden.

(2) In den Gebieten, die nach den bestehenden Bauvorschriften einen besonderen Schutz gegen Störungen genießen, wie z. B. reine Wohngebiete, sind Einstellplätze und Garagen nur für Kraftfahrzeuge mit weniger als 3,5 Tonnen Eigengewicht zulässig, und nur soweit sie dem Bedürf-

---

[1] Die Verpflichtungen aus der Richtlinie 98/34/EG des Europäischen Parlaments und des Rates vom 22. Juni 1998 über ein Informationsverfahren auf dem Gebiet der Normen und technischen Vorschriften (ABl. EG Nr. L 204 S. 37), zuletzt geändert durch die Richtlinie 98/48/EG des Europäischen Parlaments und des Rates vom 20. Juli 1998 (ABl. EG Nr. L 217 S. 18), sind beachtet worden.

nis der Bevölkerung in diesen Gebieten dienen. Mittel- und Großanlagen sollen von Wohngebäuden einen angemessenen Abstand haben.

§ 12
Ausnutzung der Grundstücke

(1) Einstellplätze ohne Schutzdach gelten als unbebaute Flächen im Sinne der bestehenden Bauvorschriften; die von der Bebauung freizuhaltenden Flächen sollen jedoch nur soweit für Einstellplätze beansprucht werden, dass sie ihrem eigentlichen Bestimmungszweck, der Belichtung, der Belüftung und dem Feuerschutz der Gebäude sowie der Erholung der Bewohner zu dienen, in der Hauptsache erhalten bleiben.

(2) Im Gebiet der offenen Bauweise wird die Grundfläche von nicht gewerblichen Garagen und Schutzdächern nicht als bebaute Fläche angerechnet, wenn

a) die Traufe nicht höher als 2,50 Meter über dem Gelände liegt,

b) bei der Schaffung von mehr als zwei Stellplätzen die Zahl der Stellplätze die Zahl der Vollgeschosswohnungen auf dem Grundstück nicht übersteigt,

c) die in den bestehenden Bauvorschriften geforderte Zuführung von Licht und Luft zu Wohnungen und Arbeitsräumen nicht gemindert wird und

d) die hiernach entstehende Gesamtbebauung des Grundstücks das nach den bestehenden Bauvorschriften zulässige Maß um nicht mehr als 80 Quadratmeter überschreitet.

(3) In ausgebauten Gebietsteilen der halboffenen und der geschlossenen, höchstens dreigeschossigen Bauweise kann die Baugenehmigungsbehörde für die nachträgliche Errichtung von nichtgewerblichen Garagen und Schutzdächern für Kraftfahrzeuge eine größere Flächenausnutzung zulassen, als in den bestehenden Bauvorschriften vorgesehen ist.

(4) Bei Grundstücken und Gebäuden, die ausschließlich für Einstellplätze oder Garagen und deren Zubehöranlagen bestimmt sind, kann die Baugenehmigungsbehörde eine größere bauliche Ausnutzung des Grundstücks zulassen, als in den bestehenden Bauvorschriften vorgesehen ist.

§ 13
Anordnung der Einstellplätze und Garagen auf den Grundstücken

(1) In den Gebieten, die nach den bestehenden Bauvorschriften einen besonderen Schutz gegen Störung genießen, wie z. B. in reinen Wohngebieten, sollen Einstellplätze und Garagen möglichst nicht im Innern der Baublöcke liegen. Bei geschlossener Bauweise und bei Zeilenbauweise sol-

len in solchen Gebieten Einstellplätze und Garagen im Innern der Baublöcke und zwischen den Zeilen nur zugelassen werden, wenn und soweit dies in den für die Bebauung maßgebenden Plänen vorgesehen oder sonst einheitlich geregelt ist.

(2) – *aufgehoben* –

(3) – *aufgehoben* –

(4) Die Baugenehmigungsbehörde kann die Errichtung von Kleingaragen und von Schutzdächern über Kleineinstellplätzen auch in folgenden Fällen zulassen:

a) an der Nachbargrenze. Sollen die Anlagen zwischen der seitlichen Nachbargrenze und vorhandenen oder nach den bestehenden Bauvorschriften noch zulässigen Gebäuden errichtet werden, so ist der Zwischenraum entweder in voller Breite zu überbauen, oder es ist ausreichender Seitenabstand zu halten (zweiter Halbsatz aufgehoben),

b) in Vorgärten, wenn sie für spätere Straßenverbreiterungen nicht in Betracht kommen und die Errichtung von Schutzdächern oder Garagen aus städtebaulichen Gründen erwünscht ist oder durch sonstige besondere Umstände gerechtfertigt wird.

(5) Die Baugenehmigungsbehörde kann die Baugenehmigung nach Abs. 4 auch gegen den Einspruch des Nachbarn oder trotz Verweigerung seiner Zustimmung erteilen.

. . .

Stichwortverzeichnis

Die halbfett gesetzten Ziffern beziehen sich auf die Vorschriften: **I/1** HBauO, **I/2** HambWoBauErlG, **I/3** AusglBetrG, **II/1** BauAnzVO, **II/2** BauFreiVO, **II/3** BauVorlVO, **II/4** GarVO, **II/5** FeuVO, **II/6** HaustechÜVO, **II/7** PrüfIngVO, **II/8** BautechPrüfVO, **II/9** ÜZVO, **II/10** HAVO, **II/11** ÜTVO, **II/12** VStättVO, **II/13** VkVO, **II/14** BeVO, **II/15** GlobalR, **II/16** BauGebO, **II/17** WasBauPVO, **II/18** Techn. Baubestimmungen, **III/1** BPVO, **III/2** RGaO – wobei die halbfett gesetzten Ziffern die Plazierung der Vorschrift im Buch angeben, die mager gesetzten den Paragraphen bzw. die Nummer.

A

Abbruch **I/1**, 53
Abbruch baulicher Anlagen **I/1**, 69; **II/2**, Anlage
Abbruchanträge **II/3**, 9
Abbrucharbeiten **I/1**, 54
Abbruchbeginnanzeige **II/3**, 15
Abbruchgenehmigung **I/1**, 69; **II/3**, 1, 9, 15
Abbruchvorhaben **I/1**, 70
Abfahrten **II/4**, 8
Abfall- und Wertstoffbehälter **II/3**, 5
Abfall- und Wertstoffe **I/1**, 51
Abfall- und Wertstoffsammelbehälter **I/1**, 68
Abfallbehälter **I/1**, 43; **II/2**, Anlage
Abfallentsorgung **I/1**, 42
Abfallsammelbehälter **I/1**, 43
Abfallsammelräume **I/1**, 42
Abfallschächte **I/1**, 42
Abflussrohre **II/2**, Anlage
Abfüllung und Beförderung brennbarer Flüssigkeiten **I/1**, 36
Abgasanlagen **I/1**, 38; **II/5**, 7, 9
Abgasanlagen für Feuerstätten **II/5**, 1
Abgasleitungen **I/1**, 38; **II/5**, 7
Abgrabungen **I/1**, 2; **II/2**, Anlage
Abluftanlagen **II/4**, 14
Abminderungsgebiet **II/15**
Abnahme **II/7**, 2
Abnahmebescheinigung **I/1**, 78
Aborträume **II/6**, 2
Abschrankungen **II/12**, 11, 29
Abstand **I/1**, 4, 7, 25, 30
Abstandsflächen **I/1**, 6 f., 68
Abstellplätze **I/1**, 1
Abstellraum **I/1**, 2, 45
Abwasser **I/1**, 40, 51; **II/1**, 1
Abwasseranlage **I/1**, 40
Abwasserbehandlungsanlagen **II/17**, 1
Abwasserbeseitigung **I/1**, 14, 40, 77
Abwasserbeseitigungsanlagen **II/3**, 6
Abwassersammelgruben **I/1**, 39 ff.; **II/1**, 1
Änderung der Nutzung **I/1**, 60
Alarmierungsanlagen **II/4**, 7a; **II/6**, 2; **II/12**, 14, 20
Alarmierungseinrichtungen **II/13**, 20; **II/14**, 9

allgemein anerkannte Regeln der Technik I/1, 3, 20, 20b, 21, 56, 57; II/3, 13
allgemeine bauaufsichtliche Zulassung I/1, 20, 21, 22, 22a, 22b; II/8, 1
allgemeine Sicherheit II/4, 7a
allgemeines bauaufsichtliches Prüfzeugnis I/1, 20, 20b, 22, 22a, 22b, 23; II/8, 1
Altenheime I/1, 51 f.
Altenwohnheime I/1, 52
amtlicher Gewahrsam I/1, 75
Anerkennungsverfahren I/1, 81
Anlagen des öffentlichen Verkehrs I/1, 1
Anlagen für Abfälle I/1, 43
Anlagen für Abfall- und Wertstoffe I/1, 50
Anlagen für gesundheitliche Zwecke I/1, 2
Anlagen für kirchliche Zwecke I/1, 2
Anlagen für kulturelle Zwecke I/1, 2
Anlagen für soziale Zwecke I/1, 1
Anlagen für sportliche Zwecke I/1, 2
Anlagen zur Brandbekämpfung II/6, 2
Anlagen zur Lagerung I/1, 36
Anlagen, bauliche I/1, 2, 51; II/6, 2
Anlagen, schwimmende I/1, 1
Anschluss- und Benutzungsgebote I/1, 81
Anschluss- und Benutzungszwang I/1, 40
Anschlusszwang I/1, 43
Antennen II/2, Anlage
Antennenanlagen II/2, Anlage; II/3, 5
Anträge I/1, 59
Anzeigen I/1, 59

Anzeigeverfahren II/1, 1
Arbeitsschutzbestimmungen I/1, 56
Architekten I/1, 64
Architektengesetz I/1, 64
Asphaltierung I/1, 9
Aufenthaltsräume I/1, 2, 19, 24 ff., 28, 30 f., 44 f., 68
Aufschüttungen I/1, 2; II/2, Anlage
Aufsichtspersonen II/4, 7a
Aufstellflächen für Löschfahrzeuge I/1, 5
Aufstellflächen für Rettungswagen I/1, 5
Aufstellräume für Feuerstätten II/5, 5
Aufzüge I/1, 31, 35, 51; II/3, 5; II/12, 20
Aufzugsanlagen I/1, 36
Aufzugsschacht I/1, 35
Aufzugvorräume II/4, 7
Aulen II/6, 2; II/12, 2
Ausbildungsstätten I/1, 52
Ausführungsgenehmigung I/1, 73; II/3, 12
Ausgang ins Freie I/1, 24
Ausgleichsbeträge I/1, 49
Ausgleichsbetragsgesetz I/3
Ausnahme I/1, 4, 62, 66; II/1, 1, 3; II/2, 1
Ausschmückungen II/12, 2
außen liegende Treppen I/1, 32
Außengebiete III/1, 10
Außenleuchten II/2, Anlage
Außenwandverkleidungen I/1, 5, 24
Außenwerbung I/1, 13
Ausstattungen II/12, 2
Ausstellungsbauten I/1, 52
Ausstellungsplätze I/1, 2
Ausstellungsräume II/6, 1; II/12, 1

Ausstellungsstätten II/2, Anlage; II/6, 1 f., 9
Autoarmes Wohnen II/15, 2.5.4
Automaten I/1, 13; II/2, Anlage
automatische Garage II/4, 2
automatische Feuerlöschanlagen II/12, 14
Autosalons II/15, Anlage

B

Bäume I/1, 9 f., 13 f.
Balkone I/1, 6, 19, 24
Bastelräume I/1, 2
Bauanzeige II/1, 3
Bauanzeigeverordnung II/1
Bauarbeiterschutz II/3, 15
Bauarten I/1, 2, 20 ff., 56; II/17, 1
Bauaufsichtsbehörde I/1, 6, 8, 58, 63, 66 ff., 72 ff., 79, 81, 83; II/2, 1; II/3, 1, 13; II/6, 3
Bauausführung I/1, 77; II/3, 13; II/7, 2
Baubeginn II/1, 3, 5
Baubeginnanzeige II/3, 15
Bauberufsgenossenschaft II/3, 15
Baubeschränkung II/2, 1
Baubeschreibung II/3, 2
Baubestandsplan II/1, 3; II/3, 2
Baudurchführungsverordnung I/1, 82
Baueinstellung I/1, 75
Baufreistellungsverordnung II/2
Baugebührenordnung II/16
Baugenehmigung I/1, 2, 69; II/3, 1 f.; II/7, 2
Baugerüste I/1, 73
Baugesetzbuch I/1, 69
Baugrenze I/1, 6, 9; II/3, 2
Baugruben I/1, 69
Baugrund I/1, 15; II/7, 1

Bauherr I/1, 54, 68, 70, 78, 80; II/1, 3; II/3, 1; II/6, 3
Baukonstruktion II/7, 1, 4
Baulast I/1, 4, 7, 15, 48, 79; II/3, 2
Baulastenverzeichnis I/1, 79
Bauleiter I/1, 14, 57; II/1, 3
Bauliche Anlagen des Bundes und der Länder I/1, 62
Bauliche Anlagen für Menschen mit Behinderungen I/1, 31
Bauliche Einfriedigungen I/1, 68
Baulinie I/1, 6, 9; II/3, 2
Baunutzungsverordnung II/3, 2
Baupflegesatzung I/1, 81
Baupolizeiverordnung III/1
Bauprodukte I/1, 2, 3, 20, 20a, 20b, 20c, 22a, 56, 74a, 75, 77, 80, 81; II/17, 1
Bauprodukte, geregelte I/1, 20
Bauprodukte, nicht geregelte I/1, 20
Bauprodukten II/11
Bauproduktengesetz I/1, 20
Bauproduktenrichtlinie I/1, 20
Bauregelliste I/1, 20, 20b, 22, 22a, 81
Baustatik II/7, 4
Baustelle I/1, 13 f., 56
Baustelleneinrichtungen I/1, 14, 73, 77; II/2, Anlage
Baustellenhinweis II/1, 6
Baustoffe, leicht entflammbare I/1, 24
Baustufenpläne III/1, 10
Baustufentafel III/1, 11
bautechnische Nachweise I/1, 63, 77 f.; II/3, 1, 4; II/9, 1
bautechnische Prüfung I/1, 62; II/7, 1
Bauüberwachung I/1, 81
Bauvorlageberechtigte II/1, 2; II/3, 1
Bauvorlagen I/1, 56, 63; II/1, 2; II/3, 1, 7

Bauvorlagenberechtigte I/1, 63
Bauvorlagenberechtigung I/1, 64
Bauvorlagenverordnung II/3
Bauweise III/1, 11
Bauzaun I/1, 14
Bauzeichnungen II/1, 3; II/3, 2
Bauzustandsbesichtigung I/1, 77, 81
bebaubare Flächen III/1, 11
Bebauungsplan I/1, 2, 6, 60, 68 f., 71;
 II/1, 1; II/3, 2
Bedürfnisanstalten I/1, 52
Befestigung der Geländeoberfläche
 I/1, 9
Befreiungen I/1, 62, 67 f.; II/1, 1, 3;
 II/2, 1
Behälter II/2, Anlage
Behälterstandplätze II/2, Anlage
Beherbergungsbetriebe II/2, Anlage;
 II/6, 2; II/15, Anlage
Beherbergungsstättenverordnung
 II/14
behördlich anerkannte
 Sachverständige II/6, 4
Belästigungen I/1, 14, 16
Belästigungen, unzumutbare I/1, 3,
 18
Belange, gesundheitliche I/1, 44
beleuchtete Werbeanlagen I/1, 13
Beleuchtung I/1, 44, 51; II/4, 13
Beleuchtungsstärke II/4, 13
Belüftung I/1, 44
Bemessungswerte II/15
Benutzungszwang I/1, 43
Bepflanzung I/1, 9
besondere Art der Nutzung I/1, 51
bestehende bauliche Anlagen I/1, 83;
 II/6, 6
bestehende Gebäude II/6, 6
Bestuhlung II/12, 10

Bestuhlungsplan II/12, 32
Beton II/10, 1; II/11, 1
Betreiber II/6, 3; II/12, 38; II/13, 26;
 II/14, 11
Betriebsbeschreibung II/3, 2
Betriebsschächte I/1, 34
Betriebssicherheit I/1, 73, 77; II/6, 3
Betriebsvorschriften II/4, 17
Bewegungsfläche I/1, 35
Bewegungsfläche für die Feuerwehr
 I/1, 5
Bezirksschornsteinfegermeister
 II/3, 13
Bibliotheken I/1, 52
Bildungsstätten I/1, 2
Blitzschlag I/1, 17; II/6, 1
Blitzschutzanlagen I/1, 17, 51;
 II/2, Anlage; II/6, 1 f.; II/12, 14;
 II/13, 19; II/14, 8
Blockheizkraftwerk II/5, 1, 6, 8
Boden, gewachsener I/1, 14
Bodenmechanik II/7, 4
Bodenveränderungen I/1, 63
Böschungen I/1, 13
Brandabschnitt I/1, 24, 30; II/4, 3
Brandfallsteuerung II/12, 20; II/14, 9
Brandgefahr I/1, 28
Brandmeldeanlagen II/3, 13; II/4, 16;
 II/6, 2; II/12, 14, 20, 24; II/13, 20;
 II/14, 9
Brandschutz I/1, 17, 51, 63, 77; II/3, 1;
 II/7, 1; II/9, 1
Brandschutzbeauftragte II/13, 26
Brandschutzeinrichtungen I/1, 51
Brandschutzordnung II/12, 42;
 II/13, 27; II/14, 11
brandschutztechnische
 Anforderungen I/1, 24; II/4, 3
Brandschutztüren I/1, 24, 29, 42

Brandschutzvorkehrungen I/1, 51
Brandsicherheitswache II/12, 25, 41
Brandverhütung II/12, 33
Brandwände I/1, 24, 27 f., 37
brennbare Baustoffe I/1, 5
Brennstoffe I/1, 38
Brennstofflagerung II/5, 5
Brennstoffleitungen II/5, 4
Brücken I/1, 13
Brüstungen I/1, 34
Brüstungshöhe I/1, 32
Brunnen I/1, 14, 39, 47; II/2, Anlage; II/3, 6
Bühnen II/2, Anlage; II/6, 1 f.; II/12, 2
Büro I/1, 2
Bürogebäude I/1, 51; II/15, Anlage
Büroräume II/6, 2

C

Campingplätze I/1, 2, 51
Carport I/1, 6; II/4, 2
CE-Zeichen I/1, 20, 80
CO-Überwachungsanlagen II/4, 14, 17; II/6, 2
Container II/2, Anlage

D

Dachaufbauten I/1, 6, 12, 30
Dacheinschnitte I/1, 12
Dachgeschossausbauten II/15
Dachgeschosse I/1, 24, 49
Dachgesimse I/1, 30
Dachräume, ausgebaute I/1, 29
Dachraum I/1, 2, 25
Dachraum ohne Aufenthaltsräume I/1, 26, 31
Dachrinnen II/2, Anlage
Dachträger I/1, 26
Dachvorsprünge I/1, 30

Dächer I/1, 30
Dampfkesselanlagen I/1, 36
Datenschutz II/3, 14
Dauerkleingärten I/1, 51
Decken I/1, 26
Decken über Rettungswege I/1, 26
Deckenverkleidungen I/1, 24
Denkmäler II/2, Anlage
Denkmalschutz II/2, 1
Denkmalschutzgesetz I/1, 66
Deutsche Bundespost II/3, 15
Diskotheken II/15, Anlage
Doppelhäuser I/1, 4
Doppelnutzung II/15
Dorfgebiete I/1, 6, 9, 13
Drainagen I/1, 9
Druckbehälteranlagen I/1, 36
Dungstätten I/1, 39, 47, 68
Dunstabzugsanlagen II/3, 13
Dunstabzugshauben II/5, 4
Durchfahrt I/1, 2, 5, 24
Durchgang I/1, 5

E

Eigentümer I/1, 68, 70, 74, 80
Einflüsse, schädliche I/1, 16
Einfriedigungen I/1, 11; II/2, Anlage
Einfriedungen II/12, 30
Einfriedungen, bauliche I/1, 10
Eingangsbestätigung II/1, 4
Einscheibensicherheitsglas II/11, 1
einschiebbare Treppen I/1, 31
Einstellplätze III/2, 13
Einwendungen I/1, 68
Einzelhäuser I/1, 4
elektrische Anlagen I/1, 14, 17, 51; II/2, Anlage; II/4, 14; II/12, 14
elektrische Starkstromanlagen II/6, 2

elektrische Wärmeerzeuger
  II/2, Anlage
elektromagnetische Felder
  II/2, Anlage
Energie- und Versorgungsleitungen
  II/2, Anlage
Energieanlagen II/2, Anlage
Energieversorgung I/1, 51
Entbindungsheim I/1, 51
Entsorgung I/1, 4
Entsorgungsanlagen II/2, Anlage
Entwässerungsanlagen II/2, Anlage
Entwässerungsplan II/1, 3
Entwurfsverfasser I/1, 14, 54 f., 64, 81;
  II/3, 1
Erhaltung baulicher Anlagen I/1, 69
Erker I/1, 6, 24, 29
Erlaubnisse II/2, 1
Ersatzstromquelle II/4, 13 f.
Erschütterungsschutz I/1, 18
erster Rettungsweg I/1, 24
Explosionsgefahr I/1, 24, 28

F

Fachbauleiter I/1, 57
Fahrgassen II/4, 10
Fahrgastunterstände II/2, Anlage
Fahrradplätze I/1, 48 ff., 52
Fahrräder I/1, 45, 48
Fahrtreppen I/1, 31
Farbe I/1, 12
Fassade II/2, Anlage
Fensterbrüstungen I/1, 34
Ferienwohnungen II/14, 2
Fernmeldeleitungen II/2, Anlage
Fernsehstudio II/6, 2
Fertiggaragen I/1, 2
Fertighäuser I/1, 2

Fertigstellung I/1, 70, 80
Fertigstellungsanzeige II/1, 6
festgelegte Gebäudeoberfläche I/1, 6
Festsetzung von Baugebieten I/1, 82
Feuchtigkeit I/1, 16
feuerbeständige Abschlüsse von
  Öffnungen I/1, 24
feuerbeständige Bauteile I/1, 24
feuerhemmende Bauteile I/1, 24
Feuerlöschanlagen II/3, 13; II/4, 15;
  II/6, 2; II/12, 19, 24
Feuerlöscheinrichtungen I/1, 42;
  II/13, 20
Feuerlöscher II/6, 3
Feuermeldeanlagen II/3, 5
Feuerschutzabschlüsse I/1, 29
Feuerstätten I/1, 2, 25, 38;
  II/2, Anlage; II/3, 13; II/5, 1
Feuerungsanlagen I/1, 37 f., 51;
  II/2, Anlage; II/3, 5
Feuerungsverordnung II/5
Feuerwehr I/1, 5
Feuerwehraufzüge I/1, 35
Feuerwehrpläne II/12, 42
Flächen für besondere Zwecke I/1, 6
Flächen für die Feuerwehr II/12, 31;
  II/13, 25
Flächen, nicht überbaute I/1, 19
Flächen, überbaubare I/1, 9
flächenbezogenes Informationssystem
  II/3, 2
Fliegende Bauten I/1, 51, 72 f., 80;
  II/2, 1, Anlage; II/3, 12
Flüssigkeiten, brennbare I/1, 36
Flure I/1, 2, 33; II/4, 7; II/13, 13
Flure, notwendige I/1, 2
Flurschutzabschlüsse II/4, 7a
Förderanlagen II/3, 13
Foyers II/12, 2; II/14, 3

Freianlagen I/1, 64
Freibäder II/15, Anlage
freier Beruf I/1, 13
Freistellung I/1, 61
Freitreppen I/1, 6
Freizeitanlagen II/2, Anlage
Freizeiteinrichtungen I/1, 10
Freizeitfläche I/1, 6, 10, 48, 50
Fremdüberwachung I/1, 22b, 23
Friedhöfe II/15, Anlage
Friedhofsanlagen II/2, Anlage
Funkkommunikation II/12, 26
Fußbodenbelag I/1, 24
Fußwege I/1, 19

G

Gänge, offene I/1, 26
Gärfutterbehälter I/1, 47
Garagen I/1, 2, 6, 48, 64; II/1, 1; II/4, 1; III/2, 11 ff.
Garagen geringer Höhe II/4, 4
Garagen mittlerer Höhe II/4, 5
Garagen, geschlossene I/1, 48
Garagen, offene I/1, 48
Garagengeschoss II/4, 2
Garagenverordnung II/4
Gartenanlagen II/2, Anlage
Gartenarchitekt I/1, 64
Gas I/1, 38
Gasdruckregler II/2, Anlage
Gasfeuerstätten I/1, 37 f.; II/5, 4
Gashaushaltskochgeräte I/1, 38; II/5, 1
Galasträume II/14, 2
Gastspielprüfbuch II/12, 45, Anlage
Gaststätten I/1, 51; II/6, 1 f., 9; II/15, Anlage
Gebäude geringer Höhe I/1, 2, 6, 26, 30, 32; II/1, 1

Gebäude mit weicher Bedachung I/1, 26
Gebäude mittlerer Höhe I/1, 2, 27, 32
Gebäude, aneinander gebaute I/1, 6
Gebäude, frei stehende I/1, 6
Gebäude, gewerblich genutzte I/1, 26
Gebäude, untergeordnete I/1, 5 f.
Gebäudeabschlusswände I/1, 2, 24 ff., 30, 37
Gebäudeeingang I/1, 19
Gebäudegrundfläche I/1, 26
Gebäudehöhe II/1, 1
Gebäudeoberfläche I/1, 2
Gebäudeoberfläche, festgelegte I/1, 2
Gebäudeoberfläche, natürliche I/1, 2
Gebäudereinigung I/1, 4
Gebäudeteile, untergeordnete I/1, 6
Gebührenpflicht II/16, 3
Gebührensätze II/16, Anlage
Gefahren I/1, 16
Gefahren für Leben und Gesundheit I/1, 66
Gefahrenverhütung II/13, 24
Gehweg II/4, 8
Geländer II/12, 11
Geldbuße I/1, 80
Geltungsdauer I/1, 71
Gemeinbedarfsflächen I/1, 6
Gemeindekirchen II/15, Anlage
Gemeinschaftsanlagen I/1, 50; III/2, 10
Genehmigung I/1, 69; II/2, 1
genehmigungsbedürftige Vorhaben I/1, 60
Gerätesicherheitsgesetz I/1, 36
Gericht I/1, 52
Gerümpel I/1, 76

Gerüste I/1, 2, 14, 74, 77; II/2, Anlage; II/7, 1
Geschäftsgebiete III/1, 10
Geschäftshäuser I/1, 51 f.
geschlossene Garagen II/4, 2
Geschoss I/1, 2
Geschossfläche I/1, 6
Gestaltung I/1, 12 f., 81
Gesundheitsschutz I/1, 51
Gewächshäuser I/1, 6, 24 ff., 30; II/2, Anlage
Gewerbegebiet I/1, 6, 9, 13; II/2, Anlage
gewerbliche Anlagen II/15, Anlage
gewerbliche Gebäude I/1, 64
Glasbausteine I/1, 68
Glasdächer I/1, 30
Globalrichtlinie II/15
Grenzzeichen I/1, 14
Großbühne II/12, 2
Großgaragen II/4, 2 f.; II/6, 1, 9
Gruben I/1, 51
Gründe des Wohls der Allgemeinheit I/1, 67
Grünflächen, öffentliche I/1, 6
Grünordnungsplan II/3, 2
Grundeigentümer I/1, 74
Grundfläche I/1, 44
Grundleitung I/1, 40
Grundstück I/1, 2, 4
Grundstücke, bebaute I/1, 19
Grundstücke, unbebaute I/1, 9
Grundstückseigentümer I/1, 79; II/3, 1
Grundstücksentwässerung II/3, 15
Grundstücksentwässerungsanlagen I/1, 40; II/1, 1; II/2, Anlage
Grundwasserabsenkung I/1, 14

H
Haftpflichtversicherung I/1, 81
Halden I/1, 51
Hallenbäder II/15, Anlage
Hamburger Gaswerke II/3, 15
Hamburgische Bauordnung I/1
Hamburgische Elektrizitätswerke II/3, 15
Hamburgisches Gesetz zur Erleichterung des Wohnungsbaus I/2
Hamburgisches Wegegesetz I/1, 19
Handlauf I/1, 31
harte Bedachung I/1, 30
Hauptgänge II/13, 13
Hausbock I/1, 16
Hausnummer I/1, 19
Hausnummernschilder I/1, 19, 81
Hausschwamm, echter I/1, 16
Haustechnik-Überwachungsverordnung II/6
haustechnische Anlagen I/1, 37; II/3, 5; II/4, 13; II/6, 1
Hecken I/1, 9 f., 14
Heime I/1, 52
Heime für Kleinkinder I/1, 52
Heimwerkermärkte II/15, Anlage
Heizöl II/5, 5
Heizräume I/1, 51; II/5, 6
Hersteller II/10
hintere Grundstücksteile III/1, 14
Hinweise I/1, 13 f.
Hochhäuser I/1, 2, 5, 24, 28 f., 33, 42, 51; II/2, Anlage; II/6, 1, 9
Hochspannungsfreileitungen II/1, 1; II/3, 2
Höhenlage I/1, 70
Hörsäle II/6, 2; II/12, 2

Holzbau II/7, 3
horizontal verschiebbare Plattformen
 II/4, 10
Hotels II/15, Anlage

I

Industriegebiete I/1, 6, 9; II/2, Anlage;
 III/1, 10
Ingenieure I/1, 64
innen liegende Treppenräume I/1, 32
Innenarchitekt I/1, 64
Installationskanäle I/1, 37
Institut für Bautechnik I/1, 82

J

Job-Ticket II/15
Jugendclubs II/15, Anlage
Jugendstätten I/1, 51

K

Kais I/1, 33
Kellerdecken I/1, 26
Kellergeschosse I/1, 2, 24, 29
Kellerlichtschächte I/1, 29, 34
Kerngebiet I/1, 6, 9, 13
Kfz-Werkstätten II/15, Anlage
Kinder- und Jugendwohnheime
 II/15, Anlage
Kinderspiel- und Freizeitflächen
 I/1, 2; II/2, Anlage
Kinderspielfläche I/1, 6, 10, 48, 50
Kinderstätten I/1, 51
Kinderwagen I/1, 35, 45
Kinos II/15, Anlage
Kiosk II/2, Anlage
Kleingaragen I/1, 63; II/4, 2
Kleingartenanlagen II/2, Anlage;
 II/15, Anlage
Kleingartenlauben II/2, Anlage

Kleinkinder I/1, 10
Kleinkläranlagen I/1, 39 ff.
Kleinsiedlungsgebiete I/1, 6, 13;
 III/1, 10
Kochplatz I/1, 45
Kohlenmonoxid II/4, 14
Kombi-Ticket II/15
Kompoststätten I/1, 39
Konformitätszeichen I/1, 20
Konzerthäuser II/15, Anlage
kraftbetätigte Hebebühnen II/4, 2,
 10; II/6, 2
Kraftfahrzeuge II/4, 2
Krankenhäuser I/1, 51 f.; II/2, Anlage;
 II/6, 1 f., 9
Krankentragen I/1, 35; II/3, 13
Küchen I/1, 45; II/3, 13; II/14, 5
Kulturdenkmale I/1, 12, 66; II/3, 2

L

Ladenstraßen II/6, 2; II/13, 1, 13
Ladenstraßenbereiche II/6, 1
Läden I/1, 13
Lärm I/1, 18
Lageplan II/1, 3
Lagerhallen II/2, Anlage
Lagerplätze I/1, 2
Lagerräume I/1, 2, 29; II/6, 2; II/12, 21;
 II/15, Anlage
Landschaftsarchitekt I/1, 64
Landschaftsbild I/1, 13
landwirtschaftliche Betriebsgebäude
 I/1, 64
landwirtschaftliche Betriebsräume
 I/1, 26
Lautsprecherzentrale II/12, 26
Leimarbeiten II/10, 1
Leistungsautomaten I/1, 60, 69, 76

Leitern **I/1**, 31
Leitungen **I/1**, 1, 24, 37
Leitungsschlitze **I/1**, 24
lichte Höhe **I/1**, 2; **II/4**, 11
Liegenschaftsbuch **II/3**, 2
Liegenschaftskarte **II/3**, 2
Liegenschaftskataster **II/1**, 3; **II/3**, 2
Löscharbeiten **I/1**, 5
Löschfahrzeuge **I/1**, 5
Loggien **I/1**, 19, 44
Lüftung **I/1**, 44, 51; **II/4**, 14
Lüftungsanlagen **I/1**, 37; **II/2**, Anlage; **II/3**, 5, 13; **II/4**, 17; **II/5**, 4; **II/12**, 17
Lüftungsleitungen **I/1**, 37, 74; **II/5**, 6
Lüftungsschächte **I/1**, 37; **II/4**, 14

M
Magazine **II/12**, 21
Maissonettewohnung **I/1**, 24, 32
Markisen **II/2**, Anlage
Markzeichen **I/1**, 14
maschinelle Abluftanlagen **II/4**, 14
maschinelle Anlagen **I/1**, 14
Massivbau **II/7**, 3
Masten **I/1**, 13; **II/2**, Anlage
Mehrkosten **I/1**, 83
Mehrzweckhallen **II/12**, 2
Meister des Gashandwerks **I/1**, 64
Meister des Wasserinstallateurhandwerks **I/1**, 64
Menschen mit Behinderung **I/1**, 31, 52; **II/4**, 10
Messebauten **I/1**, 52
Mischgebiet **I/1**, 6, 9, 13; **III/1**, 10
Mitteilungen **I/1**, 59
Mittelgaragen **II/4**, 2 f.
Müllbehälterschränke **I/1**, 43
Museen **I/1**, 52; **II/2**, Anlage; **II/6**, 1

N
Nachbar **I/1**, 68
Nachbargrenze **I/1**, 2, 4, 6, 68
Nachbargrundstücke **I/1**, 2, 4, 7, 74
Nachbarliche Belange **I/1**, 68
Nachbarn **I/1**, 74
Nachweis der Verwendbarkeit **I/1**, 20, 20c
natürliche Lüftung **II/4**, 14
Naturdenkmal **I/1**, 12; **II/3**, 2
Naturschutz **I/1**, 9
Nebenanlagen **I/1**, 1, 9; **II/1**, 1; **III/2**, 11
Nebenbestimmungen **I/1**, 69, 72
Nebenräume **I/1**, 2
nicht beabsichtigte Härte **I/1**, 67
Niederschlagswasser **I/1**, 41; **II/1**, 1
notwendige Fahrradplätze **I/1**, 48
notwendige Flure **I/1**, 24, 26 ff., 33
notwendige Stellplätze **I/1**, 6, 48
notwendige Treppe **I/1**, 2, 24, 26 ff., 32; **II/4**, 12; **II/5**, 6
Nutzungsänderung **I/1**, 53, 69
Nutzungseinheit **I/1**, 2
Nutzungsgenehmigung **I/1**, 69; **II/3**, 1, 8

O
oberirdische Garagen **II/4**, 2
Oberlichte **I/1**, 30
oberste Geschosse **I/1**, 2
öffentlich-rechtlich geschützte Nachbarbelange **I/1**, 68
öffentliche Abwasserbeseitigung **I/1**, 1
öffentliche Belange **I/1**, 67
öffentliche Gebäude **I/1**, 13
öffentliche Sicherheit oder Ordnung **I/1**, 3
öffentliche Sicherheit und Ordnung **I/1**, 43

öffentliche Verkehrsanlagen II/2, Anlage
öffentliche Wege   I/1, 4 f., 14
öffentlicher Personennahverkehr   I/1, 49
offene Gänge   I/1, 2
offene Garagen   I/1, 29
offene Kleingaragen   II/4, 2
offene Stellplätze   II/4, 1 f.
Ordnungsdienst   II/12, 43
ordnungsgemäße Zustände   I/1, 76
Ordnungswidrigkeit   I/1, 80; II/1, 7; II/4, 20
Ortsbild   I/1, 12
ortsfeste Verbrennungsmotoren   I/1, 38; II/5, 1
Ortsteile, im Zusammenhang bebaute   I/1, 13

P
Parabolantennen   II/2, Anlage
Parkleitsystem   I/1, 49
Pensionen   II/15, Anlage
Personennahverkehr, öffentlicher   I/1, 48
Pflegeheime   I/1, 51 f.
Plakatsäulen   I/1, 13
Plakattafeln   I/1, 13
planungsrechtliche Vorschriften   I/1, 4
Praxen   I/1, 1
Prüfbericht   II/7, 2
Prüfingenieur für Baustatik   II/7, 2
Prüfingenieure   II/7, 2, 4
Prüfingenieurverordnung   II/7
Prüfstelle   I/1, 23, 81; II/10, 2
Prüfung von raumlufttechnischen Anlagen   II/4, 14

Q
Querlüftung   II/4, 14

R
Radwege   I/1, 19
Räume mit erhöhter Brand- und Explosionsgefahr   I/1, 24
Rampen   I/1, 31; II/4, 9
Rauch- und Wärmeabzugsanlagen   II/3, 13; II/6, 2
Rauchabführung im Brandfall   II/4, 14
Rauchableitung   II/12, 16
Rauchabschnitt   II/4, 3
Rauchabzugsanlagen   II/12, 14, 16
Rauchabzugseinrichtungen   I/1, 32, 35
Rauchabzugsöffnungen   I/1, 32, 35
Rauchanlagen   II/3, 5
Rauchschutztüren   I/1, 29
raumlufttechnische Anlagen   II/6, 2
Rechtsverordnung   I/1, 13, 81
Regalanlagen   II/2, Anlage
Reichsgaragenordnung   III/2
Requisiten   II/12, 2
Rettungs- und Löschgerät   I/1, 4
Rettungsarbeiten   I/1, 5
Rettungsfahrzeuge   I/1, 5
Rettungstunnel   I/1, 24
Rettungsweg   I/1, 2, 5, 24, 28 ff., 51; II/4, 7a, 12; II/6, 1
Rettungsweg, zweiter   I/1, 24
Rettungswegeplan   II/12, 32
Rettungweg, zweiter Zugang   I/1, 5
Rohrleitungen   I/1, 38
Rollläden   II/2, Anlage
Rollstühle   I/1, 35
Rollstuhlbenutzer   II/12, 12
Rundfunkstudio   II/6, 2

S

Sachkunde und Erfahrung I/1, 54; II/10, 1

Sachkundige II/6, 3, 5

sachkundige Person I/1, 77

Sachverständige I/1, 51, 54, 58, 81; II/3, 1, 13; II/4, 14; II/6, 3 f.

Säuglingsheime I/1, 51

Sandkiste I/1, 10

Saunaanlagen II/2, Anlage

Schächte I/1, 35

Schädlinge I/1, 16

Schallschutz I/1, 18, 51, 63, 77; II/3, 1; II/7, 1; II/9, 1

Schank- und Speisewirtschaften II/2, Anlage; II/12, 2

Schankwirtschaft I/1, 13; II/6, 2

Schaufenster II/2, Anlage

Schiffe I/1, 1

Schilder I/1, 13

Schleuse I/1, 29

Schornsteine I/1, 24, 37 f., 74; II/5, 7

Schriftform I/1, 59

Schulen I/1, 51; II/2, Anlage; II/6, 1; II/12, 1

Schutt I/1, 76

Schutz der Umwelt I/1, 81

Schutzbauwerk II/3, 2

Schutzvorhänge II/6, 2; II/12, 23

Schweißarbeiten II/10, 1

Schwimmbecken I/1, 33

Selbsthilfe I/1, 54

Selbsttätige Feuerlöschanlagen II/4, 15

Sendeantennenanlagen II/2, Anlage

Sicherheit des Verkehrs I/1, 13

Sicherheit oder Leichtigkeit des Verkehrs II/4, 8

Sicherheit und Leichtigkeit des Verkehrs I/1, 48

Sicherheitsanforderungen I/1, 24

Sicherheitsanlagen II/5, 8

Sicherheitsbeleuchtung I/1, 51; II/4, 13, 17; II/6, 2; II/12, 14 f.; II/13, 18; II/14, 8

Sicherheitsleistung I/1, 74

Sicherheitsschleusen I/1, 2, 24, 29, 37; II/4, 7

Sicherheitsstromversorgung II/2, Anlage; II/14, 8

Sicherheitsstromversorgungsanlagen II/2, Anlage; II/12, 14; II/13, 21

sicherheitstechnisch bedeutsame Anlagen I/1, 36

Sicherheitstreppenräume I/1, 24, 28, 32

Sicherheitsversorgungsanlagen II/6, 2

Sichtverbindung I/1, 44

Sickeranlagen I/1, 41

Sielen I/1, 39

Silos I/1, 2

Solarenergieanlagen II/2, Anlage

Sondergebiet I/1, 6, 13

Sozialräume II/6, 2

Speisekammern I/1, 2

Speisewirtschaft I/1, 13; II/6, 2

Spieleinrichtungen I/1, 10

Spielgeräte I/1, 10

Spielplätze I/1, 52

Spielplatz für Kleinkinder I/1, 10

Spindeltreppen I/1, 31

Sportanlagen II/2, Anlage; III/1, 10

Sportplätze II/15, Anlage

Sportstadien II/12, 1 f.

Sportstätten I/1, 51 f.; II/15, Anlage

Stadtbild I/1, 12

Ställe I/1, 47
Stätte der Leistung I/1, 13;
  II/2, Anlage
Staffelgeschosse I/1, 2, 49
Stahlbau II/7, 3
Standplätze für Abfallbehälter I/1, 2, 9
Standsicherheit I/1, 15, 24, 51, 63, 73 f.; II/3, 1; II/7, 1; II/9, 1
Standsicherheit im Brandfall I/1, 24
Standsicherheitsnachweise II/3, 9
Starkstromanlagen II/2, Anlage
statische Berechnung II/7, 1
Stelle, sachverständige I/1, 58
Stellplätze I/1, 9, 44, 48 ff., 52; II/1, 1; II/15, Anlage
Stellplätze für Kraftfahrzeuge I/1, 2, 48
Stellplätze, notwendige I/1, 6
Stellplatzbedarf II/15, Anlage
störende Häufung I/1, 13
Sträucher I/1, 10
Straßenbild I/1, 6, 12
Straßengrenze I/1, 9
Straßenlinie I/1, 9
Studentenwohnheime II/15, Anlage
Studios II/12, 2
Stützkonstruktionen I/1, 6
Stützmauern II/2, Anlage
Szenenflächen II/6, 1 f.; II/12, 1 f.

T

Tageslicht I/1, 44
Tagesstätten I/1, 52
Tausalze I/1, 19, 80
Technikräume I/1, 2
Technische Baubestimmungen I/1, 3, 20 f.; II/18

Teilbaugenehmigungen I/1, 69
Teilung eines Grundstücks I/1, 8
Teilungsgenehmigung II/3, 12a
Teppichklopfanlagen II/2, Anlage
Terrassen I/1, 6
Theater II/15, Anlage
Tiefgaragen II/4, 2, 6
Tierhaltung I/1, 47
Toiletten I/1, 45
Toilettenräume I/1, 2; II/12, 12
tragende Wände I/1, 24
Tragfähigkeit II/7, 1
Trennwände I/1, 37
Trennwände zwischen Nutzungseinheiten I/1, 25 ff.
Treppen I/1, 31, 51
Treppen ohne eigenen Treppenraum I/1, 32
Treppen, notwendige I/1, 2, 28
Treppenabsatz I/1, 31
Treppenraum I/1, 2, 24 ff., 32; II/4, 7, 12
Treppenraumerweiterungen II/13, 12
Tribünen I/1, 51; II/12, 2
Triebwerksraum I/1, 35
Trinkwasser I/1, 39
Trockenraum I/1, 1 f., 45
Typengenehmigung I/1, 72, 81; II/3, 11

U

Ü-Zeichen I/1, 20, 22, 74a, 80, 81; II/8, 1; II/9, 1
Überbrückungen II/2, Anlage
überdachte Stellplätze II/4, 2
Überdachungen I/1, 6
Übereinstimmungen I/1, 22a
Übereinstimmungserklärung I/1, 22

Übereinstimmungsnachweis I/1, 20, 22
Übereinstimmungszeichen I/1, 20; II/8, 1
Übereinstimmungszeichen-Verordnung II/9
Übereinstimmungszertifikat I/1, 22, 22b
Überwachung I/1, 77
Überwachung haustechnischer Anlagen II/6
Überwachungsstelle I/1, 20, 23, 81; II/11, 1
Überwachungsstellen II/11, 2
ÜZVO II/9
Ufer I/1, 13
Umfang der Bebauung III/1, 11
Umwehrungen I/1, 31, 34
unbebaute Flächen I/1, 9; III/2, 12
Unfallverhütungsvorschriften II/3, 15
Unterfangung I/1, 74
untergeordnete bauliche Anlagen II/2, Anlage
untergeordnete Gebäude I/1, 2, 6, 15, 25 f., 30, 54, 64
Unternehmer I/1, 14, 54, 56, 70, 81
Unterrichtungen I/1, 59
Unverletzlichkeit der Wohnung I/1, 58

V

Ventilator II/4, 14; II/5, 7
Veränderungssperre I/1, 71
Veranstalter II/12, 38
Verantwortliche für Veranstaltungstechnik II/12, 39
Verbindungswege ins Freie I/1, 2, 28
Verbrennungsmotoren II/2, Anlage
Verfahrensvorschriften I/1, 58

Verkaufsplätze II/15, Anlage
Verkaufsräume II/6, 1; II/13, 1
Verkaufsstätten I/1, 2, 29, 51 f.; II/2, Anlage; II/6, 1 f., 9; II/15, Anlage
Verkaufsstättenverordnung II/13
Verkehrsfläche I/1, 33; II/4, 2, 7a
Verkehrsfläche, öffentliche I/1, 6
Verkehrsraum, öffentlicher I/1, 13
verkehrssicher I/1, 19
Verkehrssicherheit I/1, 19, 51; II/4, 7a, 8
Verladerampen I/1, 33
Vermessungszeichen I/1, 14
Verordnung über anerkannte sachverständige Personen für bautechnische Prüfaufgaben II/8
Verordnung über Anforderungen an Hersteller von Bauprodukten und Anwender von Bauarten II/10
Verordnung über anzeigebedürftige Bauvorhaben II/1, 1
Verordnung über die Überwachung von Tätigkeiten mit Bauprodukten und bei Bauarten II/11
Versammlungsstätten I/1, 51 f.; II/2, Anlage; II/6, 1, 9; II/15, Anlage
Versammlungsstättenverordnung II/12
Versorgung I/1, 4
Versorgung, öffentliche I/1, 14
Versorgungsanlagen II/2, Anlage
Verwaltungsgebäude I/1, 51 f.
Viehställe III/1, 34
Vollgeschoss I/1, 2, 25; III/1, 11
Vorbauten I/1, 6, 29
Vorbescheid I/1, 65, 71; II/1, 1, 3; II/3, 1, 7
Vorbescheidsanträge II/3, 7

Vordächer I/1, 30
Vorführräume II/6, 2
Vorgärten I/1, 9, 13
Vorräume I/1, 29
Vorratsräume I/1, 2
Vortragssäle II/6, 2

W

Wände, aussteifende I/1, 24
Wärme- und Schallschutz I/1, 77
Wärmeabzugsanlagen II/3, 5
Wärmebedarfsausweis II/1, 3; II/3, 2
Wärmeerzeuger I/1, 38
Wärmepumpen II/2, Anlage; II/5, 1, 6, 8
Wärmeschutz I/1, 18, 51, 63, 77; II/3, 1; II/7, 1; II/9, 1
Wäschetrockenanlagen II/2, Anlage
Wäschetrockner II/5, 4
Wandhydranten II/4, 15
Waren I/1, 69
Warenautomaten I/1, 60, 76
Warmluftheizungen I/1, 37
Warmluftheizungsanlagen II/5, 4
Warmwassererzeuger I/1, 38
Warmwasserversorgung II/5, 1
Waschmaschine I/1, 45
Waschraum I/1, 2, 45; II/6, 2
Wasserbauprüfverordnung II/17
Wasserbecken II/2, Anlage
wassergefährdende Stoffe I/1, 39, 76; II/17, 1
Wasserverbrauch I/1, 39
Wasserversorgung I/1, 51
Wasserversorgungsanlagen I/1, 39
Wasserversorgungsnetz I/1, 39
Wechsellicht I/1, 13
Weg, öffentlicher I/1, 4
weiche Bedachung I/1, 30

Wellenbrecher II/12, 11, 28
Werbeanlagen I/1, 13, 60, 69, 76, 81; II/2, Anlage; II/3, 10
Werbegenehmigungen I/1, 69; II/3, 1
Werbemittel I/1, 13
Werbung, wechselnde I/1, 13
Werkstätten I/1, 2, 29, 52; II/12, 21
Wertstoffbehälter II/2, Anlage
Wertstoffsammelbehälter I/1, 43
Wintergarten I/1, 30
Wohngebäude II/15, Anlage
Wohngebäude geringer Höhe I/1, 4, 6, 25
Wohngebäude, frei stehende I/1, 25
Wohngebiete I/1, 6, 13; III/1, 10; III/2, 11
Wohnruhe I/1, 48
Wohnung I/1, 2, 45
Wohnwagen I/1, 2

Z

Zahl der Wohnungen II/1, 1
Zeltplätze I/1, 2, 51
Zertifizierungsstelle I/1, 22b, 23, 81; II/8, 1
Zufahrten I/1, 2; II/4, 8
Zugänge und Zufahrten I/1, 5
Zulassungen, allgemeine I/1, 20a
Zulassungen, europäische technische I/1, 20
Zuluftöffnungen II/4, 14
Zusammenhang bebaute Ortsteile II/2, Anlage
Zustimmung im Einzelfall I/1, 20, 20c, 21, 22, 22a, 22b; II/8, 1
Zustimmungen II/2, 1
Zustimmungsverfahren I/1, 62
Zweckentfremdung II/3, 14
zweiter Rettungsweg I/1, 5, 24